JN089103

1日1話、

藤尾秀昭 監

読めば
心が熱くなる

Learn the style of the
365 professionals

365人の

致知出版社

仕事の
教科書

人生で真剣勝負した人の言葉は、詩人の言葉のように光る

1月 January

2月 *February*

3月 *March*

4月 *April*

5月 *May*

6月 *June*

7月 *July*

8月
August

9月 *September*

10月
October

11月
November

12月

December

※本書は月刊『致知』のインタビューや対談記事、もしくは弊社書籍の一部を抜粋し、再構成したもので、内容は掲載当時のものです。

※登場人物の肩書は原則として『致知』掲載当時のものとしましたが、発言者のご意向等により、一部変更した箇所がございます。

※掲載にあたり、一部、加筆・修正等を行った箇所がございます。

※本書の中には、今日的な観点からすると、一部、差別的な語句や表現が含まれていますが、登場者の息遣いや、話の趣旨を損なうことがないよう、原文のまま収載しました。

装幀・本文デザイン――秦 浩司

1月 *January*

稲盛和夫（京セラ名誉会長）
吉良節子（土光敏夫元秘書）
道場六三郎（銀座ろくさん亭主人）
上田惇生（ものつくり大学教授）
渡部昇一（上智大学名誉教授）
小田真弓（和倉温泉 加賀屋女将）
佐藤可士和（クリエイティブディレクター）
的川泰宣（宇宙航空研究開発機構〈JAXA〉名誉教授・技術参与）
林 成之（日本大学大学院総合科学研究科教授）
平尾誠二（神戸製鋼ラグビー部ゼネラルマネージャー）
宮端清次（はとバス元社長）
岩倉信弥（多摩美術大学理事・教授、本田技研工業元常務）
山中伸弥（京都大学iPS細胞研究所所長）
鬼塚喜八郎（アシックス社長）
齋藤茂太（精神科医）
山下俊彦（松下電器産業相談役）
城山三郎（作家）
永守重信（日本電産社長）
松井道夫（松井証券社長）
塚越 寛（伊那食品工業会長）
山本益博（料理評論家）
張 栩（囲碁棋士）
安藤忠雄（建築家）
大場松魚（漆芸家）
佐渡 裕（指揮者）
王 貞治（福岡ソフトバンクホークス球団会長）
藤居 寛（帝国ホテル顧問）
松平康隆（全日本バレーボール協会名誉会長）
桂 小金治（タレント）
坂田道信（ハガキ道伝道者）
今野華都子（タラサ志摩スパ&リゾート社長）

1月1日

知恵の蔵をひらく

稲盛和夫
京セラ名誉会長
Kazuo Inamori

私は技術者として、また経営者として、長く「ものづくり」に携《たずさ》わる中で、偉大な存在を実感し、敬虔《けいけん》な思いを新たにすることが少なくありませんでした。大きな叡知《えいち》に触れた思いがして、それに導かれるように、様々な新製品開発に成功し、事業を成長発展させ、さらには充実した人生を歩んできたように思うのです。

このことを、私は次のように考えています。それは偶然でもなければ、私の才能がもたらした必然でもない。この宇宙のどこかに、「知恵の蔵《くら》（真理の蔵）」ともいうべき場所があって、私は自分でも気がつかないうちに、その蔵に蓄《たくわ》えられた「叡知」を、新しい発想やひらめきとして、そのつど引き出してきた。

汲《く》めども尽きない「叡知の井戸」、それは宇宙、または神が蔵《ぞう》している普遍の真理のようなもので、その叡知を授けられたことで、人類は技術を進歩させ、文明を発達させることができた。私自身もまた、必死になって研究に打ち込んでいる時に、その叡知の一端《いったん》に触れることで、画期的な新材料や新製品を世に送り出すことができた――そのように思えてならないのです。

私は「京都賞」の授賞式のときなどに、世界の知性ともいうべき、各分野を代表する研究者と接することがあります。その時、彼らが一様に、画期的な発明発見に至るプロセスで、創造的なひらめき（インスピレーション）を、あたかも神の啓示《けいじ》のごとく受けた瞬間があることを知り、驚くのです。

彼らが言うには、「創造」の瞬間とは、人知れず努力を重ねている研究生活のさなかに、ふとした休息をとった瞬間であったり、時には就寝時の夢の中であったりするそうです。そのような時に、「知恵の蔵」の扉がひらき、ヒントが与えられるというのです。

エジソンが電気通信の分野で、画期的な発明発見を続けることができたのも、まさに人並み外れた凄《すさ》まじい研鑽《けんさん》を重ねた結果、「知恵の蔵」から人より多くインスピレーションを授けられたということではなかったでしょうか。

人類に新しい地平をひらいた偉大な先人たちの功績を顧《かえり》みる時、彼らは「知恵の蔵」からもたらされた叡知を創造力の源として、神業のごとき高度な技術を我がものとして、文明を発展させてきたのだと、私には思えてならないのです。

1月2日

一日の決算は一日にやる——土光敏夫の座右の銘

吉良節子
土光敏夫元秘書
Setsuko Kira

昭和六十一年、電電公社や国鉄の民営化をやり遂げた臨調は解散。その功績を認められ、土光《どこう》敏夫さんは民間人では初めて生前に「勲一等旭日桐花大綬章」を受章しました。

その後、次第にお体に無理が利かなくなり、ご自宅で静養されるようになりました。それでも社内には「土光さんの意見を聞こう」という案件が多く、私は週に一度はご自宅まで伺っていました。

神奈川の鶴見にひっそりと佇《たたず》む土光家。「地味で質素」を絵に描いたようなその家は、およそ東芝の社長や経団連の会長を歴任された方のお宅とは思えません。

門を開けようとすると「ギーギー」と轟音《ごうおん》が響き渡る。廊下を歩いてもギシギシいって、「女性の私が歩いて穴が開いたら恥ずかしいわ」といつも気を使いながら歩いていました。

冷暖房設備がないあの家に、真夏にいらっしゃった方は、「あの家は暑くてなぁ」とぼやいていらっしゃいました。

秘書側が家の修理を申し出ても「まだ使えます」、クーラーの取り付けを申し出ても「いりません」の一点張り。「営業の話にみえるお客様もいらっしゃいます。冷暖房がないと営業上、困ります」と申し上げると、「会社が困るなら入れましょう」と快諾したものの、応接間のみ取り付けを許し、自分の部屋に取り付けることは拒みました。

受勲《じゅくん》の際、土光さんは「個人は質素に、国は豊かに」とおっしゃいましたが、その人生はまさに言葉通りだったと思います。メザシが一番のごちそうで、着飾ることを嫌い、背広も鞄《かばん》も使い古したものを大切に使う。ペン一本も、文字が擦《かす》れるまで使っても「まだ使える、まだ書ける」と言って捨てようとなさいませんでした。

私心なく、公私の別に厳しく、質素を好んだ土光さんが、色紙を求められるといつも書いたのは「日新　日日新」という言葉でした。出典は中国の古典『大学』で、「きょうという一日は天地開闢《かいびゃく》以来初めて訪れた一日である。それも貧乏人にも王様にも、みな平等にやってくる。その一日を有意義に暮らすためには、その行いは昨日よりもきょう、きょうよりも明日は新しくなるべきだ」という意味があるそうです。

それについて、以前土光さんは次のようにお話しされていました。

「一日の決算は一日にやる。失敗もあるであろう。しかし、昨日を悔やむこともしないし、明日を思い煩うこともしない。新たにきょうという清浄無垢《せいじょうむく》な日を迎える。ぼくはこれを銘として、毎朝『きょうを精いっぱい生きよう』と誓い、全力を傾けて生きる」

この言葉に土光さんの人生が詰まっているような気がします。

1月3日

仕事にも人生にも締め切りがある

道場六三郎　銀座ろくさん亭主人

Rokusaburo Michiba

修業時代、いつも僕は思っていた。

「人の二倍は働こう」

「人が三年かかって覚える仕事を一年で身につけよう」

ってね。

下積みの期間をできるだけ短くして、早く一人前の仕事がしたかったから。そのためには、できるだけ手を早く動かして、仕事量をこなさなければいけない。

だから修業時代からずっと「早く、きれいに」を念じながら、仕事をしてきたんだよ。

念じていると、いろいろと工夫が出てくるんです。

駆け出しの頃はこんなことをしていました。ネギを切る時、人が二本持って切っていたら、僕は三本持ってやる。それができたら、四本、五本で挑戦してみる。さらに違う野菜でもやってみる。

そうすると仕事が早く片づくだけでなく、「きょうは一本多く切れるようになった」と励みになるんですね。

それはささやかな前進にすぎないかもしれないけれど、それが仕事の楽しみや喜びにもなりました。

スピードアップだけでは、人の二倍の仕事をすることはできません。効率よく働くためには段取りが大切です。冷蔵庫の使い方一つにしても、工夫次第で仕事に差が出ます。

できる料理人なら冷蔵庫を開けなくても、どこに何が入っているか分かっているもんです。すべて暗記しろというんじゃない。冷蔵庫の中を仕切って、どこに何が入っているかメモをとり、扉に張っておく。そうすると、指示された時にすぐ取り出せるし、庫内の温度も上がりません。

「冷蔵庫の開け閉めなんて些細《ささい》なことだ」と思うようでは、一流の料理人にはなれませんね。

そういう細かい部分にまで意識が回り、先の先を読むくらいに頭を働かせないと、少しぐらい料理の腕があっても大成しないですよ。

仕事にも人生にも締め切りがあります。

それに間に合わせるためには、時間を無駄にせず何事もテキパキとこなさないと。これはどの仕事にも言えるんじゃないかなあ。

1月4日

ドラッカー七つの教訓

上田惇生　ものつくり大学教授

Atsuo Ueda

世界のビジネス界に大きな影響を与えているドラッカーですが、その思想形成にあたっては人生の中で七回の精神的な節目が訪れたことを著書の中で述べています。

その七つの経験から得た教訓を列記すると、以下のようになります。

一、目標とビジョンをもって行動する。
二、常にベストを尽くす。「神々が見ている」と考える。
三、一時に一つのことに集中する。
四、定期的に検証と反省を行い、計画を立てる。
五、新しい仕事が要求するものを考える。
六、仕事で挙げるべき成果を書き留めておき、実際の結果をフィードバックする。
七、「何をもって憶《おぼ》えられたいか」を考える。

最初の教訓「目標とビジョンをもって行動する」を得たのは、ドラッカーが商社の見習いをしていた頃でした。

当時、彼は週一回オペラを聞きに行くのを楽しみにしていました。ある夜、信じられない力強さで人生の喜びを歌い上げるオペラを耳にし、その作者が八十歳を超えた後のヴェルディによるものであることを知ります。

なぜ八十歳にして並はずれた難しいオペラを書く仕事に取り組んだのか、との質問にヴェルディは「いつも満足できないできた。だから、もう一度挑戦する必要があった」と答えたのです。

十八歳ですでに音楽家として名を馳《は》せていたヴェルディが、八十歳にして発したこの言葉は、一商社の見習いだったドラッカーの心に火をつけます。

何歳になっても、いつまでも諦《あきら》めずに挑戦し続けるこの言葉から、「目標とビジョンをもって行動する」ということを学び、習慣化したのがドラッカーの最初の体験でした。

その頃彼は、ギリシャの彫刻家・フェイディアスに関する一冊の本を読みます。これが二つ目の経験です。

フェイディアスはアテネのパンテオンの屋根に立つ彫刻群を完成させたことで知られています。彫刻の完成後、フェイディアスの請求書を見た会計官が「彫刻の背中は見えない。その分まで請求するとは何事か」と言ったところ、彼の答えはこうでした。

「そんなことはない。神々は見ている」と。

この話を読んだドラッカーは、

「神々しか見ていなくても、完全を求めていかなくてはならない」

と肝に銘じます。

1月5日

幸田露伴が発見した成功者の法則

渡部昇一
上智大学名誉教授
Shoichi Watanabe

幸田露伴《こうだろはん》は人生における運を大切に考えています。運というと他に依存した安易で卑俗《ひぞく》な態度のように思われがちです。だが、露伴の言う運はそんなものではありません。その逆です。

露伴は人生における成功者と失敗者を観察し、一つの法則を発見します。露伴は言います。

「大きな成功を遂げた人は、失敗を人のせいにするのではなく自分のせいにするという傾向が強い」

物事が上手くいかなかったり失敗してしまった時、人のせいにすれば自分は楽です。あいつがこうしなかったから上手くいかなかったのだ――あれがこうなっていなかったから失敗したのだ――物事をこのように捉えていれば、自分が傷つくことはありません。悪いのは他であって自分ではないのだから、気楽なものです。

だが、こういう態度では、物事はそこで終わってしまって、そこから得たり学んだりするものは何もありません。

失敗や不運の因を自分に引き寄せて捉える人は辛《つら》い思いをするし、苦しみもします。しかし同時に、「あれはああではなく、こうすればよかった」という反省の思慮を持つことにもなります。それが進歩であり前進であり向上というものです。

失敗や不運を自分に引き寄せて考えることを続けた人間と、他のせいにして済ますことを繰り返してきた人間とでは、かなりの確率で運のよさがだんだん違ってくる、ということです。

露伴はこのことを、運命を引き寄せる二本の紐《ひも》に譬《たと》えて述べています。

一本はザラザラゴツゴツした針金のような紐で、それを引くと掌《てのひら》は切れ、指は傷つき、血が滲《にじ》みます。それでも引き続けると、大きな運がやってきます。だが、手触りが絹《きぬ》のように心地いい紐を引っ張っていると、引き寄せられてくるのは不運であるというわけです。

幸運不運は気まぐれや偶然のものではありません。自分のあり方で引き寄せるものなのです。

「失敗をしたら必ず自分のせいにせよ」

露伴の説くシンプルなこのひと言は、人生を後悔しないための何よりの要訣《ようけつ》です。

人を育てる十の心得——加賀屋の流儀

小田真弓
和倉温泉 加賀屋女将
Mayumi Oda

人を育てる上で大事なことで、まず前提として挙げられるのは、「現場に宝物あり」ということですね。やはり現場にいなければ分からないことがたくさんありますから、私は極力玄関に立ち、廊下を歩いて、危ないな、よくないなと思うことはすぐに注意して直させているんです。

その上で、客室係を育てる上で大切だと感じていることは、十項目あります。

一つ目は、笑顔で相手のいいところを褒めてあげる。ここでのポイントは「ありがとう」と言うことです。よく「ご苦労さん」って言うことがありますけど、どうしても上から目線での 物の言い方になりますから、私は「ありがとう」とか「ご苦労さまでした。ありがとう」と言うようにしています。

二つ目は、注意する時は言い方に気をつける。「あんた、こんなことしてダメよ」って頭ごなしに叱っても、いまの子は「何よ、あの言い方」「全然私の気持ちを分かってくれない」と反発するだけですから、相手の言い分をまず聞き、「こんないい面を持っているけど、これだけは気をつけてね」と注意します。

三つ目は、相手との気持ちを通じ合わせる。朝社員に会ったら、こちらから先に笑顔で「おはよう」って挨拶をしますし、一人ひとりの顔色や体調、様子を見て、「どうしたの?」「風邪ひいた?」などと声を掛けるようにしています。

四つ目は、時には外部の研修や講演会などに出してあげて、気分転換させる。

五つ目は、不器用な人、要領よくできない人ほど、より可愛がって大事にしてあげる。できる人は放っておいても努力しますからね。

六つ目は、自己啓発の機会を体験させてあげる。加賀屋ではお茶や生け花などの作法や知識を学ぶ社内アカデミーを設けています。

七つ目は、ひと言多い子や段取り優先な子を注意する。たいていのクレームの原因が、ひと言多いか段取り優先のタイプなんですよ。言わなくてもいいことを余計に言ったり、お客様のペースを無視して自分の段取りどおりに進めようとして怒られる。「お客様はみんな違うんだから、一人ひとりに合わせればいいのよ」と話しています。

八つ目は、知識を教える。お料理のことや地域の歴史、美術工芸品など、客室係はいろんなことをお客様に聞かれますから、そういうことを一所懸命教えるんです。

九つ目は、相性が合わない場合には配置換えをする。何回言ってもどうしても喧嘩《けんか》をする社員同士は、配置換えをして、お互いに気持ちよく仕事ができるようにしています。

最後は、責任は女将である私にあるということ。「最終的な責任は私が背負うから、自分が正しいと判断するとおりにやっていいよ」と言うんですが、そういう雰囲気をつくり、社員たちの創意工夫を後押しできるようにしています。

私の役割は舞台をつくることで、そこで美しく舞うのは社員たちです。社員たちがイキイキと楽しみながら働けるような環境を整えることが、私の仕事だと思っています。

1月7日

ヒット商品を生み出す秘訣

佐藤可士和　クリエイティブディレクター
Kashiwa Sato

ヒット商品を生み出すには、商品の本質を見抜くことが肝要《かんよう》です。本質を見抜くとはある表層だけではなく、いろいろな角度から物事を観察し、立体的に理解するということです。

そのためのアプローチは様々ありますが、中でも僕が最も重要だと思うのは、「前提を疑う」ということです。

これは僕のクリエイティブワークの原点ともいえるフランスの美術家、マルセル・デュシャンから学んだことです。

二十世紀初頭、皆が一所懸命絵を描いて、次は何派だとか言って競っている時に、デュシャンはその辺に売っている男性用の小便器にサインをして、それに「泉」というタイトルをつけて、美術展に出したんです。キャンバスの中にどんな絵を描くのかということが問われていた時代に、いや、そもそも絵を描く必要があるのかと。見る人にインパクトを与えるために、敢《あ》えて便器という鑑賞するものとは程《ほど》遠いものを提示して、アートの本質とは何かをズバッと示した。つまり、そういう行為自体が作品であると。

ただ、必ずしも前提を否定することが目的ではありません。一度疑ってみたけど、やはり正しかったということも十分あり得るでしょう。大事なのは、「そもそも、これでいいのか?」と、その前提が正しいかどうかを一度検証してみることです。過去の慣習や常識にばかり囚《とら》われていては、絶対にそれ以上のアイデアは出てきませんから。

あと一つ挙げるとすれば、「人の話を聞く」ことが本質を見抜く要諦《ようてい》だといえます。相手の言わんとする本意をきちんと聞き出す。僕はそれを問診《もんしん》と言っていますが、プロジェクトを推進していく際はこの問診に多くの時間を割いています。じっくり悩みを聞きながら、相手の抱えている問題を洗い出し、取り組むべき課題を見つけていくのです。

問診にあたっては、自分が常にニュートラルでいること、それが重要です。邪念《じゃねん》が入るとダメですね。人間なので好き、嫌いとか気性の合う、合わないは当然あるじゃないですか。ただ、合わない人の言っていることでも正しければ、その意見に従うべきですし、仲のいい人でも間違っていれば「違いますよね」と言うべきでしょう。

感情のままに行動するのではなく、必要かどうかを判断の拠《よ》り所《どころ》とする。いつも本質だけを見ていようと思っていれば、判断を間違えることはないでしょう。

1月8日

独創力を発揮するための三条件——糸川英夫の教え

的川泰宣
宇宙航空研究開発機構（ＪＡＸＡ）名誉教授・技術参与
Yasunori Matogawa

糸川英夫先生はよく「独創力」の大切さについて話されていましたが、一般向けに行われた講演会でこんなことがありました。

先生は、幼い男の子を抱いて前の席で座っているお母さんに「その子を独創力のある子に育てたいと思いますか？」と聞かれました。「もちろん」と答えたお母さんに、「そのためにあなたはどう育てるつもりですか？」と聞くと、そのお母さんは「独創力を発揮するには自由でなければいけないから、この子がやりたいと思ったことは何でもやらせます」と答えました。

先生は天井を見てしばらく考えていましたが「あなたは数年すると、絶望するでしょうな」と言われたんです。「何でも好きにやって独創力がつくのならチンパンジーには皆、独創力がある」と。

先生が続けて言われるには「人間には意志というものがあって、自分はこれをやりたい、という思いにどこまでも固執《こしつ》しなければいけない」と。いったんやりたいと思ったことは、絶対にやり遂げるという気持ちがなければ、やっぱり何もできません。一度決心したことは、石にしがみついてでもやり遂げる強い意志が必要だ、と第一に言われました。

第二には、過去にどんな人がいて、何をやったかを徹底的に学習しないとダメだ、と。アインシュタインは、ニュートンのことを徹底的に学習して、ニュートンが考えることはすべて分かるという状態にまでなった。そうやって初めて、ニュートンの分からないことが分かるようになったんです。

だから過去の人がやったことを決して馬鹿にしてはいけない。これまで先人が残した考えの上に乗っかって、初めて新しいことが生まれる。だから、徹底的に勉強しなきゃいけないと言われました。

第三は、少し意外だったんですが、自分が何か独創力のある凄い仕事をしたと思っていても、世の中が認めなければそのまま埋もれてしまうことになる。世に認められるためには、他の人とのネットワークをしっかり築いてよい関係をつくっておくことが大事ですと。

先生はその後、「私は独創力と縁のないことを言ってるように聞こえるかもしれないけれど、世の中の独創力はそうやってできてるんですよ」と話された。先生はまさしくそれを貫かれたと思うんですね。同時代の人がやっていることを真似るようなことは決してしないけれども、過去のことは非常によく勉強されていますよ。

糸川先生は、誰も考えなかったことを考えるのが大好きなんですよね。でもその基盤には、自分が正当に継がなきゃいけないものを、物凄くしっかり勉強しているということがあるわけです。その上に立って、初めて独創力が生まれてくるんだなということは、先生を見ていてよく感じました。

1月9日

嫌いな上司を好きになる方法

林 成之
日本大学大学院総合科学研究科教授
Nariyuki Hayashi

多くの人は「命懸けで頑張ります」と口で言いますが、命懸けで脳が働くシステムを使っていないのです。

勝負の最中《さいちゅう》、前回のアテネオリンピックではこうだった、昨日コーチにこう注意されたなどと考えながら勝負をする。これは作戦を考えながら戦っているので命懸けの戦いにならないのです。

命懸けの戦いとは、過去の実績や栄光を排除し、いま、ここにいる自分の力がすべてと考え、あらゆる才能を駆使して勝負に集中する戦い方をいうのです。

これには「素直」でないとできません。素直でない人、理屈を言う人はあれこれ考え、その情報に引っ張り回されます。素直な人は、過去も未来もない、いまの自分でどう勝負するかに集中できるのです。

それと同時に、勝負を好きになること、コーチ・監督や仲間を好きになることです。だから北京オリンピックでは、競泳日本代表選手の皆さんに言ったんです。「皆さんのコーチ・監督は、神様が皆さんに遣《つか》わした人たちですよ」と。

私たち一人ひとりの人生の勝負は自分の才能をいかに引き出すかだと思います。だから、家族も、会社の社長や上司、学校の先生など、みんな神様が遣わしてくれた人だと思って好きになればいいのです。会社がつまらない、上司が嫌いだと言っていたら、本当は能力があっても、自分で自分の才能を閉じてしまうことになる。

ただ、人間ですから、どうしても合わない人や環境もあります。希望じゃない部署に配属になることもある。日常レベルでも、トラブルが起きたり、クレームがあったり、嫌なことを言われることもありますね。

その時は「競争相手は自分を高めるツールと思う」、あの考え方で、このひどい環境が、この経験が自分を磨くんだと思えばいいのです。

人間の脳は、海馬回《かいばかい》だとか視床下部《ししょうかぶ》とか、それぞれが自分の機能を果たしながらも、連携をとりながら一つの脳として働いています。逆に一つだけが傑出《けっしゅつ》していても、連携が取れていなければ脳としては働きが悪いわけです。

私たち人間もまた、自分の持ち場で精いっぱい役割を果たし、意見や立場の違いがあっても共に認め合って生きることが、結局は自己を生かす道だと思います。そのためにも、脳の仕組みを知らずに勝負に負けたり、自分はダメだと思ってしまったらもったいない。

人生の勝負に勝つために、自分自身の能力を最大限に発揮していただきたいと思っています。

1月10日

公私混同が組織を強くする

平尾誠二　神戸製鋼ラグビー部ゼネラルマネージャー

Seiji Hirao

強いチームというのは、指示された通りに動くだけではなく、各々がイマジネーションというのを膨《ふく》らませて、それぞれの状況に応じて何をすればいいかを考え出すチームです。これからは特にそういうことが求められてくると思いますね。

ルール作りも大事ですが、本当は一人ひとりのモラールが少し上がればチームはものすごくよくなるんです。決め事をたくさんつくるチームは、本当はあまりレベルの高いチームではないんですね。

僕はチームワークを高めるために、よく逆説的に「自分のためにやれ」と言うんです。結局それが一番チームのためになりますから。

みんなに、「公私混同《こうしこんどう》は大いにしなさい」とも言うんです。これは、一般的な意味での公私混同ではなく、公のことを自分のことのように真剣に考えるという意味です。個人がチームのことを自分のことのように考えていなければ、チームはよくならない。これからのチーム論としてはそういうことが大事になってくると思うんです。

ラグビーでも、いいチームは一軍の選手から控えの人間まで非常に意識が高いですよ。試合に出ていない人間までが「俺はチームに何ができるか」ということをいつも一所懸命考えている。

その原点は何かというと、やはり自発性にあるんですね。これをいかに高めるかということが重要です。これは自分の中から持ち上がってくる力ですから、命令形では高められない。

これをうまく引き出すことが、これからチームの指導者には必要になってきます。また、そういう組織がどんどん出てこない限り、新しい社会は生まれないと僕は思いますね。

ソニー創業者・井深大のリーダーシップ論

宮端清次
はとバス元社長
Kiyotsugu Miyabata

リーダーシップの勉強を始めようと私が思ったのは、三十年以上前のことです。

都庁で管理職になった頃、現役を退《しりぞ》いたソニーの井深大《いぶかまさる》さんの講演を聴きに行ったんです。そこで井深さんは一時間ほどリーダーシップの話をされましたが、私にはよく分からなかった。すると終了後に、ある女性が手を挙げて「失礼ですが、いまのお話はよく分かりませんでした。私のような主婦にでも分かるように話をしてくれませんか」と言ったんです。司会者は大慌てでしたが、さすがは井深さんですね。ニコッと笑って、こんなお話をされました。

「ソニーの社長時代、最新鋭《さいしんえい》の設備を備えた厚木工場ができ、世界中から大勢の見学者が来られました。しかし一番の問題だったのが便所の落書きです。会社の恥だからと工場長にやめさせるよう指示を出し、工場長も徹底して通知を出した。それでも一向になくならない。そのうちに『落書きをするな』という落書きまで出て、私もしょうがないかなと諦めていた。

するとしばらくして工場長から電話があり『落書きがなくなりました』と言うんです。『どうしたんだ?』と尋ねると、『実はパートで来てもらっている便所掃除のおばさんが、蒲鉾《かまぼこ》の板二、三枚に、

〝落書きをしないでください
ここは私の神聖な職場です〟

と書いて便所に張ったんです。それでピタッとなくなりました』と言いました」

井深さんは続けて、

「この落書きの件について、私も工場長もリーダーシップをとれなかった。パートのおばさんに負けました。その時に、リーダーシップとは上から下への指導力、統率力だと考えていましたが、誤りだと分かったんです。以来私はリーダーシップを〝影響力〟と言うようにしました」と言われたんです。

リーダーシップとは上から下への指導力、統率《とうそつ》力が基本にある、それは否定しません。けれども自分を中心として、上司、部下、同僚、関係団体……その矢印の向きは常に上下左右なんです。

だから上司を動かせない人に部下を動かすことはできません。上司を動かせる人であって、初めて部下を動かすことができ、同僚や関係団体を動かせる人であって、初めて物事を動かすことができるんです。よきリーダーとはよきコミュニケーターであり、人を動かす影響力を持った人を言うのではないでしょうか。

リーダーシップとは時と場合によって様々に変化していく。固定的なものではありません。戦場においては時に中隊長よりも、下士官のほうが力を持つことがある。ヘッドシップとリーダーシップは別ものです。

あの便所においてはパートのおばさんこそがリーダーだった。そうやって自分が望む方向へ、相手の態度なり行動なりが変容することによって初めてリーダーシップが成り立つのです。

1月
12日

本田宗一郎のデザイン論

岩倉信弥
多摩美術大学理事・教授、本田技研工業元常務
Shinya Iwakura

本田宗一郎《そういちろう》さんはいつもしつこいくらいに「いいものをつくるにはいいものを見ろ」。

とおっしゃっていました。

ある時、こんな苦い経験をしたことがあるんです。「初代アコード」の四ドア版をつくっていた時のことでした。

僕らのデザインチームは、四ドアを従来の三ドアの延長線上に考えて開発を進めていた。ところが本田さんは、「四ドアを買うお客さんの層は三ドアとは全然違うぞ」と言って憚《はばか》らない。ボディは四角く、鍍金《めっき》を付け、大きく高そうに見えるようにしろと言われるのです。

僕は内心、そんな高級車はよその会社に任せればいいと考えていました。ほんの気持ち程度の対応しか見せない僕らに、本田さんは「君たちはお客さんの気持ちが全然分かっていない。自分の立場でしかものを見ていない」と日ごとに怒りを募《つの》らせてきます。

毎日よく似たやりとりが続き、我慢の限界を感じた僕は「私にはこれ以上できません。そんな高級な生活はしていませんから」と口にしていました。

本田さんはそれを聞くなり「バカヤロー！」と声を荒《あ》らげ、「じゃあ聞くが、信長や秀吉の鎧兜《よろいかぶと》や陣羽織《じんばおり》は一体誰がつくったんだ？」と言われたんです。

大名の鎧兜をつくったのは、地位も名もない一介《いっかい》の職人。等身大の商品しかつくれないのであれば、世の中に高級品など存在しなくなる。

自分の「想い」を高くすればできる。心底その人の気持ちになればできるんだ。つくり手は、その人が欲しいのはこういうものだということが分からなければダメなんです。想像する力ですね。像を想う。その人になり切る。それができなければよいデザインは生まれない、と教えてくださったんです。

僕が四十歳になった時「形は心なり」という言葉がふっと胸の中に浮かんできました。

やはりいい心でものを考えないといい製品はできないし、形のいい製品はやはりいい心でできているんだなと思うようになりました。

1月13日

「おかげさま」と「身から出たサビ」

山中伸弥　京都大学iPS細胞研究所所長

Shinya Yamanaka

私は子供の頃から病弱で、中学に上がった時も、ガリガリの体形でした。そんなんじゃダメだと父親に言われまして、柔道部に入ったんです。高校を卒業するまでの六年間、一所懸命に取り組みました。

柔道だけに限りませんけれども、普段の練習は実に単調なんですね。毎日二、三時間ほど練習しましたが、とにかく苦しいし、楽しくない。その上、柔道は試合が少ないんです。野球やサッカーはしょっちゅう試合があるから、モチベーションを保ちやすいと思うんですけど、柔道の場合、三百六十五日のうち三百六十日は練習で、残りの五日が試合。

試合に勝ち進めばまだいいですけど、負けたらまた半年間はひたすら練習をする。その単調さに負けない精神力、忍耐力はものすごく身につきました。

これはいまの仕事にも生かされています。研究こそまさに単調な毎日で、歓喜の上がる成果は一年に一回どころか、数年に一回しかありません。だから、柔道というスポーツを経験したことは非常によかったと思っています。

もう一つ、私にとって大きかったのは母親の教えです。

高校二年生の時に二段になったのですが、その頃は怪我が多くて、しょっちゅう捻挫や骨折をしていました。ある時、教育実習に来られた柔道三段の大学生の方に稽古をつけてもらったことがありましてね。投げられた時に、私は負けるのが悔しくて受け身をせずに手をついたんです。で、腕をボキッと折ってしまった。

その先生は実習に来たその日に生徒を骨折させたということで、とても慌てられたと思うんです。私が病院で治療を終えて帰宅すると、早速その先生から電話がかかってきて、母親が出ました。その時、「申し訳ないです」と謝る先生に対して、母親は何と言ったか。「いや、悪いのはうちの息子です。息子がちゃんと受け身をしなかったから骨折したに違いないので、気にしないでください」と。

当時は反抗期で、よく母親と喧嘩していたんですけど、その言葉を聞いて、我が親ながら立派だなと尊敬し直しました。

それ以来、何か悪いことが起こった時は「身から出たサビ」、つまり自分のせいだと考え、反対にいいことが起こった時は「おかげさま」と思う。この二つを私自身のモットーにしてきました。

上手くいくと自分が努力をしたからだとつい思ってしまうものですが、その割合って実は少ない。周りの人の支えや助けがあって初めて、物事は上手くいくんですね。

1月14日

経営者の人間学とは修羅場を経験すること

鬼塚喜八郎　アシックス社長

Kihachiro Onitsuka

大阪大学の外科部長の水野祥太郎博士は「運動力学《りきがく》で計算すると、人間の体重六十の人はじっとしていると、六十キロの体重がかかるが、走ると三倍の百八十キロの体重がかかってくるんや。それを二万何千回繰り返してみい。衝撃を与えるから過熱してやけどになるんだよ」と。「大体、二〇キロから三〇キロ走るとぼつぼつその現象が出てくる。そうすると、そこへリンパ液が集まってくるから、それがマメになるんや」と。

ぼくはこの原理を知りましてね、「さすが先生、あんた学者やなあ」と。「じゃ、マメのできない靴はどないして作ったらいいか」「それはお前が考えるこっちゃ」

それで、ある日、タクシーに乗って工場に行く途中、パァーンとエンジンが爆発しましてね。自動車が止まっちゃった。運転手が「すんません、お客さん、エンジンが爆発しましたから、他の車に乗ってください」「なんで爆発したんや」「いや、エンジンはラジエーターの水で冷やすんですが、今日は水を入れるのを忘れてしまったんです」

ぼくはそこでね、ああ、エンジンの過熱を水によって冷やすんか。じゃ、マラソンの靴も水によって冷やしたらええんやと思いついたわけです。

それで水を入れてみたりしましたが、どうもマラソンには合わん。そのうちに、自動車の親戚のオートバイのエンジンは空冷式だということにヒントを得て、靴のつまさきや、両側に穴を空けたり、その他、ベロや靴底にも工夫を施《ほどこ》したんです。着地したら、中の空気を出す。地面を離れたら、冷たい空気が足の裏に入るという靴を作ったんです。空冷式のマラソンシューズで、これがパテントになりました。実際、これで走らせたら、マメができなかったんです。

これがやはり、バイオメカニクスの原理を応用した商品で、そうでないと、本当に新しいものは生まれてこない。だから、私どもは本社機能を持つ時には真っ先にバイオメカニクスの研究施設というものを入れたんです。最近はそのバイオメカニクスの機能をもっと充実するために、スポーツ工学研究所というものを造ったんです。

まあ、昔から、経営者というものは生きるか死ぬかの闘病をやる、あるいは監獄に拘《こう》留《りゅう》される、あるいは倒産という、企業にとって全《まった》く悲劇的な経験を味わう。

そういう生きるか死ぬかという修羅場《しゅらば》をくぐっていかないと、ほんとの人間学は分からない。経営学とはすなわち人間学なんですね。なぜか、人間のために行う経営ですからね。その経営者の人間学はそういう修羅場を経験していかないとなかなかできてこないといわれていますね。

あかあかと通る一本の道

齋藤茂太　精神科医
Shigeta Saito

『致知《ちち》』の企画で坂村真民《しんみん》先生と対談することになりました。真民先生とお会いできるのは願ってもないことで、私は胸躍らせて先生のご自宅にお伺いしました。その時に感じたこと、学んだことを述べればどんなに紙幅を費やしても足りませんが、一つだけ記すと、真民先生が対談の最後のほうで言われたことが、いまでも胸に焼き付いているのです。

真民先生は毎晩唱えるお祈りの言葉がある、とおっしゃいました。それは大無量寿経《だいむりょうじゅきょう》の嘆仏偈《たんぶつげ》の中の言葉です。「我行精進《がぎょうしょうじん》、忍終《にんじゅう》不悔《ふげ》」（わが行は精進して忍んで終《つい》に悔《く》いじ）。修行に完成はない。修行して修行して、この道をあくまでも歩み続ける。そのことに悔いなどあろうはずがない。それこそが生きるということなのだ。その決定心を毎晩刻み込んでいる真民先生の姿に粛然《しゅくぜん》とするものがありました。詩人になるために詩を書くのではない、自己を成熟させるために詩を書くのだ、とは常々真民先生のおっしゃっていることです。それは、先生の多くの詩で確かめることができます。

存在

ざこは
ざこなり
大海を泳ぎ
われは
われなり
大地を歩く

真民先生の生きざまや詩を通して、私の胸に浮かんでくる一つの言葉があります。それは「愚直《ぐちょく》」です。良寛《りょうかん》は自らを「大愚《たいぐ》」と称しましたが、それに匹敵する、いな、それに優る大きさで、自己成熟を願って精進《しょうじん》し続ける生き方が己の一本道と思い定め、脇目もふらずひたすら歩み続ける、こういう愚直さほど偉大で、光り輝くものはない、と思わずにはいられません。

私は真民先生の姿を通して、父茂吉《もきち》の生き方に気づくことにもなりました。

あかあかと一本の道とほりたり
たまきはる我が命なりけり

これは数ある父の歌の中で私が一番好きな一首ですが、これは父茂吉が医業や病院経営など煩雑《はんざつ》な生業《なりわい》があろうと、自分はあかあかと通る一本の道、歌の道に生きるのだと思い定めた決定心の歌なのだ、と改めて思うのです。そして父は思い定めた一本道を愚直に生き、命を輝かせることができたのだ、と思わずにはいられません。真民先生の己を極める愚直な生きざまはまぶしいほどに輝いています。父茂吉もまた、愚直に歌の道を貫いて重みのある輝きを備えることができました。私の生き方はそれに比べるべくもありません。それでも精神科医三代目として医業に懸けた小さな歩みは私なりにささやかながら輝いていて、これでいいのだと、老いの身に勇気を授かるような気がしているのです。

1月16日

一%の明かりを見つけて努力する

山下俊彦　松下電器産業相談役

Toshihiko Yamashita

私は人間には二つのタイプがあると思います。一つは非常に恵まれた環境にあって、我われから見たら、「何も言うことはない」という人が、案外に、不平を持っていたりすることがあります。そういう人は九十九%が恵まれていて、わずか一%、恵まれていない何かがあって、そこばかり、見ている人です。

松下幸之助さんなどは、もう九十九%悪いことばかりでも、わずか一%の明かりを見つけて努力するタイプです。そこがあの人の素晴らしいところだと思います。

ある時、こんなことを私に言ったことがあります。

あの人は、トヨタの石田退三《たいぞう》さんと非常に仲がよかったのですが、ある時、「石田さんは気の毒や。自分は石田さんに比べて非常に恵まれた環境に育った」と言うのです。石田さんという人は、トヨタに入るのは遅かったかもしれませんが、病弱で幼少から丁稚《でっち》奉公に出、兄弟も全部亡くなってしまった幸之助さんに比べると、はるかに順調な人生を送っています。

その石田さんのどこが気の毒で、自分は恵まれたというのかといいますと、「自分は二十三歳から電気業界に入って一筋に来た。石田君は、君な、何歳の時にトヨタに入って初めて自動車をやったんだ、気の毒や」と。そういう見方をする人でした。

どんな状況の中でも、少しでも明るいほうを見せようとする。だから、自分の苦労を苦労とちっとも思っていなかったのです。

これは人の上に立つリーダーにとって、大事な資質だと思います。悪い点にこだわるのではなく、恵まれた点を伸ばしていくということです。この資質がまた、人の欠点ではなく、人の長所を見るという、あの人の特性につながっていったのだと思います。

私は、社長になった時に、「どんな会社にしたいか」と言われて、「働いても疲れが残らない会社にしたい」と答えました。同じ苦しい仕事をしても疲れが残る会社と残らない会社がある。仕事の大変さを理解してくれる上司がいてくれると、あまり、つらくならないものです。その点、幸之助さんは実によく、見てくれました。だから、あの人の下では、いくら厳しく言われても、部下は働きやすかったのじゃないかと思うのです。

1月17日

渋沢栄一は三つの「魔」を持っていた

城山三郎　作家

Saburo Shiroyama

　日本信販創設者の山田光成さんは断られても断られても百貨店に通い詰めて、とうとう何社かを説得して契約し、日本信販をスタートさせる。

　口で言ってしまえば簡単です。だが、百貨店と契約するまでには筆舌に尽くし難い苦労があったはずです。

　いろいろなアイデアを抱く人はたくさんいます。だが、それを創業に持っていき、軌道に乗せられるかどうかの境目はここなんですね。多くはここを乗り越えられず、アイデアは単なるアイデアで終わってしまう。

　その境目を乗り越えさせるものは、渋沢栄一の言う「魔」でしょうね。情熱と言ってもいいし狂気と言ってもいい。何かをやるなら「魔」と言われるくらいにやれ、「魔」と言われるくらいに繰り返せ、ということです。

　渋沢栄一は埼玉の農家から出てきて一橋家に仕える。侍になりたいんですね。ところが、割り当てられたのは勝手番。これでは上の人と話し、認めてもらうチャンスがない。

　だが、上の人が毎朝乗馬の訓練をする。

　この時なら話すチャンスがあるということで、渋沢は馬と一緒に走って自分の思いや考えを上の人に話す。毎朝それをやる。

　すると、あいつは見どころがあるということで、そこから彼の人生は開けていく。

　渋沢は三つの魔を持っていた。

　吸収魔、建白《けんぱく》魔、結合魔です。

　学んだもの、見聞《けんぶん》したものをどんどん吸収し、身につけてやまない。物事を立案し、企画し、それを建白してやまない。人材を発掘し、人を結びつけてやまない。

　普通にやるんじゃない。大いにやるのでもない。とことん徹底して、事が成るまでやめない。そういう「魔」としか言いようのない情熱、狂気。

　根本にそれがあるかないかが、創業者たり得るか否《いな》かの分水嶺《ぶんすいれい》でしょう。

1月18日

すぐやる、必ずやる、出来るまでやる

永守重信
日本電産社長
Shigenobu Nagamori

信じる通りになるのが人生であるということですね。僕はこの言葉を自分で色紙に書いて、目のつくところに置いています。

自分でこうなりたいと思っていることもなれないのに、思わないことが実現するわけは絶対にないですから。だから信じる通りになるのが人生ということですな。

しかし世の中の人はみんな信じない。

頭のいい人ほど先が見えるから信じませんね。できるわけがないと思ってしまう。だからむしろ鈍才のほうが教育しやすいですね。

創業間もない頃の日本電産は、私の家の一室で図面を引き、桂川の堤のそばにあった三十坪ほどの染め物工場の一階を借りて、旋盤とボール盤、プレス機を一台ずつ入れて仕事を始めたんです。

どこへ行っても仕事はもらえず、やっと受注できた仕事といえば過酷な注文がつくために他のメーカーのどこもやらないような仕事ばかり。技術者みんなに言うと絶対無理だと言う。

そういう時はみんなを立たせて、いまから出来る出来ると百回言おうというわけです。

「出来ます。出来ます。出来ます……」

「どうや」と。

「いや出来ません」

今度は千回言う。

そうすると不思議なことにだんだん出来る気分になってくるんです。

そういう気分になったところで一気に始める。

すると、客先の要求する性能に及ばないまでもかなりレベルの高い製品が仕上がる。

こうやって日本電産の技術力が蓄積されていったんです。

この時に「とても無理だ」「不可能だ」とあきらめていたら、日本電産はとっくに倒産していたと思います。

社員によく言うんです。

「物事を実現するか否《いな》かは、まずそれをやろうとした人が〝出来る〟と信じることから始まる。自ら〝出来る〟と信じた時にその仕事の半分は完了している」

とね。

1月19日

正しい決断と間違えた決断の共通項

松井道夫　松井証券社長

Michio Matsui

もちろん私も、正しい決断ばかりしてきたわけではない。間違った決断も随分してきました。

ある時それを整理してみると、正しい決断にも、間違えた決断にもそれぞれ共通項があることが分かりましてね。正しかった決断は、すべてマイナスの決断、捨てる決断です。そして、間違えた決断はすべからくプラスの決断、足し算の決断、捨てないで加える決断だったのです。

私は、どうしてかと自分なりに分析してみました。

捨てる決断で何を捨てるかというと、全部過去に積み重ねてきたものです。それは、いろんな努力、苦労の集積だから、捨てることによる痛みが計算できる。

ところが、捨てて得られるものは、全部未来のことです。将来のことはやってみないと分からないから計算できない。計算できるものを捨てて計算できないものを得ようとするわけだから、反対されるんです。

私が証券セールスをやめると言った時も、口々に言われました。

「社長、いままでこの営業体制をつくるのにどれだけ苦労したか分かりますか」と。

そこで何を言ったって説得できない。それができるのは社長の思い込みしかないですよ。

ところが、加える決断はみんな納得するんですよ。捨てないから。

決して加える決断がすべてダメだということではないのですが、順番としては、まず捨ててからでないと得られないと私は考えています。

禅の言葉に、「坐忘《ざぼう》」という言葉があります。新しいものを取り入れるためには、まず古いものを捨てなければならないということです。まず古いものを捨てて場所を空けないと、新しいものは入らないのです。

だから、成功は失敗のもとになりがちなんです。成功している時は、捨てられないからどんどん保守的になって、それでダメになっていくのです。

逆に、失敗は成功のもとになる。もう失うものは何もない。だから新しいことを始めようという気持ちになって、場合によっては成功する。

だから私は、時代が大きく変化する時こそ、まずは捨てろという「坐忘」の教えを考えるべきだと思うのです。

1月20日

二十一世紀のあるべき経営者の心得

塚越 寛 伊那食品工業会長

Hiroshi Tsukakoshi

私は、単に経営上の数字がいいというだけでなく、会社を取り巻くすべての人が、日常会話の中で「いい会社だね」と言ってくださるような会社でありたいと願っています。

いい会社のイメージというのは私たちの中でははっきりしています。それは例えば、社員が親切だとか、笑顔がいいとか、隣近所に迷惑をかけないとか、よく掃除をして周辺の環境をよくすることに貢献しているとか、これらはみんないい会社の特長としてあげられると思うのです。

残念ながら、そういうものを評価する仕組みがいまの株式市場にはありません。だから私は上場は考えないのです。利益も成長も、「いい会社だね」と言っていただけるような企業活動をした結果得られるものです。

そのためには、まずリーダーである私が自分を律していかなければなりません。ここに「二十一世紀のあるべき経営者の心得」というのを掲げていますが、私は三十年以上も前からこうした視点で自分を省み、自分を律してきました。当初は「一九七〇年代の企業経営者心得」としてまとめたものを、幾度も書き換えながら、会社として、経営者として、本来あるべき姿を確かめ続けてきたのです。

「二十一世紀のあるべき経営者の心得」

一、専門のほかに幅広く一般知識をもち、業界の情報は世界的視野で集めること。

二、変化し得る者だけが生き残れるという自然界の法則は、企業経営にも通じることを知り、すべてにバランスをとりながら常に変革すること。

三、永続することこそ企業の価値である。急成長をいましめ、研究開発に基づく種まきを常に行うこと。

四、人間社会における企業の真の目的は、雇用機会を創ることにより、快適で豊かな社会をつくることであり、成長も利益もそのための手段であることを知ること。

五、社員の士気を高めるため、社員の「幸」を常に考え、末広がりの人生を構築できるように、会社もまた常に末広がりの成長をするように努めること。

六、売る立場、買う立場はビジネス社会において常に対等であるべきことを知り、仕入先を大切にし、継続的な取引に心がけること。

七、ファンづくりこそ企業永続の基であり、敵をつくらないように留意すること。

八、専門的知識は部下より劣ることはあっても、仕事に対する情熱は誰にも負けぬこと。

九、文明は後戻りしない。文明の利器は他社より早くフルに活用すること。

十、豊かで、快適で、幸せな社会をつくるため、トレンドに迷うことなく、いいまちづくりに参加し、郷土愛をもちつづけること。

1月21日

イチローの流儀

山本益博　料理評論家

Masuhiro Yamamoto

イチロー選手に初めて直接会ったのは、二〇〇四年にメジャー歴代シーズン最多安打記録を塗り替え、二百六十二安打という金字塔《きんじとう》を打ち立てた、その翌年のこと。場をセッティングするにあたり、東京を代表する食べ物である天ぷらかお鮨《すし》を味わってもらいたいと思い、仲介《ちゅうかい》の人を通じて尋ねると、驚くべき答えが返ってきた。「天ぷらについてはよく知らないので、できればお鮨にしてください」。なかなか出てくる言葉ではない。普通だと「お鮨が好きだから」と言うはずだ。

当日、「すきやばし次郎」で食事をしたのだが、食べ終わった時、店主の小野二郎さんに言ったひと言も圧巻だった。「次は、僕一人で来てもいいですか」。これもやはり「おいしかったのでまた食べに来ます」と言うのが一般的だろう。実に謙虚な人であり、人として尊敬できると感じた。

食事の後に行ったインタビューで私は開口一番、こう質問した。

「ヒットで出塁すると右肘《ひじ》のサポーターをベースコーチャーに渡した後、ヘルメットの耳当ての穴にバッティンググローブをしたままの右手人差し指を入れますけど、あれはどういう意味なんですか」

すると、彼は最初、「そんなことするかな」と言った後、「緩《ゆる》いヘルメットを被《かぶ》っているから、直しているんだと思います」と答えた。すかさず「いいえ、フォアボールの時にはやりません。ヒットで出塁した時にやります」と返すと、しばらく考え込んで、「ああ、リセット」と言った。「僕はクリーンヒットでもボテボテの内野安打でも嬉しくて顔に出ちゃう。でも笑ってなんかいられない。一瞬のうちに気持ちを切り替えて次の局面に向かうために無意識にやっていたんでしょう」

本人も気がついていなかった点に着眼したその質問が受けたのだろう。「もっと聞きたいことがあるので、改めてお時間をいただけませんか」との打診に「いいですよ」と言ってくれたばかりか、普段は単独インタビューを断っているにも拘《かかわ》らず、一時間半以上に及んで私の単独インタビューに応じてくれたのである。

その時のインタビューで最も心に残っているのは、目標設定に関する次の言葉だ。

「目標は高く持たないといけないんですけど、あまりにも高過ぎると挫折《ざせつ》してしまう。だから、小さくとも自分で設定した目標を一つひとつクリアして満足する。それを積み重ねていけば、いつかは夢のような境地に辿り着く」

別のインタビュー記事でもこう表現している。

「小さなことを重ねることがとんでもないところへ行く唯《ただ》一つの道」

いまの自分とかけ離れた目標ではなく、努力すれば手の届く小さな目標を設定し、その目標をやり切り、自分との約束を守る。そうして満足感や達成感を積み重ねていくことが大事。この積み重ねるというのは、情熱を持ち続けていないとできないことだろう。

1月22日

負けず嫌いにもレベルがある

張栩　囲碁棋士

U Cho

持ち時間は対局によって異なりますが、午前十時に始まった対局が午後十一時過ぎに終わることもあります。その間、頭は常にフル回転ですから、心身共にへとへとに疲れます。一度の対局で二～三キロ体重が減ってしまう棋士もいるくらいです。

「そんなに長い間、集中できるの？」と思われるかもしれませんが、途中で眠気を催《もよお》したり、気を抜いたりしては命取りですから、普段から「脳の体力」を鍛えることは意識し続けてきました。

例えば、若い頃は日本棋院《きいん》での対局を終えて家に帰ってきた後、疲労困憊《こんぱい》の状態で、さらにインターネットでまだ打っていました。疲労し切った脳をさらにギリギリに絞る。そんなイメージでしょうか。

いまでも、疲れて寝る前に布団の中でその日打った碁を頭の中で再現してみます。それも超高速で。

スポーツでも何でもそうだと思いますが、普段できないことは本番でもできません。集中力についても同じだと思います。いざ対局の時に絞り出そうとしても、いきなりはできない。普段から疲れた脳に最後のひと仕事をさせる訓練をしておくべきだと思います。

もっとも、僕はそれを「努力」とは思っていないんですね。囲碁が好きだから、全《まった》く苦痛ではない。囲碁が好きなことは棋士である以上、とても大切な資質だと思いますね。好きじゃないとすべてが苦しくなってきます。

その他、プロ棋士に共通する資質として、やっぱり勝負に対する執念はものすごいですよね。簡単にいえば「負けず嫌い」。なんだ、当たり前だと思われるかもしれませんが、僕は「負けず嫌い」にも段階があると思っています。

まずは「その場だけの負けず嫌い」。

勝負の世界に限らず、負けるのが好きという人はそうそういませんから、やはりやるからには当然勝利を目指すわけです。しかし、それがその場限りのものであっては「負けず嫌い」とはいえないと思うんですね。

自分が勝ちたい、もっと上手くなりたいと思ったら、練習を積んだり体調を整えたり準備をするはず。これが次の段階です。

趣味で取り組んでいるものであれば、正しい努力と準備を行っていけば、相当のレベルにまで到達すると思います。

しかし、「真の負けず嫌い」はさらにもう一段階上じゃないかなと。それは「自分の人生のすべてを賭けて」という部分が加わってくると思うんです。一道を極めている人は必ずどこかの時期でこの経験をしていると思います。

囲碁のように白黒はっきりつく勝負の世界に限らず、事業家でも芸術家でも、どこかで人生を賭けた大一番の勝負をしているはずです。

一度は寝食を忘れすべてを注ぎ込む時期を経ない限り、道はひらけていかないと思います。

1月23日

一度は死に物狂いで物事に打ち込んでみる

安藤忠雄　建築家
Tadao Ando

中学二年の時に平屋《ひらや》の自宅を二階建てに改築することになりましてね。近所の若い大工さんがお昼休みも取らずに、パンを齧《かじ》りながら一心不乱に働いている姿を見て、すごいなと。この人は真剣に生きてる、仕事に誇りを持って働いてる、自分も建築の道に進みたいと思ったんです。

もう一つ、杉本先生の存在も大きかったですね。杉本先生は中学の数学の先生で、まさに熱血教師でした。杉本先生がいつも全力で熱心に教えてくれたことで、勉強嫌いだった私も数学だけは理解できたんです。職人の仕事と数学への興味が重なるところに建築の世界があった。ですから、若い大工さんと杉本先生に出逢ったことが原点ですね。

家が貧しかったから、早く稼いで祖母を楽にしてあげたいと思ってました。高校生の時に双子の弟がプロボクサーになったこともあって、ボクシングジムを見学したら、当時サラリーマンの給料が一万円の時代に、四回戦のファイトマネーが四千円なんですよ。えっ、喧嘩してお金くれるの？　こりゃええなと。

一か月くらい練習してプロになったんですけど、後に世界チャンピオンとなるファイティング原田が練習に来た時に、圧倒的なレベルの差を実感しました。才能というのはあるんですね。それでさっさとやめました。

経済的な事情と学力の両方の理由から大学には行けず、建築の専門教育も受けられなかった。ならば自分で勉強しようと。十九歳の時に、建築学科の学生が四年間かけて学ぶ専門書を一年で全部読もうと決心し、毎朝九時から翌日の朝四時まで机に向かいました。

睡眠時間は四時間。四月一日から翌年の三月三十一日まで、ほとんど外出もせず、無我夢中で勉強したんです。

「おまえは学校へ行ってない。ハンディキャップがある。でも、ハンディキャップは意外といい。頑張るから」と祖母が言ってましたけど、いま振り返るとその通りだと思います。

その後、昼はアルバイトをし、夜は通信教育で建築やデッサン、グラフィックデザインなどを手当たり次第に学び、休みの日は奈良や京都へ行って、東大寺や法隆寺といった壮大なものから茶室のような小さなものまで、ありとあらゆる伝統的な建築を見て回る生活を送りました。

二級建築士と一級建築士の資格を取る時も、いずれも一発で合格しようと覚悟を定め、仕事の仲間と昼食に行く時間も惜しんで、パンを二つ食べながら一人黙々と建築の専門書を読んでました。

「安藤は頭がおかしくなったんか」と冷たい視線を向けられたりもしましたが、おかげで両方とも一発で合格することができたんです。若い頃に、一度は死に物狂いで物事に打ち込んでみることが必要です。目標を定めたら何が何でも達成するんだという意志を持たないと。独学であっても強い覚悟と実行さえあれば道は開ける。これは私の実感であり、体験を通して掴んだ一つの法則です。

1月24日

人ではなく、時計と競争する——人間国宝の仕事術

大場松魚　漆芸家

Shogyo Oba

実家は塗師《ぬし》の家柄で、私は三代目に当たります。家ではたくさんの職人が仕事をしとるから、そこへ行ってぽかーんと立っていたって勉強になる。だから誰に習うということはないんです。もう母親の腹の中にいた時から漆《うるし》をやることになってしまっとる。そのままいけば朝から晩まで仕事をして、月給を取れる職人になれた。一門の兄弟子たちは皆、そういう仕事をしている。でも私の場合はそういう職人になりたくない。展覧会に出品する作家になりたいんだと、初めから考え方が違った。だから石川県の工業学校に入る時も、漆工科ではなく、図案絵画科を選んだ。仕事は家でいくらでも習えますから。

そして工業学校を卒業後、十年間、親父の後ろで、その背中を見ながら夜遅くまで仕事をしました。毎朝起きると、朝食をかき込んで仕事場を掃除し、七時にはぴしゃっと仕事に取り掛かる。そして正午までの五時間、息もつかずに仕事をします。三十分で食事を済ませたら、夕方六時までの五時間半、またぶっ続けで仕事。そこで三十分間の夕飯を取り、夜十時まで、毎日十四時間仕事をしました。休みは月に二回だけ。文字通り、仕事、仕事です。

漆の仕事なんて、月給を取って朝八時から夕方五時まで働くなんていうもんではないですよ。そんなことを言う者にろくな奴はおらん。そんなことじゃ職人には、仕事師にはなれないですよ。我われの仕事には、朝も夜も昼も夜中もないんです。朝から晩までずっと漆から離れられない。

仕事をするにあたっては、人間なんてもの、相手にしていたってしょうがない。皆、疲れてくると決まって能率が下がる。それですぐ、負ぁけた、やめたと言って投げ出しちゃう。人間のように頼りないものはないですよ。

だから私は時計と競争する。夜も夜中もあったものじゃない。例えば一つの品物を作るのに、この一面はさっき一分で塗れた。じゃあ次は五十五秒で塗る。それも同じように、きれいにきちんと仕上げる。

だからトイレに立てば立った分だけ、時計は先に進んで仕事は何もできない。といって、垂《た》れ流しにするわけにもいかんし。

忙しい時はたとえ十秒でも五秒でも無駄にはできん。時計と競争してこいつを負かすことはなかなかできませんけどね、時々は勝つようなことがありますよ。何時までにこの仕事をするんだと決めて、それよりも早くできることがあるから。

なぜ負けないか。人間には「頭」があるからです。時計はチッ、チッ、チッ、チッ、と一定のリズムで時を刻む。しかし人間は、この仕事をこの時間までに仕上げるんだと腹を決めれば、グッと時間を短縮することができる。だから仕事を早くしようと思えば、目標時間を決め、それに対して集中攻撃を掛けることです。そうすれば一分早くなるか、五分早くなるか、いくらかでも早くなるんです。敵に勝つんですよ。

そうやって時計に逆《さか》ねじを食らわせるような意気込みで仕事に向かうことが大切です。

1月25日

奇跡を起こす方程式

佐渡 裕　指揮者

Yutaka Sado

プロの指揮者になってもう三十年が経《た》つわけですが、これまでたくさん失敗もしましたし、不完全燃焼に終わることもありました。僕のプロフィールにはいっぱい成功した経歴が書いてあるかもしれません。ただやっぱり、その何十倍も失敗し、悔しい思いを味わってきたので、そういう経験から得たものが大きいのかなと思うんです。

いまでもヨーロッパで列車に乗ると、トラウマ感情みたいなものが湧いてくるんです。若い頃はお金がありませんから、飛行機ではなく夜行列車で移動していました。成功して意気揚々《いきようよう》と帰ってくることもあれば、失敗した悔しさのあまり、疲れているにも拘《かか》わらず、全然寝られずに一晩中過ごしたこともある。

でも、成功している自分も失敗している自分も含めて、子供の時から憧れていた指揮者になっていること自体が本当にありがたい話なので。悔しい時ほど「ありがとう」という言葉が自分を元気にしてくれるし、次に向かう原動力になると思うんです。

僕自身、指揮者という仕事に就けたことはとても幸せであり、天職だと思っています。

この天職に出逢えるというのはすごく重要なことで、僕は無宗教なのですが、神様が自分に与えてくれた職業に対して、喜びを持って迎える。それに出逢えるかどうかは、その人の人生を大きく左右するんじゃないかなと。

僕は両親の存在、育った環境、恩師との出逢い、そういう運や縁が偶然にも繋がって、小学生の時に描いた夢が実現しているわけですから、非常に幸運な人間の一人なのかもしれません。

音楽の世界では、才能や運っていうのは確かに一つの大きな要素かなと思います。ただ、これは僕の大好きなプロゴルファーの言葉なのですが、「奇跡を起こす方程式」が存在すると。才能、運、努力。これらは足し算だが、掛け算になるものが一つだけある。それは感謝力だと。

例えば何でこんな大事な演奏会の日に雨が降るんだとか、何でこんな音響の悪いホールで本番をやらなきゃいけないんだと思ったら、感謝力は〇・七になってしまい、せっかくそれまで足してきた才能も運も努力も全部マイナスになる。でも、奇跡を起こせる人間は、失敗した時にこそ、「ありがたい」と感謝できるんです。

プロは絶対ミスをしてはいけない

王 貞治 福岡ソフトバンクホークス球団会長

Sadaharu Oh

ホームランを打ち始めた頃、「王シフト」という守備態勢を敷《し》かれたこともありました。

打席に入ると、相手チームの野手が六人も右半分に寄っていたのには驚きましたね。けれども僕は、率《りつ》を打つことが目標ではなかったですからね。来た球を強く打って、なおかつスタンドに入れることが自分本来の打ち方だと思っていましたから。

何人守っていようが、真芯《ましん》で打てば野手の間を抜ける、角度がつけばスタンドへ行く、ということで、シフトを敷かれたことはあまり問題ではありませんでしたね。むしろあのシフトは、何があっても自分がよりよい打球を打てばいいんだと、もう一段階、僕の気持ちを高めさせてくれました。

僕の現役時代には、一球一球が文字通りの真剣勝負で、絶対にミスは許されない、と思いながら打席に立っていました。

よく「人間だからミスはするもんだよ」と言う人がいますが、初めからそう思ってやる人は、必ずミスをするんです。

基本的にプロというのは、ミスをしてはいけないんですよ。プロは自分のことを、人間だなんて思っちゃいけないんです。

百回やっても、千回やっても絶対俺はちゃんとできる、という強い気持ちを持って臨んで、初めてプロと言えるんです。

相手もこちらを打ち取ろうとしているわけですから、最終的に悪い結果が出ることはあります。でも、やる前からそれを受け入れちゃダメだということですよね。

真剣で斬り合いの勝負をしていた昔の武士が「時にはミスもある」なんて思っていたら、自らの命に関わってしまう。

だから彼らは、絶対にそういう思いは持っていなかったはずです。時代は違えど、命懸けの勝負をしているかどうかですよ。

1月27日

一〇・一〇・一〇の法則

藤居 寛
帝国ホテル顧問
Hiroshi Fujii

帝国ホテルのサービスの教訓としている算式がありましてね。

それが「一〇〇－一＝〇」というものです。ホテルでは、ドアボーイがお客様をお迎えして、それぞれの持ち場が連携しておもてなしして、最後にまたドアボーイがお送りするわけですけれども、そのうちのどこか一つでもミスがあれば、他でどんなに素晴らしいサービスをしてもすべて台無しになってしまいます。ですからたった一つのことでも気を抜いてはいけない。

一つマイナスがあれば答えは九十九ではない、〇だというのが「一〇〇－一＝〇」なんです。

同じことを「一〇《テン》・一〇《テン》・一〇《テン》の法則」というふうにも言っています。

信用、すなわちブランドを構築するには十年かかる。しかし、そのブランドを失うのはたった十秒なのです。

そして失った信用、ブランドを盛り返すにはまた十年かかるということです。

長い時間をかけてつくり上げたブランドも、たった十秒で崩れます。ですから、一瞬一瞬のお客様との出会いを本当に大事にしなければいけないのです。

お客様にご満足いただけると、「さすが帝国ホテル」と褒めていただけるのですが、たった一つ間違えると、「帝国ホテルともあろうものが」という評価になります。中間の「まあまあ」という評価がないのが当社の宿命なのです。

ですから「一〇〇－一＝〇」や、ブランドは十秒で崩れるという訓戒を心に深く刻んで、「さすが帝国ホテル」と言われるように頑張ろうと声を掛けています。

具体的には「さすが帝国ホテル推進運動」という活動を行っておりまして、ホテル運営をしていく上で大事なオペレーション面、ソフト面、ヒューマン教育などについて常時協議を重ねています。また、特に「帝国ホテルらしい」行いをしたスタッフや部門に対して、社内表彰も行っています。

しかし、人間のやることというのは理想どおりには絶対にいきません。必ずミスもあります。

その時には、「お詫びとお礼は一秒でも早く」というのが鉄則です。原因をキチッと究明して、そのお客様が札幌でも沖縄でも、飛んでいってお詫びします。これをやらなければ駄目ですね。

世界一の監督になれたバックボーン

松平康隆
全日本バレーボール協会名誉会長
Yasutaka Matsudaira

父は小さいながらも事業を営《いとな》んでいましたが、父にもしものことがあれば、目の見えない自分と小さな息子が路頭《ろとう》に迷ってしまう。あの頃は社会保障なんてない時代でしたから、物乞いになるか、死ぬかどちらかしかないわけです。そこで一念発起《ほっき》した母は、女性が仕事を持つことが考えられない時代に骨瓶《こつがめ》を焼く会社を設立したんです。鹿児島の女性でしたし、強い女性だったことは確かです。また、なんとしても生きていかなければという気概がそうさせたのでしょう。

その母が私に繰り返し教えたことが三つありまして、まず一つが、「負けてたまるかと静かに自分に言いなさい」。簡単に言えば克己《こっき》心ですよね。人間はどんなに強そうに見える人にも弱い部分がある。その弱さとはナヨナヨしているということよりも、怠惰《たいだ》であったり、妥協でしたり、みんな己に対する甘さを持っているわけです。だから常に自分自身を叱咤激励《しったげきれい》し、己に打ち克《か》つことが人生では大切なことだと、そういう実感が障害と共に生きた母にはあったのでしょう。この「負けてたまるか」は、監督になって世界一を目指す私にとって一番大切な言葉であり教えとなりました。

昔の人でしたから、母はとにかく「男とは」「男とは」といつも私に言っていましたが、二つ目の教えは、「男は語尾をはっきりしろ」です。母は目が見えませんでしたから、言葉ではっきり伝えるということが実生活でも非常に大切なことでした。そして結局これが、男としての出処進退に繋がっていくんですね。

欲しいのか、欲しくないのか。するのか、しないのかをはっきりと宣言する。そして男は一度口にしたら絶対にブレてはいけないと。チームを率いる監督も、二言があったら選手は絶対についてきません。もちろん試合の作戦なんかは状況に応じてどんどん変えていくわけですが、チームの目指すべき方向性や指導方針などにブレがあったら絶対にダメです。

それから三つ目の教えは、言ってみれば、「卑怯なことをするな」ということ。具体的に言うと、私はおふくろが目の見えないことを利用して騙《だま》したことがあったんです。

「康隆！　おまえは目明きだ。目が見える者が見えない者の弱みにつけ込んで騙すとは、男として、人間として最低だ！　男は卑怯なことをするな！」

これには参りました。自分としては全然悪気のない嘘だったのですが、確かに目の見えない母を騙していたんだなと思って、金輪際、人の弱みにつけ込むような卑怯なことはしまいと心に誓いました。後にスポーツの道に進んでも「卑怯なことをして勝つことは絶対にしない」と決めていたし、それは選手にも幾度となく言ってきたことです。だから、私が世界一の監督になれたバックボーンは、盲目の母の三つの教えによってつくられたといっていいでしょう。

努力の上の辛抱という棒を立てろ

桂 小金治
タレント
Kokinji Katsura

十歳の頃、僕にとって忘れられない出来事があります。

ある日、友達の家に行ったらハーモニカがあって、吹いてみたらすごく上手に演奏できたんです。無理だと知りつつも、家に帰ってハーモニカを買ってくれと親父にせがんでみた。

すると親父は、「いい音ならこれで出せ」と神棚の榊《さかき》の葉を一枚取って、それで「ふるさと」を吹いたんです。あまりの音色のよさに僕は思わず聞き惚れてしまった。

もちろん、親父は吹き方など教えてはくれません。

「俺にできておまえにできないわけがない」

そう言われて学校の行き帰り、葉っぱをむしっては一人で草笛《くさぶえ》を練習しました。だけど、どんなに頑張ってみても一向に音は出ない。諦めて数日でやめてしまいました。

これを知った親父がある日、

「おまえ悔しくないのか。俺は吹けるがおまえは吹けない。おまえは俺に負けたんだぞ」

と僕を一喝《いっかつ》しました。続けて、

「一念発起は誰でもする。実行、努力までならみんなする。そこでやめたらドングリの背比べで終わりなんだ。一歩抜きん出るには努力の上の辛抱という棒を立てるんだよ。この棒に花が咲くんだ」

と。その言葉に触発されて僕は来る日も来る日も練習を続けました。そうやって何とかメロディーが奏でられるようになったんです。

草笛が吹けるようになった日、さっそく親父の前で披露しました。

得意満面《まんめん》の僕を見て親父は言いました。

「偉そうな顔するなよ。何か一つのことができるようになった時、自分一人の手柄と思うな。世間の皆様のお力添えと感謝しなさい。錐《きり》だってそうじゃないか。片手で錐は揉めぬ」

努力することに加えて、人様への感謝の気持ちが生きていく上でどれだけ大切かということを、この時、親父に気づかせてもらったんです。

翌朝、目を覚ましたら枕元に新聞紙に包んだ細長いものがある。開けてみたらハーモニカでした。喜び勇んで親父のところに駆けつけると、

「努力の上の辛抱を立てたんだろう。花が咲くのは当たりめえだよ」

子ども心にこんなに嬉しい言葉はありません。あまりに嬉しいものだから、お袋にも話したんです。するとお袋は、

「ハーモニカは三日も前に買ってあったんだよ。お父ちゃんが言っていた。あの子はきっと草笛が吹けるようになるからってね」

僕の目から大粒の涙が流れ落ちました。

いまでもこの時の心の震えるような感動は、色あせることなく心に鮮明に焼きついています。

1月30日

教員の仕事は教壇に立って教えることだ

坂田道信
ハガキ道伝道者
Michinobu Sakata

徳永康起先生は熊本県の歴史始まって以来、初めて三十代の若さで小学校の校長になられた方でしたが、初めて「教員の仕事は教壇に立って教えることだ」と五年で校長を降り、自ら志願して一教員に戻った人でした。だからどの学校に行っても校長に煙《けむ》たがられたと思われますね、自分より実力が上なものだから。

それで二年ごとに学校を出されてしまうんだけど、行く先々で教師たちが一番敬遠している難しいクラスを受け持って、みんなを勉強好きに変えてしまうんです。

授業の前に児童たちが職員室へ迎えに来て、騎馬戦みたいに先生を担いで、「ワッショイ、ワッショイ」と教室に連れていったというんです。先生、早く教えてくれって。

先生は昼飯を食べない人でした。なぜ食べないかというと、終戦直後、昼の時間になると弁当を持ってこられない子どもたちがさーっと教室からいなくなる。それでひょっと校庭を見たら、その子たちが遊んでいたんです。

その時から自分もピタッと昼飯を食べるのをやめて、その子たちと楽しい遊びをして過ごすようになりました。

以来、昼飯はずっと食べない人生を送るんですよ、晩年になっても。

これは戦前の話ですが、「明日は工作で切り出しナイフを使うから持っておいで」と言って児童たちを帰したら、次の日の朝、「先生、昨日買ったばかりのナイフがなくなりました」という子が現れました。

先生はどの子が盗《と》ったか分かるんですね。それで全員外に出して遊ばせているうちに、盗ったと思われる子どもの机を見たら、やっぱり持ち主の名前を削り取って布に包んで入っていた。

先生はすぐに学校の裏の文房具店に走って、同じナイフを買い、盗られた子の机の中に入れておきました。

子どもたちが教室に帰ってきた時、「おい、もう一度ナイフをよく探してごらん」と言うと、「先生、ありました」と。

そして「むやみに人を疑うものじゃないぞ」と言うんです。その子は黙って涙を流して先生を見ていたといいます。

それから時代が流れ、戦時中です。特攻隊が出陣する時、みんなお父さん、お母さんに書くのに、たった一通徳永先生宛ての遺書があった。もちろんナイフを盗った子です。

「先生、ありがとうございました。あのナイフ事件以来、徳永先生のような人生を送りたいと思うようになりました。明日はお国のために飛び立ってきます……」

という書き出しで始まる遺書を残すんです。

1月31日

自分を育てるための三つのアプローチ

今野華都子　タラサ志摩スパ＆リゾート社長

Katsuko Konno

洗顔教室では、何も特別な技術を教えているわけではないんですよ。汚れを落として顔を洗う。そういうとてもシンプルなことです。

ただ、いまはお化粧品が発達して、昔は汗で落ちたものが、普通に洗っただけでは落ちなくなっています。

しかしだからといって、洗い過ぎては皮膚《ひふ》本来が持っている保湿バランスを崩してしまいます。丁寧にお化粧や汚れを落としながら、健康な皮膚のバランスを壊さないように洗わないといけません。そうした毎日の小さな習慣が、いまの自分のお肌の状況をつくり出しているのです。

そうして肌に化粧水やら保湿液やらを塗って補おうとしていますが、それはかえって皮膚本来の機能を衰えさせます。そしてずっと塗り続けないと健康な状態にならないという悪循環《じゅんかん》が起こる。その点に気をつけた洗い方に変えると、数か月のうちに肌は健康な状態に戻っていきます。

ただ、中身が伴っての自分ですから、単に外面だけが「きれい」になっても幸せじゃないんですね。自分の幸せは、他の人の幸せにも繋《つな》がってこそのものだと思うのです。周囲の人と上手くやっていかないと「こんなに努力しているのに理解してもらえない」という悩みに繋がりますよね。

いくら外見が「きれい」になっても、心が満たされていないと幸せじゃないですからね。私は日々の洗顔を通して、自分というものを意識して育てていってほしいと思い、例えば、自分を育てるための三つのアプローチなども教えます。

まずは笑顔、次に「ハイ」と肯定的な返事ができること、人の話を頷《うなず》きながら聞くということ。最低限この三つができているかどうかで人生が大きく違ってきます。

例えば、仕事の場面でいうと、自分がまだやったことのない仕事を頼まれた時、あるいは違う部署に配属になった時、「それは私にはできません」とか「自信がありません」と言ってしまう。

しかし私たちは新入社員の頃は、ほとんどすべてが初めての経験で、自分がやれるかどうかなど分からないのに、素直に「ハイ」と言っていました。そうして仕事を受け入れてきたからこそ、自分の能力をひらくことができた。

だから仕事を頼まれた時は笑顔で「ハイ」と受け入れてやってみる。教えてくれる人の話を頷きながら聞く。それが自分を育てていく道だと思います。

「できません」「やれません」と言ったら、すべての可能性の扉が閉まります。

結局、いつも自然に身についていることしか表面に出ないんです。「きれい」を育てるのも同じで、毎日の仕事の中でそういうことを身につけていきながら、目の前のことで自分の可能性をひらいていくんです。

きれいになった自分をどう生かすかが大切で、こういう基本的なことが身について初めて、自分を生かしていける段階になっていきます。

2月

February

日野原重明（聖路加国際病院理事長）
西端春枝（大谷派浄信寺副住職）
山下智茂（星稜高等学校副校長・野球部監督）
藤沢秀行（囲碁九段・名誉棋聖）
大畑誠也（九州ルーテル学院大学客員教授）
木下晴弘（アビリティトレーニング社長）
柏木哲夫（金城学院大学学長）
川上哲治（元巨人軍監督）
越智直正（タビオ会長）
伊藤謙介（京セラ元会長）
中井政嗣（千房社長）
坂村真民（仏教詩人）
西村 滋（作家）
石川 洋（托鉢者）
夏井いつき（俳人）
白川 静（立命館大学名誉教授）
杉山美沙子（一般社団法人次世代SMILE協会代表理事）
張 富士夫（トヨタ自動車相談役）
浅見帆帆子（作家・エッセイスト）
安田 弘（安田不動産顧問）
吉田栄勝（一志ジュニアレスリング教室代表）
コシノジュンコ（デザイナー）
上甲 晃（志ネットワーク「青年塾」代表）
藤木相元（嘉祥流観相学会導主）
福島孝徳（デューク大学教授）
黒岩 功（ル・クログループオーナーシェフ）
松崎一葉（筑波大学大学院人間総合科学研究科教授）
和田裕美（HIROWA代表取締役）

2月1日

命とは君たちが持っている時間である

日野原重明
聖路加国際病院理事長
Shigeaki Hinohara

僕はいま人生において最も大切だと思うことを、次の世代の人に伝えていく活動を続けているんです。僕の話を聞いた若い人たちが何かを感じ取ってくれて、僕たちの頭を乗り越えて前進してくれたらいいなと。

その一つとして僕は二年前から二週間に一回は小学校に出向いて、十歳の子どもを相手に四十五分間の授業をやっています。

最初に校歌を歌ってもらいます。前奏が始まると子どもたちの間に入って、僕がタクトを振るの。すると子どもたちは外から来た年配の先生が僕らの歌を指揮してくれたというので、心が一体になるんですね。

僕が一貫してテーマとしているのは命の尊さです。難しい問題だからなかなか分からないけれどもね。でも「自分が生きていると思っている人は手を挙げてごらん」と言ったら、全員が挙げるんです。

「では命はどこにあるの」って質問すると、心臓に手を当てて「ここにあります」と答える子がいます。僕は聴診器《ちょうしんき》を渡して隣同士で心臓の音を聞いてもらって、このように話を続けるんです。

「心臓は確かに大切な臓器だけれども、これは頭や手足に血液を送るポンプであり、命ではない。命とは感じるもので、目には見えないんだ。

君たちね。目には見えないけれども大切なものを考えてごらん。空気見えるの？　酸素は？　風が見えるの？　でもその空気があるから僕たちは生きている。このように本当に大切なものは目には見えないんだよ」と。

それから僕が言うのは、

「命はなぜ目に見えないか。それは命とは君たちが持っている時間だからなんだよ。死んでしまったら自分で使える時間もなくなってしまう。どうか一度しかない自分の時間、命をどのように使うかしっかり考えながら生きていってほしい。さらに言えば、その命を今度は自分以外の何かのために使うことを学んでほしい」

ということです。

僕の授業を聞いた小学生からある時、手紙が届きましてね。そこには、

「寿命《じゅみょう》という大きな空間の中に、自分の瞬間瞬間をどう入れるかが私たちの仕事ですね」

と書かれていた。十歳の子どもというのは、もう大人なんですよ。あらゆることをピーンと感じる感性を持っているんです。

僕自身のことを振り返っても、十歳の時におばあちゃんの死に接して、人間の死というものが分かりました。子どもたちに命の大切さを語り続けたいと思うのもそのためです。

2月
2日

みてござる

西端春枝
大谷派浄信寺副住職
Harue Nishibata

　私は大谷学園という仏教の学校を出ております。当時、左藤義詮《ぎせん》という校長先生がおられて、私が大谷にいる間、繰り返し繰り返しおっしゃっていたのが「みてござる」という言葉でした。

　左藤先生は立派なお寺の住職さんで、後に大阪の知事になられた方ですけれども、ある時大阪・船場《せんば》の問屋さんにお説教に行かれるんですね。その問屋の玄関に立った時、大きな扁額《へんがく》があり、平仮名で「みてござる」と書いてあったらしいのです。上へ上がられたら応接間にも「みてござる」、お手洗いにも「みてござる」、仏間にも「みてござる」の額が飾ってある。

　それで左藤先生がご主人に「珍しいですね。扁額はよう読まない難しい字が書かれてあるものなのに」とお尋ねになったら、ご主人は次のような話を始められたのだそうです。

　その方のお父さんは飛騨高山《ひだたかやま》のご出身なのですが、小さい時に父親を亡くされて貧乏のどん底でね。お母さんが「どうしてもおまえを養えないから」とおっしゃって、十三歳で大阪に奉公に行かれるのです。いよいよ明日は見知らぬ大阪に出発という日の晩、二人ともなかなか眠れない。お母さんが「じゃあ、お話ししようか」と夜《よ》が白《しら》むまで子どもにお話をされました。

「貧乏でおまえに何もしてあげられなかった。何か餞別《せんべつ》をしたいんだけど、それもできない。物を買うお金もないので、火にも焼けないし水にも流れない言葉をあなたに贈ります」

　そう言ってお母さんが平仮名で書いて、少年に手渡されたのが「みてござる」という言葉だったんです。

　少年はその言葉を持って大阪に出るのですが、やはり辛《つら》い船場でのご奉公があって、ある時淀川の堤防を歩きながら「辛いなあ、お母さん恋しいなぁ。この川にはまれば楽になれるのに」と思っていたら、ふと「みてござる」という言葉が頭に浮かんで少年を引き戻すんですね。

　それからも、先輩からいじめられたり、いろいろ辛い体験をされるのですが、そういう時のお守りが常に「みてござる」だったといいます。

　この方はやがて船場で店を張るまでに成功し、七十五歳でお亡くなりになられます。臨終の場に息子たちや番頭さんを集めて「いろいろお世話になりました。私はおかげさまで成功できたと思うけれども、それには、やはり目に見えない私を引っ張ってくれるものがあった。それが『みてござる』という言葉なんや。どうか子々孫々《ししそんそん》に伝えて長く我が家の家宝としてほしい」と言われたというんです。

　私は左藤先生に七年ほどお世話になりましたけれども、法話の時間に「みてござる」という言葉を聞かされたのでした。だからこそ皮膚の中から入ったのかなと思います。左藤先生にしてみたら「言わずにおれない」というお気持ちだったのでしょう。本当の教育者でした。

松井秀喜の才能を花開かせたもの

山下智茂
星稜高等学校副校長・野球部監督
Tomoshige Yamashita

高校時代の松井秀喜《ひでき》選手のことでいまでも忘れられないのが、入学した日、「おめでとう」と言って握手した時のことです。手が象の皮膚のように硬くひび割れていたのです。ちょっとやそっとの素振りではああはなりません。こいつ、どんだけ練習してんのや、とこっちが驚くほどでした。

才能もあったけど、才能を生かすための努力を怠りませんでした。それにご両親もしっかりした方々で、三年間で松井の両親と話したのは三回しかないんです。

まず入学に際して「よろしくお願いします」。ドラフトの時、「先生、相談に乗ってやってください」。

そして卒業の時、「三年間どうもありがとうございました」の三回です。

野球部の中には「監督さん、なぜうちの子を試合で使ってくれないの?」「なんでうちの子ばかり叱られるの?」と言ってこられる親御さんもいますが、松井の両親は百%息子を信じ、学校を信じてくださっていたから、一切口出しはなさいませんでした。

彼は高校時代、電車で一時間かかる町から通っていたのですが、行き帰りで本を読むように勧めました。最初は野球が上手くなってほしいから野球の本を読ませていましたが、次第に『宮本武蔵《むさし》』や『徳川家康』などの歴史小説を薦《すす》め、最後は中国の歴史書とか哲学書を読ませました。プラトンとかアリストテレスとか。

本を読めば知識が広がるだけじゃなくて、集中力が高まるんです。それは打席に立って発揮する集中力に繋《つな》がるんですね。

それに彼にはただのホームランバッターではなく、王・長嶋に次ぐ本物のスターになってほしかったから、「日本一のバッターを目指すなら心も日本一になれ」といつも言っていました。

彼は最後の夏の甲子園で話題になったでしょう。実はあの前年、高校選抜で一緒に台湾に行ったんです。現地の審判だから当然台湾びいきで、顔の前を通ったような球もストライクにする。松井は頭にきて、三振するとバットを地面に叩きつけたんです。

その時「おまえは日の丸をつけて来ているんだ。石川代表じゃない。球界最高のレベルを目指すなら、知徳体《ちとくたい》の揃《そろ》った選手になれ」と懇々《こんこん》と話をしました。

彼がいた三年間は甲子園に連続出場できたし、最後の国体では優勝もしました。スケールの大きな夢を追いかけた楽しい三年間でした。

2月4日

勝負にこだわるな、芸を磨け

藤沢秀行 囲碁九段・名誉棋聖

Hideyuki Fujisawa

碁の技術を磨くだけでは強くはなれない。いかに厚みのある生き方をしてきたかが問題になる。経営も同じでしょう。経営が悪化した。だが、その様相は盤上《ばんじょう》の布石《ふせき》のように無限でも、そこでどのような手を打ち、克服できるかの根本は、一つしかないと思うのですね。リーダーがどれだけ厚みのある生き方をしてきたかです。

私の場合、これまでの七十三年間を振り返ってあれこれ言うと、所詮《しょせん》は言い訳になってしまいそうです。確かに十代は文字通り刻《こっ》苦勉励《くべんれい》しました。しかし、二十代では酒と競輪を覚え、修羅場《しゅらば》を味わうことになりました。そして、三十代で名人のタイトルを取り、五十代で棋聖位、六十代で王座を手中にしました。その間にがんとの闘病も経験しました。それが私の厚みになっているかどうかは分かりません。ただ、その修羅場で一所懸命にあがき、自分という人間の強さ弱さを学びました。

そしていま、自分の来し方を振り返ってみると、すべては夢幻《ゆめまぼろし》のようです。残っているのは、碁も人生も分からないという事実です。でも、人生は分からないから面白いのですね。だからいまも、私は若い人と一緒に勉強しているのです。

碁は確かに勝負を競うものです。だが、勝負を第一義に置いたら、逆につまらなくなってしまうのではないでしょうか。碁にはその人の個性、考え方、人生経験が表れますが、碁は感性の発露《はつろ》、まさに芸に他なりません。だからこそ、碁は命を込めるに値《あたい》するのですね。勝負は結果にしかすぎません。第一義はいい碁を打つこと。つまり自分が生きてきたすべてを三百六十一路の盤上に表現するものだと私は思っています。そのためには、芸を磨く以外にはありません。芸を懸命に磨く。そうすれば、自然に勝てるようになる。

若い人たちを指導するにも、結局私はこの一事だけしか言っていないのです。目先の勝負にこだわるな。まず芸を磨け。若いうちはわき目もふらずに精進《しょうじん》しろ。それだけです。

その点は中国の碁打ちは目の色が違います。日本の若手もちゃんと勉強していると言いますが、私に言わせれば錯覚《さっかく》もいいところで、年月をかけても、ちゃらんぽらんな勉強をしていれば、いつまでたっても強くなれない。五十年かけても弱いやつは弱い。

勝負は芸のもたらす結果だと考えると、勝ち負けに一喜一憂する必要はなくなる。負けるのは自分の芸が未熟だからであり、相手の芸が勝っていたという以外にはない。強い弱いというのはそのことで、芸が相手より勝っているか劣っているかです。では、勝ちたかったらどうするか。目先の勝ち負けを離れ、相手に勝る努力をして芸を磨く以外にはない、ということです。

2月5日

教室中の親子が涙した最後の授業

大畑誠也
九州ルーテル学院大学客員教授
Seiya Ohata

私が考える教育の究極の目的は「親に感謝、親を大切にする」です。高校生の多くはいままで自分一人の力で生きてきたように思っている。親が苦労して育ててくれたことを知らないんです。

これは天草《あまくさ》東高時代から継続して行ったことですが、このことを教えるのに一番ふさわしい機会として、私は卒業式の日を選びました。式の後、三年生と保護者を全員視聴覚室に集めて、私が最後の授業をするんです。

そのためにはまず形から整えなくちゃいかんということで、後ろに立っている保護者を生徒の席に座らせ、生徒をその横に正座させる。そして全員に目を瞑《つぶ》らせてからこう話を切り出します。

「いままで、お父さん、お母さんにいろんなことをしてもらったり、心配をかけたりしただろう。それを思い出してみろ。交通事故に遭《あ》って入院した者もいれば、親子喧嘩《げんか》をしたり、こんな飯は食えんとお母さんの弁当に文句を言った者もおる……」。そういう話をしているうちに涙を流す者が出てきます。

「おまえたちを高校へ行かせるために、ご両親は一所懸命働いて、その金ばたくさん使いなさったぞ。そういうことを考えたことがあったか。学校の先生にお世話になりましたと言う前に、まず親に感謝しろ」

そして「心の底から親に迷惑を掛けた、苦労を掛けたと思う者は、いま、お父さんお母さんが隣におられるから、その手ば握ってみろ」と言うわけです。

すると一人、二人と繋いでいって、最後には全員が手を繋ぐ。私はそれを確認した上で、こう声を張り上げます。

「その手がねぇ！　十八年間おまえたちを育ててきた手だ。分かるか。……親の手をね、これまで握ったことがあったか？　おまえたちが生まれた頃は、柔らかい手をしておられた。いま、ゴツゴツとした手をしておられるのは、おまえたちを育てるために大変な苦労をしてこられたからたい。それを忘れるな」

その上でさらに「十八年間振り返って、親に本当にすまんかった、心から感謝すると思う者は、いま一度強く手を握れ」と言うと、あちこちから嗚咽《おえつ》が聞こえてくる。

私は「よし、目を開けろ。分かったや？私が教えたかったのはここたい。親に感謝、親を大切にする授業、終わり」と言って部屋を出ていく。振り返ると親と子が抱き合って涙を流しているんです。

S君の生き方から教わったこと

木下晴弘
アビリティトレーニング社長
Haruhiro Kinoshita

生活態度を改めるよう注意を促《うなが》してほしいと訴えかける私に、母親は呟《つぶや》くように話を始めました。

「あの子は小学校の頃から、この塾に通ってK学院に進学するのがずっと夢だったんです。でも先生、大変申し訳ないのですが、うちにはお金がありません……」

S君が早くに父親を亡くし、母親が女手一つで彼を育て上げてきたことを知ったのはこの時でした。塾に通いたいというS君をなだめ続け、生活を切り詰めながらなんとか中学三年の中途で入塾させることができたというのです。私はしばらく頭を上げることができませんでした。S君に申し訳なかったという悔恨の念がこみ上げてきました。そして超難関のK学院合格に向けて一緒に頑張ることを自分に誓ったのです。

K学院を目指して早くから通塾していた生徒たちの中でS君の成績はビリに近い状態でしたが、この塾で勉強するのが夢だったというだけあって勉強ぶりには目を見張るものがありました。一冊しかない参考書がボロボロになるまで勉強し、私もまた、他の生徒に気を使いながら、こっそり彼を呼んで夜遅くまで個別指導にあたりました。すると約二か月で七百人中ベストテンに入るまでになったのです。まさに信じがたい伸びでした。

S君はそれからも猛勉強を続け、最高水準の問題をこなせるようになりました。K学院の入試も終わり、合格発表の日を迎えました。私は居ても立ってもいられず発表時刻より早くK学院に行き、合格者名が張り出されるのを待ちました。真っ先にS君の名前を見つけた時の喜び。それはとても言葉で言い尽くせるものではありません。

「S君に早く祝福の言葉を掛けてあげたい」。そう思った私は彼が来るのを待ちました。しかし一時間、二時間たち、夕方になっても姿を見せません。母親と一緒にやって来たのは夜七時を過ぎてからでした。母親の仕事が終わるのをずっと待っていたようでした。気がつくとS君と母親は掲示板の前で泣いていました。

「よかったな。これでおまえはK学院の生徒じゃないか」。我がことのように喜んで声を掛けた私に彼は明るく言いました。「先生。僕はK学院には行きません。公立のT高校で頑張ります」

私は一瞬「えっ」と思いました。T高校も高レベルとはいえ、K学院を辞退することなど過去にないことだったからです。

しかし、その疑問はすぐに氷解《ひょうかい》しました。S君は最初から経済的にK学院に行けないと分かっていました。それでも猛勉強をして、見事合格してみせたのです。なんという健気《けなげ》な志だろう。私はそれ以上何も言わず、S君の成長を祈っていくことにしました。この日以来、S君と会うことはありませんでしたが、三年後、嬉しい出来事がありました。東大・京大の合格者名が週刊誌に掲載され、その中にS君の名があったのです。「S君、やったなぁ」。私は思わず心の中で叫んでいました。

2月7日

人は生きてきたように死んでいく

柏木哲夫
金城学院大学学長
Tetsuo Kashiwagi

アメリカから帰国後、淀川《よどがわ》キリスト教病院というところで精神科の医者としてスタートしたのですが、そこで末期がんの患者さんのいろんな心の問題を相談される機会があって、アメリカでのチームアプローチの経験を生かそうと思い、スタッフを集めて日本で初めてホスピスプログラムをスタートさせたのです。昭和五十九年、四十五歳の時にはホスピス病棟を立ち上げました。そこで二十年以上かけて、二千五百人の方を看取《みと》ってきました。

そうして実感しているのは、人は生きてきたように死んでいくということです。

ですから、しっかり生きてきた人はしっかり亡くなっていかれますし、表現はおかしいけれどもベタベタ生きてきた人はベタベタ亡くなっていく。それから、周りに感謝をして生きてこられた人は、我われにも感謝をして亡くなられるし、不平ばかり言って生きてきた人は不平ばかり言って亡くなっていくんですね。

このことは、よき死を迎えるためには、よき生を生きなければいけない、ということを教えてくれていると思うのです。

では、よき生というのはいったい何か。そこには個人の主観がだいぶ入ると思うんです。Aさんにとってよき生とはこうだし、Bさんにとってよき生とはこうだというふうに、人によって皆違う。ただ、二千五百名の看取りの中で私が感じることは、やはり前向きな人生ということ、それから周りに感謝できるということ。その二つに集約されるような気がして仕方がないんです。

物事には必ずプラスとマイナスがありますが、物事のプラス面をしっかり見た生き方をしてこられた方々。そういう方々の生は、やっぱり前向きでよき生なんだろうと思うんです。

それから、感謝というのはとても重要なキーワードだと思うんです。家族に対して、周りの人たちに対して、最後に「ありがとう」と言いながら、そして自分も相手からありがとうと言ってもらいながら生を全《まっと》うできるのも、よき生だと思うんです。

そういう生を全うする人を、私は人生の実力者と呼んでいるのです。

2月8日

裸に生まれてきたに　何不足

川上哲治　元巨人軍監督

Tetsuharu Kawakami

私は三割打っても少しも安心しなかった。これでもまだ駄目だ、まだまだだという気持ちで練習したんです。それでようやく自分の打つポイントで球を空中に止めた感じで打てるようになって、自分の打撃のコツというのが自覚でき、持続されて初めて気持ちが楽になりました。それまではスランプの連続でしたね。むしろ、求めてスランプをやっとるという感じでした。

私が読売巨人軍に入団したのが昭和十三年で、翌年リーディングヒッター（首位打者）になり、十六年にもリーディングヒッターになったんだけれども、これは夢中で一所懸命にやっとるうちに首位になれただけで、打撃が分かってたわけじゃないですから。本当に分かったのは二十五年ですから、途中戦争で三年間抜けてますので、やはり九年ぐらいはかかってますよ。この間は苦労の連続でしたね。

昭和二十五年のある日私は、その頃の自分の打撃不振の迷いをふっ切るために多摩川のグラウンドで連日、自主特訓を重ねていたんです。私は一球一球の手ごたえを確かめながら打っていたんですが、無心に打ち続けていたためにどのくらい時間が経っていたのか分からなかった。その時、ふっとある一球が私の目の前で止まった、いや、止まったように見えたんです。私はその止まった球をバットではじき返しました。打球は確かな手ごたえを残してあっという間に外野のフェンスに達していたんです。何度やってもそれは、同じでした。こうしてやっと、私は打撃のコツというものをつかみました。一度コツをつかんだらあとは大変なプラスですよ。人から借りたもんじゃない。自分で体得したもんですからね。自分でつかんだものはどんな時にでも全部プラスになりますから。監督になってからでも、非常に大きな支えになりましたよ。

私が監督をやっとる時には、王だとか長嶋だとか、森、藤田、広岡、金田といった実力のある有名な選手がたくさんおった。こういう大選手たちに「何やっとるか。そんなへっぴり腰であのピッチャーの球が打てるか。こういうふうに引きつけてこう打たなきゃ駄目だ」と叱りとばせる。監督が遠慮しとったんじゃ、チームはまとまりませんよ。自分はそういうことを選手時代に体験しとるんですから、全然遠慮する必要はない。悪いことは悪い、いいことはいいとしてやっていくから、チームがまとまっていけるわけです。

ですから、やはり若い時に苦労してバッティングの技術を身につけるために、スランプに次ぐスランプの苦しさに耐えてやってきたということが、大きな財産になっとるんだね。

若いうちは大きな壁にぶち当たったら、これで人生は終わりみたいな気持ちになるもんですが、そんなことないんですよ。必ず突破できる壁であり、そういう壁を何回も突破していけば、しらんうちに自分は鍛えられて大きくなっとるんですよ。いずれにしても人間、死ぬまで努力ですよ。「裸に生まれてきたに何不足」というようにね、いざという時は〝なあに〟という気持ちで度胸よくぶつかっていけば、必ず克服できますよ。

私を救った兄からの手紙

越智直正　タビオ会長
Naomasa Ochi

十三年に及んだ丁稚奉公《でっちぼうこう》は過酷《かこく》を極めましたが、古典と共に、あの厳しい体験がなければいまの私はないと断言できます。

六畳一間《ろくじょうひとま》に六人で住まわされ、毎朝五時五十五分の起床《きしょう》から深夜まで、休みもほとんどなく働きずくめに働きました。大将には朝から晩まで「アホ」「ボケ」と罵《ののし》られ、とことんしごかれました。何かへまをしでかそうものなら、「足を踏ん張れ。歯を食いしばれ」と命じられ、火花が散るほど強烈なビンタを見舞われました。まるで軍隊のようでした。

おまけに私は、四国出身で言葉も習慣も違うため、仲間からは格好のいじめの対象になりました。問題が起これば、何でも私に責任を押しつけてくる。一階で起きた失敗を、二階で作業をしている私のせいにされるようなひどい有り様で、一人で作業をする時には「わしは男だ、わしは男だ」と繰り返して、溢れてくる涙を必死で堪《こら》えようとしたものです。

一度その辛《つら》い思いを手紙に認《したた》め、兄に送ったことがありました。自分はこの先も、器用に立ち回る都会の連中に交じってやっていける自信がありません。そういう趣旨《しゅし》のことを切々と綴《つづ》ったところ、すぐに兄から返事が来ました。封筒の中には二枚の便箋《びんせん》にたった二行、

「山より大きな猪《いのしし》はいない
海より大きな鯨《くじら》はいない」

とありました。きっと兄は間違って書き送ったに違いない。最初はそう思いました。しかし読み返すうちに、それが兄からの戒めであることが分かったのです。いくらガタガタと泣き言を書き連ねても、実際はおまえが言うほどのことはない、黙って自分の職務を全《まっと》うせよ、と兄は説いていたのです。

丁稚入りして三年たった秋祭りの時季に、大将から突然「田舎へ顔を出してこい」と言われました。私はすぐさま故郷へ向かいました。実家の門を潜り、喜色満面《きしょくまんめん》「ただいま！」と叫んだところへ、田んぼに出ているはずの兄が出てきて、

「『ただいま』ではない。『こんにちは』と言い直せ！」

と一喝《いっかつ》されたのです。三年ぶりの実家で思いっきり羽を伸ばそうと考えていた私は、その兄の一言でお客さんになってしまいました。母が泣きながら「食べたいもんはないか」と聞いてくれましたが、もう何も答えられませんでした。

後で分かったのですが、特別に実家に帰れるよう大将にかけ合ってくれたのは、兄だったのです。兄の厳しい仕打ちに、その時はいたたまれない気持ちになりましたが、そのおかげで私は里心を捨て、性根《しょうね》を据《す》えて奉公に専念することができたのです。弟を思う兄の深い心に私は育てられたのです。

2月10日

心の中に佐渡島をつくれ

伊藤謙介　京セラ元会長

Kensuke Ito

若い人ばかりでなく、自身の戒《いまし》めとしても拳拳服膺《けんけんふくよう》してきた言葉に、「我一心なり」というものがあります。

心を一つに定め、よそ見をするなということです。ある女子プロゴルファーが話していて感銘を受け、心に刻んだ言葉です。

若い頃は隣の芝生《しばふ》が青く見えるものですが、一度思い定めたら、誰がなんと言おうと二心《ふたごころ》なく貫いていくことが大事です。各々が一つのことをひたすら一所懸命やっていく。

そういう心を一つに集約したものが企業であり、企業の業績に結実すると共に、そうやって仕事に打ち込むことは、自分自身のためにもなるのです。

その決意を固めるために私は常々「心の中に佐渡島《さどしま》をつくれ」とも言っています。

社長になった頃、仕事で新潟に行った時に佐渡島まで足を伸ばしたのです。

流刑《るけい》の地として有名な佐渡島には、たくさんの人々が流されましたが、能の世阿弥《ぜあみ》も流されていたということをその時初めて知りました。世阿弥は佐渡島という逃げ場のない場所で何年にもわたり極限の暮らしを余儀なくされました。

勝手な想像ですが、世阿弥にとってあの佐渡島での流刑生活があったからこそ、能楽を世界的な文化に高めるほどの思想的な深みを得たのではないかと思うのです。

我われは目標を設定しても、必ずしも思い通りにいくとは限りません。そうなるとエクスキューズ（言い訳）が出てしまいがちですが、それを自分に許してはならない。

世阿弥が逃げ場のない佐渡の流刑生活を経て能楽を大成したように、心の中で絶対に後には引かない決意をしなければなりません。それによって自分を高められ、厳しい目標も達成できるのです。

そのためにも、「井《い》の中の蛙《かわず》大海を知らず」という言葉がありますが、これに「されど天の深さを知る」と付け加えなければなりません。大海を知らなくてもいい。自分の持ち場を一所懸命掘り込んでいくことで、すべてに通ずる真理に達することができるのです。

西郷南洲《さいごうなんしゅう》や大久保利通《としみち》が、情報のない時代に天下国家のみならず、世界情勢までも知り得たのは、やはり自分のいる場所をとことん深掘りしていったからだと思います。

一芸を極めた芸術家が語る言葉に万鈞《ばんきん》の重みがあるように、我われも自分の仕事に打ち込むことで天の深さを知るのです。

2月11日

パセリの教訓

中井政嗣　千房社長

Masatsugu Nakai

私の義兄がコックでした。実は、その姿に憧れて中学時代に親父に「コックになりたい」と言ったことがありましたが、「男が水商売に手を染めるなんて」と言われて、知り合いの小売店に行くことになったんです。奉公に出て五年目に市場を改装するというので、実家に戻って農家を手伝っていました。ちょうどその時、義兄が小さなレストランを開業しまして、それを手伝う形で飲食業の修業に入りました。

義兄は「これが身内か」と思うくらい厳しい人でした。「三年かかるところ一年で教えたるからついてこい」と言って、始発から終電まで年中無休で働いた二年間でしたが、その間に叩き込まれたことは一生忘れませんね。

義兄の教えは非常に具体的で、まず「常に同時に三つの仕事を進行させろ」と。例えばコンロで湯を沸かしながら、冷凍エビをざるに入れて解凍し、自分はキャベツを切る。これを絶えず頭で考えながら体得しろと。

あとはガス、水道、電気、これを消す時は目だけではアカン。指差し確認をして「よし！　と言え」と言うんです。これは癖になっていまだにやりますし、うちの従業員にもやるように指導しています。

それから、一度ランチの時間にこんなことがありました。エビフライをお客さんに出して、まさにソースをかけて食べようとしている時、義兄が「あれを下げてこい」と言うんです。わけも分からず姉が下げてくると、その皿を私に見せて、「おまえ、なんか忘れたやろ」と。だけど分からないんですね。しばらくしたら、「これや！」と言うて、パセリを皿の上に置いたんです。

急いでお客さんにお戻ししたら、お客さんは「何やったん？」と。姉が「すみません、パセリ忘れました」と言ったら、「パセリなんか食うか！　この忙しい時に、アホか！」と怒って帰らはったんです。そうしたら義兄は「見てみい、おまえのせいでお客さん帰ったやないか！」と私を叱ったんですね。

「なんでやねん。お客さんはパセリなんか食べんって言うてたやないか。機嫌よく食べてたのに、あんたが下げさすさかい、こんなことになったんやないか……」。口には出しませんでしたが、納得できなくて、ずっとふくれっ面のまま働いていたんですね。

そうしたらカウンターのお客さんが私にこう言いました。

「兄ちゃん、あんたパセリ忘れたんやろ。忘れたら素直に謝らなあかんやんか。素直に謝って、まだなんやかんや言われていたら、みんなあんたを応援する。でも、いまのふくれっ面の態度はなんやの。もっと素直にならなあかんやんか」

この時は涙が出ました。義兄の下で修業した間に学んだこと、教わったことは一生の基礎となっています。

運命の軽車に乗る

坂村真民　仏教詩人

Shinmin Sakamura

ぼくの知っている人に、特攻隊のたった一人の生き残りだっていう人がいて、その人はトランプ占いの名人ですよ。この人がふとしたことからぼくの運勢を見ようといってね。ぼくがまだ高校の教師の頃です。で、トランプを全部裏返して「この中から六枚抜き出してください」ぼくが六枚とったら、キングが全部ある。「もう六枚抜き出してください」と言われてまたとったら、今度は全部ナンバーワン。クイーンも全部とりました。

この人がうなってね、こんなトランプが出たのは初めてだ、解釈できんといって、三十分くらい、いなくなったと思ったら、真っ赤な顔して帰ってきた。焼酎《しょうちゅう》飲んできたんやて。焼酎の力を借りにゃ、この説明ができん、と。

それで、「先生は大変いい運勢を持っているのに、おれは駄目だ駄目だと、しょっちゅう思っていますね」「そうです。私は中学に入った時も三百人の中で一番小さかったし、身体的にも、自分は駄目だ駄目だと、自分に烙印《らくいん》を押してきた」

そしたら、その人が「先生、それです。先生はいろんなチャンスがくるのに、おれは駄目だ駄目だと言うて、乗らんのや」と言った。ぼくは「ああ、そうか」と分かったんです。ゲーテに、運命の軽車という話があるんです。

人間には運命の軽車がしょっちゅう通っていく。それに自分は乗ったから、ワイマールの政治をあずかる大臣になって今日がある。あの時に、私があの軽車に乗らなかったら、一介《いっかい》のつまらん人間で終わっていたでしょう、とゲーテは書いています。

ぼくはその話は非常に好きなんです。で、その人に、そうや、ぼくはいっぺんもその軽車に乗らなかったんやなあと言ったら、「そうです」と。「おれは駄目だ駄目だと言うて、運命の車が乗れ乗れと言ってるのに、乗らんのや。先生は自分を自分で駄目にしている。花の咲くつぼみを、先生は自分で踏みにじってきたんですね」と言う。

それから、ぼくは自分の考えを変えましたよ。それからは人が講演してくれと言われたら、講演にも行く。穴熊のように穴にすっこんで出ない自己であるのを、これからは少し変えよう、出ていこうと。

それからはいくらか、自分を出してきたんですよ。いまでも、そうやたらには出さんですけどね。

どう生き、どう死ぬか、それが一生続く人生の公案《こうあん》ですね。

2月
13日

鬼と化した母の愛に救われて

西村 滋　作家
Shigeru Nishimura

　僕は幼少期に両親を結核で亡くしているんですが、まず母が六歳の時に亡くなりました。物心がついた時から、なぜか僕を邪険にして邪険にして、嫌なお母さんだったんですよ。散々いじめ抜かれて、憎まざるを得ないような母親でした。

　これは後で知ったことですが、母は僕に菌をうつしちゃいけない、そばへ寄せつけちゃいけない、という思いでいたようです。本当は入院しなきゃいけない身なんですが、そうなれば面会にも来させられないだろう。そこで母は、どうせ自分は死ぬのだから、せめてこの家のどこかに置いてほしいと父に頼み込み、離れを建ててもらったそうです。

　僕はそこに母がいることを知っているものですから、喜んで会いにいく。するとありったけの罵声《ばせい》を浴びせられ、物を投げつけられる。本当に悲しい思いをして、だんだんと母を憎むようになりました。母としては非常に辛《つら》い思いをしたんだと思いますよ。

　それと、家には家政婦がいましてね。僕が幼稚園から帰ってくると、なぜか裏庭に連れていかれて歌を歌わされるんです。「きょうはどんな歌を習ってきたの?」と聞かれ、いくつか歌っていると「もっと大きな声で歌いなさい」なんてうるさく言うから嫌になったんですがね。これも母が僕の歌を聞きながら、成長していく様子を毎日楽しみにしていたのだと後になって知りました。

　僕はそんなことを知る由《よし》もありませんから、母と死に別れた時もちっとも悲しくないわけね。

　でも母はわざとそうしていた。病気をうつさないためだけじゃない。幼い子が母親に死なれて泣くのは、優しく愛された記憶があるからだ。憎らしい母なら死んでも悲しまないだろう。また、父も若かったため、新しい母親が来るはずだと考えたんでしょうね。継母《ままはは》に愛されるためには、実の母親のことなど憎ませておいたほうがいい、と。それを聞かされた時は非常にびっくりしましたね。

　孤児院《こじいん》を転々としながら非行《ひこう》を繰り返し、愛知の少年院に入っていた十三歳の時でした。ある時、家政婦だったおばさんが、僕がグレたという噂《うわさ》を聞いて駆けつけてくれたんです。母からは二十歳になるまではと口止めされていたそうですが、そのおばさんも胃がんを患い、生きているうちに本当のことを伝えておきたいと、この話をしてくれたんですね。

　僕はこの十三歳の時にようやく立ち直った、と言っていいかな。あぁ、俺は母に愛されていた子なんだ、そういう形で愛されていたんだということが分かって、とめどなく涙が溢れてきました。

2月14日

人生逃げ場なし

石川 洋　托鉢者

Yo Ishikawa

「人生逃げ場なし」という言葉は、自分を正すために心に刻んできた言葉の一つなんですが、私はそんなに強い人間ではございませんので、逃げたくなる時もある。どこかに逃げ場がないかと追い求めてきた一人の人間でもあります。

　私は十七歳の時に一燈園《いっとうえん》の西田天香《てんこう》さんとのご縁をいただいて、最後の弟子としてお仕えをさせていただき、生涯を下坐行《げざぎょう》に捧げることにいたしました。ところが七、八年たって原因の分からない病気にかかりまして、ものを食べてもほとんど喉《のど》を通らなくなったんです。最後には流動食《りゅうどうしょく》も入らなくなり、先輩のお許しをいただいて実家の母の元に帰ったのです。

　天香さんは、講演で実家の近くまで来られた時に、お見舞いに立ち寄ってくださいました。寝ている私のそばにお座りになって、母親に「洋《よう》さんの容態《ようだい》はいかがですか」と聞いてくださいました。母はきっと、疲れて帰ってきましたなどと、私に対する慰《なぐさ》めの思いを込めて天香さんに報告してくれるだろうと思って聞いておりました。ところが、母の口から出た言葉は全然違ったんですね。

「私の息子は神経衰弱《すいじゃく》でございます」と答えたんです。耳を疑いました。私は神経衰弱などではないのに、どうして母はそんなことを言うのか。師匠の前で問いただすこともできずに、私は黙って横になっていました。天香さんはそれを聞くと、「早く元気になって戻ってきなさいよ」と言って帰っていかれました。

　私は天香さんが帰られてから母に、「なぜ私を神経衰弱だと言ったのですか」と聞きました。しかし、いくら聞いても答えてくれません。でも、とうとう重い口を開いて言うことには、「私はあなたを産んで、体は育てることができたけれど、心を育てることはできなかった。そのあなたの心を育ててくださっている師匠は私の師匠。そのお師匠の前で、息子は疲れて帰ってきたと言えますか」と。

　私は、布団《ふとん》をかぶって涙がかれるくらい泣きました。悲しい涙でもなけりゃ、辛《つら》い涙でもない。母親の心情を思うと、涙が止まらなかったんです。

　天香さんは、この子はこれからどうするかと見にきているわけです。園に戻るのか、母親の情にほだされて実家に落ち着くのか、真剣勝負で私を見ている。その厳しい空気を察して、神経衰弱だと一刀両断のもとに叩き切った母のすごさ。私は病気が治るかどうかも関係なしに一燈園に帰らせていただきました。すごい母だと思いました。

　でも、私を叩き出しながら、その後ろで母はきっと泣いていたんですね。その涙が分かるようになったのは、私に子どもができてからですけれども。

　だから人生逃げ場なし、逃げたらあかんというのは、私にとってはギリギリの言葉なんです。天香さんとの師と弟子の心の闘いです。実家に落ち着いてダメになるか、親を捨てて下坐に生きるという志を貫けるか。その迷いを断ち切ってくれたのは母でした。

2月
15日

物の見方を百八十度変える俳句の力

夏井いつき　俳人

Itsuki Natsui

私たち俳句を詠《よ》む人間にとって吟行《ぎんこう》（和歌や俳句の題材を求めて出かけること）は日常の一部です。

仲間と一緒のピクニックなどはもちろんですが、例えばタクシーに乗っている時もご飯をつくっている時も、その心持ちさえあればすべてが吟行です。目や耳など五感から入ってくる情報でアンテナに触れるものがあれば、すぐに掬《すく》い取って句帳にメモし、その五感を頭の中で変換し文字に変えていきます。

昔のことですが、吟行をしながら頭の中で言葉をこねくり回していてウンザリしたことがありました。その時、墓石の隙間《すきま》に生えるスミレがふと目に留まり、瞬間、ハッとしました。自分の脳味噌から出てくる言葉は自分以下のものでしかない、スミレや石、風、空のほうが私の灰色の脳細胞よりも、よっぽど新鮮な情報を持っていることを教えられたのです。五感を働かせることで、そんな体験をすることも少なくありません。

俳人の世界ではよく「生憎《あいにく》という言葉はない」と言われます。

「きょうは生憎の雨で桜を見ることができない」

これは一般人の感覚ですが、俳人たちは「これで雨の桜の句を詠める」と考えます。雲に隠れて仲秋《ちゅうしゅう》の名月《めいげつ》が見えない時には「無月《むげつ》を楽しむ」、雨が降ったら「雨月《うげつ》を楽しむ」と捉えます。

これは日本人ならではの精神であり、俳人の心根にあるものなのかもしれません。その精神で俳句を続けていくと、個人的な不幸や病気、苦しみ、憎しみなどマイナスの要素のものが、すべて句材と思えるようになるのです。

私たちの仲間でも、病気や家庭の事情などを抱えながら頑張って生きている人がたくさんいます。引きこもっていた人が俳句に出合って外に出歩けるようになったとか、視覚に障害を得て落ち込んでいた人が元気になったとか、大切な家族を亡くされた人が俳句仲間に支えられて立ち直ることができたとか、そういう例は枚挙に遑《いとま》がありません。

それまで何をやってもマイナス思考で、螺《ら》旋《せん》階段をグルグル回りながら果てしなく下りていくように生きていた人が、物の見方が全く変わっていきいきとした人生を生きるようになる。

これこそが俳句の力ではないでしょうか。

2月
16日

狂狷の徒たれ

白川 静　立命館大学名誉教授

Shizuka Shirakawa

孔子《こうし》様は時々いい言葉を使うておられる。あの『論語《ろんご》』の中に、孫弟子たちの言葉がたくさんありますがね、孔子の言葉だけは、読んでおると、響きが違う。これは確かに孔子の言葉だ、これは孔子の言葉を受けて、再伝の弟子ぐらいが書いとる言葉だとか、それは分かる。

孔子様はこう言っとる。「人間というものは中庸《ちゅうよう》を得たものが一番よろしい」と。まあ、いわゆる聖人ですわな。しかし、「現実にはそんな中庸の人間がおるものではない」と。

それでは中庸の人の次にどういう人がいいかというと、孔子は「〝狂狷《きょうけん》の徒《と》〟がよろしい」と言うておる。「狂者は進みて取る」、進取の気性です。世間を変えるには「狂」がなければならない。そして「狷者は為《な》さざるところあるなり」と。たとえ一億円の金を積まれても、わしは嫌じゃということは断じてせんという、それが「狷」です。いまは、金を見せたら大抵は尻尾を振ります。それではいかんのでな。とにかく中庸を得ることは難しいが、その次には〝狂狷の徒〟がよろしいと、孔子は言うた。

なかなか孔子という人は面白い人で、やんちゃなところもある。だから孔子を、君子人の塊やなんて思うたら大間違いやね。僕は『論語』を読むと、孔子様とお話ができるのや。「あんた、そうか」と話すわけやな。

孔子は「自分は芸に遊ぶ」と言ったんです。芸というのは学問ということですわ。技術的なことも含めて六芸《りくげい》といいますけれども。「自分は芸に遊ぶ」という境地が最高であると思うと言うているんです。僕もそういう意味でな、遊んでおるわけです。

一つの枠ができてしまっておって、これからもう成長できないというのがあるんですよ。そういう時には脱皮しなければならん。この脱皮というのは一種の「狂」的な瞬間ですよ。いまの十七歳はね、脱皮し損《そこ》ねて、逆の「狂」になるんです。「狂」を負うたまま、そのままで止まってしまうわけや。脱皮できない。

それは僕は、漢文を教えんからだと思うておる。漢文の世界には、人間のいろいろな生き方がある。西洋の文学が好んで読まれとるが、大体言うたら若者の文学が多い。

一方の漢文は、老成人が世の中を渡っていろいろな体験を積んで、成功もし、失敗もし、失意のうちにあって詩文を作るんです。失意の時こそものが本当に見える。だから漢文を読めば大人になれる。その大人になる学問を教科から外してしまった。それでいまの青年は大人になり損ねておるわけだ。僕は若い時に中国の詩文に遊んで、早く脱皮したからな。

子どもの可能性を伸ばす十か条

杉山芙沙子
一般社団法人次世代SMILE協会代表理事
Fusako Sugiyama

私はこれまでの自分自身の子育ての経験と、アスリート育ての経験を元に、子どもを育てる上で大切にしたいことを『子どもの可能性を伸ばす十か条』として整理してみました。この十か条の考え方が、私の子育てを楽しく楽にしてくれましたが、子育てが終わったいまでも大事にしていることであり、私を成長させ楽しくしてくれる十か条になっています。

子どもを育てる上で大切にしている十か条

一、互いを尊重し合うことの大切さ
二、求められていることの大切さ
三、「気づく」ことの大切さ
四、「目標を持って続けること」の大切さ
五、「正しい答え」は一つではないことの大切さ
六、「絶対評価」であることの大切さ
七、何でも「楽しく」してしまうことの大切さ
八、「励ます」ことの大切さ
九、「ほめる」ことの大切さ
十、「待つ、そして学び続ける」ことの大切さ

その一番のベースは、子どもは社会からの預かりものであり、社会に役立つ一人の人間として成長するまで親が子どもに寄り添いながら、一緒に育つことがミッションだと思っています。

特に大事にしていることは、《感謝すること》と《楽しむこと》です。何かあればそこに戻ればよいと考えていますので、あまり迷うことはありませんでした。感謝については、ただ心の中で思っているだけではなく、相手に伝えることも大切にしています。楽しむことについて大事にしていることは、楽しいことだけをやるのではなく、「やることを楽しむ」ことをとても大切にしています。例え、辛《つら》いことや嫌なことがあっても、どうしたらそれを楽しむことができるかを考えることを大事にしています。例えば、たくさんの家事の中で、私は料理を作ることも最後の片付けも楽しむことができます。しかし、どうも外の庭掃除があまり好きではないのですが、これを楽しむために音楽をかけたり、落ち葉を集めて最後に焼き芋を作ることなどを想像したりし、鼻歌を歌いながらやっていました。すると、愛（長女・元プロテニスプレーヤー）や妹の舞が「私たちもやる～！」と言って手伝いに来てやってくれます。現実はそんなに楽しくないと思うのですが、子どもたちも結構楽しんでいる！ ということは常にありました。いまでは、家族全員に身に付いている特技になっています。

こうした日常生活の中で起こる様々な経験・体験を通して十か条を子育てのツールとして一つでも活用しながら、ありのままの自分でいられることが自分を楽にし、楽しい子育ての極意に繋がり、更にこの優しい気持ちと余裕が、子どもたちの可能性に気づき、引き出し、伸ばしていくことに繋がるのではないかと思います。

2月18日

現場には仕事と無駄の二つしかないと思え

張 富士夫
トヨタ自動車相談役
Fujio Cho

私が弟子入りした頃、大野耐一《たいいち》は既に二十年にもわたって無駄のないつくり方を追求してきた大ベテランで、私は現場へ出る度に、「この無駄が見えんのか」と叱られたものです。

最初に言われたのも、「いいか張、現場には仕事と無駄の二つしかないと思え」ということでした。組み立ての現場へ行くと、ネジを締める時にビビビッという音がします。大野はそこで私に目をつむるように言い、「いま聞こえる音が仕事だ。音のしないところは全部無駄だ」と言うのです。これはちょっと極端な例ですけど、私はそのようにして、現場でのものの見方を大野から教わってまいりました。

無駄にもいろいろありますが、トヨタでは手待ち、二度（三度）手間、やり直し、不良、運搬《うんぱん》、つくり過ぎの無駄を徹底して削減してまいりました。

手待ちというのは、仕事がない状態を言います。例えば、材料を機械にセットしたら刃物がダーッと動き出します。その間は手を出せないのでただ見ていると、それはもう仕事ではなく、手待ちの無駄になっているというわけです。

あるいは、部品の加工が一回で済まずに、もう一回同じことをやるのは二度手間になります。また、部品を適当な場所に仮置きして、後でまた移動することもあります。最初からちゃんと置き場を決めておかないので、やり直しの無駄が生じてしまうのです。

それから、不良を出してしまうと、別のもので充当しなくてはなりませんから、これも無駄。さらに運搬の無駄というのもございます。フォークリフトなどが何も載せずに工場内をグルグル移動していると、「流しのタクシーじゃないんだぞ」と叱られるわけです。運搬の詰め所をきちっと定めておいて、信号が出たらすぐに部品を載せて持っていき、空箱を持って帰る。そうやって運搬の無駄を省けば余剰な人員も明らかになるのです。

そのように、無駄の削減については先輩からうるさく言われたものですが、中でもトヨタのものづくりの一番の特徴は、最後に挙げたつくり過ぎの無駄を省いていくところにあるでしょう。つくり過ぎの無駄を省くことが、ジャスト・イン・タイムのものづくりの鍵を握っているのです。

よいことの後に悪いことが起こる三つの理由

浅見帆帆子　作家・エッセイスト

Hohoko Asami

最近よく「浅見さんって全然マイナスのことを考えないんですか」と聞かれるのですが、私も人間なので「こうなったらどうしよう」と思うことはあります。感情がマイナスに振れた時、プラスに持っていく工夫を自分でするることが大事だと思うんです。

尊敬する人に会いに行くとか、元気になる音楽を聴くとか、好きな映画を見るとか、何でもいいんです。強運な人は共通してみんな平常心ですが、それはマイナス感情を抱かないのではなく、自分で自分の心をこまめにケアして、プラスにする努力をしていると思います。これは本の中にも書いたのですが、いいことが続いた後には必ず悪いことがやってくると思っている人って結構多いんですよね。でも、運は上がったから下がるというものではありません。もし、いいことの後に悪いことが起こるとしたら、たぶん次の三つの理由ですね。

・次は悪いことが起こるのではないかと自分で思っている（その強い意識が引き寄せている）

・よいことが起こったのは、すべて自分の力だと思って感謝が足りない

・何かを犠牲にして我慢したからこそ、上手くいったと思っている（そう思い込んでいると、犠牲がなくては上手くいかない人生になる）

高いレベルで生きている人ほど「幸せ感度」が高いんですよね。何でもありがたいと感じられるからこそ、小さな危険信号にもすぐに気がついて、「これを通して自分に何かを教えてくれているんだ。こんなに早くに気がつけてよかった」と思えるんです。（中略）

私は「運」に関する本を多く出していますが、その運とは宝くじに当たるとか、明日白馬に乗った王子様が現れるとか、そういうことではないんですね。運がよくなるとは、別な言葉で言えば「どんな状況でも幸せを感じられる」ということだと思います。一人ひとりがそれぞれの環境で周りの人を幸せにしていくことが、人間として生まれてきた使命だと思っています。使命は有名人とか選ばれた人だけではなく誰もにあるもので、いまのその人の環境ですぐにできることなんですね。

まずはあなたがワクワクと満たされて生きる。その姿を見て、周囲の人が勝手に「あの人を見ていると自分も頑張ろうと思う」とか「一緒にいると楽しい」と思っているとしたら、それもその人の器でできる立派な社会貢献だと思うんです。社会に大きな影響力を与える人だけに使命や意味があるのではない。

だから周囲を幸せにしたいと思ったら、まずは自分が幸せに生きること。結果として一人の人間が幸せになると、そのパワーが家族を幸せにし、地域を幸せにし、国家を幸せにし、そして世界を幸せにする。すべての発展繁栄は一人から始まる。私はそう思っています。

安田善次郎の遺した教訓

安田 弘
安田不動産顧問
Hiroshi Yasuda

「銀行王」と呼ばれた曾祖父・安田善次郎は、我われ一族からすると、スーパースターのような存在で、皆の尊敬の的でもありました。直系の曾孫《ひまご》にあたる私も、幼い頃から「初代の教えに従って生きなさい」「初代のなさったのはこういうことですよ」といった話を聞かされて育ちました。

　その善次郎が安田家に遺した教えの一つが「身家盛衰循環図系」です。この図の中で、善次郎はまず、人間は困窮《こんきゅう》するところから始まる、というのです。困窮すれば、挫折《ざせつ》をするか、発奮するかのどちらかだ。挫折をした者はそこでおしまいだが、発奮した者は勤倹する。勤倹貯蓄を実践すれば、富足《ふそく》、つまりお金ができる。お金ができれば、豪奢《ごうしゃ》な遊びをして利を貪《むさぼ》るか、修養に励んで義を悟るかのどちらかだ。利を貪れば、やがて煩悶《はんもん》に陥ってまた元の困窮へと戻ってしまう。しかし修養に励んで義を悟れば、清らかな境地に至り、安楽に暮らせるのだと説いたのです。

　曾祖父は非常に意志の力が強い人で、「克《こっ》己《き》」を自身の座右の銘にしていました。生きていく中で起こってくる様々な誘惑に負けず、己の弱い部分を抑えながら、自らに打ち克《か》っていかなければいけない。曾祖父はまさにそうした姿勢で一生を貫いた人でした。

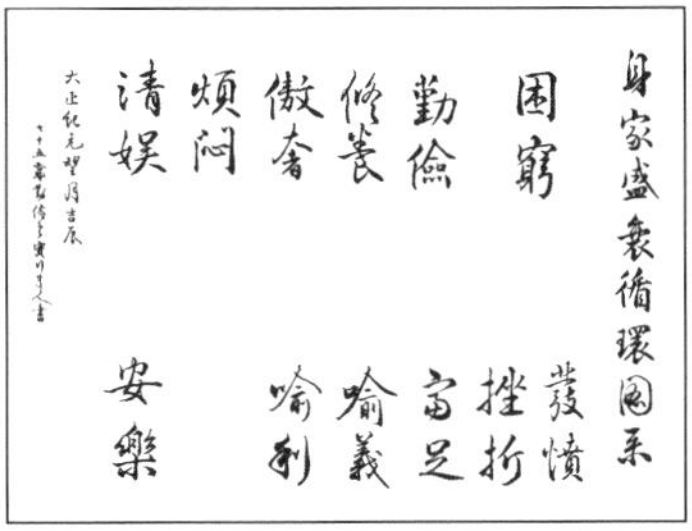

　善次郎は自らを「銀行家の草分け」と称しており、その道においては誰にも負けない、という自負心を持っていました。当時の日本には雨後の筍《たけのこ》の如《ごと》く銀行がつくられましたが、設立者のほとんどは銀行経営をしたことがない素人だったため、その多くが破綻《はたん》の危機に追い込まれました。その時いろいろな人や政府機関から救済を頼まれた善次郎は実に数十余もの銀行を救い、再建へと導いたのです。

　銀行が破綻すると、預金をしている庶民や貧しい人たちまでが辛《つら》い目に遭ってしまう。それを黙って見ているには忍びない上、国益にも社会のためにもならないと考えた彼は相当酷《ひど》い状況にあった銀行までを救って歩いたのでした。善次郎は徒手空拳《としゅくうけん》の状態から、傘下銀行二十行、本支店二百四十か所、その他、不動産、鉄道会社など、日本第四位となる財閥をたった一代で築き上げました。

　また、晩年には「大いに分けるには、大いに貯めなきゃいかん」と言って、精力的に慈善活動も行いました。有名なのは、東京大学の安田講堂や日比谷公会堂の建築といったところでしょう。ただし善次郎は、どんな慈善事業であれ、人から強要されて寄付をするのは真っ平御免だという姿勢で、自分のやり方、考え方を徹底的に押し通す人でした。

2月
21日

本当に強くなる選手

吉田栄勝
一志ジュニアレスリング教室代表
Eikatsu Yoshida

子どもを教えるには怒るところは怒り、褒めるところは褒めるという区別が大事ですね。厳しくし過ぎてやめられると、それで終わってしまいますから。

子どもが全力を出していない時があるんですよ。本人も自覚しているんですが、眠気がきたり疲れてきたりすると力を出さなくなる。そんなことでは強くなれませんから、こう声を掛けるんです。

「二時間の練習で二時間集中できる人間はおらん。必ずどこかで手を抜く。でもおまえは二時間ずっと手を抜いてるんやないか？　それでは強くならん。集中するのは三十分でいい。その三十分、ビシッとやったら強くなる」

あの子（吉田沙保里《さおり》選手）は練習でも一切手を抜かず、そこまでやらんでもいいんじゃないかと私が思うくらいの練習をするんです。

毎日二時間みっちり練習をしていましたが、私の選手時代にそうしたように、どこの試合でも連れていって、よその子の試合や練習をよく見させました。自分と同じ年代の子がどんなことをやっているか、よく見ておきなさいというのが私の指導だったんです。

その他はひたすらタックルだけで、うちではタックル以外に教えない。あとは何も知らないんです。まぁ、そればっかりやっていたら、バカでも速くなりますよ。人から理論的にどうのこうの言われても分からない。相手が動いたらもう反射的に飛び込んでいくと。そこまで鍛えて初めてゼロコンマゼロ何秒の世界に勝てる。これは柔道でも一緒だと思います。

以前うちの教室に、一万人に一人ともいえる逸材がいましてね。本当に、格闘技をやるために生まれてきたような子で、出る大会出る大会、全部優勝していきました。そして小学生の時、柔道に転向し、それも日本一になってもう一度レスリングに戻ってきたんですよ。

ところが彼は、俺は日本一だという偉そうな顔をしていて、態度が悪いものでね。あれがもうちょっと素直だったら、五輪も出られるんだろうなと思うんですが。

そういう選手は他にもいて、教えたことはすぐ覚えるし、教えなくても相手がやっているのを上手に真似る。ただその子が本当に強くなるかというと、やっぱり最後は素直でなきゃダメですね、人間。

「はい」という返事や「すみません」「ありがとう」という言葉をちゃんと知っている人間でないと。俺は強いんだ、なんて偉そうにしている人間はもう人が相手にしない。小さい頃からそういうことをしっかり叩き込んでおかないと、大きくなってから必ず損をします。

与うるは受くるより幸いなり

コシノジュンコ　デザイナー

Junko Koshino

うちの家族は教会に通っていますが、母が最期に遺した言葉は『聖書』の「与うるは受くるより幸いなり」でした。

母は心筋梗塞で入院して、その後、脳梗塞にもなって言葉が喋れなくなり、二〇〇六年に九十三歳で亡くなりましたが、病気になる一か月ほど前に雑誌のインタビューを受けていたの。発売日は聞いていたので、買いに行って頁《ページ》を開いてみたら、タイトルは「娘への遺言」。「与うるは受くるより幸いなり」の言葉を「皆にしてあげたほうが、もらうよりよっぽどええで」とすごい関西弁で語っていたんです。それも掲載された写真の母はニコニコ笑っていました。

だから、人に何かをしてあげることは、遠く回って、結局は自分のためになる。自分のためにやるのではなく、人のためにやると最終的には自分に返ってくるよ、ということを母は最期に私に伝えたかったのだと思います。

実際、いま私のブティックでは、ニューヨークでとてもお世話になった元国連大使の方の息子さんの個展を開催しているんです。そうしたら、その元国連大使の方とお付き合いがあった人たちがたくさん来てくれて、息子さんの絵を買ってくれたり、私にもいろいろな出逢いがありました。やはり、母の遺言通りだなと。

私の好きな言葉に「かきくけこ」というのがありますが、

「か」は「感謝」

「き」は「希望」

「く」は「くよくよするな」

「け」は「健康」

最後の「こ」は「行動」

この五つって、仕事でも人生でも重要じゃないかと思いますね。

2月23日

マザー・テレサへの質問

上甲 晃
志ネットワーク「青年塾」代表
Akira Joko

マザー・テレサの言葉に常々深い感銘を受けていた私は、この人に会いたいという思いを募《つの》らせ、ついに後先考えずにインドのカルカッタ（現・コルカタ）へ渡りました。彼女に直接、どうしても聞いてみたいことがあったからです。

　当時のカルカッタは人口一千万人のうち二百万人が路上生活者で、至るところに生死も分からない行き倒れの人が転がっていました。全身から膿《うみ》を出している人、ウジ虫の湧いている人、とても側に寄れたものではありません。

　しかしマザー・テレサと仲間のシスターたちは、一番死に近い人から順番に抱きかかえて、死を待つ人の家に連れていき、体を綺麗に洗ってあげ、温かいスープを与えて見送るのです。せめて最期の瞬間くらいは人間らしくと願ってのことでした。

　運よく、カルカッタの礼拝堂でマザーに面会することのできた私は、「どうしてあなた方は、あの汚い、怖い乞食を抱きかかえられるのですか？」と尋ねました。マザーは即座に、「あの人たちは乞食ではありません」とおっしゃるので、私は驚いて「えっ、あの人たちが乞食でなくていったい何ですか？」と聞くと、

「イエス・キリストです」

　とお答えになったのです。私の人生を変えるひと言でした。

　マザーはさらにこうおっしゃいました。

「イエス・キリストは、この仕事をしているあなたが本物かどうか、そしてこの仕事をしているあなたが本気かどうかを確かめるために、あなたの一番受け入れがたい姿であなたの前に現れるのです」

　目から鱗《うろこ》が落ちる思いでした。マザーの言葉を伺った瞬間、私が松下政経塾で、あんな人は辞めてほしいと思っていた塾生が、実はイエス・キリストであったことに思い至ったのです。

　自分はこれまで、他人を変えようとするあまりどれほど人を責めてきたことだろうか。しかし、いくらそれを続けたところで人を変えることはできない。人生でただ一つ、自分の責任において変えられるのは自分しかない。常に問われているのは、自分から変わる勇気を持てるかどうかだ。このことに気づいた途端、心が晴れ晴れとしてきたのです。

2月24日

よい顔をつくる法則

藤木相元
嘉祥流観相学会導主
Sogen Fujiki

私は松下幸之助さんをはじめ、井深大《いぶかまさる》さんや本田宗一郎さんなど、日本を世界に名立たる経済大国にまで成長させた多くの偉大な人たちの表の顔や横顔、裏の顔に至るまでを垣間見てきました。

顔のプロとして見るならば、彼らの顔は、大きく二種に分類できます。

一つは「牛顔」です。えらがクッと張り顎が発達した四角い顔。松下さんも井深さんも、この類に属します。そしてもう一つが「馬顔」。小泉純一郎首相やアメリカのブッシュ大統領のように、えらが発達していない顔です。このタイプは、論理的で、イデオロギーを盾にガンガン前に突き進んでいきますが、気がつくと誰もついてきていない、ということが間々あります。参謀《さんぼう》なら大成功を収めますが、リーダーになるとさまざまな問題が生じてしまいます。

また私は常々、「お嫁さんにするならえらの張った女性」と言います。強い意志を持って男を支え、時に叱咤激励しながら男の心を燃え上がらせる「はげまし顔」の女性。思えば、ひめゆりの少女も糸満の女性たちも、この顔でした。人の心をつかみ、勇気や希望を与える、いわゆる人徳者《じんとくしゃ》は、多くが牛顔をしているのです。

とはいえ、自分の顔を見て悲観することはありません。生きているかぎり、脳は常に動き続けています。人が何か考えるたび、顔は微妙に軌道修正されているのです。それゆえ思考・環境・学びで、脳に強い刺激を与えれば、顔はどんどん変わっていきます。「もっと勉強しよう、世間を知ろう」と努力すれば額が広くなるし、「聞こう」とすれば耳が、「見よう」とすれば目が大きくなります。女性ならば、メイクを活用する手もあるでしょう。

ヘアスタイルも、観相学では重要な意味を持ちます。男性のツンツン尖《とが》った髪形や女性の外巻きなど、外へ向かう流れは、自己主張の表れです。これらを有効に活用しながら、なりたい顔を手に入れることも可能なのです。

しかし、やはり顔をしっかりと変化させるためには、考えなければなりません。それもただ漠然と「成功したいなー」ではダメです。何のために？　どのようにして？　日々の思考を変え、具体的に深く強く繰り返し考えることで、脳に刺激が加わり活性化され、成功する顔へと変わり、運が開かれていくのです。

2月25日

一に努力、二に努力、三に努力、すべて努力

福島孝徳
デューク大学教授

Takanori Fukushima

三十代の頃、欧米《おうべい》へ行くと、患者のポジションから消毒の布の掛け方、開頭の仕方まで何もかも違うんです。ですから帰国して数年間は特に凄かったですね。次から次へとやりたいことのアイデアが湧いて、もう寝る間も惜しくてね。寸暇《すんか》を惜しんで進歩進歩進歩、改革、前進、とにかくもの凄い勢いでやってました。

ただ、東大では先輩との軋轢《あつれき》があまりに強いので、恩師の佐野教授が「君は民間に出て自由にやりなさい」と声を掛けてくださり、三井記念病院の脳神経外科部長に推薦してくださった。最初は病院側から「三十七歳じゃ部長にはなれません」と断られたんですが、佐野教授が「間違いのない人ですから」と病院長に言ってくださった。そして私は年間百例だった脳外科の手術数を二百、二百を三百と年間百ずつ増やしていき、最盛期には六百まで増やしました。

でも病院だけでは飽き足らず、勤務を終えた夜や土日には北から南まで全国十五病院を回り、年間九百以上の手術をこなしました。

私の頭蓋底《ずがいてい》手術は八千五百で世界記録です。だから、よそさまには負けない猛訓練をして、高い技術がある。さらに誰も使っていない特別な道具があって、一般の脳外科医から比べると信じられないほどの臨床経験がある。皆さん方が一つ手術をする間に私は百も二百もやるんだから、せめていい道具を使いなさいと言ってるんですけどね。

結局のところ、どんな職業でも成功するのに一番必要なのは、努力なんですよ。一に努力、二に努力、三に努力、すべて努力で、努力がもう九十%じゃないでしょうか。五回やって覚えられないなら十回、十回でダメなら二十回やりなさいというぐらい、努力が一番大事ですね。

才能も少しは必要ですが、その才能に向いたことをやらないと成功しませんから、それを導く先生、コーチが必要なんです。さらにもう一つ加えれば、運ですかね。

ですからとにかく休むなと。土日も使いなさいと。世界中に私ぐらい働いている人はいないと思いますよ。今回の帰国だって、アメリカから飛んできて朝、羽田に着くとそのまま高知へ行って手術をし、移動して千葉で手術、次に那覇《なは》の耳鼻科の学会に行って、そこから上海で四日間手術をしてまた帰ってきて、大阪、福岡……、その後もずうっと全国を回ってきて、きょうも福島から新幹線で東京へ。この取材が終わったら夜中の飛行機で渡米してロサンゼルスに着いて、それからノースカロライナに行ってそのまま外来をやるんです。

とにかく人生は短いから、ほんのちょっとでも無駄にしたくない。自分の人生の貴重な時間を、一秒たりとも無駄がないように使い、患者さんを助けていきたい。全世界どこへ行っても患者さんに喜んでもらえるから、一時も休んでられない、寝てられないというのが私の思いなんですね。

2月
26日

ナポレオン・ヒルの成功哲学

黒岩 功
ル・クログループオーナーシェフ
Isao Kuroiwa

「これ難しい本だけど、おまえにやるわ」

そう言って、職場の先輩が餞《はなむけ》としてプレゼントしてくれたのが、ナポレオン・ヒルの『成功哲学』でした。

初めて読んだ時は「面白いな」といった程度で、特段感興《かんきょう》を催《もよお》すことはなかったのですが、私はその本を携えて、全国司厨士《しちゅうし》協会の調理師派遣メンバーとしてスイスに渡りました。

いざ現地へ行くと、不条理なことが次々に起こります。まず言葉が通じないため相手にされない、「イエローモンキー」と呼ばれ差別される。何をすればよいのか分からず、孤独感ばかりが募っていく。早々に「日本に帰りたい」という気持ちが膨《ふく》らみ、私の心は折れる寸前でした。

そういう状況下で、『成功哲学』を何気なく手に取って開いた瞬間、今度は「面白い」という感覚ではなく、本から活字が飛び出てくるくらい、書かれている言葉が心の中に入ってきたのです。それからというもの、来る日も来る日も繰り返し読んで勉強し、人に伝えるアウトプットはできない代わりに、行動を通じてその教えをアウトプットしていきました。

まさに『成功哲学』の考え方が私の血肉となり、人格形成のコアになったわけです。

一年間スイスでの就労を終え、本来であれば日本に帰らなければなりませんでしたが、「三ツ星レストランで絶対に働きたい」「このまま帰ったらもう二度と来れないかもしれない。このチャンスを逃してなるものか」と思い、無謀《むぼう》にも徒手空拳《としゅくうけん》でフランスに渡ることを決意しました。

そのフランスでの二年間の修業時代、とりわけ私を支えたナポレオン・ヒルの言葉は、「諦める一歩先に必ず宝がある」と、もう一つは「信念の力」と題する詩です。


もしあなたが負けると考えるなら、あなたは負ける。

もしあなたがもうダメだと考えるなら、あなたはダメになる。

もしあなたが勝ちたいと思う心の片隅でムリだと考えるなら、あなたは絶対に勝てない。

もしあなたが失敗すると考えるなら、あなたは失敗する。

世の中を見てみろ、最後まで成功を願いつづけた人だけが成功してるではないか。

すべては「人の心」が決めるのだ。

もしあなたが勝てると考えるなら、あなたは勝つ。

「向上したい」「自信をもちたい」と、もしあなたがそう願うなら、あなたはそのとおりの人になる。

さあ、再出発だ。

強い人が勝つとは限らない。すばしこい人が勝つとも限らない。

「私はできる」そう考えている人が結局は勝つのだ!

2月27日

ストレスに負けない生き方

松崎一葉　筑波大学大学院人間総合科学研究科教授

Ichiyo Matsuzaki

かつて医療社会学者のアーロン・アントノフスキーが強制収容所から生還した人たちの健康調査を継続的に行ったところ、一部の人たちはとても長生きをしたことが分かりました。そしてその人たちは、共通して次の三つの特性を持っていたと報告しています。

一、有意味感

辛《つら》いこと、面白みを感じられないことに対しても、意味を見出せる感覚。明日ガス室に送られるかもしれない中でも、自暴自棄にならずに、きょうの労働に精を出せること。

我われのレベルに置き換えると、望まない部署に配属されても、「将来何かの役に立つかもしれないし」と思って前向きに取り組めることといえます。

二、全体把握感

「ひとまず夜がくればこの過酷な労働も終わりだ」とか、「いつかは戦争が終わって解放されることもあるだろう」と思えること。先を見通す力、とも置き換えられるかもしれません。

仕事に転じれば、例えば今週は忙しくて土日出勤になっても「なんて忙しいんだ」と思うのではなく、「今週は休めなかったけど、来週のこの辺は少し余裕ができるから、そこで休めるな」など、先を見て心の段取りが取れること。

それはそのまま仕事の段取りに通じます。「来週のこの辺で忙しくなりそうなので、他部署からヘルプをお願いできませんか?」と、パニックになる前に助けの要請を出せることで、自分もチームも円滑に仕事が回せるのです。

三、経験的処理可能感

最初はこんなことは絶対にできないと思っても、「そういえばあの時もできないと思ったけど、意外とできたよな。今回もできるんじゃないかな」と思えること。

初めて手掛ける仕事でも、過去の経験からこの程度まではできるはず、でもその先は未知のゾーンだと冷静に読める。ただ、その未知のゾーンも、あの時の仕事の経験を応用すればできるかなとか、あの人に手伝ってもらえそうだなと把握できる感覚です。

また、学生時代に努力して練習して優勝したとか、頑張って勉強したら志望校に合格できたという経験から、「今回も自分はできる」と思えることも大きく捉えれば経験的処理可能感といえるでしょう。

2月28日

好成績を維持する秘訣

和田裕美　ＨＩＲＯＷＡ代表取締役
Hiromi Wada

私はスランプってないと思うんですよ。自分さえしっかりしていれば数字はうなぎ上りです。

昨日まで売れていた人が急に売れなくなる。急に商品が悪くなるとか、急に営業技術が落ちるとか、急に人柄が悪くなるとか。そんなことはあり得ないと思うんです。

よく皆さんが言う「波」とか「スランプ」って、結局は自分の気分のことですよね。もちろん、私だって契約が取れない時や、嫌なお客さんに会う時はあります。でも、「ああ、世の中にはこういうお客さんもいるんだ。勉強になった。もっと頑張ろう」と、ぱっと気持ちを切り替えます。それを乗り越えると成長するし、同時に出会うお客様のレベルも上がるんです。

波やスランプをつくる人は、「あんなお客に会うなんてついていない。最悪！」と思って、本当は小さな穴だったのに、自らこじ開けて大きな穴にして、ドップリ漬かってしまう。こう言ってはなんですが、穴に落ちると落ちたレベルのお客様しかやってこないのです。

その節理《せつり》が分かれば、余計に気持ちの切り替えを上手にしようと思いますよね。

普通の人は目標を達成すると、「終わったー」って気を抜くでしょう。でも、私が仕事をしていて一番楽しいのは、もうすぐ目標が達成すると思ってガムシャラに頑張っている時。その時ってわくわくしません？　その気持ちを維持させるんです。

例えば、今月の売り上げ目標を二百万円として、第一週で五十万円、第二週で七十万円を達成したとする。第三週で達成可能ですよね。でもそこで目標を二百五十万円とか、上方修正するんです。そうしてずっと、「もうちょっと、もうちょっと」を楽しむ。ゴールを通過点として走り続けるのです。

趣味の一つでもありますが、本はたくさん読みますね。私は何か困った時は、とりあえず本屋に行って、本から知恵を借ります。

単に営業物とかハウツー物よりは、幅広いジャンルから生き方を学ぼうと思っています。特に営業のようにたくさんの方にお会いして、いろいろな話をする仕事では、いろいろな本を読んでいろいろな考え方に触れることは大事です。自分は右派だから右の本しか読まないで、「左派は間違っている！」という頑固な考えでは、多様なお客様を受け入れられません。「ここが自分の考えと違うところだ」と確認するためにも、自分とは違う考えの本もたくさん読んだほうがいいですね。

全《まった》く本を読まない人というのは、「いまの自分で満足、いまの自分が一番」なんですね。いまどんなにいい成績を出していても、それ以上成長しないんじゃないかなと思います。

3月 *March*

中田久美（バレーボール女子日本代表監督）
横田尚哉（ファンクショナル・アプローチ研究所社長）
一龍斎貞水（講談師）
小川三夫（鵤工舎舎主）
小野二郎（すきやばし次郎主人）
柳井　正（ファーストリテイリング会長兼社長）
三浦雄一郎（冒険家）
陳　昌鉉（バイオリン製作者）
昇地三郎（しいのみ学園園長）
森岡　毅（ユー・エス・ジェイ元CMO、刀代表取締役CEO）
浜田和幸（国際未来科学研究所代表）
国分秀男（東北福祉大学特任教授・元古川商業高等学校女子バレーボール部監督）
米長邦雄（日本将棋連盟会長・永世棋聖）
山口良治（京都市スポーツ政策監）
志村ふくみ（染織作家・人間国宝）
奥野　博（オークスグループ会長）
鍵山秀三郎（日本を美しくする会相談役）
高見澤潤子（劇作家）
原田隆史（大阪市立松虫中学校教諭）
鎌田　實（諏訪中央病院名誉院長）
三浦綾子（作家）
中村富子
森村武雄（森村設計会長）
北里一郎（学校法人 北里研究所顧問）
福島令子（「指点字」考案者）
玉置辰次（半兵衛麩第十一代当主・会長）
青田暁知（大聖寺住職）
ひろはまかずとし（言の葉墨彩画家）
我喜屋　優（興南高等学校硬式野球部監督）
福島　智（東京大学先端科学技術センター教授）
出町　譲（作家・ジャーナリスト〈テレビ朝日勤務〉）

3月1日

日本代表のためにあなたは何をやってくれる？

中田久美　バレーボール女子日本代表監督

Kumi Nakada

多くの選手と接してきた中で、もったいないなって思うことがあるんです。日本代表に選ばれる選手というのは当然それなりの力や素質があるわけですけど、中には誰もが当たる壁に対して、チャレンジしない、逃げたりごまかしたりする選手がいるんです。その壁っていうのは前に進むためには絶対に必要なのに、そこから逃げちゃうっていうのはすごくもったいない。

ではどういう選手が伸びるかといったら、「勝負どころで自分が決めるんだ」「自分がこのチームを勝たせるんだ」って思える選手だと思います。同じくらいの素質や能力を持っている集まりの中にあって最後に生き残るのは、「私の力が足りないからダメなんだ。だから力をつけるために、もっとやらなきゃいけない」って思える選手でしょうね。

私が初めて日本代表のメンバーを招集した時、面談で選手たち一人ひとりに聞いたのは、「あなたの武器は何ですか？」「日本代表のために、あなたは何をやってくれる？」

でしたね。他にも「私はあなたにこういうことを期待しています。それに対してどうですか？」っていうことなど、丁寧にディスカッションしました。

選手たちには、代表に選ばれたから嬉しいというだけで終わってしまっては困るので、代表として果たすべき責任を口に出してもらうようにしていました。

本物になるってどういうことかというと、私は当たり前のことが当たり前にできる人になることを指すと思うんです。どんな状況にあっても、コンスタントに八十％の力が出せればいい。でも、それって外国人には難しいことなんです。彼らは百二十％の時もあれば、三十％の時もある。その中にあって、常にコンスタントに力を発揮できる可能性を秘めているのが日本人であって、それこそ日本人の強みだと思うんです。だからそういった本物の選手を、代表監督として一人でも多く育てていきたいですね。

3月
2日

時間を消費する人、投資する人

横田尚哉
ファンクショナル・アプローチ研究所社長
Hisaya Yokota

就職活動で苦労して会社に入ったものの、理想と現実のギャップにぶち当たり、外れくじを引いたように感じている人も多いかもしれません。しかし本来仕事には、当たりも外れもありません。当時はつまらなくて仕方がないと思っていたはずの仕事が、後にその人の大きなベースとなるようなことが往々《おうおう》にしてあるのです。

私が入社して四年半が経ち、二十七歳になった時のこと。広島に技術部門が新設され、私は大阪本社から転勤を命じられました。その広島の勤務地に、新卒で入社してきた後輩のエンジニアがいました。他の同期は東京や大阪本社に配属され、彼一人だけがぽつんと広島にいる。周りの先輩とは年が離れていて普段話せる人もいない。季節は夏を迎えていましたが、彼は毎日つまらなさそうな顔をして図面と向き合っていました。

私はそんな彼に「いま何の仕事をしてる？」と声を掛けました。すると彼は「横田さん、私もう、ずっとこんな雑務ですよ。同期は東京で打ち合わせに参加したとか、自分の資料がプレゼンに使われたとか、楽しそうに話してる。自分はアルバイトにでもできるような雑務ばっかりさせられて……。もっと技術屋的な仕事がしたいです」と言って不貞腐《ふてくさ》れていました。

私は「あぁ、そうか」と返事をして、もう一度、「おまえがいまやっているのはどういう仕事なの。その図面の縮尺は何分の一？」と聞きました。すると彼は「えっ、ちょっと待ってくださいよ」と言って、端っこに書いてある縮尺の数値を読もうとした。

「おまえ、数字を見ないと分からないのか。半年間もずっとその図面の作業をしてきて、いまだにそれを見ないと分からないのか。半年間勿体《もったい》ないことしてるよなぁ。

一つの図面を散々見続ける経験なんて滅多にできんことやで。どんな図面がきても、これは何分の一の縮尺だとパッと見て言える。それが技術屋の仕事というもんや。おまえは朝から晩までそれだけをしていて、なんで覚えられんのや」

私の言葉を聞いて、彼は初めてハッとした表情を浮かべ、「自分はこの半年間、雑務としか思いませんでした」と言いました。

「おまえの先輩が雑務としてこの仕事を与えたか、経験として与えたかは分からない。いずれにせよ、おまえはそれを経験にはしなかった。この半年間ただ〝消費〟をしただけで、〝投資〟にはなっていない。

図面を見ただけで、縮尺も何も瞬時にして分かる。その技術は教科書にも書いていなければ、学校の先生も教えてくれない。これは経験でしか得られないものなんや。おまえはその経験の場を与えられてる。おまえはすごく恵まれてる。同期の人間なんかより、おまえのほうがずっと恵まれてる。それをおまえは分かってないだけや」

彼はこのことがあってから、目の色を変え、嬉々《きき》として自分の仕事に励むようになりました。

3月3日

天狗は芸の行き止まり

一龍斎貞水　講談師

Teisui Ichiryusai

若いうちは誰でも壁にぶち当たって、それをなんとか打開しようと努力するから、それが自分の身につくのです。その努力の分だけ視野も広くなるから、先にもっと高い壁があるのが見えてくる。それを乗り越えると、さらにもっと高い壁が――努力を重ね続けてこそ目の前にある壁が立ちはだかってくる。だからこそ、もうこれでいいと思ってしまっては、進歩は止まってしまう。それを我われの世界では「天狗《てんぐ》は芸の行き止まり」というんです。

だから僕は、一つ壁を乗り越えてはもっと高い壁に挑戦し続けて、最後は誰かに「あいつは偉大なる未完成で終わった」と言われたい。

どんな仕事でも、一つの道を貫いている方は同じで、もうこれで十分やり遂げたとふんぞり返ってる人はいないですよね。どこまでいっても、自分はまだまだ未熟ですと。そう言って永遠に求め続けているから、いつまでも元気でいられるんでしょうね。僕は今年七十歳になるけれども、人間年取って何もしなくなったら、こんな怖いことはないですね。きっと「あいつはもうあそこまでだ」って思われちゃう。おさまってしまうことに危惧《きぐ》する気持ちがあって、まだまだ自分は掘り起こせるものを持っていると思いたい。だから年を取れば取るほど何かやりたくなってくる。

最近の若い人はよく、「教えてくれないからできない」なんて言うけれども、そういう人間は教えたってダメですよ。カメラだって、シャッターを押せば写真を写すことはできる。けれども、カメラ、写真の神髄は、教えようがない。つまり、教えてくれないんじゃなくて、自分が何を受け止め、感じるかでしょう。

だから伝統芸というのは上の人が後に続く人に、ついてこいというものではない。後に続く者が先人の芸、技を盗み、自分の中に取り込んで練り上げてゆく。それが伝統を守ることに繋《つな》がってゆくのだと思います。

僕はたまに「貞水《ていすい》さんはあまり後輩にものを教えませんね」って言われるけど、僕らは教えるんじゃなくて伝える役なんです。伝えるということは、それを受け取ろう、自分の身に先人の技を刻み込もうとするから伝わっていくもの。教えてくれなきゃできないって言ってる人間には、教えたってできませんよ。

実は我われも若い頃、自分の技の拙《つたな》いのは先輩が教えないからだって愚痴《ぐち》っていたことがありました。そうしたら師匠に言われましたよ。

「おまえたちは、日頃いかにも弟子だという顔をして俺の身の回りの世話をしているくせに、俺が高座《こうざ》に上がっている時、それを聴こう、盗もうって気がちっともない。ホッとして遊んでる。俺が高座に上がっている時は、どんなに体がきつかろうと、お金を払って見に来てくださっているお客様のために命懸けでしゃべってるんだ。その一番肝心な時に、聴いて自分から習おう、盗もうって気がないからうまくならないんだ」

〝法隆寺の鬼〟の教え

小川三夫
鵤工舎舎主
Mitsuo Ogawa

西岡常一《つねかず》棟梁《とうりょう》に弟子入りして、棟梁が手本を示してくれたのはカンナ屑《くず》一枚でしたな。「カンナで木を一枚すーっと切ってくれて「カンナ屑はこういうものだ」と見せてくれた。それをもらって窓に貼って、そういうカンナ屑が出るまで、砥《と》いでは削り、砥いでは削り、練習するわけですわね。

自分が棟梁のところに行った時は、まず最初に「納屋《なや》の掃除をしなさい」と言われた。それで納屋に上がってみたら、そこには法輪寺の引きかけの図面がありました。それと西岡棟梁の道具がな。

「納屋の掃除をせえ」ということは「それを見てもよろしい」という意味でしょう。「あぁ、これで弟子入りを認められたんだ」と思いましたよ。それで次に「これから一年間は、テレビ、ラジオ、新聞に一切目をくれてはいけない。刃物研《はものと》ぎだけをしなさい」と言われた。何も分からないんだから「はい、そうですか」と。抵抗しようとも思いませんでしたな。

素直に素直に触れてないとな。見て真似をするんだったら素直な気持ちでなくちゃ真似できませんからね。批判の目があったら学べません。うちの弟子なんかでも、素直じゃないと本当の技術が入っていかないですね。ちょっと知識があったとか中途半端な勉強をしてきてると素直に聞けねえから、往々にして間違いが起こる。

知識があっても素直に物に触れることができる子は立派ですよ。でも、なかなかいないな。いまは学校でも時間がないから深く教えないわけでしょ。ちょっとした知識だけ持たせて世の中に出してしまう。だから、素直に物に触れることができない子が多いですよね。そういう子は素直になるまで怒り倒さなければ駄目なんですわ。こっちも大変、向こうも大変ですよ。

3月5日

教えてもらったことは忘れる

小野二郎　すきやばし次郎主人

Jiro Ono

親方とか先輩に教えてもらおうと思って入ってくるのは大きな間違いで、自分が上の人のやり方を盗んで勉強し、進歩していかなければいけない。

というのは、教えてもらったことというのは忘れるんですよね。自分が盗んだものは忘れない。会社なんかでも同じだろうと思うんだけど、ポッと教えてやったら忘れちゃいます。自分が苦労して苦労して、これを必ず自分のものにしようと思って、やっと盗んだものは決して忘れない。

だからうちの若い連中に、鮨の握り方を覚えろだの何だのとは言わないですけど、皆、昼飯が終わると、冷たい鮨飯を温めて、自分で握る勉強をしています。そういうことを自発的にやれるようでなきゃダメですよ。私なんかが握るのを遠くから見ていて、そんなので覚えられるくらいなら、苦労なんて誰もしやしませんから。

これは本人が自覚していくより他ないんです。それができない人間では、一生いい職人にはなれませんね。でも実際、この店に来て、まともにやって残るのは十年に一人か二人くらいでしょう。

だいたい、うちがこれだけ雑誌やテレビに出ても、ここで修業したいっていう子はめったにいませんよ。

でもどっちみち自分が鮨屋になるのであれば、いい鮨屋でしっかり勉強したほうが、独立した時にいい仕事ができて、いいお客様を取れると思うんですよ。でもそういう店は厳しいから嫌だと言う。

自分のわがまま放題、好き勝手なことをやってて将来もずっと通るかといえば、私は通らないと思います。何事も一番底辺から覚えていかなかったら、一人前にはなれません。まず十年は辛抱しないと、その仕事をほんとに芯から覚えていくことは難しい。

でも朝が早いから嫌だとか、夜遅いから嫌だとか、そういう人たちばっかり。これは、人間の基礎ができてないんじゃないかと思うんです。

だから私はよく言うんです。一つの仕事を一所懸命やって、苦労して少しずつでも頭を持ち上げていったら、自分が将来一番楽だろうって。一人前になって家庭を持った時でも、苦労が少なくて済むと思うんですよ。

3月6日

一番よい会社の条件

柳井 正　ファーストリテイリング会長兼社長
Tadashi Yanai

ドラッカーは企業経営の本質というものを、こんな言葉で表現しています。「企業の目的として有効な定義は一つしかない。すなわち、顧客の創造である」

ビジネスをやるというのは、結局そういうことですよね。お客様がいない限り、ビジネスは成立しない、という当たり前のこと。

近頃、会社は誰のものかということが論じられ、株主のものとか、社員のものとかよく言われるんですが、「お客様のもの」ですよね。お客様に奉仕する集団が会社であり、それをいかにうまく経営して収益を上げるかという競争をしている。ドラッカーはそういう、会社というものの本質を見抜いたんじゃないですか。

でもほとんどの場合、表面的なことにばかりとらわれていて、会社は何のためにあって、そこで仕事をする人は何をしないといけないのかを掴まずに仕事をしている人や、会社自体が存在する。

僕が考える一番いい会社とは、末端の社員でも自分がトップの経営者だと思っている会社。自分が全部のことを決められるし、この会社を支えている、あるいはコントロールしていると思える社員がたくさんいる会社です。それが、大会社になってくると、会社に使われるようになるんですね。自分が会社を使うんじゃなく、会社に使われる。そして自分が下っ端だと思った瞬間にダメになる。

我われの会社でいえば、部長級や課長級がそうなんですが、自分の立ち位置にとらわれ過ぎ。それぞれの人が自分の立ち位置で物事を考えるから、ごく限られた範囲内でしか物事が見えない。そして全部見えていなくて失敗している。ですから一度、自分もトップの経営者だと思って、上からいまの仕事を見直したら、すごくよくなるように思います。

結局、サラリーマン意識じゃダメなんですよ。自分は会社という場所に、「自営業」をするために来ている。自分は給料を貰っている立場だとかじゃなしに、自分が会社を食わせてる、というふうに思わないといけないと思います。

仕事が面白いと思うためには、自分がそこに本当に懸けないと、絶対にそうは思えない。中途半端な気持ちでやっていたら、面白くも何ともないですよね。

3月7日

リーダーは上機嫌で希望の旗印を掲げ続けよ

三浦雄一郎　冒険家
Yuichiro Miura

大体七千五百メートルから上はデスゾーン、死の地帯ですね。普通だったら三十分と生きていられない世界です。体をそういう高度にある程度慣らしながら、高度順応というんですが、順応させながら登っていく。

いまは人類が経験を経ながらシステムができて、条件がよければかなりなレベルの人なら登れますけれど、それでも世界の超一流の登山家でもいつ死ぬか分からないし、現実に何人ものプロが死んでいる所です。

途中の八千三百メートルの所にはスコット・フィッシャーという世界で超一流の登山家の死体があります。また、頂上からベースキャンプまで、見えない死体が、氷のクレバスの中に百数十体残っています。

そういう意味では、依然として、エベレストは人類の限界を試される場所です。世界中のメディアがトップニュースで大騒ぎをするというのは、そういう一つの人類の限界を超えた奇跡だということなんです。

大きな山にチャレンジする際には、相当緻《ち》密《みつ》な準備が必要です。例えば建物でいうと、プレハブのような簡易住宅を建てるのなら、設計図も要らない。ところが超高層ビルを建てるとなったら、ハイテクから地質調査から、あらゆる現代科学、技術の粋《すい》を集め、プロを結集する。そしてとんでもない歳月をかけ、犠牲を払う。大きな山というのは、そういう要素があるわけです。想像力を働かせて、あらゆる場面を先に予測して、準備をしておかなければ死んでしまうわけですから。

また、一人でやっているわけではなくて、国際協力というものがあります。やはりそれは、信頼を得て、この人ならということでやってくれるものです。シェルパとも、いきなり組んでやるのではなく、三年間、ずっとチームを組んでいました。

シェルパだって命懸けですから、こいつなら命を預けられるというお互いの信頼関係がなければ、逃げ出したりしますし、リーダーをバカにしたりします。チームワーク能力も、コミュニケーション能力も、リーダーシップも要求される一大事業です。また、リーダーが暗ければ隊全体の士気が下がりますから、リーダーは、いつでもどんなに落ち込んでいようが何しようが、上機嫌で希望の旗印を掲げていなければいけない。これを降ろしてしまったら、誰もついてこなくなっちゃうわけです。

今回、天候が悪くて八千メートルを越えて五泊もしたんですが、そのうち二泊は八千四百メートルを越えた所でした。いままで八千四百メートルで二泊した人はいなかった。酸素ボンベの残量が尽きて、頂上付近でゼロになってしまいました。それでも登頂できたことが嬉しくて、約一時間とどまりました。

やっぱり頂上に行く前に夢を捨てないこと、最後は笑って死ねばいいという覚悟があったから、できたことだと思います。そういう覚悟があると生きるんです。半分助かろうということでは、何もできないですね。昔の日本の武士道の「肉を切らせて骨を切る」というような、捨て身の覚悟を持って臨まないと、限界を超えていくことはできない。

人間は試練があるとひらめく

陳 昌鉉 バイオリン製作者
Shogen Din

私は人がバイオリンを作っているところをあまり見ていない。ですからいろいろな先入観がないわけです。既成概念がない。ところが誰かの弟子になると、あの先生は表板は何ミリにするとかいう知識が頭にこびりついて抜けない。私は自分の技術は自分で作り出すしかなかったんです。あらゆる角度から探るわけです。表から見たり下からひっくり返して見たり……。

幸い木曽《きそ》福島は木材の産地で材料や工具を手に入れるのは比較的簡単でした。それに木曽福島駅の待合室には、地元の名産であるバイオリンが十丁ほどガラスケースに飾られていたので、これが私の参考書だったんです。

ラジオの曲を聴くと、やっぱり自分のバイオリンとは違うんです。名器というのは音が澄んで、さわやかで無理なく高い音程がスーッと抜けるんですね。ところが私のバイオリンは高い音がしゃがれ声みたいに詰まる。形は名器に及ばない、それなら音で売れるようなものを作ろうと思っていましたので、研究に研究を重ねました。

木曽は山奥ですから、せせらぎの音や蝉《せみ》の声、野鳥の声がどこにいても聞こえるんです。それを聞いていると、ラジオから流れるバイオリンの音色と非常に似ていることに気づきました。ああ、共通するのはこれだと。それで、この自然で無理のないさわやかな音を、音楽で表現できないかと考えました。

人間はね、試練があるとひらめくんですよ。普通の人が考えないことを考え、聞こえないものを聞こうとして必死になる。名器はなんであれほどまでに心に響くのか、鳥肌が立つのか。音波はどうなっているのか。そうして分かったのが倍音ということでした。

人間の耳でとらえられる低音は一秒間に二十ヘルツです。二十回振動する。それ以上低い音は聞こえない。高音となると三千ヘルツが限界です。ところが名器のバイオリンやヒグラシ、野鳥の声、せせらぎというのは一万ヘルツ、二万ヘルツという音を出せるんですね。それが音の味になって深みが出て胸に響く。だから、耳に聞こえる音だけを相手にしていては、名器には近づけないんです。私は実験を重ねながらだんだん、このような自然の法則が読み取れるようになりました。

よく運命は自然に任せるというでしょう。でもバイオリンの音は物理的な現象ですから、偶然は絶対にない。まぐれで、ああこんな名器ができたなんてあり得ません。十丁作って十丁すべて成功した時に、初めて自然の法則が分かったといえるんです。

その法則が二十あるとすれば、十五くらいまでは私も分かった。ところがあと五つくらいがまだ分からない。それが分かったらストラディバリウスと同じようなものが作れると思います。

私も七十五歳ですから、それができたら明日死んでもいいですね。

3月9日

禍を試練と受け止めて前進せよ

昇地三郎　しいのみ学園園長
Saburo Shochi

最初に長男が死んだ時、おそらく家内は気が触れたように泣きじゃくるだろうと思ったら、泣かなかったんですよ。これにはびっくりしましてね。妻はずっと付きっきりで、褥《じょく》瘡《そう》ができないように三時間ごとに向きを変えてやっていた。それほど愛情を込めて看病していた長男が死んだので、狂い泣きするのではないか、そうなったらどう介抱《かいほう》しようかと心配していたら、泣かなかったんですよ。家内が泣かないから、こっちも泣くわけにいかないでしょう。

その時に私は、為すべきことは為した、自分のやるべきことはやったのだから、死のうが生きようが、泣いたりわめいたりすることはない。いつもそういう心持ちで生きることを学んだのです。身内の者が私にそういう生きる道を教えてくれたのです。

私はいま（九十九歳）も自分の洗濯物は全部自分でやるんですが、それを外へ干さないで、寝室の壁に掲げてある亡くなった家族の写真を見ながら、その前に干すんですよ。

その時に、死んだ子どもたちが私に「父ちゃん、よう洗うたね」「親父、しっかりやれよ」と応援してくれているような気がするのです。私も心の中で「父ちゃんは頑張っとるぞ」と答える。そうやって子どもたちと心の中で会話をするのが楽しいのですよ。

家族の死をいくら悲しんでも仕方がない。私の心の中にはいつも家族がいて、「頑張れ」と励まし続けてくれているのです。

私はいつも、

「禍《わざわい》を試練と受け止めて前進せよ。
いまからでも遅くはない」

と自分自身にも、そして周りの皆さんにも言い続けていますが、そういう毎日を送りながら、自分の能力を最大限に出して死ぬるということ。それが、人間の生きる意味だと思っています。

貧困だとか、家庭の事情だとか、自分を取り巻く環境をマイナスに捉えて自分の生き方を制限してしまうと、人間はダメになります。

だから、どんな状況にあっても、自分の能力を最大限に出すこと。知能の高い者は知能の高い仕事を、そうでない者はそれなりに自分の力を最大限に発揮して生きることが、一番の幸せにつながるのです。

3月
10日

アイデアの神様が降りてくる人

森岡 毅
ユー・エス・ジェイ元CMO、刀代表取締役CEO
Tsuyoshi Morioka

新しい企画がこの日までに思いつかなかったら会社が倒れる。そういう状況にいつも追い込まれていましたから、私はいつの間にか寝ても覚めてもアイデアを考えるようになっていました。

目を瞑《つぶ》るギリギリまで考えて目を開けた瞬間から考えていると、しまいには目を瞑っている間も考えるようになるんです。夢の中でうなされたことは何度もあります。ある時は、夜中に息苦しくて目を覚ましたら、口の中から出血していた。寝ている時に自分の舌を思いっきり噛んでいたんです。本当に必死の毎日でしたね。

ただ、人間って不思議なもので、そうやって追い詰められて重圧がかかると、自分自身も意識していない遺伝子が目を覚まして、とんでもない能力が覚醒《かくせい》したり、アイデアの神様が降りてくることがあるんです。

二〇一三年度を生き延びるアイデアを考えるため、来る日も来る日もパークをひたすら歩き回っていた時もそうでした。

ある夜、すごく鮮やかな夢を見たんです。それは昼間にパークで見た「ハリウッド・ドリーム・ザ・ライド」というジェットコースターが逆再生されている映像でした。その瞬間、私はバッと跳ね起きて「これだっ！」と心の中で叫びながら、すぐさま枕元にあるノートに書き留めました。

こうして誕生したのが後ろ向きに走るジェットコースター「ハリウッド・ドリーム・ザ・ライド～バックドロップ～」です。これならば大きな投資をせずに、既存のレールを使って開発ができ、なおかつ新たな話題を集めることができると。当初、社内の大反対はあったものの、技術陣の献身的な努力によって二〇一三年春にオープンすることができました。

その結果、連日長蛇《ちょうだ》の列をなし、三月二十一日には最大九時間四十分待ちという日本におけるアトラクションの待ち時間記録を更新し、二〇一三年度の来場者数一千万人の大きな牽引《けんいん》役となったのです。

ある問題について、地球上で最も必死に考えている人のところにアイデアの神様は降りてくる。これは私の実感ですね。

3月 11日

エジソンに学ぶ成功の秘訣

浜田和幸
国際未来科学研究所代表
Kazuyuki Hamada

一九一四年十二月、エジソンが六十七歳の時のことです。災難が彼を襲います。ウエスト・オレンジにあった研究施設が火事になってしまったのです。連絡を聞いて駆けつけ、実験道具や資料など重要な物を持ち出そうと陣頭指揮を執りましたが、時すでに遅し。施設はすべて焼け落ち、当時の金額で五百万ドル近い損害を被ってしまいました。

目の前で、いままで自分が築いてきたものがすべて燃える光景を眺めながら、エジソンがしたこと。それは家族を呼び、こう告げることでした。

「こんなに大きな花火大会はまず見られない。とにかく楽しめ」

そして集まった記者たちに、「自分はまだ六十七歳でしかない。明日からさっそくゼロからやり直すつもりだ。いままで以上に立派な研究施設をつくればいいのだ。意気消沈《いきしょうちん》している暇はない」と、平然と言ってのけたのです。

エジソンは、常識だけでなく、時間という概念に縛られることも大変嫌っていました。

普通、我われは「一日＝二十四時間」という時間の中で生活しています。しかしエジソンに言わせれば、一日が二十四時間であるというのは、人間が人工的につくったもの。自分が時間の主人公になれば、一日を三十六時間でも四十八時間でも、自分の好きなように使えるはずだ、というのです。

エジソンの工場の壁には、長針《ちょうしん》も短針《たんしん》もない大きな時計が掛けられていました。ある日、友人の自動車王フォードが「針がなければ、時計の意味がないのでは」と訊ねると、「そうじゃない。時間というものは、自分でコントロールすべきもの。時計のような出来合いのバロメーターに左右されているようでは何もできない。疲れたと思えば、その場で休めばいい。仕事が完成するまでが昼間だ。自分の体にあったリズム、これを自分でコントロールすることが大切だ」と答えたといいます。

驚異的なひらめきをつかんで形にし、「天才」と称されることの多いエジソンですが、決して努力を軽んじていたわけではなく、むしろその逆でした。

世界中から寄せられる「どうすれば成功できるか」という問いに、エジソンは、

「野心、常識にとらわれない創造力、昼夜《ちゅうや》を問わず働く意志」

の三要素を挙げています。一日十八時間は働くことにしていたといいますから、人の二、三倍は濃密な仕事人生を歩んできた自負があったのでしょう。ですから、エジソンにとっては「まだ六十七歳」。まだまだ大きな仕事をするのには十分な時間がある、という発想だったのです。それどころか、「肉体は魂の仮の宿り木。滅びれば次の宿り先に移動する」という死生観を持ち、それを証明するための実験を重ねていたくらいですから、「死」という概念すら超え、次なる成功に野心を燃やしていたのです。

3月12日

積極的プラス思考型人間になれ

国分秀男
東北福祉大学特任教授・元古川商業高等学校女子バレーボール部監督
Hideo Kokubun

合計七十七回全国大会に出場して、十二回全国制覇（全国私学大会含む）しました。しかし、それは裏を返せば優勝したのは十二回だけで、あとの六十五回は全部負けたとも言えます。

勝てば勝ったで、好むと好まざるとに拘《かかわ》らず敵が増え、いいようもないわびしさや孤独感と戦わなければなりません。

人は成功した部分だけを見て他人を羨んだりしますが、その陰には何十倍、何百倍もの苦しみがあるものです。

長い人生、誰もが苦しい場面に遭遇する時があります。しかし、それをどう受け止めるかが大事です。

これまでたくさんの人を見てきましたが、概《おおむ》ね三つのタイプに分かれると思います。一つは苦しくなると「もうダメだ、無理だ」と思う「絶望諦め型」。

二つ目は「嫌だけど、しょうがないからやるか」という「消極的納得型」。

そして三つ目は「この苦しみが俺を磨いてくれる。これを乗り越えれば一つ賢くなれる」と考える「積極的プラス思考型」。

結局、歴史に名を残すような偉人や成功者は、三番目の人間からしか生まれません。

一、二、三のどのタイプの人間になるかは考え方一つです。お金がかかるわけじゃない、努力がいるわけでもない。時間もかからない。物事の見方をちょっと変えるだけでいい。

しかし、人はなかなかその考え方を変えることができません。だから偉人の話を聞き、良書を読むのです。過去に事を成し遂げた人たちがどうやって困難を乗り越えてきたか、それに触れることで考え方を変えることができると思います。

私は辛《つら》い時はいつも「俺よりももっと苦しい目に遭って頑張った人がいたじゃないか。あの人ができたんだから、俺だって乗り越えられる」と言い聞かせ、夢に食らいついてきました。

この世で我慢の時なくして夢を実現した人は一人もいません。夢を追うなら、わが身に降りかかるすべてを積極的プラス思考で受け止め、簡単に諦めないこと。それが人生を開発していく基本ではないかと思います。

3月
13日

幸運の女神が微笑む人の条件

米長邦雄
日本将棋連盟会長・永世棋聖

Kunio Yonenaga

やはり人生も将棋も実力で決まる世界ではあるのですが、僕はそれに加えて運をよくするのは、いくつかの要素があると考えているんです。その一つが笑うことです。

次には謙虚であること。幸運の女神は謙虚さを好みます。反対に自分を絶対だと信じて人を見下すような人、あるいは他人と自分を比較して妬《ねた》む、そねむ、ひがむ、恨む、憎むといった感情を露《あら》わにする人。そういう人から運は逃げていくんです。

それに加えて運をよくするのに非常に大切なのは、運のいい人とだけお付き合いをして、運の悪い人と付き合うのをやめることでしょう。

運というのは、例えば社長と部長を比較して、立場が上の社長のほうが運がいい、ということではないんですね。肩書、名誉、財産、そういうものではありません。運の悪い人は少し話せば分かりますよ。人の悪口ばかり言っているとか、誰かを恨んでいるとか、そんな人とは付き合わないことです。さらに申し上げると、運の悪い人とは喧嘩《けんか》をしたほうがいい。

なんでそんなことを思ったかといいますと、例えば自分の持っている株が値上がりしたとします。これは運がいいわけです。これからこの株が値下がりすると思えば売って現金に換える。それができないなら空売《からう》りする。これが喧嘩、ということです。

僕は逆に貧乏神もいるような気がするんです。ついている人の周りについている人が現れるように、貧乏神の周りには貧乏神が好きな人たちが集まってくる。

僕は試合で負けが込みますでしょ。そういうスランプ状態に陥《おちい》った時は、自分が最高の状態だった時に通っていた飲み屋に行くんです。そして自分の実力不足で負けているのか、運気《うんき》が下がっているのか、そこを冷静に見極める。その上で、運気のあるほうに自分を持っていくようにしています。

3月14日

限界は人間の意識の中にある

山口良治　京都市スポーツ政策監

Yoshiharu Yamaguchi

練習は逃げ出したいくらいハードでした。ラグビーでランパスというのがあるんです。ゴールからゴールまでダッシュで走るんですが、あまり効果があるとも思えないのに、昔はあればっかりやっていました。夏の合宿は北海道でやったんですが、午前中は朝からそればっかり。十五本とか、二十本とか決めてくれたら、あと何本頑張ろうとか思えますけど、延々と続く。

そんな時に、来んでもいいのに卒業した先輩がたくさん来て、ちょっと膝《ひざ》ついて休もうとしていると、「ほら、顔上げんかい」とか「ジョッグせんかい」とか言うんですよ。ジョッグというのはゆっくり走ることなんですが、ダッシュの後のジョッグは大変でした。昔は水を飲ませてもらえなかったし。

鍛えるということは、どれだけ我慢さすかということでしたからね。カラカラになって、一人倒れたんです、その時に水を頭からばーっとかけてもらっているのを見て、本当にうらやましかったですね。ああして倒れさえしたら水をかけてもらえるんだったら、俺も倒れようと思った。

俺も倒れさえしたらここから逃れられるという気持ちで、本当にもう倒れようと思った。でも倒れようと思って決めたところへ行っても足が止まらずに、ゴールまで駆け込んでしまったわけです。

もうあかん、もう走れん、もうやめようと座り込もうと思った時に、たまたまパッと一番いやな先輩の顔が見えたんです。嫌いな先輩が苦しそうに喘《あえ》いでいる。それを見て嬉しくなって、あれ？　と思ったら周りのみんなが見えてきた。みんな苦しそうにしているんです。そしたら、僕よりでかくて、デブで、足の遅い奴がいるじゃないですか。そいつが走っている姿を見たら、しんどそうやなと思った。俺よりしんどそうだと。

それを見た時に、ああ、みんな同じことをやっているんだ、俺だけ嫌な練習をやっているんじゃない、あいつらのほうが俺よりもっと大変なんだと分かった時に、俺はもっと頑張れると思ったんです。そしてちょっと気持ちを変えただけなんだけど、四軍から三軍、二軍、とうとうその合宿の終わりには一軍に抜擢《ばってき》されていました。

それ以来、ずっとレギュラーのユニフォームを脱ぐことはなかった。だから、人間は弱いちっぽけなものだと思うんですが、苦しい時は自分だけだと思ってしまう。そうじゃなくて、自分よりあいつのほうが条件が悪いのに頑張っているんだと思えると、不思議な力が湧いてくる。あの気づきは、まさしく生きる力じゃないかと思います。

もう駄目だ、もう走れないと決めるのは監督でも先生でもなくて、自分なんですね。僕ももう駄目だと思った。でも、ちょっと気持ちを変えただけで力が湧いてきて、レギュラーになれて、頑張り続けることができて、いまがあるんです。まさしく生きる力というのは気の持ち方にあると思います。

人間の意識のなかで考えている間は、全部限界も自分で決めているわけですからね。

3月15日

人生とは織物である

志村ふくみ
染織作家・人間国宝

Fukumi Shimura

すべては色が導くんですよ。皆さんは単に色がついていると思われているかもしれませんが、そうじゃない。お洋服だって食べ物だって、気がつかないけれど、全部色で見分けて選んでいる。いや、選んでいるというよりも、本当は色に選ばれているというか。それくらいに決定的なものなんです。

仮に色が何もない世界を想像してみてください。完全に無色だったら、死のような世界ですよね。

いまの若い人たちは恵まれているんですよ。色が豊富にあるから、逆に色に気がつかない。

もっとも、自分の色というものは、たった一つしかないのかもしれません。それを求めてもらいたいと思いますね。一つしかない色だけど、喜びや悲しみなど様々な感情、刺激によって輝いていく。その色に出逢うための人生じゃないですか。

それと同じように、人の人生も織物のようなものだと思うんです。経糸《たていと》はもうすでに敷かれていて変えることはできません。人間で言えば先天性のもので、生まれた所も生きる定めも、全部自分ではどうすることもできない。ただ、その経糸の中に陰陽があるんです。

何事でもそうですが、織にも、浮かぶものと沈むものがあるわけです。要するに綾《あや》ですが、これがなかったら織物はできない。上がってくるのと下がってくるのが一本おきになっているのが織物の組織です。そこへ緯糸《よこいと》がシュッと入ると、経糸の一本一本を潜り抜けて、トン、と織れる。

私たちの人生もこの通りだと思うんです。いろんな人と接する、事件が起きる、何かを感じる。でも最後は必ず、トン、とやって一日が終わり、朝が来る。そしてまた夜が来て、トン、とやって次の日が来る。これをいいかげんにトン、トン、と織っていたら、当然いいかげんな織物ができる。だから一つひとつ真心を込めて織らなくちゃいけない。きょうの一織り一織りは次の色にかかっているんです。

先ほど自分の色は一色だというお話をしましたが、やっぱり人の人生には何色もあるわけじゃなし、気がつくとその一色をひたすら織っているんでしょう。だけどその一色の中に多様な色が含まれているということはありますね。単なる一色ではなく、無数の色が含まれていて、自分の人生の一色。だから皆さん、織物を織っているんですよ。自分の人生の織物を――。

3月16日

どん底の淵から私を救った母の一言

奥野 博
オークスグループ会長
Hiroshi Okuno

「滅びる者は、滅びるようにして滅びる」

これは今度出した本の書き出しの一行です。倒産の原因はいろいろありますが、つまるところはこれに尽きるというのが実感です。私が滅びるような生き方をしていたのです。

這い出すきっかけとなったものは、母親の言葉ですね。父は私が幼い頃に死んだのですが、その三十三回忌法要の案内を受けたのは、奈落の底に沈んでいる時でした。倒産後、実家には顔を出さずにいたのですが、法事では行かないわけにいかない。行きました。案の定、しらじらとした空気が寄せてきました。無理もありません。そこにいる兄弟や親族は、私の頼みに応じて金を用立て、迷惑を被った人ばかりなのですから。視線に耐えて隅のほうで小さくなっていたのですが、とうとう母のいる仏間に逃げ出してしまいました。

その時、母は八十四歳です。母が「いまどうしているのか」と聞くので、「これから絶対失敗しないように、なんで失敗したのか徹底的に考えているところなんだ」と答えました。すると、母が言うのです。

「そんなこと、考えんでも分かる」

私は聞き返しました。

「何が分かるんだ」

「聞きたいか」

「聞きたい」

「なら、正座せっしゃい」

威厳に満ちた迫力のある声でした。

「倒産したのは会社に愛情がなかったからだ」

と母は言います。心外でした。自分のつくった会社です。誰よりも愛情を持っていたつもりです。母は言いました。

「あんたはみんなにお金を用立ててもらって、やすやすと会社をつくった。やすやすとできたものに愛情など持てるわけがない。母親が子どもを産むには、死ぬほどの苦しみがある。だから、子どもが可愛いのだ。あんたは逆子《さかご》で、私を一番苦しめた。だから、あんたが一番可愛い」

母の目に涙が溢れていました。

「あんたは逆子で、私を一番苦しめた。だから、あんたが一番可愛い」

母の言葉が胸に響きました。母は私の失態を自分のことのように引き受けて、私に身を寄せて悩み苦しんでくれる。愛情とはどういうものかが、痛いようにしみてきました。

このような愛情を私は会社に抱いていただろうか。嫌なこと、苦しいことはすべて人のせいにしていた自分の姿が浮き彫りになってくるようでした。

「分かった。お袋、俺が悪かった」

私は両手をつきました。ついた両手の間に涙がぽとぽとこぼれ落ちました。涙を流すなんて、何年ぶりだったでしょうか。あの涙は自分というものに気づかせてくれるきっかけでした。

3月
17日

最大の危機は、低過ぎる目標を達成すること

鍵山秀三郎　日本を美しくする会相談役

Hidesaburo Kagiyama

人生にも仕事にも問題はつきものです。会社も国も世界も、実にたくさんの問題が日々発生しております。

そこで勘違いしやすいのが、あんな問題が起こったから自分はこうなってしまった、というふうに問題のせいにすることです。これは大きな見当違いで、問題が起きたことは問題ではないのです。それにどう対処するか、それによって皆さんの仕事も、人生も変わっていくのです。問題によって人生がダメになるということはありません。すべて対処の仕方です。

もちろん、そこで失敗することもあるでしょうが、失敗することは問題ではありません。私など失敗だらけです。しかし失敗からすべて学んできました。ですから、失敗がすべて次の成功へのエネルギーになったのです。失敗を恐れて何もしないことのほうがよほどいけない。

ミケランジェロは、

「最大の危機は、目標が高過ぎて達成できないことではない。目標が低過ぎて、その低い目標を達成してしまうことだ」

と述べています。

まさにその通りでございまして、皆さん方にはぜひ、自分の手に余るくらいの大きな目標を設定して挑戦していただきたく思います。もちろん目標が大きければ大きいほど、大きな壁が立ちはだかるものです。時には、とても自分には乗り越えられないと思うこともあるかもしれませんが、乗り越える必要はないんです。そういう時には、そこに穴を開けてくぐり抜けていけばいいのです。

イギリスの首相を務めたベンジャミン・ディズレーリは、

「いかなる教育も、逆境から学べるものには敵《かな》わない」

と言っています。では、逆境に遭うことがすべてかといえば、そうではありません。日頃から様々なことを通じて学んでいるからこそ、逆境から学べるのであって、何の備えもない人が逆境に遭うと、そこで潰れてしまいます。

やはり大事なことは、日々いろんな人や書物から学んで、それを自分の血肉にしていくことだと思います。

3月
18日

兄・小林秀雄から学んだこと

高見澤潤子　劇作家

Junko
Takamizawa

子どもの頃から兄・小林秀雄は、私には尊敬すべき存在だった。

私は兄から多くのことを教えられた。しかし、私があんまり知らないことが多過ぎて恥ずかしいと言った時、

「何ものの知りにならなくてもいい」

と言ってくれて、

「学者はknowledgeだけあって、wisdomがないから駄目だ」

と言ったことがある。

人間は生きていくためにはもちろん学問、知識（knowledge）は必要である。

しかし、物事をよく判断し、よく処理する心の動き、賢さというようなもの、生きていく知恵（wisdom）は、それ以上に大切であることを、兄は言うのである。

兄は理論よりも行動を重視した。何かせずにはいられないという気持ちは、愛情とか尊敬からおこるものである。

頭で考えているだけでは、そういう気持ちにはなかなかなれない。愛情をもって対象物を本当に理解しなければ、実行することはできない。

知ることは行うことだ、と兄は言っていたし、

「実行という行為には、いつでも理論より豊かな何かが含まれている。現実を重んじる人というよりは、現実性を敬う心がある」

というようなことも言っていた。

私たちはあまりにも観念的になり、抽象的になり理論的になっている。理屈ばかり言って、実行しない者は多い。現実を大切にしないからである。実行するのは難しいことなのだが、具体的にものを言うよりも、抽象的に言った方が深みがあるように思っているからである。しかし目の前に現れている現実、具体のほうが大事なのである。

私が自分の結婚問題について、手紙で兄に相談した時、兄は長い返事をくれた。その中にこういう言葉があった。

「人間が人間の真のよさだとか悪さだとか分かる迄《まで》には大変な苦労が要るものだ。人間を眺める時、その人間の頭にある思想を決して見てはならぬ。それは思想だ。人間じゃない。その中によさも悪さもあるものでない。大体、アリストテレスの言ったように、人生の目的は決してある独立した観念の裡《うち》にはないものだ。人間の幸不幸を定める生活様式の裡にあるのである、いい生活様式を得れば人間はそれでいい」

兄は何も知らない私に人間の見方と、人生の幸福というものを教えてくれた。

人間は頭より情緒《じょうちょ》、心の優しさが大切で、人間をみるというのは、実生活の具体的なものを、しっかりみることである。

3月19日

生徒に遅刻をさせない方法

原田隆史
大阪市立松虫中学校教諭
Takashi Harada

私がなぜ生徒指導で神さんと言われたかというと、短期間にしんどい学校を立て直すからです。

そのポイントは二つ。

一つは、学校の秩序《ちつじょ》を回復させるために警察などの力も借り、徹底指導する。

二つ目は「育てる」ということ。つまり、生徒が何を考えているのかを探り当て、その子の本当の心を知り、その声に耳を澄ますことです。

だいたい事件を起こす生徒は、家庭がしんどかったり、満足に教育を受けていないケースが多いんです。気を紛《まぎ》らわすために万引きしてもバイクを盗んでも、満足感も充実感も得られない。要するに本心は癒《い》やされたい、分かってほしいと叫んでいるんですね。

そんな子に「煙草を吸うな」と言っても、また吸いますねん。で、どうするかいうたら、彼らのマイナスエネルギーをプラスに転換させる。

具体的には、クラブ活動、クラスの活動、体育大会、文化祭などの活動を多く提供する。その中で何らかの役割を持たせる。「班長やれ」とか「ライン引きをやれ」とか「清掃せい」とか簡単なことですよ。それを徹底してやらせきるんです。

もちろん私も一緒になって徹底指導します。一切妥協《だきょう》はありません。百回でも二百回でも反復練習させるとね、競技や活動の面白さとは別に、物事をやり遂げたという充実感を感じるんです。ここで心から生徒を褒めてやる。人間は些細《ささい》なことでも、それを見ていてくれる人がいて、認めてもらえると心が満たされるんですね。

話はずれますけど、生徒に遅刻をさせない方法を知ってますか?

一回目は本人と親に注意します。二回目は朝、校門の前で立っています。三回目は家に誘いに行く。それでもあかんかったら、前の晩から生徒の家に泊まるんですわ。

親御さん、先生に泊まられたら嫌やから、学校に行かせる。要《よう》は、そこまで教師はやりきらなあかんと思うんです。

ですから、私は問題のある子を陸上部に入れる。そこで三年間、千日近い間、自分の時間とお金を全部注《つ》ぎ込んで、朝から晩まで生徒に付き合う。

すると、掛け替えのない絆《きずな》が生まれるんです。気がついたら態度がよくなって陸上の成績も日本一ですわ。いま全校生徒三百八十人のうち、七十人が陸上部員です。

四月の初めに突然、日本一ばかり集まる大きな試合に無理やり連れていって、出場させてもらうんです。結果はもうケツのケツのケツですわ。ほんで「おまえら偉そうにしとるけど、陸上の世界ではべべ(最下位)や」と世の中の幅を思い知らせるんです。悔しくて泣いている生徒に「やるか」と聞くと「やります」。そこからスタートです。

それと同時に、生活習慣を改善させます。朝は自分で起きろ、煙草吸うな、忘れ物するな、と薄紙《うすがみ》をはぐようなことから始めるんですね。

3月20日

命のバトンタッチ

鎌田 實
諏訪中央病院名誉院長
Minoru Kamata

僕が看取《みと》った患者さんに、スキルス胃がんに罹《かか》った余命三か月の女性の方がいました。

ある日、病室のベランダでお茶を飲みながら話していると、彼女がこう言ったんです。

「先生、助からないのはもう分かっています。だけど、少しだけ長生きをさせてくださいい」

彼女はその時、四十二歳ですからね。そりゃそうだろうなと思いながらも返事に困って、黙ってお茶を飲んでいた。すると彼女が「子どもがいる。子どもの卒業式まで生きたい。卒業式を母親として見てあげたい」と言うんです。

九月のことでした。彼女はあと三か月、十二月くらいまでしか生きられない。でも私は春まで生きて子供の卒業式を見てあげたい、と。子供のためにという思いが何かを変えたんだと思います。奇跡は起きました。春まで生きて、卒業式に出席できた。

こうしたことは科学的にも立証されていて、例えば希望を持って生きている人のほうが、がんと闘ってくれるナチュラルキラー細胞が活性化するという研究も発表されています。おそらく彼女の場合も、希望が体の中にある見えない三つのシステム、内分泌《ぶんぴつ》、自律神経、免疫を活性化させたのではないかと思います。

さらに不思議なことが起きました。彼女には二人のお子さんがいます。上の子が高校三年で、下の子が高校二年。せめて上の子の卒業式までは生かしてあげたいと僕たちは思っていました。でも彼女は、余命三か月と言われてから、一年八か月も生きて、二人のお子さんの卒業式を見てあげることができたんです。そして、一か月ほどして亡くなりました。彼女が亡くなった後、娘さんが僕のところへやってきてびっくりするような話をしてくれたんです。

僕たち医師は、子供のために生きたいと言っている彼女の気持ちを大事にしようと思い、彼女の体調が少しよくなると外出許可を出していました。「母は家に帰ってくる度《たび》に、私たちにお弁当を作ってくれました」と娘さんは言いました。彼女が最後の最後に家へ帰った時、もうその時は立つこともできない状態です。病院の皆が引き留めたんだけど、どうしても行きたいと。そこで僕は、「じゃあ家に布団を敷いて、家の空気だけ吸ったら戻っていらっしゃい」と言って送り出しました。ところがその日、彼女は家で台所に立ちました。立てるはずのない者が最後の力を振り絞ってお弁当を作るんですよ。その時のことを娘さんはこのように話してくれました。

「お母さんが最後に作ってくれたお弁当はおむすびでした。そのおむすびを持って、学校に行きました。久しぶりのお弁当が嬉しくて、嬉しくて。昼の時間になって、お弁当を広げて食べようと思ったら、切なくて、切なくて、なかなか手に取ることができませんでした」

お母さんの人生は四十年ちょっと、とても短い命でした。でも、命は長さじゃないんですね。お母さんはお母さんなりに精いっぱい、必死に生きて、大切なことを子どもたちにちゃんとバトンタッチした。人間は「誰かのために」と思った時に、希望が生まれてくるし、その希望を持つことによって免疫力が高まり、生きる力が湧いてくるのではないかと思います。

3月
21日

泥棒と悪口を言うのと、どちらが悪いか

三浦綾子　作家
Ayako Miura

これは時折、講演で話すんですが、「泥棒《どろぼう》と悪口を言うのと、どちらが悪いか」。私の教会の牧師は「悪口のほうが罪が深い」と言われました。

大事にしていたものや高価なものを取られても、生活を根底から覆《くつがえ》されるような被害でない限り、いつかは忘れます。少しは傷つくかもしれませんが、泥棒に入られたために自殺した話はあまり聞かない。

だけど、人に悪口を言われて死んだ老人の話や少年少女の話は時折、聞きます。

「うちのおばあさんたら、食いしんぼうで、あんな年をしてても三杯も食べるのよ」と陰で言った嫁の悪口に憤慨《ふんがい》し、その後一切、食べ物を拒否して死んだ、という話があります。

恐ろしい話です。私たちの何気なく言う悪口は人を死に追いやる力すらある。泥棒のような単純な罪とは違うんです。

それなのに、私たちはいとも楽しげに人の悪口を言い、また聞いています。そしてああきょうは楽しかった、と帰っていく。人の悪口が楽しい。これが人間の悲しい性《さが》です。もし自分が悪口を言われたら夜も眠れないくらい、怒ったり、くやしがったり、泣いたりする。自分の陰口をきいた人を憎み、顔を合わせても口もきかなくなるのではないでしょうか。

自分がそれほど腹が立つことなら、他の人も同様に腹が立つはずです。そのはずなのに、それほど人を傷つけるうわさ話をいとも楽しげに語る。私たちは自分を罪人だとは思っていない。罪深いなどと考えたりしない。

「私は、人さまに指一本さされることもしていません」。私たちはたいていそう思っています。それは私たちは常に、二つの尺度《しゃくど》を持っているからです。「人のすることは大変悪い」「自分のすることはそう悪くない」

自分の過失を咎《とが》める尺度と、自分以外の人の過失を咎める尺度とは全く違うのです。

一つの例を言いますとね、ある人の隣家《りんか》の妻が生命保険のセールスマンと浮気をした。彼女は「いやらしい。さかりのついた猫みたい」と眉をひそめ、その隣家の夫に同情した。何年か後に彼女もまた他の男と通じてしまった。だが彼女は言った。「私、生まれて初めて、素晴らしい恋愛をしたの。恋愛って美しいものねぇ」

私たちはこの人を笑うことはできません。私たちは自分の罪が分からないということでは、この人と全く同じだと思います。

3月22日

手足のないことが善知識

中村富子
Tomiko Nakamura

母（中村久子）は厳しい、妥協《だきょう》しない人だったと申し上げました。そうしなければ、両手両足のない人間は自活できなかったからです。

　事故で両手をなくされた青年が、自分で食事ができるようにと、母のところへ食事の仕方を習いにきたことがありました。

「短い右腕に繃帯《ほうたい》（さらし純綿の）をしてそのところへ、お箸を差します。お茶碗を左腕に乗せて頂きますが、この繃帯はとても都合よく、不自由な私をよく助けてくれます。お裁縫の時など、針さしの役目もしてくれました」

　まず、この繃帯を腕に巻くことが、なかなか難しい。私が見かねて、つい縛ってさし上げようとしますと、母が烈火のごとく怒ります。

「手を出してはいけません。どんなに時間がかかろうとも自分でやるんです。あんたが、一生ついてやってあげられますか。生半可《なまはんか》な同情はダメです」

　と言いましてね。母も十五歳ぐらいまでは、毎日、三度の食事を祖母に食べさせてもらっていました。再婚先でままならない時もあります。それで自分で食べられるように工夫しようと決意します。箸を持つ指がありませんから、いくら考えても茶碗や箸が持てません。

　皿にご飯とおかずを入れて高い箱膳の上に置いて、食べたところ、食べさせてもらうより余程おいしくもあり、一大発見のつもりでした。しかし、

「箸持たんでご飯食べる者はなァー、犬や猫とひとつじゃぜなァー」

　と小僧たちに笑われた時に、ハッとしたといいます、いろりの傍《かたわ》らには、悲しそうな顔をしている祖母がいました。

「手がなくとも、足がなくとも、自分は犬や猫ではない、人間なのだ。きっと箸を持ってご飯を食べてみせる」

　母の前半生は、いうなれば闘いの日々だったようです。身の回りのことは何でも自分でできるようになろうと。また、祖母もあえて、以後はそれを強《し》いたようでした。

　この時から、祖母は〝厳しい母親〟になりました。母はその厳しさに対して、恨むこともあったようです。前半生では、快く思ってなかったかもしれません。

　後年、母は仏教に触れ、『歎異抄《たんにしょう》』を読むことによって「親鸞《しんらん》様ご一人」というほど、親鸞上人に引かれていきます。

「沢山《たくさん》の善知識（師）の方々によって、教え導いて頂いたお蔭《かげ》さまで、ここまで連れてきて頂きましたが、ほんとうの善知識は、先生たちではなく、私の身体、この、

〝手足のないことが善知識〟

だったのです。なやみを、苦しみを、悲しみの宿業を通して、よろこびに、感謝にかえさせて頂くことが、先生たちを通してきかせて頂いた、〝正法〟でございました」

　この〝手足のないことが善知識〟だったと得心できた時、母は、自分が手足がなくとも、独りやってきたという慢心がなくなり、心からの祖母に対する感謝の念が湧いたといいます。

天に神あり、地に心あり、人生誠以て貫く

森村武雄
森村設計会長
Takeo Morimura

アメリカに派遣した弟の豊が、食うや食わずで努力をした功績が初期の礎《いしずえ》をつくる上では非常に大きかったのです。夜は倉庫の中の箱の中に寝たとか、食べるものは倹約してパンをかじって済ませたとか、そういう大変な辛酸《しんさん》を嘗《な》めて、それもあってか体をこわして早くに亡くなってしまったのです。

市左衛門は同じ年に一人息子の明六も亡くしましてね。当時を述懐してこんな言葉を残しています。「たいていのことには屈しないつもりでおった自分も、一時はほとんど呆然として左右の手を失ったような気がしました。いつまで自分はこういうことを考えました。悲しんでも結局無益なことである。（略）これを機として精神を奮い起こし、ますます体を強壮にし、両人の精神を受け継いで大いに奮闘しなければならぬ」

市左衛門は二人のお葬式に頂いたお香典と、森村組の重役たちからの出資をもとに「森村豊明会《ほうめいかい》」という財団をつくって公共事業や慈善事業を起こしました。これからの日本を背負って立つには若い者を育てなくてはいかん。それには母親を育てる女子教育が非常に大事だということで、森村学園を設立したり、ご縁のあった慶應義塾《けいおうぎじゅく》大学、早稲田大学、日本女子大学に助成したりしました。

明治大正を通じて行った助成の記録があるのですが、「金額回数不詳」と書いてあるところに、「北里研究所」とあります。調べてみたら、明治二十五年に最初に助成させていただいているのです。

市左衛門が弟の豊を慶應に行かせようとした時、彼はまだ十三歳でした。他の家に奉公に行っていたのを呼び寄せて貿易に乗り出す決心を話したら、「兄さんがそう言うなら、私も国のためにやりましょう」ということで、慶應に入って勉強したようです。

市左衛門と豊は十五歳離れていました。アメリカに行かせる時は本当にお金がなくて、妻のキクの簪《かんざし》まで売って旅行費用をつくったといいます。

福澤先生は市左衛門のことを評して、「名前も名誉も金も要らないという、そういう変わった奴は市左衛門だ」とおっしゃっていますが、当時としても随分異質な人間だったのだと思います。

祖父のモットーは、

「正直、親切、勤勉」

でした。私は一九二五（大正十四）年生まれで、祖父はその六年前に亡くなりましたから、残念ながら直接会うことはなかったのですが、この教えは、私のつくった森村設計の社訓の最初にも掲げています。

それから、祖父がよく言っていた言葉に、

「天に神あり、地に心あり、
　人生誠以《もっ》て貫く」

というのがあります。これは額にして飾ってあったのですが、残念ながら戦争で焼けてなくなってしまいました。私の次男は、ここから字をもらって「誠」という名前にしたのです。

3月
24日

祖父・北里柴三郎の報恩精神

北里一郎
学校法人 北里研究所顧問
Ichiro Kitasato

祖父の北里柴三郎は恩師の教えに従って一八七五年に東京医学校（後の東京大学医学部）に入り、八六年にドイツのロベルト・コッホ先生の門を叩いたんです。

コッホ先生の研究室に入ってからの柴三郎は、語学がよくでき、大変な努力家だと高く評価されていたようです。

コッホ先生は「病原菌の三原則」というのを提唱して、学会では高く評価されている人でした。ところが、当時ゲッチンゲン大学にコッホと並び称されていたフリュッゲという先生がいまして、「破傷風菌《はしょうふうきん》は他の菌と共生して生き永らえる」という説を唱えました。もしそれが本当ならば、破傷風菌についてはコッホの三原則が当てはまらなくなるわけです。

そこで柴三郎は北里式亀の子シャーレーや、北里式嫌気性《けんきせい》菌培養装置といったものを自分で考案して実験を重ねて、コッホの三原則が正しいということを突き止めたんです。それをヨーロッパの外科大学会で発表したところ、一東洋人がドイツの偉大な学者の説を打ち破ったということで大変な反響を呼びましてね。留学して三年目の一八八九年でした。

人間、そこで有頂天《うちょうてん》になるのが普通です。しかしコッホ先生が偉かったのは、

「素晴らしい研究をして業績を残しただけでは、学者の自己満足にすぎない。それを実際に応用して世の中の人の役に立たなければ、何にもならない」

と教えられたんです。

柴三郎は、コッホ先生のそうした実学の精神の薫陶《くんとう》を受けて、一八九二年の五月に日本へ帰ってきたのです。そして伝染病研究所で最も注力したのは、日本における免疫血清《けっせい》療法の確立でした。ジフテリアに罹患《りかん》させた羊の恢復《かいふく》期の血清中にある抗体を取り出し、ワクチンとして予防や治療への実用化に成功しました。

これはやはり、「人に役立つようなことにまで持っていかなければ何にもならない」というコッホ先生の教えに従って成し遂《と》げることができたと言っても過言ではない、と私は思います。

ですから柴三郎は、一九〇九年にベルリンへ再び赴《おもむ》いてコッホ先生のもとに来日のお礼に行っていますし、翌一〇年にコッホ先生がお亡くなりになると、報恩《ほうおん》の精神の一端《いったん》としてコッホ先生の御霊《みたま》を祀《まつ》った神社をつくって、そこで毎年祭事を営《いとな》んだのです。

それは柴三郎が亡くなった後もお弟子さんたちに引き継がれて北里神社がつくられ、戦争で焼けた後は「コッホ北里神社」にしていまでも北里研究所の高台《たかだい》に立っています。柴三郎が示した報恩の精神が、いまも継承《けいしょう》されていることは、やはり非常に大事なことだと思います。

3月
25日

両目を失明した時に九歳の息子が言ったこと

福島令子　「指点字」考案者

Reiko Fukushima

息子の智《さとし》はね、失明する前に眼圧《がんあつ》が上がってね。もう、辛抱強い子やのに泣きました。そうすると、熱は出るし、お部屋の人が皆寄ってきて、足をさすったり何かしながら「頑張れ」とか「神様に拝んであげる」とか言ってくれました。普段泣かない子が泣くんですから、相当痛かったと思うんですけど。

大人でも、眼圧が上がったらすごく苦しいそうですね。もう、ほんとにあの時は可哀相やったですよォ。智は水を飲まなかったら眼圧は上がらないと信じ切っていて、好きな苺《いちご》を食べる時でも、これ一個で五cc分かなとか言いながら。そのうち師長さんが「お願いやからヤクルトでも飲んでちょうだい」と言いましたが、意志が強くて頑として拒否し、水でうがいなどして辛抱していました。智の皮《ひ》膚《ふ》はミイラみたいに皺《しわ》が寄ってね。その後、最後の手術をされたけど、眼圧が上がり切っていてもう手に負えなかったですね。

その時、智はね、いろいろと考えたんだと思います。まだ九歳やのに、偉いなぁと思いますよ。

智の入院費用などをたくさん出してくれていた祖父が、智の目が見えなくなったと聞いたら、もう、泣いて、泣いてね。祖母が言うには、家で祖父の姿を三日間も見かけないと思ったら、家の二階へ上がって泣いていたそうです。

でも智はね、お医者も恨まなかったし、神仏にも不平を言わず、親にもとやかく言いませんでした。

そしてね、自分は失明しているのに、祖父が泣いてると聞いたら「お祖父《じい》ちゃんに電話をかけるから地下まで連れてって」と言って、病院からこんな電話をしたんです。「お祖父ちゃん、泣いても仕方ないんだよ。するだけのことをしてこうなったんだから。世界中で一番偉い先生が診てもダメな時はダメなんだよ」って。

そして「僕はね、いま悲しんで泣いてるより、これから先、どういうふうに生きていったらいいかを考えるほうが大事だと思ってるんだよ。お祖父ちゃん、僕は大丈夫だからね」。

祖父はそれを聞いて、余計泣いたと言いました。親が言うのもおかしいですが、この時は私も、すごい子やなぁと思いました。

3月26日

先義後利——義を先じて、利は後とする

玉置辰次
半兵衛麩第十一代当主・会長
Tatsuji Tamaoki

幼い頃、父と一緒に行った近所の風呂屋で、こんな話をしてもらったことがありました。

「新しい手拭《てぬぐ》いで顔を洗ったら気持ちええやろ。でも汚れて薄くなったからといって、すぐに捨てたらあかん。折り畳《たた》んで縫《ぬ》えば、雑《ぞう》巾《きん》になる。

その雑巾がボロボロになったら、干して機械の油拭《ふ》きにすればいい。その油拭きは火にくべるとよく燃えるから、風呂を焚《た》く時に使えばいい。そこまで使い切ってやっとお終《しま》いや。

だから新品《さら》を下ろす時には、ほんまにいま、それを下ろさんとあかんのかをよぉく考えなさい。

新品を下ろす時が『始まり』で、捨てる時が『終わり（末）』。だから『始末』と言うのや。この始末をしっかりするかせんかで、大きな違いが出てくる」

この時は洗い場の曇った鏡に指で、ある時は火鉢《ひばち》の灰に火箸《ひばし》で字を書くなど、父はその時、その場に応じた分かりやすい例え話を用いながら、商いの心得を聞かせてくれたのでした。

現在、京都市で麩屋《ふや》を商う当社の創業は一六八九年です。御所《ごしょ》で賄《まかな》い方（調理係）をしていた初代半兵衛が麩の製法を習得し、町に出て麩屋を開いたのが始まりでした。その後三代目が、当時商人向けの道徳教育を行っていた石田梅岩《ばいがん》の「石門心学《せきもんしんがく》」に心酔してその門下に入り、自ら師範の代用を務めるほど熱心に学問をしたそうです。

その三代目が店の家訓としたのが『荀子《じゅんし》』にある「先義後利《せんぎこうり》（義を先じて、利は後とする）」です。

「義」とは人としての正しい道をさします。商人においては、正しい商人の道、と解釈してよいでしょう。また「利」とは利益ではなく、強欲、名誉欲、出世欲といったことをさすのだと教わりました。

ただし梅岩は「利益をあげない商人は商人にあらず」と述べ、商人は人さまのお役に立つことによって利益を得なさいと説いています。また、その根底として必要なのが「正直・勤勉・節約・貯蓄」の精神だと述べました。

梅岩が「実践しない学問には何の価値もない」と強調したように、父も「学校の勉強も大事やけれど、わしが話すことをおまえはしっかり実践していかんとあかん。だから、〝正直に生きよ〟ということが分かったら、真っ直ぐ、正しい心で生きていくことが大切や」と常々話していました。

3月
27日

親父の小言

青田暁知　大聖寺住職

Gyochi Aota

「親父の小言」をご存じでしょうか。実はこのもとになったのが私が住職を務める福島県浪江町、大聖寺の庫裡《くり》に掲げられた「親父の小言」の四十五の文章です。

私の父・青田暁仙《ぎょうせん》が昭和三年、三十三歳の時に書いたもので、私が物心ついた時にはすでに庫裡に掲げられていました。私にとってはいずれも親しみのある言葉ばかりです。ただ、私は十一歳で父と死別しましたので、この小言について父に深く聞くことは、ついにできないままでした。ですから、父がどういう思いを込めてこれらの言葉を認《したた》めたのか、小言を言った親父とは、父の父である青田八郎のことなのか、それとも自分の思いを架空《かくう》の小言親父に託《たく》したのか。はっきりしたことは分かりません。

昭和三十年代の半ば、この小言を町内の商店が商品にして売り出したのをきっかけに、評判が評判を呼んで全国に広がりました。途中、新たな語句が加わったり、逆に本来の言葉が削《けず》られたりと、父のオリジナルとは随分異なるものになってしまいましたが、小言が広がったのは、何か人々の琴線《きんせん》に触れるものがあったからでしょう。

火は粗末にするな　朝きげんよくしろ
神仏をよく拝ませ　不浄を見るな
人には腹を立てるな　身の出世を願へ
人に馬鹿にされていよ　年寄りをいたわれ
恩は遠くから隠せ　万事油断するな
女房のいうこと半分　子のいうこと八九はきくな
家業は精《せい》を出せ　何事もかまわずしろ
たんと儲けてつかへ　借りては使うな
人には貸してやれ　女郎を買うな
女房を早く持て　難渋な人にほどこせ
生き物を殺すな　年忌法事をしろ
義理は必ず欠くな　ばくちは決してうつな
大酒は呑むな　大めしを喰うな
判事はきつく断れ　世話焼になるな
貧乏を苦にするな　火事の覚悟をしておけ
風吹きに遠出するな　水はたやさぬようにしろ
塩もたやすな　戸締まりに気をつけろ
怪我と災は恥と思へ　物を拾わば身につけるな
小商ものを値切るな　何事も身分相応にしろ
産前産後を大切に　小便は小便所へしろ
泣きごとは必ず云うな　病気は仰山《ぎょうさん》にしろ
人の苦労を助けてやれ　不吉は云うべからず
家内は笑ふて暮らせ

ただ、小言の為書《ためがき》には「親父生前中の小言を思い出して書きました。今にして考えればなるほどと思うことばかりです」の一文があります。青田八郎の言葉であることを裏付けているかのようですが、父は石田梅岩《ばいがん》の石門《せきもん》心学《しんがく》について熱心に勉強していたことなどを考え合わせると、あるいはその影響もあるのでは、とも考えられます。

3月
28日

あなたの一だけをひたすら書きなさい

ひろはまかずとし
言の葉墨彩画家
Kazutoshi Hirohama

実は私は、子どもの頃から字が下手でした。普段書く字はもちろん、書道も絵も、通知表の評価ではいつも1か2でした。

そういう人間がいま、言《こと》の葉《は》墨彩《ぼくさい》画家としてたくさんのファンの方々に恵まれ、一定の評価を得ています。書家や画家の方から一度も非難を浴びたこともなく、むしろそういう人たちの中にも私のファンの方がいます。

この事実は、とても大きな教訓を含んでいると思うのです。

中学時代のある日のことでした。国語の先生がお休みで、代わりに教頭先生が授業を受け持ってくださったことがありました。

教頭先生は「きょうは習字をやろう」とおっしゃり、字の嫌いな私が憂鬱《ゆううつ》な思いを抱いていると、教頭先生は半紙を一人二十枚ずつ配り、

「横棒《よこぼう》の一だけを書きなさい。一に決まりはないから、何も考えずにあなたの一だけをひたすら書きなさい」

とおっしゃったのです。

教頭先生は黙々と書き続けている生徒の周りを回り、各々の字を褒めては頭を撫《な》でてくださいました。私はその時間中に三十回くらい頭を撫でられました。

文字で褒められたことのない人間が、一という文字を書いただけで褒められた。私にとっては、目から鱗《うろこ》が落ちるような嬉しい体験でした。

教頭先生は授業の終わりにこうおっしゃいました。

「文字はすべて、この一の組み合わせなんだよ。だから、素晴らしい一を書ける人間に素晴らしい字が書けないわけがない。

書けないのは、格好いい字を書こうとか、見本通りに書こうと思うからで、一本一本思いを込め、愛を込めて書くだけで、自分にしか書けない素晴らしい字が出来上がる。このことは、人間の生活すべてに当てはまることなんだよ」

その教頭先生の言葉がいまの私の創作活動、そして人生を支え続けてくれていると言っても過言ではありません。

3月29日

組織が沈没する時

我喜屋　優

興南高等学校硬式野球部監督

Masaru Gakiya

野球でも伸びる子と伸びない子は、技術的な素質ももちろんあるでしょうが、やっぱり心が決めますよ。自分は伸びる人間か、伸びない人間か。もう全身でアピールしている。僕はダメです。試合に使わないでくださいと。体操一つ見てもそう。そういう、小さなことを適当にする子は絶対に伸びない。

逆に、小さなことを確実にする子は、間違いなく大きな仕事ができる。そしてリーダーシップを執《と》ることができる。会社で言えば、管理職ですね。例えば工場の中を歩いていても、ゴミをひょっと拾ったり、小さなことに気がついて、部下に指摘する能力が備わっている。それは自分自身が過去にそうやってきたからなんです。

そうでない人はいつまで経ってもいろんなことを見落としてばっかり。一分間スピーチをさせるのもそのための手段で、自分が感じた小さなことを的確に行動に結びつけていければ、成長は早いですよ。

私が甲子園で他の試合を見ていて、技術だけで相手に打ち倒されたというケースはほとんどありませんでした。なんであそこでカバーに入れなかったのか、なんでここであんな処理をしたのかという小さなことが勝敗を決している。味方がミスをするかもしれないから、自分が先に行ってカバーをしようとか。そういうことを普段からしていないから手遅れになるんです。

チームや会社が沈没《ちんぼつ》する時は、選手や社員のちょっとしたミス。だから私は技術を教えたことはあんまりありません。一番うるさく言うのは、小さなことができない奴。

監督でいえば、鳥の目になって、いろんな所から多角的に物事を注視できる人は強いですよ。選手だってこいつは足が速いとか、右腕の力が強いとか、一人を見てもいろいろと使い道があるんです。

結局、よい指導者かどうかというのは、よい選手をどれだけ育てているかで決まると思うんです。

譬《たと》えは悪いかもしれませんが、私はもともと企業人だから、選手育成とは、原材料を仕入れて付加価値をつけ、世の中に送り出すようなものではないかと考えています。

人間も預かった以上は、きれいに磨いて、削《そ》ぎ落として誰かに買ってもらう。そうやってきちっと付加価値をつけて商品化するところまで育てられるかどうか。たくさん買ってもらえれば、いい監督ということですね。

3月
30日

苦難こそが人生の肥やしになる

福島 智　東京大学先端科学技術研究センター教授

Satoshi Fukushima

両目が見えない、両耳が聞こえないという障害を持ったことで、私は障害者のことを少しは考えるようになりました。やはりなにがしかの関係を持ったこと、広い意味での当事者になったことがその大きなきっかけになりました。また、自分にとっての苦悩は他者とのコミュニケーションが断絶されることでしたが、これも実際に体験してみて初めて分かったことでした。

苦悩を体験することの凄さは、苦悩の一つのパターンが理屈抜きに分かること。もう一つは、苦悩する人たちが抱えているものを想像しやすくなるということですね。

挫折や失敗をすることはしんどいし、できるだけ避けたいけれど、おそらくほとんどの人が人生のどこかでそれを経験する。いくら避けようとしても必ずなにがしかのものはやってくる。だから来た時にね、〝これはこれで肥《こ》やしになる〟と思えばいいんですよ。

私が子どもの時代には、まだ日本にもたくさんあった肥溜《こえだ》めは、臭いし皆が避けちゃうけれど、それが肥やしとなって作物を育てた。一見無駄なものや嫌われているものが、実は凄く大切なことに繋がるということでしょう。これは自然界の一つの法則だと思います。

同じようなことをアウシュビッツの収容所を生き抜いたヴィクトール・フランクルが述べています。彼はいつ死ぬかも分からないという極限状況の中でも、苦悩には意味があると感じていたようですが、それは彼一人だけの思いではなかった。あの過酷な状況下で、自分以外の他者のために心を砕く人がいたように、ぎりぎりの局面で人間の本質の美しさが現れてくる時がある。

もちろんその逆に、本質的な残酷さや醜《みにく》さを見せることもありますが、人間はその両方を持っているわけですよね。おそらく彼は苦悩をどう受け止めるかというところに、人の真価、人間としての本当の価値が試されていると考えたんじゃないかと思うんです。苦悩というフィルターをかけることで、その人の本質が見えてくると。

フランクルの主張で最も共感を覚えるのは、その人が何かを発明したり、能力が優れているから価値があるということよりも、その人が生きる上でどんな対応をするか。苦悩や死やその他もろもろの困難に毅然《きぜん》と立ち向かうことが最高度の価値を持つ、といった趣旨のことを述べている点です。

したがって、障害を持ったことや病気をしたこと自体に意味があるのではなく、それをどう捉えるかということ。身体的な機能不全を経験することも、それ自体に大きな意味があるんじゃなく、それを通してその人が自分自身や他者、あるいは社会、あるいは生きるということをどのように見るかが問われているのだと思います。

3月31日

「鬼の口」に飛び込む思いをしなければならない

出町 譲
作家・ジャーナリスト〈テレビ朝日勤務〉
Yuzuru Demachi

土光登美《どこうとみ》の生き方と土光の生き方と多くの面で重なるところがある。

例えば、非行を行った女子生徒三人に対して退学処分が下されようとしていた時のことだ。当時校長だった登美が「退学処分は許しません。その娘たちは私が預かります」と言い切って、教室に寝具を運び込んで、その生徒たちと学校の中で寝食を共にしたことがあった。

当初、非行を働いた生徒たちは口を固く閉ざしたままだったという。登美も自分から話し掛けることはなく、校長室でただ読経していた。数日後、子供たちのほうから「先生、いったい私たちは何をしたらよいでしょうか」と尋ねてきたその瞬間を、登美は逃さなかった。その後急速に登美に打ち解けた生徒たちは、素直になり掃除に勉強、そして読経まで進んでやるようになったという。

土光もまた、いかに周囲から不良社員だというレッテルを貼られた社員に対しても、そんな社員こそ自分の部下にしたいということを述べている。作物と同じように早く芽が出る人間もいれば遅く出る人間もいる。どんな人間であろうとも、人を切らない登美の姿勢は土光にも受け継がれていた。

どれだけ年を重ねようとも次世代のためにという思いで、骨身を惜しまずに学校建設に打ち込んだ登美の姿勢もまた、八十歳を超えて日本の国家財政の立て直しに尽くした土光の姿と重なる。

「人間というものは生涯にせめて一度、『鬼の口』に飛び込む思いをしなければならない。そういう機会を持たずに人生を終えるのは、恥ずかしいことだ」とは登美の言葉だが、まさに学校建設は登美にとっての「鬼の口」だった。土光の場合、何度も「鬼の口」に飛び込んでいるが、これとて母の教えに忠実であらんがためにしてきたことだったのではなかろうか。

土光が多くの人たちから応援されたように、登美も多くの人たちから愛されていた。それは陽気で明るい性格によるところが大きいように思う。「さしのぼる　朝日のごとく　さわやかに　もたまほしきは　心なりけり」という明治天皇の御製《ぎょせい》をこよなく愛した登美は、「朝日のごとくさわやかに」をモットーに生き抜いたのだった。

土光敏夫の母・土光登美は公の心を持って生き、晩年はその思いを日本の未来のためにと女子教育へと結実させ、その願いに生きた。心の底から強く発せられる願いは、一人の人間を強くするだけでなく、社会をも豊かにしてくれると私は思っている。

いまの日本もまた、多くの先人たちの願いによって豊かになったのではないだろうか。願いに生きることの尊さを、私たちは知るべきであろう。

4月 *April*

太田 誠（駒澤大学野球部元監督）
あまんきみこ（童話作家）
横田英毅（ネッツトヨタ南国社長）
加賀田 晃（加賀田式セールス学校講師）
田中文男（大工棟梁）
宮脇 昭（横浜国立大学名誉教授・国際生態学センター研究所長）
田中繁男（実践人の家副理事長）
平澤 興（京都大学元総長）
熊井英水（近畿大学名誉教授）
佐々淳行（初代内閣安全保障室長）
佐々木 洋（花巻東高等学校硬式野球部監督）
高橋 恵（サニーサイドアップ創業者・おせっかい協会代表理事）
中村四郎兵衛（扇四呉服店九代目当主）
中桐万里子（リレイト代表・二宮尊徳七代目子孫）
古市忠夫（プロゴルファー）
大谷由里子（プロデューサー）
後藤昌幸（滋賀ダイハツ販売グループオーナー）
林 薫（ハヤシ人材教育研究所所長）
菅原勇継（玉子屋社長）
千葉ウメ（鎌倉鉢の木創業者）
飯田 亮（セコム会長）
佐久間昇二（WOWOW相談役）
數土文夫（JFEホールディングス特別顧問）
黒田暲之助（コクヨ会長）
安岡正篤（東洋思想家）
笠原将弘（日本料理「賛否両論」店主）
西谷浩一（大阪桐蔭高等学校硬式野球部監督）
陳 建一（四川飯店オーナーシェフ）
桂 歌丸（落語芸術協会会長）
伊與田 覺（論語普及会学監）

中畑清の二言挨拶

太田 誠
駒澤大学野球部元監督
Makoto Ota

私が駒澤《こまざわ》大学野球部監督に就任して間もない頃のことである。大勢いる部員の中に、こいつはどこか人と違う挨拶の仕方をするな、という選手がいた。

後に読売ジャイアンツに入団し、「絶好調男」の愛称で人気者になった中畑清《なかはたきよし》である。

当時の彼は、率直《そっちょく》に言って田舎《いなか》からそのまま出てきたような垢抜《あかぬ》けない顔をしていたが、声だけは人一倍でかく、何よりも人懐《なつ》っこい性格をしていた。まるで見知らぬ人と会っても平気で話をするし、お年寄りにも実に自然に声をかける。

言葉というものには、これくらい「心」が表れていなければ駄目《だめ》だと感じたのは、おそらく中畑と出会ってからのことになるだろう。

さて、彼のしていた挨拶とは次のようなものだった。例えば誰かに「こんにちは」と声をかける。

普通ならこれでお終《しま》いだが、中畑は必ずその後に「きょうはいい天気ですね」とか「おばあちゃん、いつも元気ですね」といった〝もう一言〟の挨拶を付け加えるのだ。私はこれを、

「二言《にげん》挨拶」

と名付け、普段の挨拶をただの挨拶に終わらせないよう心掛けてきた。

この「二言」は、必ずしも言葉である必要はない。すれ違った相手のために立ち止まっても二言。手振《てぶ》りや微笑《びしょう》であってもいい。上級生のほうから「おはよう。きょうも元気にいこうぜ」なんて声を掛ければなおのことよし。そこに人間同士の心と心の通い合いが生まれてくるのだ。

二〇〇五年十月、私は三十五歳から実に三十五年間続けてきた監督生活に終止符を打った。東都大学リーグで歴代一位となる通算五百一勝の記録。中畑をはじめ、石毛宏典《いしげひろみち》、野村謙二郎など、これまで約千人の選手を指導してきたが、教え子がプロになったかどうかは問題ではない。私が願ってきたのは、野球を通じて得た絆《きずな》、豊かな心で、世の中の役に立つ人間になってもらいたい、その一念だけだった。

三十五歳の時、電電公社（現・ＮＴＴ）を退職して監督に就任して以来、選手たちには「積極的人生を教えたい」という目的を持って指導を続けてきた。要《よう》は、人といかに心を通わせることができるかということ。そのための一つとして私は、心の態度をしっかり持てということを口うるさく言ってきた。

心の態度がしっかりしていれば、自ずとよい姿勢になる。姿勢が正しければ、よい声が出るようになり、よい声が出せる人間は、瞬間的な行動がとれるようになる。心はその人の姿を表し、姿はその人の心を表す――私はこれを「姿《すがた》即《すなわち》心《こころ》」という言葉にし、その精神をスポーツを通じて二重にも三重にも育ててきた自負がある。

4月2日

“生”と“生”を重ねて生きる

あまんきみこ　童話作家
Kimiko Aman

母親を三歳のとき亡くした祖母が「わたしはお母さんの顔を覚えていない」と言って、涙をぼろぼろ流したことがあります。そのとき、九十歳を過ぎた祖母が、母親を慕《した》う幼《おさな》い女の子に見えて、私は言葉を失ったまま黙って祖母の細い背中を撫でていました。人は誰も、木の年輪のように心の芯のところに赤ちゃん時代をもち、次に幼年期、少年少女期、青年期、壮年期、そして老年期を抱えもっているかと思いますが、それが鮮《あざや》かに甦《よみがえ》る時があることを、まだ若かった私は、祖母の涙で教えてもらいました。

祖母は長生きでしたが、母は四十三歳で胃癌《がん》のため永眠しました。ひとりっ子で甘やかされていた私は別れが辛くて、長い間おちこみ泣いていました。そんな或る日、「なき虫さん、泣いてばかりいると見えるものが見えなくなるでしょう」という言葉が聞こえました。これは幼かった私の涙を拭《ふ》きながら母が言っていた言葉でした。私はその時「自分の中に母がいる」と感じました。「死者は生者の中にいる」ことにはじめて気づいたのです。

そのためでしょうか。子供を胎内に宿したとき、母はこんな思いだったのかという喜びと感慨がこみあげ、赤ちゃんが生まれると、私は、その時の母の思いを重ね、同時に自分が抱きしめている赤ちゃんの感覚を、その子からもらっている気がしました。子供は二人育てましたが、二人が育っていくとき、私は、母の人生、自分の人生、そして子供の人生が三重《さんじゅう》になっている喜びを感じていたのです。ですから、母が亡くなった四三歳になったとき、しばらくの間、余生の感覚になったことを、今も覚えています。

母は宮崎県、今の日南市に生まれました。私にとって父方と母方の祖母が同じ歳で、家も近く、子供の時からの仲好しで、その関係で父と結婚したのだそうです。それでも、その時代、旧満洲に暮らしていた父の家に嫁《とつ》ぐのは、いろいろな思いがあったことでしょう。それに母にとって、舅《しゅうと》、姑《しゅうとめ》、それに父の妹が二人いたのですから、さぞ忙しかったことと思います。それなのに、私は子供の時から母の好きな言葉、絵画、短歌、作家、画家、風景など、よく知っている思いがしてそんな会話があったのかしらとふしぎでした。それが数年前、それは母が日々に作っていたスクラップブックの力ではないかと気がつきました。病弱だった私は、よくそれをひろげて眺め読んでいたので、しらずしらず母の考えかたを覚えていたのでしょう。母自身が意識していたのかどうか分かりませんが、いろいろなメッセージをもらっていたようにさえ感じます。

以前、過去に「子育て」の時のことを或る先生に質問され、「とっても楽しかったですよ」とこたえると「それだけではないでしょう」と少し厳《きび》しい声で言われてしまいました。ええ、確かに困ったり、心配したり、反省したり、迷ったりは数えきれませんが、このように歳《とし》を重ねてふりかえると、あの子育ての時期は、私にとって実感をともなった「三重の生」を生きていたと、今でも深い喜びとなって甦ってくるのです。

4月3日

社員満足度をいかに高めるか

横田英毅
ネッツトヨタ南国社長
Hideki Yokota

私は社員満足度を高めるために、社員はどんな時に満足するのか、アンケートを採《と》ってみたんです。「入社してきょうまでの間に、どんな時嬉しかったですか」という質問に対して、「お客様から褒《ほ》めてもらえた時」「上司から認めてもらえた時」「難しい仕事をやり遂《と》げた時」「自分の成長が実感できた時」といった回答が出てきます。それをまとめると、社員の声がそのまま、自分たちが将来どんな会社をつくりたいのかというチャートになるわけです。

人はみんな自分で考えたいんだと思います。人からこうしろ、ああしろと言われて行動を起こしたら、失敗した時にどうしても、言い訳が先立ちますが、自分で考えて行動を起こした場合は、反省もしやすいですね。

社員が自分で考えて行動を起こすようにするために、社員に意見をどんどん言わせるようにもしました。社訓の中に「参画《さんかく》とは参加することではない、発言することである」という項目を入れ、どんな変な意見を言っても咎《とが》めないようにしました。全部受け止めて、「彼がそう考えるのは、どこに問題があるのか」と考えるようにしたのです。間違った行動をとっても、「それは駄目だ」とは言いません。「なぜそうしたのか」と質問するんです。「もっと考えろ」と言ってもなかなか考えませんが、質問すると考えて答えますから、考える人間になります。

また、人事考課《こうか》にもとことん工夫を凝《こ》らしました。これは普通の企業がやっている人事考課によく似ていますが、項目が細かいのです。例えば、「規律性」という項目だけでも四十項目くらいあります。

「出勤時、すれ違う社員に自分から笑顔で挨拶する」「笑顔ではないが、自分から挨拶する」「タイミングが合えば……」とか。そこに五からマイナス五の範囲で数字が入るようにしてあります。

それぞれの項目に対して、我が身を振り返って自ら数字を選ぶ。自己申告の場合、ともすると自分に甘い人は甘く、辛い人は辛い点数をつけますが、そうならないように工夫したのがうちの人事考課です。これにお客様のアンケートや、他の社員の評価も反映させます。

我われが求めるのは、指示する人がいなくても、皆が瞬時《しゅんじ》に、いま自分が何をやったらいいかが分かる社員です。特に来店型のお店の場合は、そのお客様の担当者だけが完璧《かんぺき》にそのお客様と接触しても駄目なんですね。周りの人間がそのお客様に対していかに注意を払って、担当者に負けない接客がパッとできるかどうかです。

売れる営業マンになるための七か条

加賀田 晃
加賀田式セールス学校講師
Akira Kagata

私は三十九歳でこの社員教育の仕事を思い立ったんですが、始めるに際《さい》してパンフレットなどを作りました。その時に改めて考えてみたんです。

なんで私はたまたま売れてきたのか、なんで私の課はいつも一番であったのか。そこで思い立ったのが次の七か条でした。

その第一が、営業のセオリーを教える、です。

ゴルフにはゴルフの、野球には野球の、その他技術の伴う行為においては必ずセオリーというものがありますよね。その営業のセオリーを順序立ててまず教えます。

第二は、お客様と実際にお会いしてから、契約を終えるまでの一言一句のトーク、これを暗記させる。

ほとんどの営業マンはどんなにやる気があっても、感じがよくても、いざお客様の前に行ったら、頭が真っ白になって口ごもったり、話を聞いてもらえませんかとか、こんな商品に興味はございませんかとかだけを聞く御用《ごよう》聞きになってしまう。

だから、実際の戦闘術であるトークを一言一句暗記させます。

そして第三に、暗記させたトークを何遍も何十遍も練習させます。

抑揚《よくよう》をつけ、感情を込めて、全身全霊を込めて話す。そうすればアプローチからクロージングまで、立て板に水を流すように、もうスラスラスラーッと話ができます。

そして第四、最後の仕上げは現場に同行します。

どのようにやるか？　私が「ごめんくださーい」と飛び込んで、目の前で売ってみせるんです。

すると部下は、あぁ、いままで自分が勉強してきたことと一緒だ。喋《しゃべ》っている内容も話し方も全《まった》く一緒だと納得する。そうしたら営業マンの、プロの、あるいは永遠のスーパースターの一丁あがりです。

第五は、会社と上司を信頼させる。

私が何で十七社かわってきたかといえば、そのほとんどの原因は上司不信、会社不信でした。

第六は、絶えず夢を与える。

女性は現実的ですが、男は夢のためなら何でもする。夢のない人にはとりあえず夢を決めさせます。夢を持たせて、燃え立たせる。

そして最後は、喜びと恐怖を与える。

どんなにやる気があっても、夢があっても、きょうはなんとなく朝から気持ちが弾《はず》まない。頭じゃ分かっているけれども、体が動かんということがある。そこで私は部下に張り合いを持たせるんです。張り合いとは何か。その日頑張ることの喜び。頑張らないことのデメリット（恐怖）を与える。

以上、七項目。振り返ってみると、どうもこれが功《こう》を奏《そう》したんじゃないかなと思います。

4月5日

大工の技術取得法 三段階

田中文男　大工棟梁
Fumio Tanaka

千葉県に大工の棟梁《とうりょう》をしている親戚がいまして、十四歳でそこにお世話になりました。十八歳の時に文化財の修理の現場に親方と一緒に行ったことがありました、その時、県のほうから来た先生に「職人だから焼酎飲んでいればいいという時代ではないぞ！　もっと勉強するんだ」と言われた。この時職人だからといって技術を売り物にするだけではいけない、もっと勉強しなければいかんのかなあ、という思いを強く持ったのです。

しかし、小僧というのは年季がありますからね、年季があくまでは、ともかく務めを果たさないといかんのです。年季があけた昭和二十九年、二十二歳の時に上京し、それ以後は、夜学（早稲田大学工業高等学校建築科）に通ったり、いろいろな文化財の仕事をやりながら勉強させてもらいました。

大工の技術取得法は、大きく三つに分けることができます。それは「慣れて身に付ける」「教えてもらって覚える」「習って高める」です。

「慣れて身に付ける」とは、いろいろな道具を自分の手足として使いこなすことです。それには慣れるしかなく、これを怠ると一生そのツケがついて回ります。

「教えてもらって覚える」とは、修業期間中に親方や兄弟子から、大工になるための常識を教えてもらうことです。その常識とは、やっちゃいけないことなんですね。どうすればよいかではなく、職人としてやってはいけない、いわばタブーを教え込まれました。

このタブーが大工にとっての常識で、五十ぐらい知って初めて職人として通用します。棟梁で二百ぐらい、現場の管理者ともなると七百ぐらいでしょうか。

「人に迷惑かけるな」「人に笑われるな」「人にやってもらいたくないことは死んでもやるな」などが、やってはいけないことのイロハです。

「慣れて身に付ける」「教えてもらって覚える」の二つがある程度身に付くと、年季があけて職人として世の中に出られるんだけど、みんなこの二つで終わってしまうんだよね。ところが、大事なのは三つ目の自分で「習って高める」、つまり死ぬまで勉強だということです。

これを怠るとその職人はやがて使い物にならなくなって食えなくなる。

大工の仕事は日々変わっていく。客層も、材料も、流通も、仕事の内容もどんどん変わっていく。親方に叱られながら必死で覚えたことでも、十年もたつと使えなくなるんだから、厳しいよね。

いま職人が注目されて、職人技が必要だとかもてはやされているけど、実際は一生食える職人技なんてものはないんですよ。常に自分で「習って高める」ことがその後の収入に比例していくんです。

私は十代で覚えたことで、二十代を食った。二十代に覚えたことで、三十代に女房、子供を養いながら、四十代、五十代まで食える勉強をした。三十代を安穏と過ごした奴はだめじゃないかな。だから、年相応にやることを考えていかないと、五十代になったらポンコツだぞ、と若い者には言っているんです。

4月6日

大事なことは現場、現場、現場

宮脇　昭
横浜国立大学名誉教授・国際生態学センター研究所長
Akira Miyawaki

師を選ぶとは非常に大切なことでしてね。二年半の留学生活の中で、一度だけチュクセン教授（ドイツ国立植生図研究所長）に訴えたことがあるんです。

来る日も来る日も現場へ行って植物を調べ、土を掘り続ける毎日だったので、せっかくドイツに来たんだからいろいろな本も読みたいし、他の教授の話も聞いてみたいと。

そうしたら老大家《ろうたいか》は、

「見よ、この大地を！　三十九億年の地球の生命の歴史と巨大な太陽のエネルギーの下での生命のドラマが目の前にある。まず現場に出て、目で見て、匂いを嗅《か》いで、舐めて触って調べろ！

現代人には二つのタイプがある。見えるものしか見ない者と見えないものを見ようと努力するタイプだ。

ミヤワキ、君は後者だ。現場が発している かすかな情報から見えない全体を読み取りなさい」

と言いました。

つまり現場がすべて、見かけ上の事象に惑わされず、本物を見ろということです。チュクセン教授には日本で三十年間かけても学べないことを学ばせてもらいました。

だから、教育とは単に手取り足取り教えることではないんですね。

堀川芳雄先生（広島文理科大学）もチュクセン教授も、来るものは拒《こば》みませんでしたが、丁寧に教わった記憶は一つもない。

大事なことは現場、現場、現場。大工や左官のように弟子はいかに師の知識を盗み取るかです。そういうハングリー精神でもって、初めて見えないものが見えてくる。

いまはパソコンのキーボードを叩けばデータが出て、それをもとに何本か論文を書けばすぐに学位をもらえます。

しかし、そんな研究はすぐに廃《すた》れるし、そんな人間は「本物の研究者」にはなれない。

どんなに金と最新の技術や医学を集めても、六十億人の誰一人、千年はおろか、二百年も生かすことはできない。一本の雑草も、一匹の虫けらも生き返らせることはできないのです。

まだ現代の科学が生命や環境に対していかに不十分かを知らなければなりません。

4月7日

それで、あなたは何をしましたか

田中繁男
実践人の家副理事長
Shigeo Tanaka

学校に来ない生徒には、自宅まで先生に迎えに行ってもらいました。そのためには朝の一時限が自習になることもしばしばでした。

教室の窓ガラスは割られ、三、四階の教室からは牛乳びんが投げ落とされる。校庭には、刃を広げた凶器にもなりかねない握りバサミが置いてある……。そんな学校も一年余りで落ち着いてきました。

この話を、森信三先生が神戸でやっておられた読書会で報告しました。すると、こう言われました。

「田中さん、それが現代の宗教です。あなたがやっているように、反抗する子どもの心の底にあるものを探り当て、相手のしてほしいことをする。これが現代の宗教なのです。あなたのやっていることは宗教です」

別のある時、出席者に教育現場の現状報告を求められたことがありました。校内暴力が絶えないことを嘆く教師に対して、森先生が尋ねられるのです。

「それで、あなたは何をしましたか」

その人が答えられないでいると、先生は突然大きな声で、

「現在の学校が困難な状況にあることは、私も知っています。だから、その中でいまあなたが何をしているか、それを知りたいのです。例えば、満員の講堂が停電になったとします。しかし、五燭《しょく》の電灯一つ、あるいはロウソク一本があれば、大きな騒ぎにもならず、無事退場できるのです。あなたには、その一本のロウソクになろうとする気持ちがないのですか」

普段は柔和《にゅうわ》な先生の、すさまじい気迫でした。

家庭にご不幸があり、先生が「尼崎」で独《どっ》居《きょ》自《じ》炊《すい》を始められてから、毎週日曜日に読書会をもっていただきました。得がたい機会でしたから、私は一度も欠席したことはありません。ただし、

「あなたはこの一週間何をしましたか」

と、まず最初に質問を受けるのは私でしたから、とても緊張したものです。だからこそ、「教育とは何をしたかである」というのは、骨身にしみる言葉でした。

先生が九十歳を超えられて歩行困難で外出できなくなられてからは、先生のご希望で私と二人だけの読書会をもつことになりました。私は月二回、先生のお宅をお訪ねしていましたが、一年ほどたった時、

「この本のことはだいたい分かりました。読書会もこのあたりでおしまいにしましょう」

と申されたのです。うかつでした。先生は読書会で、もはや椅子に長く座ることが苦痛になっておられたのです。先生が寝たきりの状態になられたのは、その直後でした。

私の家に「清虔《せいけん》」という二文字の色紙があります。私の定年退職を記念して、先生が不自由な右手で書いてくださった色紙ですが、思えば先生は、生涯にわたって清虔な生き方を貫かれた人でありました。

仕事は祈りである

平澤 興　京都大学元総長
Ko Hirasawa

賢いと燃ゆることができないですね。燃ゆるためには愚かさがいる。愚かさは力です。

それは、私は四十年間、大学にいて、そう思います。

だから、優等生もいいけどね。優等生のやり得る仕事は大抵《たいてい》、型が決まっている。本当に世の中に大きな光を与えるのは、必ずしも、いわゆる優等生だけではない。

部長とか課長とか、そんなところにさっとなるのは優等生が多いようですが、日本の将来に大きな変化を与えて、自ら進むべき道を断固として守っていくというようなのは、むしろ優等生でない方に多いくらいです。

だから、やっぱり、ある意味では愚かさね。損とか得なんていうことは考えないで、ひたむきに行く人ですね。

私の友達の青柳安誠。京大の外科部医で、外科では日本一の人です。

この人が言ってましたが、仕事は祈りである、と。執刀《しっとう》する瞬間、祈るんですね。

最善を尽くすだけじゃ、まだ足らないんで、どうぞ、この手術が上手くいきますようにと、祈る。これはやっぱり、すごいと思います。

この男が、「器用な人では外科の名人にはなれん」と言っていました。

それはね、いろんな外科の方式がある。長い歴史を通してね。人によっては、血管の走り方が違ったり、神経の走り方が違ったりしてる人がある。そういう場合までも考えて、間違いを起こさないようにというのが、長い伝統の手術だそうです。

ところが、器用な人がやるとね、目先だけでさっとやる。一見誠に器用だが、時に思わぬ間違いを起こす。何分間で盲腸《もうちょう》の手術をしたなんていうのは、これは愚かなことで、そういう医者はもう本当の意味で一人前の医者ではないと思う。

誰がやってもできるようなことにも、なお祈りを込めて、百やれば百、絶対に間違いを起こさんという、これが真の名人だ、と。

私もそうだと思います。

新聞、雑誌などをみてると、世の中は悪人ばかりのような気がするが、にも拘《かかわ》らず、世の中が何となしに前へ行ってるのは、案外、世間でいうほどは悪人ばかりでなく、いい人が多いということじゃないかと思ったりしています。普通、みえないところで、いいことをしている人が多いのですね。

だから、社会はいわゆる有名人に支えられておるよりも、むしろ無名のそういう人たちに支えられておるのではないでしょうか。

不可能を可能にするための三条件

熊井英水
近畿大学名誉教授
Hidemi Kumai

この三十二年間、もうダメじゃないかと絶望しかけたことは何度もありました。ただ、その時その時、発生するいろいろな問題について、脳みそのない頭で考え、そして所員の英知を結集する。そうやって一つずつクリアしていったということですね。

そんな中で自らを支えたのは、やはり「不可能を可能にするのが研究だ」という初代総長からいただいた言葉ですね。

私が二十五歳の時でした。ある日、総長から「昆布の養殖《ようしょく》をやってみないか」と言われたんです。それに対して私は「そうは言っても、昆布は北海道のものですから無理ですよ」と難色を示してしまった。そうしたら後日、総長から手紙が来ましてね。中に新聞の切り抜きがあって、兵庫県の水産試験場が瀬戸内海で昆布の養殖試験を開始したと書かれていました。

それですぐに総長に謝ったのですが、その時に言われたのがこの言葉だったんです。私はハッとしましてね。それ以来、いまもなおこの言葉を信条にしています。

不可能を可能にするために大事なことの第一は「忍耐」。やっぱり研究でも仕事でも、何かを成し遂げようと思ったらいいことも悪いこともあるわけです。その時に何が何でもやり通すんだという忍耐、ブレない継続、これが非常に大事だと思います。私の好きな言葉に「一志一道」というのがありますが、一度志を立てたらこれを一筋にやり続けないといけません。

二つ目は「観察眼」。原田先生がよくおっしゃっていたのは「魚に聞け」ということです。魚は言葉を発しない。だから、抗議する時は死んで抗議する。だから、いまこの魚はどういうアピールをしているのか、何を求めているのか、それをよく観察し、知るのが本物の研究者だと。

そして、最後は「愛情」。やっぱり手間隙をかければかけるほど、魚は我われ飼育している者の意思を分かってくれるし、よく育ってくれるんです。

完全養殖したクロマグロを初めて出荷する時、「どういう気持ちですか」って新聞記者の人に聞かれました。私は「我が子を嫁に出すような心境だ」と言ったんですけど、本当に我が子を育てるような気持ちがないとあらゆる仕事は成功しないと思います。

4月10日

札付きだった支店長の勇断

佐々淳行　初代内閣安全保障室長

Atsuyuki Sassa

阪神・淡路《あわじ》大震災の時、日銀の神戸支店長に遠藤勝裕という傑物《けつぶつ》がいたんです。ジェット機が落ちたかと思うくらいの轟音《ごうおん》と激震に遭遇《そうぐう》した直後、自分がこの大災害に際して何をすべきかを考え、「そうだ。俺の役割は町に紙幣《しへい》を出すことだ」と気づくんですね。日銀の支店は設備の損傷はあったが、幸いにも大金庫が無事だった。遠藤さんはそれを開けちゃうんですよ。緊急時に普通は閉める大切な金庫を、逆に開けてしまう。そしてそこにあった札束を全部取り出し、紙幣の流通を止めなかったんです。本人は「兵庫県一日分の金額が入っていた」と言っています。だから何十億円でしょう。

そして次は被災地の民間銀行が壊れていないかを点検するんです。そうしたら日銀の他に一つだけ壊れていない銀行があった。すると三日後には、そこと日銀神戸支店内に、被災して休業中だった各銀行の支店の臨時窓口を開設するわけです。

さらに兵庫県警本部に連絡を入れて警備を要請した。普通なら各支店に配置しなくてはいけない百～二百人の警察官が二か所で済むわけだから、本部長も随分助かったと話していました。

もっと凄いのは、震災当日のうちに金融特例措置《そち》という五か条の布告を独自の判断で出したんですよ。

例えば通帳や判子《はんこ》がなくても身分証、免許証を提示したらお金が借りられる、半焼けの紙幣は普通の紙幣と交換する、といったもので、もちろんこんなことを日銀本店や大蔵省本省がすぐに承認するわけがありません。ところが、大蔵省の神戸財務事務所長というのがまた傑物でね。これを決裁するんです。そしてこのルールでどんどんお金を出す。

こんな話もあります。遠藤さんが震災後、市内を視察すると、コインを持たない被災者が自動販売機を蹴っている様子を目にするんです。「そうか、物があってお金がないと暴動が起こるな」と。

そこで銀行協会に申し入れて、百円玉九枚と十円玉十枚を入れた千円の袋を四千袋つくり、避難所に行って「銀行協会からの義援金でございます」と渡して歩くんです。

その方は本当はクビだったんです。なにせ日銀のあらゆる掟を破ったわけだからね。僕は遠藤さんとは一面識もなかったんですが、解任だと聞いた時はカッときて日銀の役員に電話で談判しました。「遠藤さんを辞めさせると聞いたけれども、本当か」「いや、いま内部でそれが問題になっているところです」。聞いてみると、災害に遭った地域を救済するために過去に何度かこのような超法規行為をやっていた〝札付き〟の支店長だったらしい。

日銀内部は「とんでもない日銀マンだ」「これこそ日銀の鑑《かがみ》」という二つの意見に分かれていて、僕はその日銀役員に、

「彼のような功労者をクビにするなんてとんでもない。本店に栄転させなさい」

と強く言いました。それが聞き入れられたのか、遠藤さんはクビにならずに調査役になりましたよ。

4月11日

運気を上げるための四つのポイント

佐々木 洋
花巻東高等学校硬式野球部監督
Hiroshi Sasaki

私はずっと「おまえは運がいい、運がいい」と言われ続けているんですね。「菊池雄星《ゆうせい》を獲得できて運がいい」とか「棚ボタで選抜に出て準優勝した」とか言われてですね、前は「俺だって努力しているんだ」とムッとしていました。

でも最近、運というのは、運をつかむために自らをコントロールしている人のもとにしか来ないんだなと分かって、素直に喜べるようになりました。

では自分の何をコントロールしているかというと、一つは言葉です。

二つ目は一緒にいる人。親は選べませんが、友人は選べますよね。あるいは自分の意思で誰にでも会いに行って刺激を受けることができるわけです。

三つ目が表情、態度、姿勢、身だしなみ。二つ目にも通じますが、チャラチャラした格好をしている子はやはりそういう友達と一緒にいます。

また野球でも逆転されてシュンとしたり、点を入れて大騒ぎしているチームにはあまり脅威を感じないんですね。逆に負けている時に笑顔でファイティングポーズとかが出るチームって怖いなと思う。特に監督が不安になったりすると一瞬でチーム全体に伝染しますから、表情、態度のコントロールは常に心掛けています。

そして最後はやっぱり感謝と謙虚さですね。とにかく敵をつくらず、味方をつくることが運を呼び込んでくると思います。

例えば、うちのチームは宿泊したホテルから帰る時はすごくきれいに掃除させるんです。甲子園の時もホテルの方が、

「花巻東の使った後はベッドメイクが要らないくらいきれいにしてくれた」

と喜ばれまして、ホテルの人たちが球場までわざわざ応援に来てくれたりしたんです。

彼（菊池）は例えばゴミが落ちているのを見ると「神様が自分を試している」と思うと話していました。そうやって、いつも神様が自分を見ていると思っているんです。

それから私が前にうちの選手たちに、

「成功している会社の社長さんの家を探っていったら一つだけ共通項があって、どの家もトイレの蓋《ふた》が閉まっていたらしい」

と話したら、どこに行っても蓋を閉めて回っています。

態度が横柄《おうへい》だったり、悪口ばっかり言っているチームは人がどんどん遠ざかっていきます。

謙虚にしていると味方が増え、その人たちに感謝の気持ちを伝えると、さらに応援してくれるようになる。

何をやってもツイている人と、何をやっても空回りする人の差はこの四つではないかと思っています。

4月12日

天知る、地知る、我知る

高橋 恵　サニーサイドアップ創業者・おせっかい協会代表理事
Megumi Takahashi

私のおせっかいの原点には、子ども時代の辛《つら》い経験がありました。「何で戦死してしまったの。手がなくても足がなくても、生きて帰ってきてほしかった！」

そう泣き叫ぶ母のそばで、10歳の私は、姉と妹と共に、一緒に泣いていました。良家に生まれた母でしたが、幼くして両親を、大東亜戦争で夫を亡くしました。戦後始めた事業もほどなく倒産。手のひらを返したような世間の冷たさに晒《さら》され、押しかける債権者に家財道具一切を持ち去られました。母の指から父の形見の真珠の指輪を強引にもぎ取る姿がいまも目に焼き付いています。

母はこの時、一家心中の瀬戸際にまで追い込まれていたのでしょう。しかし、それを子ども心に感じた時、ガタッという物音が玄関から聞こえたかと思うと、ガラス戸に一枚の紙切れが挟まっていました。そこにはこう書かれていたのです。

「あなたには三つの太陽（子ども）があるじゃありませんか。今は雲の中に隠れていても、必ず光り輝く時がくるでしょう。それまでどうかくじけないでがんばって生きて下さい」

その手紙を読み聞かせながら、母は、はっと気がついて、ごめんね、ごめんねと謝って抱きしめてくれたのです。おそらく私たちの窮状を見かねた近所の方だったのでしょう。人間のちょっとした優しさに、人の命を救うほどの力がある――。この時の強烈な印象、そして一家を養うために身を粉にして働く母の姿が、私のおせっかいの原点となったのです。

しかし、苦しい生活は終わることなく、このままでは学校に通わせることもできないと、母は私を知人の家に預けることを決断。そして送り出された私を待ち受けていたのが壮絶な〝いじめ〟でした。空腹を我慢し、冬は霜焼けで十本の指がただれていても雑巾がけ。手をついて謝っても、これでもかと足で頭を踏みつけられる……。

あまりの仕打ちにトイレで泣き明かすこともしばしばでした。その小窓から見えた空と、その中を自由に飛び交う鳥たちの姿、そして母に会いたいという哀《かな》しい思いは、いまでも忘れることができません。

「自由に大空を飛ぶ鳥のように世の中を自由に、自らの力で生きていこう、そして、人間として、わけ隔てない生き方をしよう」と十四歳の時に誓ったのでした。いま思い返すと、その後社会に出てからの私は、子ども時代の辛い体験と、母や見知らぬ人から受けた温かい愛情に突き動かされるように幸せを追い求め、無我夢中でおせっかいをばら撒《ま》いてきたような気がします。

「天知る、地知る、我知る。どんなに貧しくなろうとも、心まで貧しくなってはいけません」「あなたには、あなたのいっぱい、いいところがあるじゃない」

苦しい生活の中で母が繰り返し唱えていた言葉です。母はその通り、本当に思いやりに溢れた人でした。無縁社会という言葉も聞かれますが、どんなに忙しくとも、人を想う心さえあれば、たった一言の言葉、たった一枚の紙切れでも、人を救うことができるのです。

4月13日

三百年続く老舗の家訓

中村四郎兵衛
扇四呉服店九代目当主

Shirobe Nakamura

扇《おうぎ》 四《し》呉服店中村家の家訓

我が友人一老商に市店盛衰《してんせいすい》の原由《げんゆ》を問《と》ふ。老商答て曰《いわ》く、夫《そ》れ基本に応して其地《そのち》を撰《えら》み適宜《てきぎ》の物を商ふに薄利を以し得意を敬ひ質素を旨とし主人は油断なく召仕は骨を折る。

是れ其家の興るべき基礎にして衆客の方向悉《ことごと》く此家に帰すべし。何ぞ盛大に至らざらんや。而して意《つい》に大店《おおだな》と成り登り財を積み庫《くら》を建て親族敬し同業服し其威自ら高く其権自ら強く主人誇り召仕懈《おこた》り始て茲《ここ》に衰頽《すいたい》の兆しを顕はす。是れ一般の通理なり。

去れば家の盛ならんとする時は上下悉く意を勉励に用ゐて一髪の透《すき》なく朝夕栄利の増加するを視《み》る。此を以て益々盛なる也。若し衰んとするに及ぶ時は之に反し主僕相倶に威権を振ひ寝食座《ざ》臥《が》只《ただ》安心して永世不朽の家産也と思ふて敢て其習しに梧葉秋風の生ずるを知らず。患難頓《かんなんとみ》に来たって始めて自ら其衰ふるを視る。此を以て困窮意に挽回す可らざるに至る也。此境を知る事最難しと雖《いえ》とも我れ足下の為めに深秘を惜まず一語以《もっ》て告げん。

凡そ人貴賤貧富《きせんひんぷ》を論ぜず他を軽蔑侮視《けいべつぶし》するの念胸間《ねんきょうかん》に発《ほっ》せば是《こ》れ則其衰頽の気の生する所ろ百般の災害是より襲来すべきなりと此言や百発百中決して違ふ事なし我れも深く感じて世の蒙者《もうじゃ》に報ず。

【現代語訳】

私の友人の老商に店の盛衰の原因は何かと質問すると、老商は次のように答えた。

「適切な場所を選び、適切な商品を商い、その際、利益を薄くして得意客を敬い、質素倹約を旨として、主人は油断することなく、また使用人は骨身を惜しまず働く。

これこそが家業が発展する基本であり、その基本を行えば、お客は集まり、店は必ず盛んになる。

そのようにして大店《おおだな》となり、財を成し、蔵が建つほどになり、親族は敬い、同業者も従うようになると、その店の権威は高くなる。そうすると、主人はそれを誇るようになり、使用人も怠《なま》けるようになる。この時に衰退の兆《きざ》しが現れるものだ。これが世の道理である。

だから、家業が成功して盛んになってきた時には、主人も使用人もすべて勉励を心掛け、決して油断なく一日中栄利《えいり》が増えるようにすれば、ますます家業は盛んになる。

これに反して、主人も使用人も驕《おご》って威を振るい、日々安心して家産は永久になくならないと思い、そのうちに秋風《しゅうふう》が吹くことを知らないでいると、衰退が始まるものであり、俄《にわ》かに問題が起きて、初めて衰退を知ることになる。その段階では、もはや挽回《ばんかい》することはできない。この分かれ目を知るのは大変難しい、しかし私はあなたのために一言助言しよう。

貴賤貧富《きせんひんぷ》にかかわらず、他を軽侮《けいぶ》する気持ち、驕りが心に起こったら、その時が衰退の始まりであり、衰退をもたらす諸々の問題はここから起こってくるものだ」

この言葉は間違いのない真理であると深く感じ、ここに世の人々に知らせるものである。

水車の例え話——二宮尊徳の訓え

中桐万里子
リレイト代表・二宮尊徳七代目子孫
Mariko Nakagiri

私の先祖である二宮尊徳《そんとく》は、人間がどう生きるべきかを、生涯にわたり考え続けた人だと思います。彼が人間というものを捉える際に、様々な場面で使っていたと思えるモデルが「水車の例え話」です。

水車の下半分は天の力、つまり水の流れに従わなければ回りませんが、上半分はその流れに逆らわなければ、水車は水車の用を足しません。そうして「半分従い、半分逆らう」という姿勢を取ることによって、初めて水車は水車となり、人間の生活を助けるものになるのです。要するに、半分は天に逆らうことこそが人間の務めである、と。その当時は飢饉が続き、天に逆らっていく力を人間が失っていた時代であった分、尊徳は特にその部分を強調して訴えたのだと思います。

この水車の例え話は、物事を考えたり、行動を起こしたりする際にも大きなヒントになると思います。どうにもならない部分はどこなのか、どうにかすべき部分はどこか、と二つのことをバランスよく考えていれば、物事の本質がよく見えてくる場合が多いのです。

尊徳は晩年の日記に、自分自身の人生を振り返った感慨をこんなふうに記しています。

「予《よ》が足を開け。予が手を開け。予が書簡を見よ。予が日記を見よ。戦々《せんせん》兢々《きょうきょう》深淵《しんえん》に臨むが如く、薄氷《はくひょう》をふむが如し」

自分は、いつ割れて崩れ落ちるとも知れぬ薄い氷の上を、大変な緊張感を持って歩いてきたというのです。一見、強靭な意志を備え、確信に満ちて人生を歩んできたように思える尊徳ですが、その実は緊張の連続だった。

先述した「水車のモデルが尊徳の基盤にある」という考えは私の憶測ですが、彼自身は「自分のものさしを持たない」ことを大切にしていたのではないかと思います。

つまり、この時、この状況を当たり前であると思ってしまわないこと。いま普段に過ごしているこの時にも、非常に注意深く物事を観察し、何が起こっているかを常に知ろうとしていた。だから毎日顔を合わせている奥さんといる時でも、畳《たたみ》に腰を下ろしている時でも、おそらく彼は最大限の注意を払っていたのではないでしょうか。

4月15日

感謝は人の心を大きく、美しく、強くする

古市忠夫
プロゴルファー

Tadao Furuichi

最近、なんで俺がこんなありえない人生を歩んでいるんだろうと考えた時、「奇跡を起こす方程式」を思いついたんです。

「奇跡＝才能×努力×感謝力」

才能や努力ではプロテストを受ける二十代の若者には敵《かな》いません。しかし、感謝力だったら負けない自信がある。

阪神・淡路大震災に遭《あ》うまでは、どんな状況でも不撓不屈《ふとうふくつ》で頑張ることのできる人が勇者だと思っていました。でも、真の勇者は頑張れることへ感謝できる人なんですね。

才能と努力だけで栄光を掴みにいくと、うぬぼれるから怖いのです。最後の一打で手が届かなかったりする。だからプロテストを見ていても、通る、通らないというのは大体分かります。

どこで見極めるかといえば、まず、感謝力が強い人はきちんと挨拶をします。

こっちが一礼して「おはようございます」と挨拶しているのに、首だけでペコッとかいうのは挨拶ちゃうで。

それから歩き方。大地を踏みしめて、胸を張ってスーッと歩ける人は通ります。どんなにミスをしても、頑張れることへ感謝できる人はオドオドしない。

人生は最後の最後まで分からない、というのが私の持論です。

私たちは震災であまりにも多くのものを失いました。しかし、それによって大切なのは物ではなく、お金でもなく、地位や名声でもない。人の愛であり、優しさであり、人を思いやる心であり、感謝であり、積極的な心だと分かった。

そのおかげで、いま、私は夢のような人生を歩んでいる。人生、何がピンチで何がチャンスか、その時点では判断できないと思うんですよ。

でも、どんな時でも正直に、悔いなく、感謝の心を持って生きると、ものすごいパワーが生まれて奇跡を起こしてくれる。それは誰が起こしてくれるのか？　周りの人です。自分の力では奇跡は起きません。

なんぼおっちゃんが頑張ったところで、映画なんてできませんて（注 ※古市氏の半生は映画化された）。

まして上映会にタイガー・ウッズを呼んで、一緒にゴルフなんて絶対できへん。だから、奇跡は周囲の人が起こしてくれるものなのです。

感謝は人の心を大きく、美しく、そして強くします。いくらゴルフが上手でもプロにはなれません。強い人がプロになるんです。そして強い人はいつも周りの人に感謝している。だからますます強くなる。いろいろなプロの姿を見てきて、そう思いますね。

4月16日

横山やすしさんから学んだこと

大谷由里子　プロデューサー

Yuriko Otani

「大谷由里子のリーダーズカレッジ」では、東京校と大阪校を含め各地で運営してきました。自分のアイデアを形にできる人材を育てたいと思い始めたスクールです。企業でいうなら、自分の企画を社長に提案して実現するまでの企画力、交渉力、プレゼンテーション、根回し等々を学んでいきます。

野球でいえば、「バットをこう振りなさい、ああ振りなさい」というのは「Teach（教える）」で、コーチングは「君はどう打ちたいの？　ならバットはどう振ってみる？」と質問のやり取りから相手の中にある答えを引き出していきます。

以前、吉本興業でマネージャーの仕事をしていましたが、コーチングとマネージャー業はとても似ている。マネージャーは芸人に「芸風をこうしい、ああしい」と指導はしない。ただひたすら「どう売れたいか、それならどういうネタがいいんだろうか」と話し合い、聞き役に徹して、能力を引き出そうとしていました。コーチングの理論と自分のやってきた仕事が一致するので興味をもって勉強したんです。

吉本興業では「やすし・きよし」の横山やすしさんや、当時売り出し中の「宮川大助・花子」などを担当しました。

横山さんにはわがままなイメージがあるようで、人には「大変だったでしょう」と言われます。確かに、大阪で生放送に出演するはずなのにまだ地方の競艇場《きょうていじょう》にいたり、「浮気がばれた。嫁が怒っているから姿を消す。オレに仕事をしてほしかったらおまえが嫁の機嫌をとってこい」って電話がかかってきたり、むちゃくちゃでしたよ。

でも、どんな仕事でも取引先や上司から無理難題を言われるでしょう。それを無理難題《むりなんだい》と思うか、「試されごと」と思うかどうかの違いです。

コーチングの基本に〝発想を「Why」から「How」に変えよう〟という理論があるんですよ。

無理難題を言われて、「なんでそんなこと言われなあかんねん」と思ったら、もうそこで終わり。

あの頃、横山さんに何を言われても「どうする？」「どうやって解決する？」といつも考えていました。それがいまとても役立っています。

4月17日

失敗する経営者の条件

後藤昌幸　滋賀ダイハツ販売グループオーナー

Masayuki Goto

長い間いろいろな経営者を見てきましたが、結論から言うと派手な経営者が失敗し、地味な経営者が成功するということです。バブルの時も土地や株に手を出してあぶく銭《ぜに》を儲けようとした人は皆失敗しましたからね。

「調子のいい時に自惚《うぬぼ》れず、調子の悪い時にへこたれない」

これは経営者の鉄則といえるでしょう。特に自惚れないということは経営者にとってより難しいかもしれません。

ですから素晴らしい経営者、成功している経営者は皆さん謙虚ですよ。頭を下げるから、いろいろな情報もいただけるし、それが成長へとつながっている。商売とは何よりも日々の積み重ねですからね、どこまでも地味にやっていく以外にない。格好をつけていても始まらないんです。

特にいまのような時代には余計な経費を絶対に使わないことです。経営とは詰まるところ稼いだ金と経費との勝負なのですから。

それで、私どもは「たとえ一か月であっても赤字を出さない」ことを信念にやっています。その信念を貫き、ことあるごとに言い続けていると、それがいつの間にか社風になってしまうんです。車の販売をやっていると、一年のうちに売り上げが目標の七割くらい、放っておくと何千万円という赤字が出る月があります。ところが私はそれを絶対に認めない。すると幹部たちが集まって知恵を絞るんです。この八月などはラーメンやらソーメンやら餃子の皮やら、いろいろなものを仕入れて、全社員でそれを販売しましたよ。一か月でも赤字は許さないという主義でやっているからそういう発想も生まれるわけです。

この他に失敗する経営者の条件をいくつか挙げるとすると、

- **売り上げばかりを追って利益を考えない**
- **含み損を気にしない**
- **経理がおざなりになっている**
- **公職が好き**
- **ゴルフざんまい**
- **宴会では三次会にも行く**
- **賭け事が好き**
- **見切れない**
- **行き先が分からない**

という特徴がありますね。

社員教育に熱心でない経営者もダメです。その意味では私は社員に「自分はどのような一生を送りたいのか」という長期的な目標（戦略）を立てさせ、そのために当面何をするか（戦術）を考えさせるようにしています。

戦略が大きいほど大きな仕事ができるし、戦略、戦術をきちんと立て、実行できる社員はやはり伸びています。逆に目標が小さかったり、「今年は今年の風が吹く」という感覚でいるうちは大した仕事はできない。

そこで社員には二枚の紙に太いフェルトペンで自分の目標を書かせています。一枚は自宅の部屋に、一枚は会社の皆が見えるところに張らせる。それを毎日眺めることでやらざるを得なくなるんです。

4月18日

営業マンの鉄則十五か条

林　薫
ハヤシ人材教育研究所所長
Kaoru Hayashi

私が長年歩んできた営業生活の中で特に注意し、努力しなければならないと思うことが十五項目あるので、ご紹介させていただきます。

一、教養を身につけ、人間性を養え
二、旬を逃すな
三、たえず、相手の幸せを考えよ
四、自分の心をコントロールできるようになれ
五、服装、身なりは清潔に
六、自分が経営者で社長であると思え
七、親しき仲にも礼儀ありでゆけ
八、態度は低く、心は高く
九、客を育てよ
十、商品を学び、自信を持て
十一、目標と計画をしっかり立てよ
十二、逆境に負けるな
十三、男は度胸、女は愛嬌《あいきょう》でゆけ
十四、テクニック（聞き上手）を研究せよ
十五、人に負けることが、当たり前になるな

この十五項目は営業マンにとってどれも大事な心掛けですが、その中でも特にといえば、やはり一の「人間性を養え」が大切だと思います。

例えば、お客様にお断りを言われた時、営業マンはその商品を断られたと思っていますが、実は態度や人間性をキャッチして拒否している場合が多いことを知っておかなければなりません。

逆にお客様が契約してくださるのは、ある意味で営業マンに惚れてくださったのです。

私はこれまで多くのお客様にご契約をいただいてきましたが、だからといって自分が高い人間性を兼ね備え、魅力的な人間だ、などと言うつもりはありません。私は口下手で、頭がズバ抜けて切れるわけでもなく、人目を引くほど容姿端麗《ようしたんれい》なわけでもありません。

しかし私には「営業マンは幸せを運ぶ配達人」という強い信念がありました。

世の中には言葉巧《たく》みにお客様を騙し、商品を売りつければそれでいいと思っている人もいますが、私はそういう人に「営業マン」を名乗ってほしくはありません。

幸せを運ぶ配達人は無責任であってはならず、自分の勧める商品を使っていただきお客様に幸せになってもらいたいと心から願うものなのです。

そしてお客様が何かお困りのことがあればどんな相談にも乗り、力になる。それが私の信条でした。

事業に失敗するこつ十二か条

菅原勇継　玉子屋社長
Isatsugu Sugahara

社長室に掲げられている「事業に失敗するこつ十二か条」は、腎臓《じんぞう》がんから退院して会社に復帰してしばらくした頃、かつての遊び仲間が僕にファクスしてくれたんです。誰の言葉か知りませんが、これは僕の経営哲学みたいなものですね。ちょっと読み上げてみましょうか。

【第一条】
旧来の方法が一番よいと信じていること
【第二条】
餅《もち》は餅屋だとうぬぼれていること
【第三条】
ひまがないといって本を読まぬこと
【第四条】
どうにかなると考えていること
【第五条】
稼ぐに追いつく貧乏なしとむやみやたらと骨を折ること
【第六条】
よいものは黙っていても売れると安心していること
【第七条】
高い給料は出せないといって人を安く使うこと
【第八条】
支払いは延ばす方が得だとなるべく支払わぬ工夫をすること
【第九条】
機械は高いといって人を使うこと
【第十条】
お客はわがまま過ぎると考えること
【第十一条】
商売人は人情は禁物だと考えること
【第十二条】
そんなことはできないと改善せぬこと

例えば第六条。(自らが経営する玉子屋の)お弁当は好評だといって経営者が安心していたら進歩はありません。

だから僕は毎日弁当を食べて味付けや盛り付けを見ているし、回収したお弁当に何が残っていたか、何が人気があったのかを調べる。五万人のお客様の代表は僕だという感覚なんです。

食中毒事件の辛《つら》かった時期に取引先の人情で救われ、機械化で汚名を返上してきた僕にとっては九条、十一条も教えられることの多い言葉ですね。

あと、僕は根っからの遊び人なので、最後の十二条に励まされることも数多くありました。常識的な経営者が「そんなむちゃな」と思うことも、結構平気でやってこられたんです。

玉子屋がこれまで高価な機械を思い切ってたくさん導入してきたのも、僕が減価償却などを細かく計算するタイプの経営者でなかったからでしょうね。

僕は会社に必要だと思ったら多少無理をしてでも行動に移すタイプの人間です。その結果、失敗もあったが、そこから得た教訓も大きかった。大事なのは多少のリスクはあっても遊び心で何でもやってみること。ビジネスの原点はそこだと思います。

商いは飽きてはいけない

千葉ウメ　鎌倉鉢の木創業者
Ume Chiba

仕事は続けていれば面白くなって、研究心も出てきます。そうして熱心にやっていると、アイデアも浮かんでくる。だから私はいつも言うんですよ、「一所懸命やっていれば仕事が仕事を教えてくれる」って。

また、熱心にやっていると人にも恵まれます。昔、ある朝新聞を開いたら、漆《うるし》が高騰すると書かれてありました。そうなると漆器も値上がりするでしょう。精進料理の店に漆器は欠かせませんから、その日の晩に能登の輪島まで買い出しに行きました。

必死だっただけですよ。それを行動力というなら、そうなるのでしょう。まだ大学生だった息子とその友達に代わる代わる車を運転させて、翌朝には輪島に着きました。

何店舗か見て回っていたら、「随分熱心ですね」と声を掛けてくれる店主がいました。いい人でね、「熱心も何も、このために食べるものも食べないで来たんですよ」と言うと、ご自分のところでも売っているのに、あそこの店にはこういういいものがある、何はあその店で買ったほうがいいと全部教えてくれたの。熱心にやっているといい人にめぐり合って、思いも伝わるものなんだなと思いましたよ。漆器はいいものほど磨きが大変ですからね。いつも従業員総出で一つひとつの漆器を磨き上げますが、ちょっとでも濡れていたらやり返しです。何にしても仕事は誠心誠意やらないとダメなものです。

お店を出した頃に比べたら、鎌倉のこのあたりも随分変わりました。うちが評判を呼んだものですから、他にも同じような店が何店か出ましたけど、いまも残っているお店は少なくなりましたね。

同じような条件で同じような商売をしても、続く店と続かない店がある。その違いは、飽きるからじゃないですか。もう少し儲けようと思ってもなかなか儲からないから、やめてしまえ、と。

いいことばかりは続きませんからね、世の中。苦労せずにパッと成功したいと思って商売を始められたのかもしれませんが、私は「最後までここで頑張るんだ」と思って続けてまいりました。他にできることもなかったですからね。お金もないから、またお店を変えて、なんてできませんもの。

おかげさまで私ども「鉢の木」はお客様に愛され続けてきましたが、それでも店を出して間もない頃は比較的暇な時期もあったんです。それこそ紫陽花《あじさい》が咲く季節のいい時は開店と同時にズラリとお客様の列、それが過ぎて真夏になると閑散期です。そんな時は新しいお料理を考えたり、お土産として店先に並べるお手玉や茶たく、染め物などをつくって、手を休めませんでした。

暇だからといって、「ふう」とか「はぁ」とか、ため息をついてはダメ。商いは飽きない。これが私の信条です。

苦しみと楽しみはいつも一緒になってやってきます。でも、悪いことは忘れることですよ。いいことだけ覚えていればいいんです。

4月21日

エネルギーは出し切れ

飯田亮　セコム会長

Makoto Iida

社員には、エネルギーは出し切れ、と言っています。人間的エネルギーというものは使えば使うほど増殖《ぞうしょく》されるものなんです。僕自身、人間的エネルギーは使えば減るし、減った分を補充するには、それなりの時間がかかると思っていた時期もありましたが、そうではない。充電するには時間などかからないし、使えば使うほど、充電されるものなんです。二ひく一は一という算数のロジックをすべてに当てはめようとするのは間違いです。

創業して間もない頃は、まだ会社も小さく、いい人材が集まらなかった。優秀な人間を集めて、いい企業体をつくるのはわけのない話なんだけど、僕をはじめとする半人足の人間が集まって企業を成長させていくには、人一倍のエネルギーを出していかなければならないから、そういうことを言い続けたわけです。

最近、財界活動を控えているのは、自分の好みの問題もあるが、何よりも、いまはやっぱり自分の事業に専心したいというのが正直なところです。それには集中力を拡散させないことが一番重要なんですね。

ぼくは新しい事業のデザインをしたり、いわゆるセコムの総体的なデザインをするための集中力を欠きたくないんです。

新しくセコムに入ってきた人たちに対する義理もありますから、セコムの将来をちゃんとしておかなければいけない。そのためのコンセントレーションを欠きたくないというのが、いまの一番の願いですね。

自分なりに結論が出るまでは誰にも相談しない。自分の中で決めてから相談するのはいいのですが、どうしようかと迷っている時に誰かに相談してしまうと、もうそれでいいやと思ってしまって、集中力が半減してしまうんですね。

徹底して一人で考える。思いついた考えを書き留めて、それをファイルしておき、それをまた見返して書き足して事業のデザインをしていく。その間、それがある結論に達するまでは、どうしたらいいだろうかと人には一切相談しない。

うちの幹部などにも、僕がこれこれこういうことをやれと指示すると、すぐに部長や次長のところに行って、「会長からこう言われたけど、どうしようか」と相談する幹部がいるけど、こういうのは絶対にいかんですね。とてもじゃないが、幹部にはしておけない。

事業は継続していかなければなりません。それには勝ち続けなければならないんです。誰でも一度はまぐれで勝つことはできます。だが、勝ち続けるということは非常に難しいことなんですね。

勝つということは、相手より優れているということであり、凡でなく非凡であるからこそ勝てるのです。非凡は、いわゆる常識の枠内からは決して生まれません。はっきり言えば、勝ち続けるには「狂」であることが必要なんです。

まあ、平平凡凡でいいやというのでは事業はできませんね。思い込んだら命懸けというところがないと、事業は続かないと思います。

4月22日

君はそれ、自分で確かめたんか？

佐久間昇二　WOWOW相談役

Shoji Sakuma

ある時、松下幸之助さんが新聞広告に出ていた某《ぼう》ミシン会社の貸借《たいしゃく》対照表を見て、現金を非常に多く保有していることに驚かれ、その理由を調べるようにと指示がありました。調査をしたところ、その会社では、消費者が購入したいミシンを積み立てで販売する「予約販売制度」を取っていたことが分かりました。私はその報告書を上司に渡して用件を済ませたつもりでいましたが、幸之助さんは私に直接説明に来るように言われました。

当時、会長だった幸之助さんは、松下正治社長と高橋荒太郎副社長とで、重要事項を決済する三役会議を開いておられました。まだ入社四年目だった私が恐る恐る部屋に入ってみると、幸之助さんが非常に話しやすい雰囲気を湛《たた》えておられることにまず驚きました。

幸之助さんはその予約制度を松下でもやりたいと考えておられましたが、私は一通りの報告をした後で「やるべきではありません」と結論を述べました。

幸之助さんはじっと話を聞いておられましたが「君はそれ、自分で確かめたんか？」と言われました。つまり、調査会社にやらせたのではなく、自分の目と耳と足で確かめたのかと。

私が「全部自分で確認しております」と答えたところ、「そうか、それは結構や。ところで君、そのミシン会社は一流やろ。その一流会社がやってることを、うちがやったらなぜあかんのや」とおっしゃいました。私は「一流会社がやっているからいいというのではありません。この制度を採用することが一流会社として本当にふさわしいものかどうかで判断してください」と述べました。すると幸之助さんは「よし、分かった。やめとこう」と即断されたのです。

驚いたのはこちらです。普通なら「後は我われで預かるから」というふうになるものでしょう。幸之助さんがそうでなかったのは、実際に現場を見てきた者に対する信頼と、もう一つは経営者としての「勘」ではないかと思います。

その予約制度は顧客との契約を巡るトラブルが多く、新聞沙汰《ざた》になっていたことがよくありました。松下としては消費者に対して少しでもご迷惑を掛けるようなことはやるべきではないし、ミシンの普及が進んで価格が下がればその制度自体が成り立たなくなる。長い目で見れば決してよい制度ではないということを感じられ、さっと決断を下されたのでしょう。

その時につくづく感じたのは、私が自分で現場を歩き、自分で確かめて結論を出したのが、信用を得る根拠になったということです。現場には宝物が落ちているといわれますが、絶えず現場を確かめることの大切さをこの時、身をもって知りました。また当時から私の根本にあったのは、社長や上司を間違わせたくない、会社として正しい判断をしていただきたいという思いでした。自分が提言することは会社にとって正しい、と自信を持って言えるかどうか。そうでなければ本当の意味で仕事をしているとは言えないでしょう。

4月
23日

黒田官兵衛や西郷隆盛に影響を与えた書物

數土文夫
JFEホールディングス特別顧問
Fumio Sudo

私がこの三十年来、とりわけ強い関心を抱いてきた東洋古典の一つが『管子《かんし》』です。

『管子』は、中国の春秋時代に栄えた斉《せい》の国の宰相・管仲《かんちゅう》の言行を記した書物です。管仲はいまから二千二百～二千五百年前の、孔子よりもさらに百五十～百八十年ほど前の人で、主君である桓公《かんこう》を補佐し、一介の諸侯にすぎなかった斉を一大強国に至らしめた名宰相です。親友の鮑叔牙《ほうしゅくが》との友情を表した「管鮑《かんぽう》の交わり」の故事でもよく知られています。

管仲が、自分の主君を亡ぼした桓公に仕えたいきさつや、施政《しせい》における物質優先の考え方などから、儒家を中心に管仲を批判的に見る向きもあります。

しかし、単なる思想家ではなく、責任ある政治家として現実の様々な問題に処していく中で練り上げられたその考え方は刮目《かつもく》に値します。

日本でも、『管子』は広く読まれていました。黒田官兵衛《かんべえ》、二宮尊徳《そんとく》、上杉鷹山《ようざん》、西郷隆盛、山田方谷《ほうこく》、渋沢栄一等、強く影響を受けていたと思われます。

管仲の考え方が端的に示されているのが次の言葉です。

「倉廩《そうりん》実《み》つればすなわち礼節を知り、衣食足ればすなわち栄辱《えいじょく》を知る」

（倉の中の品物が豊富になってくると、人は初めて礼節を知る基盤ができ、日常生活に必要な衣食が十分足りてくると、初めて真の名誉、恥辱《ちじょく》がいかにあるべきかを知る基盤ができる）

管仲は、一国の支配者たるものは、まず四季を通じて生産計画を円滑に進ませ、経済を豊かにさせるよう配慮しなければならないと説きました。物資が豊富な国には、どんなに遠くからでも人民は集まってくる。政治は人民の支持があって初めて成り立つものであり、人民に手厚い豊かな社会を築くことこそが、人心を掌握し、国に道徳をもたらす基盤ができると考えたのです。

4月
24日

「信用」は使ってはならない

黒田暲之助
コクヨ会長

Shonosuke Kuroda

人の信を得るということ、つまり信用を築き上げるということは一朝一夕にできないことは皆さんよくご存じです。

創業して間もない企業や中小企業は、何とかして信用のある企業といわれるようになりたいと、トップから一般社員まで大変な努力を続けておられると思います。こうして真剣な努力を続けているとその成果が上がってきて、信用のある会社だといわれるようになります。

問題はその後です。ある程度信用ができてくると、それを使い始める。会社や社員の姿勢がだんだん高くなってくるわけです。

つまり「君、それくらいのことは何とかできんのか」ということで、無理を言うことが起こってくる。こちらが無理を言わなくても、先方から「支払いはそんなに早くしてもらわなくても」と言ってくれるようになる。納期が多少無理でも、徹夜してでも間に合わせてくれるようになる。

しかしそれに甘えて信用を使い出すと、長い年月をかけ、血のにじむような努力によって蓄積《ちくせき》してきた信用が取り崩されてしまう。

先代はこのことを戒《いまし》めて、次のように言いました。

「信用は世間からもらった切符や。十枚あっても、一枚使えば九枚になり、また一枚使えば八枚、といった具合に減ってしまう。気を許すと、あっという間に信用がなくなってしまう。特に、〝上が行えば下これを習う〟で、上に立つ者ほど注意しなければいけない」と。

金は使ったら減るのは分かるが、信用というのは目に見えないだけに減ることが分からない。

先代はさらに、

「信用は使ってはならない、使わなければどんどん増えていく」

とも言っていました。

使えば減るというのは当たり前のことなのにできない。事業をやるからにはどなたも最初は分かっていると思います。要はそれを続けるかどうかです。

創業者の時代は見事にできていたものが、年を経てくると信用よりも銭金のほうが大事、あるいは建物が立派なほうが大事、という具合に価値そのものが変わってくる。

幸せなことに私どもは大事なことが変わらなかった。何も人さまの前へ出て話すようなことではないんです。もう本当に三度三度のおまんま食べるぐらいの当たり前のことばっかりなんですが、当たり前のことがなかなか続かないんですね。

4月
25日

人物の条件

安岡正篤　東洋思想家

Masahiro Yasuoka

それでは人物ということはどういうことを言うのであろうか、之も色々の学的立場から、いくらでも厳密に論ぜられると思いますが、誰にも異存のない要領を指摘してみようと思います。

第一に、人物なるものの内容であります。内容の先ず看過することの出来ない根本は何か。それは吾々の活力であり、気魄であります。性命力（之も生の字よりは性の方が宜しい。肉体のみでない、霊を持っているという意味で性命という）に富んでいる、つまり神経衰弱であってはならない、意気地がないというのではならない、根本において肉体精神を通じて活発々たる、焰々たる迫力を持っている、これが大切です。一体、万有一切、光といい、熱といい或は電気といい、磁気といい、総て謂わばエネルギーの活動であり、変化です。エネルギーが旺盛でなければ森羅万象もない。吾々も根本において性命力が旺盛でなければ、迫力がなければ、活力気魄というものがなければ、善も悪も何もない。是も非もない。活力、気魄を旺盛にする、これが一番大事であります。

この元気というものは客気というものであってはならないのであります。客気というものは、丁度お客さんのように偶々フラリとやって来て、直きいなくなるという風に、吾々にどうかした拍子に出るが、直に無くなるというもので、活気は当にならぬ。そんなものは本当の元気でない。真の元気というものは、通用語で言いますと志気と言います。今日の言葉なら理想精神であります。

一体元気、則ち吾々の活力、気魄というものは創造力でありますから、生みの力、大和詞で言うならば産霊の力である。そこで常に何物かを生む力、為すあるの力、有為の力である、これは必ず理想を生んで来る、元気が旺盛になる時には必ず理想がある。理想は空想とは違う。創造力のないのは空想であります。そうではない。理想のことを古来志と言いますから、それを志気と謂う、元気は活気でなくて志気でなければならぬ。理想を持った元気でなければならぬ。だから性命力の一番純真、旺盛な少年時代は誰でも理想家であります。

4月26日

段取り力を鍛える

笠原将弘　日本料理「賛否両論」店主

Masahiro Kasahara

うちは両親が店にいたので、必然的に僕も店で過ごす時間が多くて、出入りする人たちから「おまえは跡取りだな」みたいなことを言われて育ちました。だから、いつかは親父の跡を継ぐのかな、みたいな思いはあったんです。ただ、母は「大学ぐらい出なさい」と言っていたので、中学の頃はそんなことも考えていたのですが、その母は僕が高校一年の時にがんで亡くなってしまいました。そうなると、勉強なんかする気もなくなって、高校時代は毎日遊び狂っていたんです。

で、いよいよリアルに進路を決める段階になって、たまたまテレビでパティシエのワールドカップみたいなドキュメンタリー番組をやっていたんですね。当時はサッカーも毎度ワールドカップは予選落ち、野球もメジャーリーグでそこまで活躍している人もいなくて、日本人って世界に通用しないんだと思っていました。ところが、強かったんですよ、その日の丸をつけたパティシエの日本代表チームが。

自分も手に職をつけて、世界で戦えるような料理人になろうと思って、父に話しましたら、「じゃあ、日本料理の修業をしてこい」と。それで東京の吉兆《きっちょう》に入社しましたが、僕以外の同期はみんな調理師学校を出ていて、ズブの素人は自分だけ。だけど一か月くらい仕事をしたら、全然問題ないなと思いました。

もちろん、最初は僕だけ何もできませんから、大きな声で返事をすること、掃除や鍋磨きをさせたら笠原が一番綺麗だぞ、と言われることを意識しました。あと、買い物とか得意だったんですよ。小さい頃からおつかいを頼まれてきましたが、うちの親父は無駄や効率が悪いのをすごく嫌って、「商店街をこういう順番で行けば一回で済むだろう」とか、うるさかったんですよ。だから修業時代もそういうことを意識して、買い物に行っても最初に重い物を買うと大変だから、このルートで回ると一番効率がいいなとか、品切れの時はどの店に同じ物が置いてあるかを覚えておく。あとは、帰る前に電話を入れて「これから帰りますが、追加はありますか?」と確認する。そうすると、先輩に「あいつ、気が利くな」と思われるじゃないですか。

「これやっておけよ」と言われた仕事を、先輩が思う倍のスピードで終わらせると、「じゃあ、これもやるか?」となりますよね。あるいは、大量の弁当の注文が入っているとか、明らかにいつもとは仕事量が違う日があるじゃないですか。これは先輩たちだけじゃ間に合わないなっていう、そのチャンスに気づけるかどうか。

そういう準備をしておけば、目が回るくらい忙しい時に「手伝わせてもらえますか」と申し出たら、先輩もやらせてくれますよ。ただ、その時に「笠原だったらやらせてもいいかな」と思われる仕事ぶりを、常日頃から心掛けておくことですね。

一日に最低十回は「日本一」と口にする

西谷浩一
大阪桐蔭高等学校硬式野球部監督
Koichi Nishitani

大阪桐蔭《とういん》高校に二十三歳で赴任し、今年ちょうど二十五年目を迎えました。赴任して間もない頃、当時の校長先生に言われた言葉がいまも忘れられません。

「教えられる教師はたくさんいるけど、育てられる教師は少ない」

　勉強や野球の技術を教えるだけではなく、そのことを通じて子供たちを成長させるためには何が必要か。それはやはり信頼関係です。子供たちから「この人の言うことなら間違いない」と思ってもらえる存在になること。そういう信頼関係を構築するには、一人ひとりといかにコミュニケーションを取るか、つまり話を聴くかが重要だと思います。

　かく言う私自身、かつては子どもの言動を否定し、一方的に自分の意見を伝え、延々と説教をするようなダメ教師でした。転機となったのは、三十二歳の時です。不祥事があって半年くらいグラウンドに出られなかったことがあるのですが、その時コーチングに関する本を読んでいると、そこにはこう書いてありました。

「あなたはコーチをしている対象の人の話を聴いていますか?」

　目から鱗《うろこ》でした。自分は面談をして子供たちとコミュニケーションを取っているつもりになっていたけれども、本当の意味で子供たちの話を聴いていなかったと気づかされたわけです。

　以来、指導者としてのあり方を勉強し直し、子供たちの話を聴くことに徹していきました。そうすることで、少しずつ子供たちが自ら考え、行動できるようになっていったのです。

　もう一つ、監督として心掛けているのは、「日本一」という言葉を日々の練習の中で使い続けることです。実際、私は一日に最低十回は「日本一」と口にしていると思います。「いまのキャッチボールで日本一になれるんだろうか」「いまのノックで日本一になれるんだろうか」「こんな掃除の仕方で日本一になれるんだろうか」と。

　日本一と言ったから日本一になれるわけではありませんが、意図的に繰り返すことで、本気で日本一を目指す風土が醸成《じょうせい》されていくと感じています。

　指導者が常日頃どのような態度で子供たちと接し、どのような言葉を発しているか。それによってチームの成長、勝負の分かれ目が決まる——。二十年近く監督を続けてきたいまの私の実感です。

4月
28日

マニュアルの先にあるものを読む

陳 建一
四川飯店オーナーシェフ

Kenichi Chin

伸びていく子はちゃんといて、そういう子は一緒に仕事をしているとすぐに分かっちゃう。

例えば、どこかのホテルに仕事に行くとするでしょう。仕事の内容は決まっているけど、僕からは事前の指示は何も出さないの。だいたい長く一緒にやっている子は、何をすべきかが分かるからそれなりに動ける。料理を提供するっていう最終目的があるわけだから、それに向かって準備すればいいわけだから。そういうことをパッパッパッてやれる子はどんどん伸びる。これをやっておいたほうがいいだろうなって考えられるから、どんどん動くことができるのね。反対に次に何の指示が来るのか待っている子は伸びない。もちろん指示を出せば、間違いなくやるけど、自分からは動けないの。その違いだよね。

その場の状況を見て、いまこれが必要だと感じたらスッと動くことができる人。要はどれだけ気が利くかってことだよね。

僕の場合、まだ親父（陳建民氏）が生きていた頃はよく出張料理についていったんだけど、いかに親父が一番仕事をやりやすい状態をつくるかが僕の仕事だった。

うちの親父はこういうことはしませんから、こういう形でお願いしますとか、先方と一つひとつ交渉してさ。とにかく細かいことも含めていろんなことを考えなきゃいけなかったから、いつの間にかせっかちになっちゃった。

段取りの仕方は簡単に教えられるものじゃない。それに持って生まれたものって人間必ずあると思うの。僕が親に感謝しているのは、初対面の人でも気兼ねすることなく笑顔でペラペラ喋れちゃう性格に産んでくれたことかな。

僕の考え方は単純で、料理人イコールサービスマン。料理人よ、サービスマンたれと。だからうちの店では、ご存じの通り、お客さんがいつでも調理場の見学ができる。そうすると皆が笑顔で迎えるでしょう。見られることで弟子たちも成長する。料理人だからって料理を作っているだけじゃダメ。うちはディズニーランドを目指しているんだから。

ただ、職人の中にはそういうのが嫌いなのもいる。すごい技術を持っているけど、黙って集中するとか笑顔が出ないとか。僕はね、そういう職人はそっとしておくの。だってできないものは、できないんだから。しょうがないよね。それはその人間がよい悪いという問題とは違うからね。

よく料理人として一流になりたいって言うじゃない。僕はそういう意識は全然なくて、それよりもきょうお店に来てくれたお客さんに喜んで帰ってもらうために全力を尽くすだけ。あとはもう他人が評価してくれることだから、自分でどうこう言うもんじゃない。

4月29日

褒める人間は敵と思え

桂 歌丸
落語芸術協会会長
Utamaru Katsura

これは古今亭今輔《ここんていいますけ》師匠から言われた言葉なんですが、「褒《ほ》める人間は敵と思え。教えてくれる人、注意してくれる人は味方と思え」という教えは大切にしています。

普通、人間っていうのは褒められれば嬉しいですよね。怒られたら「畜生《ちくしょう》」と思いますよね。それは逆だって言うんですよ。

若いうちに褒められると、そこで成長は止まっちゃう。木に例えれば、出てきた木の芽をパチンと摘《つ》んじゃうことになる。で、教えてくれる人、注意してくれる人、叱ってくれる人は、足元へ水をやり、肥料をやり、大木にし、花を咲かせ、実を結ばせようとしてくれている人間だって。

これは噺家《はなしか》になってすぐ言われたんです。私の高座《こうざ》を聞いた人が今輔師匠に「彼は子どもだけど噺がしっかりしてる」って言ったそうなんです。それを受けて、私に注意してくれたんでしょうね。いまから褒められていたんじゃ、えらいことになるって。

それと、「噺を教わった人よりも受けて、初めてその人への恩返しになる」っていうのが私の持論なんです。教わった人より受けなかったら恩返しにも何にもなりません。私は若い時から師匠や先輩の前でも「なぁに、負けるもんか！」ってやりましたよ。

だから、私より受けなきゃダメだって弟子には言うんです。私のところにもずいぶん後輩たちが「教えてください」って来ます。で、教えますよ。「ああしろ、こうしろ」「ここが違う」とね。

そういうふうに噺を教えることはできるんです。ただ、間《ま》を教えることはできない。私たちの商売は、早く自分の間を拵《こしら》えた人間が勝ちです。いつまで経っても間のできない噺家がいる。

もっと極端に言うと、生涯間のできない噺家がいる。間抜けって言葉があるじゃないですか。それと同じですよ。だから、自分の間を拵えた人間が勝ち。それは自分で研究し、掴むしかないんです。

それから、私が大切にしている言葉に「芸は人なり」というのがあります。薄情《はくじょう》な人間には薄情な芸、嫌らしい人間には嫌らしい芸しかできないんです。だから、なるたけ清楚な、正直な人間にならなきゃダメだって。それが芸に出てくる。

これは噺家ばかりじゃないですよ。ビジネスマンの方でもそうだと思うんです。だからこういう言葉があるじゃないですか。「品物を売るんじゃなくて自分を売れ」。それと同じですよ。

4月30日

始めあらざるなし、克く終りある鮮し

伊與田 覺

論語普及会学監

Satoru Iyota

私自身の人生を振り返ると、昭和十年、数えで二十歳の時に安岡正篤《まさひろ》先生という大人《たいじん》と出会うことができたのは、とても大きな出来事でした。

安岡先生との邂逅《かいこう》に加えて、『論語』をはじめとする古典を学び続けてきたおかげで、終戦の時に受けたとてつもない精神的打撃を克服し、また目の前の様々な現象に振り回されることなく今日まで歩んでこられたことは、この上ない幸せです。

人は誰でも老いると体力的には衰えますが、逆に長年蓄積した経験によって人間的な旨みが出てまいります。そこで個人的な利害を超えて活動を続けたなら、周囲の尊敬を集めながら一廉《ひとかど》のことを成し得るでしょう。生きている以上、使命感を抱いて努力し続けることが何より尊いと思うのです。我が師・安岡正篤先生は、まさしくそういう姿勢を終生貫かれた方でした。

安岡先生は陽明学者と称されることがよくありましたが、ご自身は「私は陽明学者ではない」とおっしゃっていました。先生の学識は陽明学一つに収まるものではなかったわけですが、先生はまた一方で「陽明を疎《おろそ》かにしているわけでもない」ともおっしゃっていました。要するに先生は、王陽明の学んだものを学ぼうとされていたわけです。

ある時、先生から言われたことがあります。「君は僕の形骸《けいがい》を学んではいけない。僕は孔子の求めたものを求めて学んだ。君は僕の求めたものを求めて学べ」

この言葉は、終生私を導く指針となりました。

では、安岡先生が求めたものは何だったでしょうか。

『詩経《しきょう》』に、

「始めあらざるなし、克《よ》く終りある鮮《すくな》し」

とあります。何事も初めはともかくやっていくが、それを終わりまで全《まっと》うする人は少ない。すなわち、終わりまで全うすることの大切さを説いた言葉です。まさにその言葉のごとく、安岡先生はどこまでも一貫して自己の完成に向かって、その生涯を歩み続けられました。

私もその安岡先生の姿勢に倣《なら》い、及ばずながら命ある限り、日に新た、日々に新たに精進を続ける覚悟です。その一貫した道のりの末に、最も完熟した品格を備えて息を引き取りたい。そう切に念じているこの頃であります。

5月

May

梁瀬次郎（ヤナセ会長）
渋沢栄一（実業家）
牧野眞一（ムッシュマキノオーナーシェフ）
水野 学（クリエイティブディレクター）
西田文郎（サンリ会長）
井村雅代（アーティスティックスイミング日本代表ヘッドコーチ）
染谷和巳（アイウィル主宰）
中西輝政（京都大学名誉教授）
中矢伸一（日本弥栄の会代表）
笹戸千津子（彫刻家）
小田禎彦（加賀屋会長）
川端克宜（アース製薬社長）
中條高德（アサヒビール名誉顧問）
青木擴憲（AOKIホールディングス会長）
林 雄二郎（日本フィランソロピー協会顧問・トヨタ財団元専務理事）
野中郁次郎（一橋大学名誉教授）
竹田和平
林野 宏（クレディセゾン社長）
植松 努（植松電機代表取締役）
森下篤史（テンポスバスターズ社長）
小田豊四郎（六花亭製菓代表取締役）
青山俊董（愛知専門尼僧堂堂頭）
小出義雄（佐倉アスリート倶楽部社長）
河野義行（松本サリン事件被害者）
永田勝太郎（公益財団法人 国際全人医療研究所理事長）
山下泰裕（東海大学教授）
桜井正光（リコー会長）
堀 文子（日本画家）
津田 晃（野村證券元専務）
古森重隆（富士フイルムホールディングス会長兼CEO）
西堀栄三郎（理学博士）

5月1日

日本には唯一の地下資源がある

梁瀬次郎　ヤナセ会長

Jiro Yanase

ベンツ納入をきっかけに「たまには遊びに来なさい」と言ってくださる吉田茂翁のお言葉に甘えて、私はたびたび吉田邸にお邪魔し、食事を御馳走になりました。

ある時、食事中に翁から質問されました。

「日本は、全《まった》く地下資源に恵まれていない国だ。これから世界の国と肩を並べてやっていくためには、どうすればいいと思うか」

突然の質問に、私は慌てて箸を置き、自分なりに答えを考えて申し上げました。「世界の人々と仲良く付き合い、互いに協力し合わなければならないと思います」

すると、吉田翁は続いて聞かれました。「その通りだ。では、そのために、日本人は何を勉強すべきだろうか」

いよいよ難しい質問です。

「世界の人々と仲良くするために、やはり英語を勉強するべきでしょうか」

と私。すると、吉田翁は言われました。

「それも不必要ではない。だが、もっと大切なことがある。それは、日本の歴史を勉強することだ。歴史を学び国を愛する愛国心と、国際性とは表裏一体《ひょうりいったい》のものだ」

私は、自分も歴史を知らないことを猛反省し、その日から時代小説を片っ端から読み始めました。歴史を知ると、ものの見方に幅が生まれてきます。と同時に、時代の立役者といわれるような人物の生き方を勉強すると、昔の日本人は政治家も商人も体を張り、命を懸けて働いていたことを知らされ、翻《ひるがえ》って現代人の浅薄《せんぱく》さを痛感させられるのです。

別のある時、吉田翁は次のように言われました。

「日本には地下資源がないと言った。だが、実は一つだけある。それは、勤勉だ。この唯一の地下資源を失ってしまったら、日本人は惨《みじ》めなことになるよ」

残念ながら、吉田翁のこの予言は、かなり当たってしまったようです。日本人は、期待した以上の経済の発展に、油断と自惚《うぬぼ》れと慢心を起こし、他人に尽くす心を忘れ、「自己中心病」にかかってしまってはいないだろうか。

吉田翁晩年の丸い笑顔を写真で見るたびに私は、日本人はもう一度、力を合わせて働き、日本の唯一の地下資源である勤勉を取り戻さなければならないのではないか、という思いを禁じえないのです。

悪い会社幹部の三タイプ

渋沢栄一　実業家
Eiichi Shibusawa

「適材を適所に使う」というのはなかなか難しいもので、いろいろと見ていると、その手腕がないのに重役になっている人が少なくありません。

一つは会社の取締役や監査役といった役職を名乗りたいために、ヒマつぶしの一つとして重役に名を連《つら》ねているタイプ。いわゆる「名ばかり重役」です。彼らの考えの浅さはどうしようもないものですが、その野心もまた小さいので、とんでもない悪さをするという心配はありません。

二つ目のタイプは、「いい人だが事業経営の手腕《しゅわん》がまるでない人」です。こういう人が重役になると、部下の善《よ》し悪しもわからず、帳簿のおかしいところを見抜くこともできない。そうなると、知らず知らずのうちに部下がミスを重ねてしまい、自分で犯した罪でないのに救いようがない窮地に陥《おちい》っていくことがあります。これは、さっきのに比べるとやや罪は重い。けれども、一つ目のタイプと同じく重役の地位を利用して故意に悪事をしたわけではないのは明らかです。

続いて第三のタイプは、さっきの二人よりさらに一歩進めて、「会社を利用して、自分が有名になる踏み台にしよう」「私腹を肥《こ》やすために法人を利用してやろう」といった考えを持って重役になった人です、こういうのは本当に許しがたい悪事です。

このタイプのやり口は、「株価をつり上げておかないと儲からない」との考えから、架空の利益をでっち上げたり、配当を出すと嘘をついたりするといったことです。
出してもいない出資金を出したように装《よそお》って、株主の目をごまかそうとする者もいます。

こうなると完全に詐欺行為です。

彼らの悪事はそれぐらいで収まりません。もっと極端な奴になってくると、会社の金を流用して投機《とうき》をやったり、自分の事業に使ったりする。ここまできたら、もう泥棒と何も変わりません。

さて、結局のところ、こういった悪事というのも、その役職にある人物が道徳に欠けていることから起きる弊害なのです。もしその重役が誠心誠意、その事業に忠実であれば、こんな間違いなどいくらしたくてもできないのです。

（現代語訳）

白いものを黒と言われた意味を考える

牧野眞一 ムッシュマキノオーナーシェフ

Shinichi Makino

いまでも鮮明に覚えていますが、いくらいい作品をつくっても、比屋根《ひやね》毅《つよし》会長（エーデルワイス）にポンと潰《つぶ》されてしまう。何も言われずにね。すぐにつくり直して、今度は大丈夫やろと思って持っていくんだけど、また潰される。よそに持っていったら十分通用するレベルでしたけど、会長は許してくださいませんでした。

後で分かるんですけど、去年つくったものは今年は絶対につくったらあかん、二番煎《せん》じはダメだというのが会長の持論ですよね。人の真似をするな、オリジナリティがないとあかん、仮にそれで賞を逃すようなことがあっても構わん。これまでの歴史や伝統が途絶えてもいいから、新しいものをつくりなさいと。いままでつくり上げてきたものを全部捨てて、全《まった》く違うところからスタートしなければいけないわけですから、あれは強烈でした。

一日、二日でできるものじゃありませんからね。毎日仕事もしっかりこなしながら、睡眠時間を二、三時間くらいまで削って、大体四十日間くらいかけてつくり上げていくわけでしょう。やっとできあがっても一瞬でバーンだから、「ええっ！」と。私も若い頃はショックでした。

それでも私が辞めなかったのは、そこでまたやり直すことで、自分をもっと伸ばせることを学ばせていただいたからです。そもそも、自分はもう会長のことを師と仰いでいるわけですから、その師から「ダメや！」と言われたら、やっぱりそれはダメなんですわ。

会長のもとには約二十年いさせてもらいましたけど、私はその間、会社で働いたという意識はありませんでした。会社員としてひと月働いて給料をもらうとか、そんなことは一度も思ったことがない。ですから、仮に給料がよその半分しかなくても、気にもならなかったでしょう。

もう気持ちは会長にベッタリで、会長が長期間ヨーロッパに出張に行かれたりして不在になると、どうも調子が狂うんですわ。もっとも、海外には他のスタッフよりもたくさん連れていってもらいましたけども。

とにかく、きょうもまた会長に会える、きょうは会長からどんなことを言っていただけるんやろうかと、それが楽しみで毎日お店に出ていました。もちろん叱られるかも分からんけど、それも含めて楽しみだったんです。

だけどいま振り返ると、会長がおっしゃることは滅茶苦茶でしたね。普通の人だったら「えっ？」て顔をしかめるようなことを平気でおっしゃる。でも弟子の私らとしては、会長が白いものを「これ、黒だよな」とおっしゃったら、明日の朝までに黒にしなければあかんわけでしょう。会長はどういうことを求めていらっしゃるんだろう、と自分自身で懸命に考える。そこからいい知恵が出たり、創意工夫が生まれたりしてくるんですね。

だから私はいまだに、会長から「これ、黒だよな」と言われて「いや会長、これは白ですよ」と言うことはありません。会長があえて黒とおっしゃるからには、意味があるに違いないと考えるんです。

5月
4日

ブランドを築くために大切なこと

水野 学　クリエイティブディレクター

Manabu Mizuno

ブランディングとは何かとか、なぜ必要なのかっていうことを、きちんと理解されてない経営者の方が多いのは確かですね。

例えば、いま僕らの前にメーカーの異なる三台の録音機が並んでいますよね。簡単に言えば、ブランディングっていうのは、どうやってその中の一つを選んでもらえるかってことなんです。

というのも、いまはメーカーが違っても機能はどれも似たり寄ったりで、それ以外のところで判断してもらうしかない時代になってしまいました。

つまり、技術の踊り場、サービスの踊り場にきてしまったということです。

その時に何が大事かといったら、ブランドのビルドアップ作業だということなんです。

要はブランドを丁寧につくっていくことになるわけですが、僕がよく言っているのは、「ブランドというのは、小石を一つひとつ積み上げていく作業だ」ってことです。

ブランドって、すごく大きな岩みたいなものを想像する方が多いんですが、本当はそうではなくて、例えば封筒のデザイン、社員の言動、名刺などすべてにブランドが宿っていくということなんです。

極端な話、経営者がインタビューを受ける時のネクタイの色まで目を光らせなければ、ブランドというのはビルドアップされていかないと思うんです。

その小石というのをどんどん小さくしていくと砂のようになっていくわけで、見方によっては砂山だと言うこともできるんですよ、企業というのは。それだけに、もしどこか一か所でも崩れると、いろいろなところが崩れてしまう。それがすごく怖いところで、いかに砂山が崩れないように一つひとつ積み上げていくかが、ブランドを築いていく上ですごく大切なことだと思います。

ただその作業というのは本当にきりがなくて、製品に書いてある書体一つに至るまで関係してくるので、手を抜いていいところなんて一つもない。ただ、それをどこまで経営者の方が見られるかというと、やはり人・金・モノから優先されていきますから、当然手薄になる。

ですからいまの時代、経営に必要な四つ目の要素である「ブランド」にどこまで気を配れるかというのが企業にとっての新しい問題で、ファーストリテイリングのように、クリエイティブディレクターを側近《そっきん》に迎えるという時代がやってきたと言えるでしょうね。

成功する人は脳に何をインプットしているのか

西田文郎　サンリ会長
Fumio Nishida

世の中には大きく分けて二種類の人間しかいません。どうせ自分なんてこんなものだよと思って生きている「否定的錯覚型《さっかくがた》」と、本田宗一郎さんのように、小さな町工場の親父であってもみかん箱の上に乗って、「世界のホンダになる！」と叫んでいるような「肯定的錯覚型」。

たとえ何回躓《つまず》いても「次はできる、自分はできる」と、そういう錯覚がずーっと続かない限り、絶対に成功者にはならないんですね。

だから、要するに成功者とは何かといえば、常識で考えれば九十九％は無理だと思われることを「絶対にできる！」と思っている、ただの〝アホ〟なんです。

私は仲間の経営者の方々と集まって夢を語り合う「アホ会」というのを長いことやらせていただいているんです。アホの定義は、「不可能なことはない！」と思っていること、そして人を喜ばせることが大好きなこと。だから当日会場にきたらマイナスな言葉は一切禁止にして、仲間がどんなとてつもない夢を語っても「おまえならできる！」と言わなきゃいけない。アホ会では「あんたは日本一のアホだ」と言われると、みんな大喜びです。一部上場企業の社長もたくさんいます。

最近でこそイメージトレーニングが重要だということは十分認知されていますが、僕は一九七〇年代から取り組んできました。

当時日本の有名大学に「参考になるような話を聴きたい」と電話をしましたが、脳の病の研究はしていても、機能研究はやっていなかった。だから本当に手探りで始めて、最初の八年間は失敗ばかりでした。しかしその間、何十万人という方々のデータをいただき、それが後の大きな財産になったんですね。

皆さんに必ず何項目かの設問に答えていただくのですが、育ちも生まれも仕事も違いますから、当然違うところに○をつけるわけです。ところが、成功している人はみんな同じところに○をつけている。その一つが、

「自分には運があると思う」

というところだったのです。ああ、そうかと。脳は十万台のパソコンよりも高性能ですから、脳に「自分は運がある、ツイている」というソフトが組み込まれていれば、目標をインプットすると、こうしたらできる、ああしたらできると、「できる」ことばかりがイメージとして浮かんでくる。そういう状態であれば、確かにイメージトレーニングも効果的です。

しかし、脳に「ツイていない」というソフトが組み込まれていると、過去の体験から「できなかった」「やっぱり無理」といったトラウマばかりが検索され、できない姿ばかりがイメージされる。だから成功するには、まずは脳を「自分には運やツキがある」というソフトに替えないといけない。そのことに気がついたのです。

本当に優秀な人たちには、共通して運を感じる力「運感力」というものがあるんです。で、運があると感じている人間は、根拠のない自信を持っているんです。根拠があれば自信なんて誰でも持てますから。

5月6日

人を叱る三つのコツ

井村雅代　アーティスティックスイミング日本代表ヘッドコーチ
Masayo Imura

いま、スポーツ界で叱る教育の代表といえば、すぐに私の名前が挙がります。でも、私の中では叱っているという意識は全《まった》くありません。下手だから下手、ダメだからダメ。本当のことを言っているだけなんです。そして本当のことを言ったら、私は必ず直す方法を言います。

一つの方法だけでは直りませんから、今度はこうやってごらんと、どんどん次の直し方を言う。そして直ったと思ったら、「それでいいよ」とちゃんとOKを出すんです。

でも取材に来られるマスコミの方は、私が怒っているところばかり撮るから、ああいう恐ろしい映像になるんです。

ここで皆さんに叱るコツをお教えするならば、叱る時はまず現行犯で叱ってください。いまのそれがダメなんだって言われたら、人間は反省します。「君、この前も同じことを言ったよ」と古いことを持ち出してはいけません。これをやられると、いまやったことへの反省が薄れてしまうんです。

もう一つしてはいけないのは、しつこく叱ること。それは本人の自己満足で、聞いている人は「もう分かったよ」って嫌気が差してくるんです。

現行犯で叱ること、古いことを持ち出さないこと、しつこく叱らないこと。この三つの叱るコツをぜひ覚えてください。

そして、叱る時は本気でかかってください。

相手がどんなに小さなお子さんでも、自分に本気でぶつかってくれているかどうかは分かるんです。中途半端に叱るくらいなら、最初から知らん顔をしているほうがましです。叱るとは、いま自分の目の前にいるこの人は、絶対にこのままでは終わらないんだ。いまの状態よりも必ずよくなるんだと、その人の可能性を信じることなんです。

だから本気でぶつかり、よくなるまであの手、この手で引き上げようとする。叱るとは、その子の可能性を信じるということなんです。

5月7日

会社は人間修業の道場

染谷和巳
アイウィル主宰
Kazumi Someya

私は「会社は人間修業の道場」という言葉を使ってきた。修業の場だと思えば、多少のことは辛抱できる。いまは泣きたいこと、怨みたいことがあったとしても、それを修業と捉えて乗り越えた時、自分が一回りも二回りも大きく成長していることを知るだろう。私自身、これまでの人生の中でそのような体験を何度も味わってきた。

そのように考えると、会社と自分との関係を単なる雇用関係と割り切るのは、あまりにもったいないし、残念な仕事観である。

こんなことを考えたことがあるだろうか。会社では誰かが売り上げを上げて、その中から社員に給料を払う。あなたの給料が額面で三十万円だとしよう。会社があなたのために負担しているのは三十万円だけだろうか。少し思いを巡らせてみれば分かる。社会保険料や厚生年金の半額は会社が負担している。その他にも事務所の家賃、光熱費、水道代、事務用品……ザッと計算すると、給料の三倍、約九十万円のお金が掛かっていることを知らなくてはいけない。

自分の給料を捻出《ねんしゅつ》するのに、一体どのくらい売り上げを上げなくてはいけないのか。そのことを考えてほしい。そうすれば「給料が安い」「仕事がきつい」と不平ばかり言っていられないはずだ。反対に、働かせていただけることへの感謝の心が生まれてくるのではないだろうか。間違っても近年の風潮《ふうちょう》のように会社イコール悪などという発想には至らないだろう。

毎月二十五日に決まった額の給料がもらえる。これを当たり前と思うのもまた明らかな幻想である。その幻想から目が覚めるのは、パタッと給料が入らなくなる時だ。会社が倒産した時、クビになる時、自己都合で会社を辞めた時。そのいずれかである。

サラリーマンが嫌で会社を辞め、軽い気持ちで居酒屋を開く人がいる。ところが、サラリーマン時代の感覚は全《まった》く通用しない。鉛筆一本から家賃、人件費まですべての費用を一人で負担しなくてはならない。目を覚まされるのは、その時だ。独立して成功するのは百人のうち二、三人だという。国家資格や特別な技術を持つ人でも一人で開業して安定した収入を得るのは難しい。

だとしたら、生活できる給料が保障されているいまのこの環境に感謝して、精いっぱい仕事に打ち込むほうがよほど賢明だと私は思う。苦しい時は、甘え心を振り切り、修業と割り切って乗り越えるのだ。続けていくうちに新たな世界がきっと開けてくることだろう。

5月8日

国際情勢を見る四つの要諦

中西輝政　京都大学名誉教授

Terumasa Nakanishi

日本の政治とメディアの未成熟さの背景について述べておきたいことがあります。

昔から、政治・外交上の優れた知恵を大切にしてきたイギリスでは、世界の政治や外交、経済の動きを正しく見る場合、「四つの要諦《ようてい》」があるといわれてきました。

第一に物事の動きはできるだけ早く見つけること。二つ目には、見つけたら、なるべく時間をかけておもむろに行動すること。第三に、交渉の局面に入ってくると、常に粘り強く主張し、それでいて時至れり、となれば、行きがかりを捨てて潔《いさぎよ》く譲歩《じょうほ》すること。この四つです。

日本で政治・外交上の決断や行動の選択が遅れる原因は、得てして日本人の慎重さが災いすることも多いのですが、それだけではありません。

それ以上に重要な問題として、情報の収集力、分析力、つまり国や企業でいえば、インテリジェンスの能力が著《いちじる》しく欠落していることが挙げられます。

集団や組織のリーダーは時代の局面を敏感に読みながら、当面の問題には堅実で的確な手を打ちつつも、状況の変化によっては時に自説を覆《くつがえ》してでも柔軟に対応していく力が求められます。そして、その鍵を握るのがインテリジェンス能力なのです。

歴史上の優れたリーダーたちが国を揺るがす出来事に遭遇《そうぐう》しながらも、それを見事に乗り越えていくことができたのは、何をおいても情報への敏感さと判断の柔軟さによるものであり、その陰で正しい判断を得るために情報収集に人一倍エネルギーを割いていたのです。

大変残念ながら、政治家に限らず現代の日本のリーダーたちのインテリジェンスに対する、この「生きるか死ぬか」というほどの意識は極めて希薄であると言わざるを得ません。

私は国際情勢を正しく見る上での「四つの要諦」について述べましたが、物事を「早く見つけ」、それでいて「じっくりと行動」に移し、交渉に入ると、「粘り強く交渉」し、しかし時至れり、となると、一挙に「潔く譲歩する」。これは、政治や外交に限らずどの組織のリーダーにも必要な行動の哲学といえるでしょう。

これらの言葉は一見、相矛盾《あいむじゅん》しているようにも思えます。しかし、そこには一本の軸が貫かれています。それは「タイミング（時機）を読む」ということです。行動するにしても譲歩するにしても、時機を逸してしまうようでは成るものも成らなくなるからです。そして、この時機を正しく読むために欠かせないのが何よりも情報力なのです。

日本人はこれまであまりにもインテリジェンスの重要性について無知でした。政治のリーダーだけでなく、それぞれの分野のリーダーたちが、この我われの欠点を克服し、情報への感覚を研《と》ぎ澄ましてゆくことで、日本全体が新しいステップに立つことができるようになると私は強く確信しています。

幸運を招来する法

中矢伸一　日本弥栄の会代表
Shinichi Nakaya

水野南北《なんぼく》が「万に一つの誤りなし」と自負し、「幸運を招来《しょうらい》する法」と広言した節食開運説とはどのようなものか。その基本は言葉通り、食を節することにある。

その要点をまとめると、次の十項目に整理できる。

一、食事の量が少ない者は人相が不吉な相であっても、それなりに恵まれた人生を送り、早死にしない。特に晩年は吉となる。

二、食事が常に適量を超えている者は、人相が吉相でも調《ととの》いにくい。手がもつれたり、生涯心労が絶えず、晩年は凶となる。

三、常に大食、暴食の者は、たとえ人相がよくても運勢は一定しない。もしその人が貧しければますます困窮し、財産家でも家を傾ける。大食、暴食して人相が凶であれば、死後に入るべき棺《ひつぎ》もないほど落ちぶれる。

四、常に身のほど以上の美食をしている者は、たとえ人相が吉でも運勢は凶になる。美食を慎まなければ家を没落させ、出世もおぼつかない。まして貧しくても美食する者は、働いても働いても楽にならず、一生苦労する。

五、常に自分の生活水準より低い程度の粗食をしている者は、人相が貧相でもいずれは財産をなし、長寿を得、晩年は楽になる。

六、食事時間が不規則な者は、吉相でも凶となる。

七、小食の者には死病の苦しみがなく、長患いもしない。

八、怠け者でずるく、酒肉を楽しんで精進しない者は成功しない。成功、発展しようと思うならば、自分が望むところの一業を極め、毎日の食事を厳重に節制し、大願成就《たいがんじょうじゅ》まで美食を慎み、自分の仕事を楽しみに変えるように努めれば、自然に成功するだろう。

九、人格は飲食の慎みによって決まる。

十、酒肉を多く食べて太っている者は、生涯出世栄達《えいたつ》はない。

この十項目と共に水野南北が強調するのは、感謝の心である。そのことを南北はこのように表現している。

「いつもご飯を三膳食べる人なら二膳だけにしておいて、残る一膳を神に献ずるのである。実際に神棚にお供えしなくともいい。神仏を思い浮かべ、その神仏に向かって、ありがとうございますと念じればよい」

三膳どころか、いつもは二膳も食べていない、という人がいるかもしれない。だが世界中から食材が入ってくる現代の食事と違い、副食に乏《とぼ》しく主食が中心だった江戸時代の食事をもとに南北は述べているのである。先に述べた十項目の節食も、このことを前提にして解釈する必要があるだろう。主食ばかりでなく副食も含め腹八分目で箸を置く心がけがポイントである。

さらに南北は、これらの節食の実践と共に、表裏《ひょうり》一体のものとして日常生活での心掛けを説く。節食と共に日常の心掛けを実践することで運はさらにひらけ、強運となるというのだ。

5月10日

コツはただ、コツコツコツコツやることだ

笹戸千津子　彫刻家

Chizuko Sasado

「大学の門を一歩くぐったら、僕は教える人、君たちは習う人、この区別をハッキリさせよう。でも大学の門を一歩出たら、お互いに芸術で悩む人間同士として付き合おう」

そんな佐藤忠良《ちゅうりょう》先生から、四年の履修《りしゅう》期間が終わり、研究室に三年間残った後、「僕のモデルを務めてほしい。その代わり僕のアトリエで自由に仕事をしていいから」と誘われ、私は迷わず承《うけたまわ》りました。おかげさまで私は先生のそばで創作活動を続けながら、「帽子・夏」をはじめとする「帽子シリーズ」など、七〇年代以降の先生の九割方の作品でモデルを務める僥倖《ぎょうこう》に恵まれました。

モデルを務めている時間は当然自分の作業はできませんが、先生が制作に呻吟《しんぎん》される姿を直《じか》に拝見するのが、何物にも代えがたい勉強でした。

作品に向かう先生の姿勢は大変厳しく、道具や粘土を粗末に扱うと厳しく叱責《しっせき》されました。また、彫刻に男も女もない。男に手伝ってもらおうと思った瞬間から負けが始まる、と女性にも一切甘えは許されませんでした。

若い頃は「こんなみっともない作品を僕のアトリエに置いてもらったら困る」と完成間近の作品を壊すよう命じられ、涙に暮れた体験は数え切れません。けれども先生は、一度制作の場を離れると実に温かい思いやりを示してくださいました。

「世の中には低姿勢とか高姿勢って言葉があるけれども、人間の姿勢は一つでいいんだよ」と、どんな偉い方にもへつらわず、また職人さんやお手伝いさんにも細やかな心遣いを示されるので、面会した人は誰もが感激し、先生の虜《とりこ》になりました。

こうした先生の姿勢は、幼くして父親を亡くし他家へ書生に入り、また先の大戦で応《おう》召《しょう》し、三年間もシベリアで抑留《よくりゅう》生活を送られたご体験とも無関係ではないでしょう。イギリスに彫刻家のヘンリー・ムーアを訪ねた時、既に晩年で病床にあったムーアが、きちんとネクタイを締めて応対してくれた姿勢に感銘を受け、「隣人へのいたわりや優しさのない人間が創る芸術は、すべて嘘と言ってもいい」と繰り返されていました。

学生時代に師事した朝倉文夫先生から「一日土をいじらざれば一日の退歩」と教えられた佐藤先生は、講演会などで若い学生から、「佐藤先生のような素晴らしい作品を創作するにはどうしたらいいですか?」と質問されると決まって、「コツはただ、コツコツコツコツやることだよ」とユーモラスに答えていらっしゃいました。

生涯水平飛行を願った先生ですが、それは極めて辛《つら》いことだともおっしゃっていました。それでも先生は毎朝八時過ぎには必ずアトリエに入り、生涯休むことなく活動を続けられました。

まね、慣れ、己

小田禎彦 加賀屋会長

Sadahiko Oda

いまのところ日本でサービスというと、「お一つサービスしますよ」というように「無料、タダ」として使われています。でも、加賀屋のサービスはそうじゃない。

加賀屋では、

「サービスとは、プロとして訓練された社員が給料をいただいて、お客様のために正確にお役に立って、お客様から感激と満足感を引き出すこと」

と定義しています。

私はサービスの本質は、突き詰めれば二つだと考えています。

一つは正確であること。例えばモーニングコールの時間を頼まれていたのに、時間を間違えてしまったとします。それはサービスの正確さという点においては、病院が酸素ボンベと炭酸ガスを間違えたり、肺がん患者と心臓病患者を間違えて手術室へ入れることと何ら変わりはありません。

サービスで一番大切なのは正確かどうかです。しかし、正確であればそれでいいのではなく、やはりホスピタリティー、お客様の立場に立って思いやる心がなければなりません。この二つが揃って初めていいサービスができるのです。

社員には、とにかく最初は丸暗記しろって言っているんです。

私はよく「まね、慣れ、己《おのれ》」と言うのですが、最初は会長に言わされている、物まねさせられていると思っても、自分の体験が伴って納得できると、言葉が生きてきて、最後には自分オリジナルの言葉になるのです。

私はこの加賀屋のサービスの定義は、社員だけでなく、出入りするコンパニオンやらパートタイマー、マッサージ師やショーに出るバンドの人たちにもしっかり理解してもらおうと思って、機会を見つけてはお話しさせていただいています。うちが給料を払っているわけじゃないが、お客様にしてみれば「加賀屋にいるスタッフ」には違いありませんからね。

ですから、「プロが選ぶ日本のホテル・旅館百選」二十四年間連続総合一位をはじめ、各方面から高い評価をいただいているのは、そういった訓練・教育を通し、社員たちが成長し続けている証《あかし》ではないかと思っています。

5月12日

夢が人生をつくる

川端克宜　アース製薬社長

Katsunori Kawabata

平成二十三年に役員待遇大阪支店長になるなど、順調に営業成績を伸ばしていった私は、「次は東京支店長だろうか」などと漠然と考え始めていました。しかし、そんな矢先、営業本部長から〝ガーデニング事業〟への転勤を告げられたのです。ガーデニング事業は参入障壁が高く、苦戦続きで、社内ではいずれ撤退するだろうという噂が流れている事業でした。与えられた場で一所懸命やるのが人生だ、と気持ちを切り替えてはいたものの、正直なところ非常にショックでした。

そんな私に、当時の大塚達也社長（現・会長）は次のように言ってくださったのです。

「私はガーデニング事業を何とか会社の次の柱にしたい。だが、どうにもうまくいっていない。そこで、お前にすべてを任せる。社内からも優秀な人材を集める。それでも上手くいかなかったなら、事業を畳んでもいい」

大塚社長からそこまで言っていただけるのなら、と覚悟を固めた私は、一つひとつ不調の原因を調べ、手を打っていきました。そして、最初に着手したのが除草剤です。除草剤は園芸市場で一番大きな市場であるにも拘《かかわ》らず、農耕地で使う農薬として登録することが業界の常識だったことや、競合商品が多く出回っていたこともあり、社内で開発の案件がお蔵入りになろうとしていたのでした。

しかし、私は逆に「小さい子供やペットがいる家庭には、農薬を使わない除草剤が求められているのではないか」と発想し、常識に反して、食品成分生まれの除草剤『おうちの草コロリ』の開発・販売を決めたのです。社内からは「絶対に売れない！」と、強い反対の声が多く上がりましたが、結果として、この商品は予想を超える売り上げを記録し、現在もなお当社の基幹商品となっています。

その後も「自分たちもまた一人の消費者だ」という視点に立って、お客様のニーズを追求し、絶えず商品の開発・改良に努め、それまでの市場にはなかった商品を次々と打ち出していきました。そして、ガーデニング事業は前年比二百%《パーセント》を超える売り上げを毎年記録し続ける事業へと急成長を遂げたのです。

これまでのビジネス人生を振り返ってみると、心身共に非常に厳しい状況が何度もありました。しかし、その度に、私の心の支えになってきた言葉があります。それは学生時代にある本の中で出逢った「人生に夢があるのではなく、夢が人生をつくるのだ」という言葉です。漫然と生きているだけでは人生に意義は生まれません。最初に実現したいと強く思う夢や目標を抱くからこそ、それを絶えず追い求め努力していくからこそ、人生はつくられていくのだと思います。また、ジェームズ・アレンの「強く思うことは実現する」という言葉も心の支えにしてきました。やはり、心の底から必ず実現したいと強く思い行動したことは、何かしらの形で必ず現実のものとなっていくというのが私の実感です。

5月
13日

民族滅亡の三原則

中條高徳　アサヒビール名誉顧問

Takanori Nakajyo

ローマ帝国時代、貿易で富を築いたいまの日本によく似たカルタゴという国があり、ローマと三回にわたって戦った。これをポエニ戦争という。第二次戦では名将ハンニバルが現れ、ローマ危うしの場面もあったほどであった。しかし、どうしても地中海の覇権を握ろうとするローマは、第三次戦でカルタゴの女、子供まで惨殺して、あわれ民族のすべてが消えた。いまのチュニジアの地である。

征服したローマもいまは遺跡しかない。

バルト海沿岸のエストニア、ラトビア、リトアニアの三国を「バルト三国」と呼ぶ。

この三国の辿った歴史は、地を接する大国からの侵略の繰り返しであり、それだけでも四方海に囲まれ、ほとんど他民族に侵されることのなかった海洋国家たる我が民族のありがたさが身に沁みるはずである。

近現代に入ってからもバルト三国はソ連に突如占領され、民族の独立はおろか、思想、言論の自由も全《まった》くなく、優れた人材や独立論者の生命《いのち》は粛清の名のもとにことごとく消されていった。

そうした中で、バルト三国の人たちは「我が民族の未来は自分たちの手の中にしかない」と叫んでお互いに手を結び、それを「人間の鎖」と呼び、バルトの道を繋《つな》ぎ続けたという。

また、リトアニアには「十字架の丘」があるという。撤去され続けても次々と捧げられる十字架が山となり、「十字架の丘」と呼ばれるようになった。圧政から逃げ出したい、自由が欲しいとひたすら十字架に祈るしか手段がなかった民族の切なさが伝わってくる。

ソ連が崩壊し、このバルト三国がそれぞれ独立し、この「十字架の丘」が世界遺産になった。我が国が一九〇五年の日露戦争に敗れていたとしたら、ロシアの領土にされ、このバルト三国と同じ運命を辿ったに違いない。

迷える日本人よ。世界の歴史が説く民族滅亡の三原則を心して聞けと叫びたい。

一、理想（夢）を喪《うしな》った民族

一、すべての価値をもので捉え、心の価値を見失った民族

一、自国の歴史を忘れた民族

5月14日

腹中書あれば負けず

青木擴憲
AOKIホールディングス会長
Hironori Aoki

私が十八歳の頃、父親が親戚知人から借り集めたお金を元に始めた質屋が行き詰まってしまい、大学には行けず質流れのスーツの行商を一心不乱に行い、借金の返済とギリギリの生活費を稼いでいました。十九歳から二十九歳頃迄のことです。将来のことを考えると先が真っ暗な毎日でした。

そんな中、たまたま出会ったのが孟子の「告子《こくし》章」です。訳文をご紹介します。

孟子がいわれた。「舜《しゅん》は田畑を耕す農夫《のうふ》から身を起こして、ついに天子となり、傅説《ふえつ》は道路工事の人夫《にんぷ》から挙げられて武丁《ぶてい》の宰相《そうりだいじん》となり、膠鬲《こうかく》は魚や塩の商人から文王《ぶんのう》に見出され、管夷吾《かんいご》は獄吏《ごくり》の手に囚われた罪人から救い出されて桓公《かんこう》の宰相となり、孫叔敖《そんしゅくごう》は海辺の貧しい生活から楚《そ》の荘王《そうおう》に取りたてられて令尹《れいいん》（楚の宰相）となり、百里奚《ひゃくりけい》は賤しい市民から秦《しん》の穆公《ぼくこう》に挙げ用いられて宰相となった。故に、これら古人の実例を見ても分かるように、天が重大な任務をある人に与えようとする時には、必ずまずその人の精神を苦しめ、その筋骨を疲れさせ、その肉体を飢え苦しませ、その行動《することなすこと》を失敗ばかりさせて、そのしようとする意図と食い違うようにさせるものだ。これは天がその人の心を発憤させ、性格を辛抱強くさせ、こうして今までにできなかったこともできるようにするため「の貴い試練」である。いったい、人間は「多くの場合」過失があってこそ、はじめてこれを悔い改めるものであり、心に苦しみ思案に余って悩みぬいてこそ、はじめて発奮して立ち上がり、その煩悶《はんもん》や苦悩が顔色にもあらわれ、呻《うめ》き声となって出てくるようになってこそ、はじめて「解決の仕方を」心に悟るものである。国家といえどもまた同様で、内には代々法度《おきて》を守る譜代《ふだい》の家臣や君主を輔佐《ほさ》する賢者がなく、外には対抗する国や外国からの脅威がない場合には、しぜん安逸《あんいつ》にながれて、ついには必ず滅亡するものである。以上のことを考えてみると、個人にせよ、国家にせよ、憂患《しんぱい》の中にあってこそはじめて生き抜くことができ、安楽にふければ必ず死を招くということがよくわかるのである。

この文章に感動し、夜も眠らず何回も何回も読み返していくにつれ、元気と勇気が湧いてきました。そして、「若い今、強烈な試練の中にいることは、将来立派な人間にしようと天が与えてくれている試練なのだ」と悟ることができました。翌日から私の行動が変わりました。この試練を「だから良かった」にしようと大きなビジョンを設定し、そこに向かって猛烈な努力を継続しました。あれから五十余年の歳月が流れました。能力の限界、克己《こっき》心の限界。不足な事の多い私ですが、「告子章」最後の一節「個人にせよ、国家にせよ、憂患《しんぱい》の中にあってこそはじめて生き抜くことができ、安楽にふければ必ず死を招く」が私の心の中に鮮明に生き続けている限り、肝心なところで自分には絶対に負けないつもりです。

5月15日

時間のものさし

林 雄二郎
日本フィランソロピー協会顧問・トヨタ財団元専務理事
Yujiro Hayashi

時間を計るものさしは無数にある。そのものさしを使って物事を考えることが大切だ――。そのことを教えてくれたのは、文化人類学者の梅棹《うめさお》忠夫君だった。彼と初めて出会ったのは、大阪万博の頃だったろうか。

昭和十七年、総理府の技官になった私は、戦後、経済安定本部や経済企画庁で日本経済の復興のため力を尽くしていた。終戦直後、片山内閣から経済復興計画の策定という第一課題を与えられた我われは、三か年計画や五か年計画を立て、実行に当たっていたのである。

昭和四十年、経済企画庁経済研究所の所長時代に、二十年後の社会を予見して書いた私の文章は、「林リポート」と呼ばれ、日本社会を発展させるためのガイドラインとして扱っていただいた。同庁では、二か年計画を中期計画、五か年計画を長期計画と呼んだが、私のリポートは「超長期計画」といわれるものだった。

その後、長年にわたる役所勤めに終止符を打った私は、五十一歳で東京工業大学の教授となった。その頃梅棹君との出会いの機会があり、私は目を開かされるような思いをしたのである。

ある時のことだった。梅棹君と議論をしていると、彼が「こういうことをいまのうちにちゃんと考えておかないと、人類は間もなく滅びるな」と深刻そうな顔で言う。これは大変なことだと思い、「それは何年後のことだ?」と尋ねると、梅棹君は「そうだなぁ、五千万年もてばいいほうだ」と言うのである。

それまで経済企画庁にいて、三年先や五年先を見越した計画を策定してきた私には、気が遠くなるような話だった。

ところが当の本人は、冗談で言っているのでも何でもなく、それが本当に心配でならないといった表情をしているのである。その時に私は、あぁ、この人の持っている時間のものさしは、我われとは違うのだ。時間のものさしは一つではなく、無数にあるのだと感じたのである。

そうやって長い時間のものさしで物事を考えるようにしつけている人には、千年、二千年というものさしで世の中の変化を見ていくことができるのだろう。

梅棹君にとっては、五千万年後が「間もなく」なのだ。我われには雲をつかむような話でも、彼の目には人類が滅んでいく姿がイメージとしてはっきり描けているのではないかと感じた。こちらも同じ時間のものさしで一緒に考えなければ話ができなくなると考えた私は、一所懸命心の訓練をした。すると彼の言葉が決して世迷言《よまいごと》などではなく、だんだんと真実味をもって迫ってくるようになったのである。五千万年後の世界は私にとって、空想上のものではなくなった。

試す人になろう

野中郁次郎
一橋大学名誉教授
Ikujiro Nonaka

東日本大震災の四日前に栃木にあるホンダの研究所で、ホンダの未来について若手のプロジェクトチームが発表したスライドを見せてもらいましてね。最後に本田宗一郎《そういちろう》が通った小学校にある言葉を紹介していたんです。「試す人になろう」と。世界は見たり、聞いたり、試したりだけれども、一番欠けているのは試したりだと。我われはいま一度試す人になろうと。

試すことが小さな改善で終わってしまわないためには、大きな志が必要ですが、日本には世のため人のためという言葉で営々と築いてきたＤＮＡがあります。そして、それをグローバルに通用するものにしていくためには、コモン・グッド、常識もきちんと深めていかないといけない。

常識について本田宗一郎が非常にいいことを言っていましてね。

「日本にとってだけでなく、国境を超えていつ誰がどこで考えても、そうならなくてはならないということが、世界的視野なんだ」と。「国境を超えて、人間である限りは必ず納得できるような理論の持ち主になってもらいたい」と言っているんです。これはまさに職人の言葉ですよ。本田さんばかりでなく松下幸之助さんも、ソニーの井深大《いぶかまさる》さんも、かつての日本のリーダーは誰もがある種職人であり、しっかりした理論を持ったプロデューサーでもあったような気がします。

アメリカの経営学者のマイケル・ポーターのように、市場構造がすべてを決めるんだという考えもありますが、そうではなく、人間の自由度というものがあって、主体的に世界をつくっていくんだという考え方が必要だと私は思います。天命を受け入れつつ、それを超える人間の自由度、何%かは分からないけれども、そういう創造的、弁証法的な考え方がやはり必要です。その際に先ほどのオプティミズムを持っていないと、不都合な問題が起きた時に天を恨むことになるんですね。

私は時々、あんた運がいいねと言われるんです。しっかりした長期戦略もないくせにどうしてそこまで活躍できるんだと。ただそういう私でも、やっぱり動きながら考えている。思いを持っていると不思議と繋がっていくんですね。自分の中になんらかの思いやビリーフがあると、人とのちょっとした出会いを通じても、そこになんらかの関係性を見出すことができると思うんです。

ですからオプティミズムを根底に、実践のただ中で何がｇｏｏｄかという試行錯誤を無限に続ける。真理はあると信じて行動することで未来は開けてくると思います。

5月17日

どういう会社が奇跡を起こすのか

竹田和平

Wahei Takeda

社長という仕事は孤独なんです。自分を認めてくれる人がいない。

投資するにあたっては、五年後をめどに株価三倍、利益三倍、配当三倍の株主賞があげられるかどうかの匂いをかぐんです。それはもちろん数字を見て、そこから感じ取るわけですが、あげられそうだと判断すると、多少のリスクは覚悟で買う。その際、いかに最小のリスクで最大の効果が挙げられるか。それが株式投資の一つの成功の道だと思います。

事実は小説よりも奇《き》なりといいますがね、人間の想像を絶するようなことが実際に起きます。私の買った株でも、この五年で十倍になったものがあります。想像のしようのない倍率です。

では、奇跡を起こせるのはどういう会社かというと、これは常識ではないんです。世の中を幸せにしようという正しい目的があって、わくわく、楽しく、一所懸命やっていれば奇跡は起こるんです。そして株価が三倍、十倍となってくると、どんどん情報が入ってくる。必要なものが集まってくる。

まず事業を始めて上場するだけで奇跡ですよ。これはもう大変な競争率だ。上場していない会社は何百万とある。上場しているのは三千か四千でしょう。わくわく、楽しく、一所懸命、しかも社会のためにやったら、そういう奇跡が起きるんです。

ところが、その奇跡は管理するとなくなるんですね。個人の評価がどうだとか、報告書や領収書を出せとかなんとかばかり言っていると奇跡は消えるんです。天とつながるから奇跡は起こるわけで、人間とつながったら消えてしまう。

それとお金を否定する人は金持ちになれないでしょうね。人間でも否定したら味方にならない。「俺、あんた好きだよ」と言っていると寄ってくる。それと一緒です。その意味ではお金にも意思があると思いますね。

5月
18日

知恵を富に換えるのが仕事

林野 宏 クレディセゾン社長

Hiroshi Rinno

結局、成功するために何が必要かと考えてみると、自分が夢中になれることを仕事にするか、与えられた仕事に夢中になるか、しかないんですね。大多数の人は後者でしょうから、やはり自分で努力して仕事に喜びや楽しみを見出したり、会社を好きになることがまず必要です。

そして学校で教育を受けたり、本を読んだり、人からいろいろなことを教わったりして得た知識。そういう知識、情報、経験を、「知恵」に置き換えるわけです。そしてアクションを起こすことによって、その知恵を「富」に置き換えるプロセスを、私は仕事と呼ぶのだと思います。いくら知恵をつけても、それをお金に換えるところまでやらなければ仕事とはいえません。

それで、大半の人は人間の能力を頭の良し悪しだと考えてしまいがちなんですが、そんなことは全然関係がない。私が思うに能力とは、目標を達成するために「情熱を持続させる力」なんです。

一枚でも多くカードを獲得するにはどうしたらいいか、と何につけても考える。

セゾンカードにはこういう特典があって、デザインはこうだとか、お客様から見た時のお得な印象……、割引が付いているとか、ポイントに有効期限がない、といった要素によってカードが選ばれていくわけです。自分が使うのなら、サインレスだったらいいな、とか。

ところが、サインをするのが業界の常識だし、サインレスなんてしたら「俺は使ってないよ」と後で言う人が出てきて大変なことになるぞ、と大騒ぎをする人がいる。

実際に私もサインレスの導入時、同業他社や弁護士から呼び出しを食らい、「何を考えてるんですか!?」と言われました。でも「顧客数を拡大して取扱高を増やせばそのリスクは防げるし、むしろお釣りがくるくらいだ。お客様の利便性が図られてこんなにいいことはない」と譲りませんでした。

反発されるのは、あくまでも業界の中で平準化された事柄なんです。これを壊す。だから資本主義の本質とは、「創造的な破壊だ」と思うんです。お客様にとっての利便性が図れることならば、それを阻止する規定や固定概念はすぐに壊してしまったほうがいいと思います。

5月19日

人間の脳波を止めてしまう言葉

植松　努
植松電機代表取締役
Tsutomu Uematsu

夢というのは自分で大好きなことをやってみたいという思いでしょうね。だったらやったらいい。それだけの話です。大好きなことをしっかり持つには感動が一番です。「やってみたい」「すごい」という心があれば、夢はいくらでも見つかると思いますよ。

でも、その時にできない理由をいくつも思いついてしまうんですね。そして、そのできない理由すら考えなくなる最悪の言葉が「どうせ無理」なんです。この言葉が人間の脳波《のうは》を止めてしまう。思考が止まると楽ですが、それだと何も始まらない。

「どうせ無理」

ではなく、

「だったらこうしたらできる」

と頭を切り替えて考え続けることで道は拓《ひら》けると思います。

だけどモチベーションはやる気だけで高まるものではないんですね。物事に挑戦し、それを諦められない理由が、僕の場合は火事場の馬鹿力の源になっています。

僕は「どうせ無理」という言葉が大嫌いです。この言葉が人の可能性を奪い、その連鎖が正しくて優しくて弱い子供たちに向かうと知っていますからね。繰り返すようですけど、僕は「どうせ無理」という言葉をこの世からなくしたい一念で宇宙開発をしています。目の前の壁が大きいほど、その思いは強くなります。だから、毎日火事場の馬鹿力を出すことができるんだと思います。

開発の世界ではゼロから一を生み出すという大変厳しい問題に挑戦することもありますね。これは一を二にしたり三にしたりというのとは比較にならない難しさです。その時、従来のやり方を維持しようとしたら負けが始まるんです。

過去のノウハウばかりでなく時に自分自身すら否定してしまって「これでいいのか」と本気で動き出す時に、ゼロから一が生まれるのだと思います。いまの日本に必要なのは、その執念と元気なのではないでしょうか。

5月20日

天ぷらが揚がる百七十度のエネルギー・熱意を出せ

森下篤史
テンポスバスターズ社長
Atsushi Morishita

人間は、ある程度過酷なことをしなければ鍛えられないのです。

ここは羽田の近くだから、飛行場がよく見えるんです。飛行機が離陸する時っていうのは、「あれじゃ落ちるな」と思うくらい急角度で上がっていくんですね。グーッと一万メートル上空に上がって、そこから、例えば九州あたりへ行く場合は、千キロその高度を保って飛ぶ。この千キロを行くガソリンと、最初の五十キロを行くガソリンは大体同じだ、というんですね。

そうすると、グーッと上がっていく時には、上空を飛ぶ時の二十倍のガソリンを使うのですね。いまの当社は、このグーッと上がっている時だから、全員で二十倍のエネルギーを出さないとやれない時なんです。

それには熱意がないとダメですね。天ぷらを揚《あ》げるには、四十度の油に何時間つけていてもクッタリするだけでしょう。ところが、百七十度にすると、三分かそこらで一気にカラッと揚がる。そこまで到達するエネルギー、熱意を出さない限り、いつまでたっても天ぷらは揚がらないわけです。

私は会社を三種類に分けて考えています。例えば自宅でやっているから家賃を払わなくていい、家族でやっているから給料は時に払えなくてもいい。そういうのは「趣味芸術、遊びの世界」。

もう一つは大部分の企業グループで、経営計画だとか、問題解決だとか、いろいろなやるべきことが分かっていてそれをやらない。それでも生きていけるのだからこれは「生業《なりわい》グループ」。

一方でうちみたいに、二十倍のエネルギーを出さないと失速するという、そういう限界を超えた目標をつくって必死になってやっていかなければいけないところ。これはいわば「戦いモード」で仕事をやっているわけです。

戦うとはどういうことか。それは、すべてを振り捨てて、その目標のために、いかに合理的な手を打つかということです。自分の気持ち、つまり、逃げたいとか、辛《つら》いとか言っているうちは、戦いモードではないんですね。

戦いモードのビジネスというのは、己を相当に鍛え上げていかなければやっていけないし、どこまでいっても合格点というのはない。常に道を求める姿勢がなければなりません。私は今後も、常にそういう姿勢で事業を営《いとな》んでいきたいですね。

5月21日

百里への道の半分は、五十里ではなく九十九里

小田豊四郎
六花亭製菓代表取締役
Toyoshiro Oda

母の弟から事業を引き受けた当時が一番厳しかったですね。二十一から二十三歳までの三年間です。寝る間も惜しんで働きました。その時に私を支えてくれたのは、札幌の千秋庵のご主人から言われた二つの言葉でした。

一つは、「ともかく一所懸命に働け」。もう一つは「どんなに高くてもいいから一番いい原料を使って、誰にも負けない一番おいしいお菓子を作れ。百しか売れない時には利益がなくても、五百売れるようになると必ず利益が出るようになる」と。

この二つの言葉を、いまも経営の基本方針にしております。

困ると、「札幌のご主人からこんなことを言われたな。よしもう一遍頑張ろうか」ということで、非常に頼りになりました。

三年間、母と二人で毎月、支払いに追われ、売り上げは伸びずで、「豊四郎、なかなか儲からんから駄目だろうか」と母が言えば、私が「せっかくここまで頑張ったんだから、もう少しやってみよう」と言い、私が「おっかさん、やめようか」と言えば、母が「いやいや、このお正月、クリスマスから年の暮れをやってみたら何とかなるかもしれない」という具合に、お互いに積んだり崩したりしながらやっとやっていましたんですがね。昭和十四年の夏に、お金にいよいよ詰まってしまいました。そして二人でようやくやめる話がついたんです。

それが八月のことで、九月に札幌の原料屋さんが来まして、私の顔を見るなり「おっ、おまえは金が欲しいな」と言うのです。「分かりますか」と言いましたら「うーん、おまえの顔に書いてある」と言うのですね。そして「いくら欲しいんだ」と言うので「五百円あったら当座の借金は返せる」と話したら、「五百円貸してやるから、これを借金を払うのに使っては駄目だよ。これで砂糖を買ってこい」と言うのです。

それで砂糖屋さんに買いにいきました。大きな馬車に二台分はありましたね。そうしましたら、その年の十一月に物価統制令が施行になりましてね。それで砂糖が配給になったんです。本当に間一髪《かんいっぱつ》でした。それまではお菓子を買ってくださいと言って売りにいったものが、砂糖が配給になりますと、お菓子も配給になる。配給になると、もらっておかないと損ということになり、皆さん配給券を持って買いにこられる。つい先だってまでは作っても売れずに処分していたのが、全部売り切れになる。

戦争のおかげというとんでもないのですが、僕の場合は本当に戦争のおかげで危機一髪のところを何とか乗り越えたのです。

いま、社内の者にもよく話をするのですが、やっぱり最後まであきらめないで、本当に最後の力を振り絞ってやってこそ、人生の味のようなものがあるような気がします。

百里への道の半分は五十里ではなくて、九十九里が半分ですね。実にタイミングよく恩人ともいうべき人が現れ、まさに奇蹟のようなものですが、それも、その前の三年間のどん底の経営、いわば九十九里の努力の下地《したじ》があったからこそだと思っています。

5月22日

病気も「ようこそ」と考える

青山俊董
愛知専門尼僧堂堂頭
Shundo Aoyama

　三十代後半で初めて体調を崩して、放っておけばがんに移行すると言われて手術を受けました。最初は、こんな面倒な病でなければとも思いましたが、たとえ死に至る病であろうとも、仏様からの授かりものとあらば、すべて手を合わせて頂戴《ちょうだい》しましょうと踏ん切りがついたんです。

　そのおかげで、それまでは食べられて当たり前、眠ることができて当たり前、すべてが当たり前だったものが、病気になって初めて、すべては当たり前ではないんだと気づかされました。「南無《なむ》病気大菩薩《だいぼさつ》」、そんな思いで退院しました。病気に対して「ようこそ」と思える心境に至った。これも一つの活機応変といえましょうね。

　還暦の時には無理をして風邪をこじらせ、肺炎になって半月くらい休んだこともありました。生徒から、還暦からの二度目の旅立ちをされた先生が肺炎で一服ですね、とお見舞いのお手紙をいただきましたが、夜、咳《せき》やら熱やらで寝つけないままに、その手紙のことを思い返しましてね。これは一服ではない、景色なのだと。一度目の旅は、現役世代としてとても慌ただしい旅だけれども、二度目の旅は「老病死」の景色が頻繁《ひんぱん》に出てきて、一歩引いて自分自身と向かい合う時間が多くなる。老いを見据《みす》え、病を見据え、死を見据えて、いかなることも人生を深め、豊かにする景色として頂戴していこうと思い至ったのです。

　同じ病気をしましても、それをチャンスと受け止めれば、失うことを通し、病むことを通して学ばせていただくことがたくさんある。平素から、三つ失ったら、そのことを通して五つ気づくくらいの心構えでおれば、すべて喜びとなります。それが機を活かし、変に応ずる心構えと申しましょうか。

5月
23日

嫉妬しているうちは福は回ってこない

小出義雄　佐倉アスリート倶楽部社長

Yoshio Koide

勧誘した子は強くならない。一銭もかけなかったのが強くなっている。要するに志の差ですよ。

一度面白いことがありました。Qちゃん（高橋尚子選手）の先輩に鈴木博美という選手がいたんですね。彼女は一九九七年のアテネ世界陸上で金メダルを取った実力のある選手です。

リクルート時代、僕はQちゃんにも鈴木にも「おまえは必ず世界一になる」と言っていたんです。まさか話をすり合わせるとは思っていなかったのですが、ある日鈴木がものすごい剣幕《けんまく》で僕のところに来て、「監督は私に世界一になると言っていたのに、Qちゃんにも同じことを言っていた」ってカンカンに怒っていた。

困っちゃってね、「いいか、よく聞けよ。おまえの世界一はぶっちぎりの世界一だ。Qちゃんは競《せ》り合って競り合って、やっと世界一になる。両方とも世界一だけど、おまえはぶっちぎって優勝するんだから、怒ることはないだろ」と言ってその場を収めたんですけれども。

実際、鈴木のほうが才能はあったんですよ。ただ、僕が何度マラソンをやるように水を向けても、「嫌です。あんな恐ろしく長い距離を走れませんよ。私は一万メートルでいいです」と言って受け入れなかった。

その後、鈴木はオリンピックの有森の活躍に刺激を受けてマラソンに転向したのですが、彼女がそう言い出すまで十年待ちました。もしも、最初に勧めた時に鈴木が「はい」と言っていれば、たぶんオリンピックで金メダルを二つ取っていたはずです。シドニーの金メダルも高橋ではなく鈴木だったと思っています。

たぶん、運というのは誰もが持っているんですよ。それに気づかないで逃している人が多いんですよ。

Qちゃんは素直だったし、明るかったし、何より嫉妬《しっと》しない子でした。本当は嫉妬していたのかもしれないけれど表に出さず、「有森さん、よかったですね」「鈴木さん、よかったですねぇ」と喜んで、「私も頑張ります！」と言うタイプでした。

だから僕はいつもうちの選手たちに口を酸っぱくして言うんですけど、「自分だけ勝てばいいというのでは一流にはなれないよ」と。人間、嫉妬しているうちは本当の福は回ってこない。たとえライバルだとしても、人の喜びを「よかったね」と心から喜んであげて、「私も頑張るわ」と発奮《はっぷん》剤にできるような人じゃないと伸びないと思います。

5月24日

人を恨む行為は、人生をつまらないものにする

河野義行
松本サリン事件被害者
Yoshiyuki Kono

警察、マスコミという巨大な権力を相手に、微力な一人の人間が最後まで戦い抜くことができたのは、妻に「殺人者の妻」というレッテルが貼られることをなんとしても避けたいという強い思いがあったからでした。意識が戻らず、寝たきりの妻を、行き場のない状態にすることだけは絶対に避けなければならない。その強い思いがサリンでボロボロになった私の体から信じがたいパワーを引き出したのでした。もう一つは私の周りの人々が最後まで私を支え続けてくださったことです。子どもたちをはじめ周りの皆さんが私の言葉を信じ、最後まで私のもとを去らなかったことが大きかったと思います。後で知ったことですが、警察の中にも捜査の方向に疑問を持ちブレーキをかけていた人がいました。「河野はシロ」と言えば捜査本部から外される状況下で、警察生命をかけて上の暴走を防いでくれていたのは、浅岡捜査一課長(当時)でした。また私に自白を強要した吉池警部(当時)は取り調べの後「あいつは違う」と明言してくれていたそうです。世間の誰もが逮捕を疑わない状況下、なんとか逮捕を免《まぬか》れたのはこういう方々の支えがあったればこそと感謝しています。

日本は法治国家であり、法の前では個人が権力と対等に戦うことができます。しかし日本では、いったん逮捕されてしまえばその均衡は一気に崩れ、逮捕の段階では容疑者にすぎないにも拘《かかわ》らず、犯人という目で見られてしまいます。だから私は、あらゆる手を尽くして戦ったのです。妻の意識はいまだに戻りませんが、私の話はすべて理解できているという前提で、元気な頃と同じように話しかけています。きっといつかは目覚めると信じて、日々の出来事を語り聞かせることで、記憶の断絶をつくらないようにしたいのです。

私はよく、「あなたはなぜオウムを憎まないのですか」と聞かれます。人生は有限です。人を恨むという行為は、その限られた人生を実につまらないものにしてしまうと私は思うのです。恨んで、恨んで、自分の時間、すなわち自分の命を削っていくような人生を、私は送りたいとは思いません。恨むことに費やすエネルギーがあるのなら、逆に妻が生きていてくれたことに感謝するほうに注いでいきたい。以前会社に勤めていた頃、同僚が会議中に倒れたことがありました。私はすぐ救急車を呼び、応急の処置を施しました。同僚は一命は取り留めたものの植物状態となりました。お見舞いに伺った私に奥様は「夫の命を助けていただいてありがとうございました」と何度も礼を言われました。私はその時、もし彼を助けなければ奥様も介護に大変な思いをせずに済んだかもしれない。自分は余計なことをしてしまったのではという思いに苛《さいな》まれました。しかし、自らが妻の介護をする身となったいま、あの時の奥様の感謝が本物だったことが実感できます。愛する人に尽くせること。そのためにどんな犠牲を払うことにも私は喜びを感じます。妻が生きることは私が生きること。心に芽生えたその思いはあの事件により突き落とされた悲しみの底から私が見出した光といえるでしょう。

人生はあなたに絶望していない

永田勝太郎
公益財団法人 国際全人医療研究所理事長
Katsutaro Nagata

ある時大病を患《わずら》って、突然歩けなくなってしまったんです。何だろうと思っているうちに立つこともできなくなって寝たきりになり、ベッドのそばにあるトイレにすら自分の力では行くことができなくなりました。薬の副作用のため、末梢《まっしょう》から筋肉が萎縮《いしゅく》し、力が抜けていくという病気でした。

そういう状況の中で、頭の中では何を考えていたかというと、人間は死を受容できるのかということでした。自分が間もなく確実に死ぬと思っていましたから、毎日毎日天井を見ながらそのことばかりを考え続けました。ただその時に、あの世はあるかということは思わなかった。自分がもし万が一生きられたらって、いつも思っていましたね。

つまり、死んだらどうなるかということよりも、生き延びることができたら、自分の人生を何に使おうかと考えたわけです。だから僕も楽観的だったと思うんですが、散々悶々《もんもん》と考えた揚げ句に出た結論は、俺は死を受容できないということでした。受け入れられないから、もし死んだら化けて出るだろうと。だったら生きるしかないだろうと思うようになったんですね。

ところが病状は日に日に悪化し、ペン一本すら重たくて持てない。眠るたびに酷《ひど》い悪夢に襲われ、全身汗だくになって目が覚める。僕が倒れたのはヴィクトール・E・フランクル先生が亡くなった翌年の一九九八年だったんですが、僕はとうとう彼の奥さんにこんな手紙を書きました。

「エリーさん、さようなら。僕はいま死ぬような大病を患っているんだ。もう二度とウィーンの街を歩き回ることもないだろう。これから先生の元へ行きますよ」

そしたらエリーさん、慌てて返事をくれましてね。

「あなたがそんな病気でいるなんて、とても信じられない。私は医者ではないから、あなたに何もしてあげることはできない。けれども生前、ヴィクトールが私にいつも言っていた言葉をあなたに贈ろう」

この言葉が僕を蘇らせてくれたんですね。

「人間誰しもアウシュビッツ(苦悩)を持っている。しかしあなたが人生に絶望しても、人生はあなたに絶望していない。あなたを待っている誰かや何かがある限り、あなたは生き延びることができるし、自己実現できる」

この手紙を僕は何百回も読み返しました。そうして考えたのは、いまの自分にとっての生きる意味とは何だろうということでした。そして考え続けた結果、「あなたを待っている誰かや何か」の焦点は私にとっては医学教育であり、生きる意味は探せばちゃんとあるのだと感じたんです。

それから私はよし、と気合を入れ直してリハビリに専心し、毎日鍼《はり》治療も受けました。さらに漢方薬や温泉療法なども行って、二年後には奇跡的に職場復帰まで果たすことができたんです。エリーさんのあの言葉がなかったら僕はいまここにいませんよ。

5月26日

人の痛みが分かる本当のチャンピオンになれ

山下泰裕
東海大学教授
Yasuhiro Yamashita

二〇〇〇年のシドニーオリンピックを振り返ってみて非常に嬉しいことがあります、一つは篠原信一が決勝戦で負けましたね。誤審ではないかと私も抗議しましたが、篠原は「あれは自分が弱かったから負けた」「審判に不満はない」という発言をしました。

篠原は、たとえあれが自分の一本ではなくて相手の有効になったとしても、本当に自分に力があったら、残り時間は十分にあったし、あの後で勝てたはずだ。本当の力が自分になかったから、それを取り戻せなかっただけで、そういう意味で自分に絶対的な強さがなかった、と。それから「審判に不満はない」というのは、審判が間違えるような、そんな試合をした自分に責任がある。誰が見ても納得するような柔道をしなければいけなかったんだ、ということです。

他人を云々《うんぬん》するのではなく、それに対して自分がどうすべきであったかと、自分自身を深く見つめる。ああいうことが起きて、初めて彼が本当はどういう人間なのか、どういうことを大事にしているのか、それが明らかになったと思うんですね。そこには人間として非常に大事なことが含まれていると思うのです。

我われは何か事が起こるとすぐに人を批判します。だけど、人を批判しても何の解決にもならないんですね。それに対して自分はどうあるべきか、自分は何ができるのか、すべてを自分に置き換えて考えていかないと、何も解決しないんです。篠原は見た目は、無骨でぶっきらぼうな男ですけど、今回のことで彼の人間性を見たような気がするんです。

もう一つは初日に野村忠宏が六十キロ級で優勝しました。前の日に試合のあった人間は、次の日の人間が力を出し切ることができるようそばに付き人として付くということを、前もって決めていたんですね。

それで試合が終わった日は、野村は明け方の四時頃までマスコミの対応をし、次の日も朝八時から対応して、それが終わってお昼の十二時に試合会場に、車の中でハンバーガーを食いながら駆けつけて、中村行成の付き人をやったんですよ。

それで中村が負けた。負けて控え室に帰ってきて、がっくりと座り込んで着替え始めた。その時、野村が中村の柔道着をものすごく大事に大切に一所懸命畳《たた》んでいるんです。付き人は試合に向かうまでですから、そこまでやる必要はないんです。それなのに負けた中村の柔道着をものすごく愛《いと》しそうに丁寧に丁寧に折り畳んでいる。

その野村の姿を見た時、我われコーチもものすごく心打たれた。ああ野村は人間的にもまた成長したな、人の痛みが分かる本当のチャンピオンになったな、と思ったものです。

5月27日

仕事は自分で探し出すもの

桜井正光　リコー会長

Masamitsu Sakurai

最初に配属されたのは原価管理課という部門だった。しかし、不況の真っ只中、会社も無配の状態である。上司に言われたのは「おまえたちにやる仕事はない」ということだった。

最初こそ仕事がなくて楽だと思ったが、三か月も経つと何もする仕事がないというのはこんなにつらいものなのかと身に沁《し》みて感じた。他の部署の人たちが仕事をしていることへの焦り。また、もっと本質的な部分で、自分は会社や社会に何も貢献できていないという「役割」のなさへの焦りがあった。

後々振り返って、社会人のスタート段階で「仕事があるありがたさ」「する仕事のないつらさ」を体感できたのは幸せだったと思う。

さて、そこで私は「こうなったら、自分で仕事を探そう」と決意した。原価管理課は、製品の原価を計算し、コストダウンを提案して実践する部署だった。提案は誰に対して行うのか、我われの提案を利用する人たちにとってそれは十分な情報かどうか、もっと欲しい情報はないのか、ヒアリングに向かったのである。

提案の利用者は、開発、設計、生産部門だから、各部署を回ってみると次第に自分がすべき仕事が見えてきた。

複写機を取ってみても、いくつもの製品があり、それぞれの製品間で部品が類似しながらも微妙に違うものを使っていることに気がついた。「本当に違う必要があるのか」「コストアップの原因になってはいないか」……。

いまならコンピュータで類似《るいじ》部品一覧を管理しているだろうが、あの当時、技術や設計の人間は手間隙《てまひま》かかる類似部品のリスト化に手をつけていなかった。

私は五か月間、倉庫にこもって部品図面を種類ごとに分類。材質や形状、原価などを加えたリストを作成し、設計部署に渡した。その後、改善したほうがいい部分を指摘してもらい、どんどんブラッシュアップしていった。

すると、現場は「部品を探す手間が省けた」と重宝《ちょうほう》してくれる一方で、同じような形状であれば一番安い部品を選ぶようになり、大きなコストダウンに繋がったのである。この経験から私が若い人たちに伝えたいことは、「仕事は上司から与えられるものではなく、自分で探し出すもの」

ということだ。自分の仕事のアウトプットを利用するお客様は誰なのかを考え、その人たちの役に立つことを探して実行すれば、必ず成果となって表れる。

すなわち、それは自主自立、自己責任の全うということであり、いま日本全体で最も求められていることではないだろうか。

5月
28日

いつも不安の中に身を置いておく

堀 文子
日本画家
Fumiko Hori

女子美術専門学校を出てから間もなく、出品した絵が賞を受けて騒がれた時期もありました。その時に、自分が若い女だから騒ぐので、こんな言葉に乗っていたら大変だ。ある時期を過ぎたら誰も振り向かなくなるという自覚がありました。

大抵は若い時ちやほやされて、ダメにされるんです。自分を堕落《だらく》させるのもよくするのも自分なんだ、と考えていますから。

誰かにすがっていたら、その人の言うなりじゃないですか。人それぞれ姿形が違うように、運命も皆違うのですから、誰もしないことを開拓しなければダメだと思っています。

ですから安全な道はなるべく通らない。不安な道や未知の道を通っていくとか、獣道を選ぶとか。大通りはつまらないと思っている人間で、それがいまでも続いています。そういう性質ですから、画家としては食べることができませんので、絵本を描いたりして生業《なりわい》を繋いできた。

ただ、それもやってるうちにちやほやされて、児童の教育委員会などに出されることになってきました。だから「これはいけない」と思って絵本の仕事はやめました。そうやって、どこへ行ってもちやほやされないように、上手にその道を避けて生きてきたわけです。

絵は他の人から学ぶことはできない。ただ、自分のだらしなさが直《じか》に表れます。ですから自分がいつも未知の谷に飛び込むこと。不安の中に身を投げていなければダメだと思っております。いつも不安の中に身を置いて、昨日をぶち壊していくということです。ですから学ぶよりも「壊す」というのが私のやり方です。そして、過ぎたことを忘れることです。

きょう出品したものはお葬式が済んだ後ですから、もう一度はやれません。やれば悪くなるに決まっています。人は「もう一度あの絵を描いてください」と言いますが、慣れると確かに上手く見えますが、それはコピーです。描いた本人には気が抜けていて、魂が入っていないのが分かる。同じ感動は繰り返せないということです。

もしかしたら私の中に、まだ芽を吹かないものがあるかもしれない、ひょっとしたら、まだ思いがけないものが潜んでやしないかと、いまだにそんなことを考えています。そのためにはいつも自分を空っぽにしておかないと新しい水は入ってこないんです。私に勉強の仕方があるとすれば、いつも自分を空っぽにしておくということです。

5月
29日

人生は三切る——踏み切る、割り切る、思い切る

津田 晃
野村證券元専務
Akira Tsuda

　昨今の厳しい経済情勢下、希望する会社に就職できずに悩んでいる若い人は多いだろう。私が就職した四十年前といまでは随分事情も異なるが、本来の希望とは異なる道を歩んできた私の体験は、なにがしかの参考になるのではなかろうか。

　私は商社で活躍していた父の勧めで商社マンを志し、早稲田大学の商学部へ入学した。在学中に広告にも興味を持ち、就職先は大手商社か電通に絞り込んでいた。就職活動の時期、親しい友人の一人が日本脳炎に罹《かか》って出遅れ、彼には昭和四十年不況の煽りで不人気だった証券会社くらいしか求人は残っていなかった。

　彼から頼まれて野村證券の大学OBとの懇談会に付き合いで参加したところ、後でOBの一人からご連絡をいただいた。証券会社はこれからバラ色だ、と熱心に入社を勧められたのだ。無下《むげ》に断るわけにもいかず、ゼミ担当の教授に相談してから返事をすることにした。

　貿易論の教授からは初志を貫いたほうがよいと言われたが、広告論の教授の見解は違っていた。海外事情に詳しいその教授は、アメリカでは証券ビジネスが急成長しており、いずれ日本もそうなるだろうとの見解を示され、どうせ選ぶなら自分を求めてくれる会社がよいと勧められた。私はそのアドバイスに心を動かされ、それまで考えもしなかった野村證券への入社を決意したのだった。

　ところが入社後の仕事は、最初にイメージしていた顧客の資産管理の仕事とは大きく異なっていた。研修が終わるや分厚い高額所得者名簿と商工名鑑を渡され、これを見て自分でお客様を探してこいと命じられショックを受けた。案の定《じょう》、訪問先では「証券会社なんて縁起が悪い」などと罵《ののし》られ、塩を撒《ま》かれたり、名刺を目の前で破られたりと散々な目に遭った。

　大変なところに入ってしまった……。悩んで入社を勧めてくれた教授のもとへ相談に行った。その時いただいた言葉はいまも心に残っている。

「人生は、踏み切る、割り切る、思い切るの三切るだ。踏み切ったらまずは割り切って一所懸命やってみなさい。それでダメなら思い切ればいいじゃないか。君は踏み切ったばかりでもう思い切ろうとしているが、それはまだ早い。もうしばらく割り切って続けてみるべきだ」

　私は原点に返って仕事に打ち込むことにした。

5月30日

ナンバー1とナンバー2の違い

古森重隆
富士フイルムホールディングス会長兼CEO
Shigetaka Komori

主力の写真フィルム事業から相当思い切った構造改革をやろうというんですから、反対もたくさん出てくるし、また新規分野もどこに投資するかで意見も割れます。そこで会社の経営資源を全部洗い出し、市場を徹底分析して、ここぞという分野を定めて投資したんです。例えば液晶用の材料、インクジェット、化粧品、医療機器、医薬品といった分野です。自前でやっていては機を逸《いっ》するので、積極的にM&Aを働きかけ、インクジェットプリンターのヘッドで世界一の会社を買収しました。医療のITシステムの会社や製薬会社など、合わせて三十社近くを買い、この十年間で六千億円くらい投資しました。

何が当たるのか、読みに読んで決める。決めたらやる。経営者として、百の判断をしたら百間違えないつもりで私はやっています。絶対間違えないぞと。そのためにはいろいろ情報も必要ですが、それが全部揃うまで待っていては機を逸してしまう。不完全な情報から本質を見極めなければならないから確かに難しい。

私も一つ、二つは間違えました。会社の存続に関わるような問題ではありませんでしたが、その程度で済んだのは、やはり百決めたら百間違えないという気魄《きはく》と精魂《せいこん》を込めてやっているからです。そうやって毎日仕事をしていると、もう本当にヘトヘトになりますよ。社長になんかなるもんじゃないなというのが実感ですね。

しかし社長になったからにはそういう姿勢で臨まなければなりません。間違えるのが人間だと言っているようでは経営は務まらない。昔の侍なら間違えたら腹を切らなきゃいけないわけで、それくらい決死の覚悟でやらなければならないと思います。

だから組織のナンバー1とナンバー2の一番の違いは責任の重さです。ナンバー2も相応の責任は負っていますが、まだ竹刀《しない》の勝負だと思います。間違えてもまだ自分の後には社長がいるという思いがどこかにある。しかしナンバー1が間違えたら会社が傾いてしまう。その差はとてつもなく大きいですよ。

だからナンバー1である経営者は、いつもヒリヒリするような緊張感、恐怖感の中で真剣勝負をしているわけです。気魄も違いますよね。使命感も責任感も違う。まぁそうならざるを得ないわけですが。やっぱりナンバー1とナンバー2以下の意識の差は拭《ぬぐ》いきれません。

5月
31日

物事を成就させる秘訣

西堀栄三郎　理学博士
Eizaburo Nishibori

大事なことは目的をはっきりさせることですね。なんのために私たちはこういうことをするんだということを、まずはっきりさせる。目標じゃない、目的です。それをはっきり認識させる。

それから、みんな、その目的に対して忠誠をお互いに誓うわけです。隊長とか人間に対して誓うんじゃなくて、目的に対して忠誠を誓うわけです。

そしてその次はその人たちを常に倦《う》ましめない、退屈させないこと。次から次へと具体的な仕事、共同でやる仕事を与えることです。

その時に大事なのは、仕事というものの喜びがどこにあるかということを考えることです。それは結局、その人がどれだけ人間らしく、創意工夫を働かせたかということに尽きる。つまり、きのうよりきょう、きょうよりは明日というふうに、なにがしかの進歩がそこにあるように工夫をさせるということです。創意工夫を少しずつでも働かす、そうして困難なことがあっても、創意工夫によって克服し得ますとね、その人はえらい張り切るようになる。

そして同時にね、みんなで感謝することです。「あぁよかったなぁ」「よくやるなぁ」と。さっき言った目的に近づいていることに対して意識し、感謝する。そうすると、みんな、ものすごい張り切ります。

一例をいいますと、我われのパンはコックさんが毎朝、焼いてくれる。パンはイーストをあたためて発酵させて作るんです。彼は自分の寝袋の中へイーストを入れたやつを抱いて寝る。それをみんなに食わしてくれる。「あぁ、こんなにうまいパンは東京では食えんな」と言うとですね、彼はますます張り切って焼いてくれる。

こういうと、私がなんだか、上手いこと操ったように聞こえるかもしれんが、決して操ってたわけではなくて、そういうふうにやることが正しいと信じて、自分も行動しているということですな。

結局、働きたい、考えたい、喜ばれたいという欲求が人間にはあります。これを生かしてやれば、意欲というのはますます強くなっていきますね。

6月

June

杉原輝雄（プロゴルファー）
宇野千代（作家）
柳澤桂子（生命科学者）
渡辺和子（ノートルダム清心学園理事長）
水戸岡鋭治（工業デザイナー）
水野彌一（京都大学アメリカンフットボール部前監督）
比屋根 毅（エーデルワイス社長）
中村 豪（愛知工業大学名電高等学校・豊田大谷高等学校硬式野球部元監督）
黒柳徹子（女優・ユニセフ親善大使）
曽野綾子（作家）
遠藤 功（シナ・コーポレーション代表取締役）
河原成美（力の源ホールディングス社長、ラーメン店「一風堂」創業者）
古沼貞雄（サッカー指導者・帝京高等学校サッカー部元監督）
酒巻 久（キヤノン電子社長）
山元加津子（特別支援学校教諭）
脇谷みどり（作家）
千 玄室（茶道裏千家前家元）
大平光代（弁護士）
清川 妙（作家）
桜井章一（雀鬼会会長）
熊田千佳慕（生物画家）
ジェローム・シュシャン（ゴディバ ジャパン社長）
尾車浩一（尾車部屋親方）
石原仁司（日本料理・未在店主）
鮫島純子（エッセイスト）
岩出雅之（帝京大学ラグビー部監督）
鈴木敏文（セブン&アイ・ホールディングス名誉顧問）
白駒妃登美（ことほぎ代表取締役）
堀澤祖門（三千院門跡門主）
林 南八（元トヨタ自動車技監）

6月1日

人間のプロになれ

杉原輝雄
プロゴルファー
Teruo Sugihara

ゴルフにおける勝者は一つの試合にたった一人しかいない。だからこそ、無数の負けとどう向き合うか、また悲観的な状況にあっても、決して腐らず一所懸命に取り組むことが大切になってくるのである。

そのことを私に教えてくれたのは、オーストラリアのグラハム・マーシュという選手だった。彼はもともとゴルフが下手で、しばらくして日本ツアーに参戦できるようになったものの、プレーの運び方が非常に鈍く、他の選手やギャラリーたちをいつも苛々《いらいら》させていた。

約三十年前に名古屋で開催された中日クラウンズで彼と一緒に回った時、初日、二日目とも成績は振るわず、彼も私も予選落ちは確定と言える状態だった。しかしマーシュは懸命だった。十八番ホールのグリーン上で、入ろうが入るまいが大した意味のないパーパットを沈めようと、彼は入念に芝目を読んでいたのである。一方、勝ち目のない試合だと踏んでいた私は、彼のプレーを苛立ちながら眺めていた。

しかしそのパーパットを着実に沈めたマーシュは、翌週ぐんぐんと調子を上げ、予選を通過するどころか、見事優勝を決めてしまったのである。その日の調子がよかろうが悪かろうが、目の前にある一打一打を一所懸命に打たなければいけない、常にベストを尽くさなければいけないと教わった出来事だった。

ゴルフは努力をしさえすればいい結果が得られるものではないが、どんな時でも一所懸命に取り組んでいないと、よい結果には繋がりにくい。その時その時において常にベストを求められるのは、人生においても全《まった》く同じではないだろうか。

思えば小学校の頃からゴルフの世界に携わらせていただき、いろいろな方にお世話になった。昔はいまのように試合数が多くなく、出場したくてもできなかったことがたくさんあった。いまの若いプロゴルファーの多くは、小さな頃から自分のクラブを与えられ、試合に出られることも、練習をさせてもらえることも当然のように思っている。

もっとも、私自身も気がつくのが遅かったが、誰のおかげでゴルフをしていられるのかと考えた時、私は試合後にお世話になったスポンサーやコースの支配人宛に礼状を出すことにした。四十歳を過ぎた頃だっただろうか。

私は人は皆、生まれた時から〝人間のプロ〟になるという使命を担っているのではないかと考えている。人間であれば心があるのだから、挨拶もするし、相手への思いやりも当然持つことだろう。何も特別なことは必要なく、当たり前のことを当たり前にできるようになれば、その人は人間として立派なプロなのだ。

ゴルフに限らず、その世界の上位クラスで活躍をする人は一流の素質か、それに近いものを持っている。しかし人間として一流でなければ、その人の値打ちは半分以下になってしまう。人間のプロ。病気や年齢の壁に立ち向かい、自らに挑み続けることもその条件の一つであると思う。

運は自分がこしらえるもの

宇野千代　作家
Chiyo Uno

失恋して泣いたこともありますね。泣かなかったように書いたこともあるけど、それはうそ。ただ、私は一人きりで失恋しました。失恋した時に、よく他人に「あんな薄情《はくじょう》な人ってあるでしょうか」と訴えて歩く人がいるけど、あの方法では失恋は退治できませんね。あの人は捨てられたんだなと笑われるのが、関《せき》の山です。

私は自分一人で誰も見てないところで、目も当てられないほど、わぁわぁ泣いてね。そうして一晩中、よじって泣いている間に体の中にあったしこりみたいなものが発散して、ケロッと失恋の虫が落ちてしまうのよ。そうして、お化粧して一番いい着物を着て街へ出るの。

あのね、失恋しやしないか、失恋しやしないかと思っていると、失恋するんです。だから、面白いですよ。思う通りになるんですからね。だから、人生、いいように考えることが大事ですね。それがもうコツですね、人生の。人生を渡るコツです。

私の弟が船乗りでしたが、一回でも舵《かじ》をとるのをあやまって船を衝突させたことのある人にはその船会社では二度と船の舵をとらせなかったそうです。また衝突しやしないか、しやしないかと思ってると、また衝突するんですって。これは、ほんとに真理ですね。

運が悪いとこぼす人は、私、嫌いです。自分が運をこしらえるんだものねぇ。自分が悪いから運が悪いの。

前向きでいつも、自分は運がいい、運がいいと思うんですよ。思うことですね。

結局、失恋も運が悪いのも自分がもと。どんなにね、人から見て運が悪そうだとしても、ああ、私は運がいいなあ、なんて運がいいんだろうと思っているとね、運がよくなる。

私は六十歳の時にね、ニューヨークでものすごく感動したんです。ニューヨークの大通りを観光バスに乗って見物していたら、私のすぐ近くに腰をおろしていた一人の若い女がきれいに化粧してね、花飾りのいっぱいついた帽子をかぶって、満面に笑みをたたえ、見るからに幸福でたまらないという顔をしている。よく見ると、両手とも肩からすっぽり切り落とされたようになっているんです。それなのに嬉しそうな、世にも幸福そうな顔をして、「私は両手とも肩からすっぽりと落ちています。でも、こんなによいお天気で気持ちがよいのに、両手がないくらいのことで、この私が、幸福になってはいけない、とでもいうことがあるでしょうか。人間は誰にでも幸福になる権利があるんではないでしょうか」とでも言ってるようにほほえんでいる。あれだと、思いましたね。私は、この時の感動をいまも忘れないですね。

6月3日

宇宙と私たちは一体である

柳澤桂子　生命科学者
Keiko Yanagisawa

ご存じのように『般若心経《はんにゃしんぎょう》』の中心にあるのは「空《くう》」という思想ですね。微塵《みじん》な物質があってそれが寄り集まったり組み合わさったりして「色《しき》」という物の形になる。粒子《りゅうし》は刻々と変化し形を変えていくわけですが、もともとは色も香りも味も触覚も何もないんです。しかも、その形は常に動いて留まることがない。

私という存在もまた粒子の集まりで、私の周りにある粒子と常に入り交じっている。そう考えると宇宙全体がすべて繋がっている。宇宙と私たちは一体なんです。別の見方をしたら、「私」「あなた」という人間的な考え方は錯覚であり、本来皆一元的《いちげんてき》なものなんです。そうすると、自我というものもなくなってしまう。

私もあなたも同じなのだから、意地悪したとか、されたとか、そういうことはなくなってしまいますよね。同じように生きることも死ぬこともない。誰かが亡くなったとしても、同じ粒子なのだから悲しむこともないわけです。そういうふうに考えていったら『般若心経』を二日で訳せました。

思い出を一つお話ししますと、私はある日、電動車椅子で散歩をしていました。すると綺麗に着飾った奥様が寄ってきて「大変でいらっしゃいますね」と声を掛けてくださったんです。気持ちのよいご挨拶で、それまでだったら何とも思わなかったのでしょうけど、この時は不思議と心に何か引っかかるものがあって、車椅子を止めて考えました。

「私は憐《あわ》れみを受けたのかしら」。そう思ったら、何か大きなものに背中をドーンと突かれた感じがして「それは、私がそこにいるからだ」と声がしたんです。これも一種の神秘体験でしょうけど、私がいなければ、憐れみを受けることもありません。私はこの時、私という自我がなければ、この世に苦しみはないということを強烈に感じました。生きるのがとても楽になったのは、それからですね。

ジェット機に乗ると、厚い雨雲を抜けて、パッと真っ青な空に出ますよね。そこには苦しみはない。幸せしかない。あの感覚に似ていると思います。そういう世界を味わうと、とても安らかでいられます。

6月4日

マザー・テレサはなぜキレなかったのか

渡辺和子
ノートルダム清心学園理事長
Kazuko Watanabe

先日、私はある講演会で、「実は私もキレそうになる時があるのですよ」というお話をしたところ、聴衆に大変喜ばれました。修道者とはいえ、忙しい時の電話や思い通りにならないこと、「どうして!」と、イライラすることがあるのです。

私はマザー(テレサ)から、キレそうな時に、キレないですませる方法を教えていただきました。あれは一九八四年十一月に来日された時のことでした。岡山駅までお迎えにあがると、辺りはテレビや雑誌の記者、一般の人で黒山の人だかりができていました。マザーがお着きになると本当に文字通り「フラッシュの雨」が降ったのです。その後、どこへ行っても、「マザー、こっちを向いてください」「次はこちらを」とびっくりするほどたくさんの写真を撮られて……。異国の地での厳しい講演日程に加えて、新幹線や車など慣れない乗り物での長距離の移動、当時マザーは七十四歳でした。肉体的にも精神的にもお疲れでしょうに、マザーは嫌な顔ひとつせずにニコニコと、本当にすてきな笑顔で応対していらっしゃったのです。

私は内心「マザーはカメラ慣れをしていらっしゃるのかしら。それとも写真がお好きなのかしら」と思っていましたが、口には出さずにおりました。

夜十時を回った頃だったでしょうか、ようやくすべての予定を終了して修道院にご案内し、二人で肩を並べて歩いていると、マザーがふと、

「シスター、私はフラッシュが一つたかれるたびに、死にゆく魂が神様のみもとに安らかに召されるように神様と約束をしてあるのです」

とおっしゃったのです。生きている間、いいことがちっともなくて、神や人、世間を呪《のろ》っていた人たちの魂が「サンキュー」と言って穏やかに、この世と和解して死んでいくために、煩《わずら》わしいけれど、疲れているけれど、笑顔をするんです、と。その上、「今日はまだ祈っていないから」と、寒いチャペルでストーブもつけずに、寝る前に一時間お祈りを捧げられました。マザーは祈りを大切にした方でした。

私はそんなマザーの姿を拝見して、人には「自分の心との葛藤」と「自分と対話するゆとり」が必要なのだと感じました。日常の中には、マザーにとってのフラッシュのような「煩わしいもの」や「イライラするもの」「面倒くさいもの」が、必ず存在します。そういう時にグッと我慢をして、「これを我慢しますから、どうかあの人の病気が治りますように」と他人を思いやったり、「仕方がないよね」と許す「ゆとり」を自分の中につくる。キレそうになる自分を抑えるための、自分との小さな闘いが必要なのです。

逆に失敗した時は自己嫌悪《けんお》に陥るのではなくて、「今度はもうちょっと我慢しようね」と自分と話してみる。マザーが「マザー・テレサ」であり続けることができたのは、そういう自分自身との闘いと、ゆとりを常に持ち続けていらしたからではないでしょうか。

6月5日

働くとは、人にサービスをすること

水戸岡鋭治　工業デザイナー
Eiji Mitooka

問題を一つずつ経済性と文化性に分けて、そのバランスを保つようにしていくと、皆がそこそこ好むものができ上がってくる。それを現場の人とデザイナー、経営者が一緒になってやってきたことで、赤字だったJR九州がインパクトを持ち始め、いまや多くの固定ファンがつくところまで来ています。

福沢諭吉も述べているように、哲学と歴史学と経済学の三つが上手くバランスを取れていないと、いいものができないよと。いくら知識がたくさんあっても、それを使えなければ意味がない。そういったことを実践する場として、仕事というものがあると思うんです。

私は理想を言い続けてきて、青くさいなどと随分言われてきたんですが、でも理想を言わずに他に言うことなんか何もない。実際にそれを追求することが、最終的に一番いい結果を生む可能性が高いことを、二十五年間この仕事をやってきて感じますね。

私は、働くとは即《すなわ》ち人にサービスをすることだと思うんですね。人のことを考えられるのは能力が高いということであり、幸福になれる基本ではないかと。

だから私の事務所では十名ほどスタッフがいるんですが、来客の予定があると「こういう人でこのくらいの年齢だ」とだけ話してお弁当を買いに行かせます。お客様のことを考え、いかによい弁当を買うことができるか。それができない者によいデザインはできません。

お客様には一時間おきにお茶を出し、三時にはおやつを、夜には夜食を用意する。だから会議があると大変で、社員はデパートへ買い出しに、お茶出しにと、一日中走り回っています。

会議とはどういうものであるかが若い人にはなかなか分からないようですが、いいお茶が出たり、いいお菓子が出るといい会議ができる。だから新人は皆それを一年なり二年なり一日中やるんです。おいしいお茶がはいるとお客様も長居をされますから、豊かなコミュニケーションができて、よい信頼関係が生まれるんですね。

だから若い子によく言うんですが、絵を描いたりコンピュータを動かしたり、そんなことはいつでもできるよと。新人の時にお茶出しをやったり、弁当を買いに行ったりしたことが、後でどれほど役に立つか。棚から食器を出して、どれをどう使うか考えているだけでもセンスを磨ける。

つまりデザインセンスはテーブルの上だけでほとんど磨けるんですね。最も難しく、かつ最も大事なことが人にサービスをすることですから。

6月6日

腹を括れば、自分がなくなる

水野彌一
京都大学アメリカンフットボール部前監督
Yaichi Mizuno

私は昭和四十三年に大学院を卒業した後、本場のアメフトを学ぼうとアメリカへ留学しました。これが一つの転機になりました。それまではいわゆる体育会のシゴキをやって、普通じゃない、特別な選手をつくることがスポーツの指導だと思っていましたが、アメリカはそうじゃなかった。集めてきた選手に自分たちの戦術を教えて、組織で試合に勝つと。その大切さを学びました。

それで留学前は関学と戦っても一〇〇対〇という世界だったのが、帰国後、監督に就任した昭和四十九年の試合では十七対〇。負けはしましたが、この時が京大アメフト部元年だったと思います。ただ、そこからなかなか勝てませんでした。

その年、さすがに無給のままでは活動を続けられないと思って、スズキインターナショナルという会社に就職しました。そこは西ドイツ（当時）のビール製造機械を販売しています。社長さんは鈴木智之さんといって、関学アメフト部を四年連続全国制覇に導いたスター選手です。その人のもとで働きながら、アメフトの神髄を学ばせていただきました。

それで、いつもおっしゃっていたのは「小《こ》手先《てさき》のフットボールはするなよ」と。最初はその意味が全《まった》く分からなかったんです。

やっと理解できたのは昭和五十七年の時でした。

ある試合の休憩中、副将の四年生が「ちょっと頭が痛い」と言ってきたんです。凄い体当たりをしたわけでもなかったので、ベンチで休ませていたらバタッと倒れた。すぐに救急車で運んだんですけど、結局駄目でした。

私は入院していた一か月間、毎日病院に詰めていました。お父さんとお母さんがずっと看病しておられるんですね。それを見るのは辛《つら》いことでしたけど、そこで感じたのは、人間っていうのはあんな頑丈《がんじょう》な奴でも呆気《あっけ》なく死んでしまうということ。もう一つは、親が子を思う心、これは理屈じゃないなと、物凄く感動しました。

もう、彼は帰ってきません。ならば自分も人生を捧げないとフェアじゃないだろうと。それで、「自分をなくそう」と思いました。

それまではやっぱり「自分が強くする」「自分が日本一にする」と、自分が強かったんです。でも、もう自分はどうでもいいと腹を括《くく》りました。それからです、すっと勝ち出したのは。

だから私は京大生に「腹を括れ」といつも言っているんです。腹を括れば自分がなくなる。そうすれば、逆に自分が自由になるんです。自分に制限をかけているのは自分でしかないですから。

耐え抜くところから信用はついてくる

比屋根 毅
エーデルワイス社長
Tsuyoshi Hiyane

　当時の大阪の菓子屋では職人が自分で作った菓子を、喫茶店とかパン屋さんなんかに直接売りに行ったんです。売れ残ったら給料から引かれます。必死でした。ベテランは得意先を持っているからいいですが、僕にはあてなんかないからいつも売れ残ってしまう。そこで実は生活が苦しかったもので空手を教えに行っていたんですが、その弟子がたくさんいる。こいつらを使ってうまく売る方法はないだろうかと考えたんです。で、大阪の戎橋《えびすばし》という橋の上で、パン箱にケーキをずらっと並べて、空手の弟子にどんどん売らせました。それが当たりまして、最高の売り上げを上げました。この時のことを思い出した。「そうだ、あの時のように外に売りに行こう」と思ったわけです。これで買いに来なかったら、もう店を閉めようと、捨て身の覚悟でしたね。

　しかしこの作戦が功を奏し、一流企業がお客さんへの土産に使ってくれるようになりました。そこから運が広がっていったんです。お客さんがお客さんを呼ぶというのでしょうか。一、二年する頃には売上百億の店を目指そうと思い始めました。まだ売上何千万円の頃です。菓子業界で、明治とか森永のようなところは別として一職人が独立して百億の店を経営しているところはありませんでした。

　どうしてそんなことを思いついたかといいますと、本田宗一郎《そういちろう》さんとかソニーの創業の頃の話を書いた本を読んでいたんです。ソニーの盛田さんとか多くの偉大な人たちが「成功するためには大きなことを言わなければいかん。有言実行だ。大きな風呂敷を広げることが必要なんだ」と言っているんですね。そういうことに刺激を受けて当時の日記に、「菓子屋のソニーになるんだ」と書いているんですよ。で、百億を目指そうと思った瞬間から「よし、このままではいかん。もっと拡大していこう」と考えまして、今度はシステムの勉強を始めました。アメリカやヨーロッパに行ったり本を読んだりしましてね。その後も試練は何回もありました。特にきつかったのは、創業七年目に現在の本部センター中央研究所を当時としては年間の売上に匹敵する借金をして建てた時です。心労で円形脱毛症になり、頭は禿げ、顔には黒い斑点がたくさん出ました。三年間くらいは人前に出られない状態でした。〝弱り目に祟り目〟と言いますが、その頃に営業は売上金を持ち逃げするわ、経理は不正をするわで悪いことが一時にどっと起こりました。しかしこういう時に支えになったのは、僕が育てた職人たちです。彼らは一人も裏切らなかった。僕は試練にあった時にいつも思うことがあるんです。「神様は僕を一回りも二回りも大きくなれよということでいまこの試練を与えてくれているんだ」と。そう思った瞬間から試練を快感に感じるんですよ。うちの会社の社是は「忍耐と信用」ですが、耐えて耐え抜くところから信用はついてくるのではないかと思います。社員に一番口やかましく言うのは「苦しみの中からしか人間としての成長はないんだ。楽をしようとしたら駄目だ。神様は絶対にいいことは与えてくれない」ということです。

6月
8日

やらされている百発より、やる気の一発

中村 豪
愛知工業大学名電高等学校・豊田大谷高等学校硬式野球部元監督
Takeshi Nakamura

愛知工業大学名電高校、豊田大谷高校で野球部監督を務めた三十一年間、部員たちに口酸っぱく言ってきた言葉がある。

「やらされている百発より、やる気の一発――」

いくら指導者が熱を入れても、選手側が「やらされている」という意識でダラダラ練習をしていたのでは何の進歩もない。やる気の一発は、やらされてすることの百発にも勝る。そのことを誰に言われずとも実践し、自らの道を開拓していったのが高校時代のイチローだった。

彼と初めて出会ったのは昭和六十三年、私が四十六歳の時である。「監督さん、すげーのがおるぞ」というOBからの紹介を受けた私の元へ、父親とやってきたその若者は、当時、百七十センチ、五十五キロというヒョロヒョロの体格をしていた。こんな体で練習についてこられるのかと感じたのが第一印象だった。

私の顔を真剣に見つめながら「目標は甲子園出場ではありません。僕をプロ野球選手にしてください」と言う彼に、こちらも「任せておけ」とはったりを噛ませた。七百人以上いる教え子のうち、十四人がプロ入りを果たしたが、自分からそう訴えてきたのは彼一人だけだった。

愛知には三強といわれる野球伝統校があるが、彼が選んだのは当時、新興チームだった我われ愛工大名電高である。

監督の私が型にはめない指導をすること。プロ入りした選手の数が全国随一だったこと。実家とグラウンドの距離が近かったこと。三年間寮生活をすることで、自立心を養い、縦社会の厳しさを学ぶこと。すべてあの父子の、熟考を重ねた末の選択であった気がする。

鳴り物入りで入部したイチローは、新人離れしたミートの巧《うま》さ、スイングの鋭さを見せた。走らせても速く、投げては百三十キロ近い球を放る。一年生の秋にはレギュラーの座を獲得し、二年後にはどんな選手になるだろう、と期待を抱かせた。

一方、彼の父親は毎日午後三時半になると必ずグラウンドへ駆けつけ息子を見守った。打撃練習ではネット裏に、投球練習ではブルペンに陣取り、逐一《ちくいち》メモを取っている。まるで、監督の監督をされているようであまり気分のいいものではなかった。

非凡な野球センスを持っていたイチローだが、練習は皆と同じメニューをこなしていた。別段、他の選手に比べて熱心に打ち込んでいる様子もなく、これが天性のセンスというものか、と私は考えていた。

そんなある日、グラウンドの片隅に幽霊が出るとの噂が流れた。深夜になり、私が恐る恐る足を運んでみると、暗がりの中で黙々と素振りに励むイチローの姿があった。結局、人にやらされてすることを好まず、自らが求めて行動する、という意識が抜群に強かったのだろう。

6月9日

修練と勇気、あとはゴミ

黒柳徹子　女優・ユニセフ親善大使

Tetsuko Kuroyanagi

私にはあんまり、こうしたい、ああしたいという野望はないんです。いまここにあるものを、どうすれば切りひらいていけるかという考えで生きてきたので。

ただ、努力はしますよ。俳優の渥美《あつみ》清さんは私の芝居をよく見に来てくださったのですが、感想は、

「お嬢さん、元気ですね。元気が一番」

といつもそうでした。

また長年指導していただいた劇作家の飯沢《いいざわ》匡《ただす》先生も、台本をどう演じればよいかを伺うと、

「元気におやりなさい。元気に」

とおっしゃった。

その頃は元気だけでいいのかなと思ったんですが、いまとなれば、どんなに才能があっても、結局、元気でなきゃダメなんだということが分かるんです。

「元気が一番」という渥美さんの言葉も随分私の力になっていますが、もう一つ仕事をしていく上で大事にしているのが、マリア・カラスの言葉です。二十世紀最高のオペラ歌手と謳《うた》われた彼女が「オペラ歌手にとって一番必要なものはなんですか」と聞かれた時に、こう答えたというんです。

「修練と勇気、あとはゴミ」と。

彼女は生前、四十ものオペラに出たんですが、楽譜《がくふ》を見ると分かるように、それぞれに物凄く細かい音がある。しかし彼女はその全部に対して、

「絶対にこれでなければダメだという音を、私は出してきた」

と言い切っている。要はそれくらいの修練をし、身につけてきたということでしょう。

私は毎年一回、舞台をやるんですが、その時にはやはりね、「修練と勇気、あとはゴミ」と思いますよ。そのためには一か月半の稽古をし、二千行におよぶセリフを覚えなければならない。だから皆と飲みに行くことも、ご飯を食べに行くこともなく、稽古場から家に帰って、あとはずっとセリフを覚えたり勉強をしたりで、全神経をそこに集中させていく。

もう一つ、これはイギリス人の方が教えてくれたのですが、

「ある人が飛躍して才能を発揮する時には、皆が寝ている時にその人は寝ていなかった」

という言葉があるんです。

つまり努力をしたということでしょう。でも並の努力ではそこまでいきません。

6月10日

「くれない族」では幸せになれない

曽野綾子　作家

Ayako Sono

幸福に生きるためには大事なことはいろいろありますけどね、やっぱり、できたら与えることだと思います。

私は昔から「くれない族」と定義しています。「~をしてくれない」と言い始めた時から、既に精神的な老化が進んでいる。それは危険な兆候《ちょうこう》だと思って、自分を戒《いまし》めたほうがよろしいかもしれません。他人が「~をしてくれない」と嘆《なげ》く前に、自分が人に何かしてあげられることはないかと考えるべきです。

それから、以前インドへ行った時に、感じのいい日本の若者たちと出会いました。彼らは皆、自分で貯めたお金を使って誰の迷惑も掛けずに、長期間インドを旅行していたんですけど、私と同行していた神父さんがこう言ったんです。「彼らは少しも幸せそうに見えなかった」と。「どうしてですか?」と私が聞くと、「彼らは自分のしたいことをしているだけで、人としてすべきことをしていないから」とおっしゃったんです。

自分のしたいことを自分の力ですると同時に、他者のためにさせていただくという気がない人間は大人とは言えない。真に幸福な人生も生きられない。だから、七割は自分の楽しみ、三割は育てたいもののためにお金と時間を使う。年を取れば取るほど、そういう人間になれるといいですね。

私はオペラが好きなんですけど、オペラの語源はラテン語で「仕事」っていう意味なんです。だから、オペラは大勢でつくり上げる一つの仕事なんですね。主役はいるけれども、主役一人でオペラはできない。それぞれが過不足ない役割を与えられて、その持ち場で丹誠を込めていくから素晴らしいオペラになる。

いまはそれを間違って考えて、自分のしたいことをすることが自己を育てることのように思う人がいるので困りますね。自己を丹誠《たんせい》するにはまず一生懸けていいという目的を持ってなきゃいけない。その目的に向かって、どういう人間に自分を仕上げたいのか。人間はもちろん脇道に逸《そ》れる時間も必要ですけれども、やっぱり自分を訓練していくと同時に、自分も他者のために、少し手助けする気持ちを持つことが大切です。

現場力の高め方

遠藤　功
シナ・コーポレーション代表取締役
Isao
Endo

現場力を高めるにはどうすればいいのか――。経営者にとって痛切な願いであり、永遠の課題であるに違いない。しかし、それは社長が現場に出ていって「おまえたち、もっとしっかりしろ」と檄《げき》を飛ばすことではない。現場力というボトムアップの動きは、実はトップダウンからしか生まれない。

重要なのは、経営者が現場に対してことあるごとに「君たちが会社のエンジンなんだぞ」と働きかけ、モチベーションを高めること。現場の仕事をよく見て、「この前のあの改善、よかったな」と褒めること。そして貢献した人物を正しく評価して登用していくことである。経営者がこの努力を怠っては現場力の向上はあり得ない。

そもそも現場には慣性《かんせい》の法則が流れている。現状のまま、決められたことを繰り返していることが現場にとって一番楽である。しかし、それでは現場は進化しない。

私がコンサルタントとして企業に入り、まず着手することは、自分たちがいかに惰性に流され、言われたことしかやっていないのかを気づかせ、目を覚まさせることである。

それには「あなたたち、ダメですよ」と叱っても意味がない。よいお手本、よい事例を実際に見せることが最も効果的である。そこで私の顧問先で現場力の優れた他企業に連れていき、見学をし、社員の話を聞いてもらう。

例えば、トヨタ自動車の生産現場に連れていき、働いている人の話を聞かせると、やはり皆「すごい」と驚く。トヨタでは、年間約六十万件の改善提案が出て、その九十%は実行されている。当然品質もよくなり、コストダウンもできる。

見学に訪れた一人の社員が、トヨタの社員に「どうしてこれだけの改善ができるのですか？」と質問したことがある。うちの会社はできないのに、なぜできるのか、という素朴《そぼく》な疑問である。それに対し、トヨタの社員は「なぜできないのですか？」と逆に質問していた。これが現場力の決定的な違いだ。

トヨタでは自分たちの業務を改善するのが当たり前だという企業風土が根づいている。一方、現場力の弱い企業には改善するという風土がない。

この事例からも分かるように、現場力は一朝一夕に高まるものではなく、時間をかけてつくっていく組織能力である。

一年やそこらの取り組みで、簡単に手に入るものではなく、五年、十年かけて根づかせていくもの。倦《う》まず弛《たゆ》まず現場力の重要性を説き続け、その仕組みをつくり、根づかせるのが経営者の仕事といえる。

6月
12日

内なる自分と信頼関係を築く

河原成美
力の源ホールディングス社長、ラーメン店「一風堂」創業者
Shigemi Kawahara

会社をクビになり、親にも半ば諦められ、自分が生きる道を模索し始めた。それは芝居だと思ったが、芝居だけでは食べていけない。いくつかの仕事を転々とする中で、兄の友人がやっていた店を「代わりにやらないか」と声を掛けられた。大学時代にいくつもの飲食店のアルバイトを経験し、商売に対する好奇心もあった。

芝居か、商売か……。そこで私が選んだのは商売だった。人生で初めて自分で決断らしい決断を下した瞬間だった。同時に選択しなかった芝居に対して恥ずかしくない結果を出そうと誓った。

といっても、商売のことは右も左も分からない。そこで私は自分に対する決め事を三つ作った。

一、三年間は休まない
一、売り上げゼロの日をつくらない
一、三十五歳までには天職に出会う

なぜ、こんな決め事を作ったのか。それは自分で自分のことが信じられなかったからだ。

『大学』に「小人間居《しょうじんかんきょ》して不善を為《な》し、至らざるところなし」（つまらない人間は暇があるとよくないことを考え、何をしでかすか分からない）とあるように、自分で自分に手かせ足かせをして商売に集中させなければ、また何をしてしまうか分からないという「自分に対する不安」があった。

「俺、覚悟決めて頑張ります」と言えば、他人のことは騙せるかもしれない。しかし、内側にいるもう一人の自分は、自分のことをよく知っている。「いやいや、無理でしょ。これまで何一つとして成し遂げられなかったじゃん」

人生のスタートラインに立ったばかりの二十代の頃は、私は何よりも「内なる自分と信頼関係を築く」ことが大切だと思っている。とかく人は他人からの援助や協力を求めたがる。しかし、一番大切なのは自分からの信頼だ。

だから自分との約束を守り、掲げた目標を達成する。それをやり遂げるまでの姿を、他人はもちろん、内なる自分も必ず見ているものである。人生の二人三脚のはじまりは自分だ。そこから「あいつは言ったことをやる奴だ」という、周囲の信頼も生まれ、自然と協力の輪が広まっていくのではないだろうか。

結果として私は三年間、一日も休まずに店を開け続けた。酒を扱う商売なだけに飲み過ぎた日もあった。付き合っている女の子に旅行に誘われた時もある。しかし、休まなかった。

そうして三年後、「河原成美もやればできるじゃん」と、内なる自分から理解を得られたように思う。そこから私の人生の扉が開いていったと感じている。

6月13日

選手育成の鉄則——飯・クソ・風呂

古沼貞雄

サッカー指導者・帝京高等学校サッカー部元監督

Sadao Konuma

無我夢中で練習を続けた結果、帝京高校サッカー部は十年目に初優勝を果たしました。私たちのチームは黄色いユニフォームで、これは世界を代表するブラジルと同じです。だから、あの帝京の黄色いユニフォームを着て国立競技場の芝生《しばふ》を踏みたい。そういう夢を持った子が入ってくるようになったんです。ですからこちらでさほど期待していないような子でも、目標を持った子は、三年間でかなり熟練してきて想像以上に成長するんです。

私が帝京高校で取り組んできたことは、選手たちに「夢」を持たせること。そしてそれを追うための「やる気」。さらにそのやる気を持続させるために不可欠なのが「アイデア」ですね。

そして私はその三つを司《つかさど》るものの中に「基本」というものを置いたんです。トレーニングや技術の習得といったことから、生活習慣に至るまで。言葉で表すと「飯《めし》・クソ・風呂」です。これを強化合宿などの際に徹底してやりました。

飯の食い方から箸の持ち方、ご飯一膳《ぜん》、米一粒でも作ってくださる方に敬意を示して感謝をする。嫌いなものだろうと何だろうと、出されたものはとにかく全部平《たい》らげる。

それから「トイレ」。これは共同で使うものですが、便器を汚したら自分の手で掃除をさせました。生徒は必ず「先生、雑巾《ぞうきん》を……」と言いますが、私は「てめぇで汚したものはてめぇの手で拭き取れ」と、有無を言わせずやらせました。

「風呂」の入り方でも、百三十人の部員のうち、十人か十五人ずつ、上級生のほうから入っていくのですが、私が「湯船の湯を使い過ぎたり、垢《あか》を浮かせたりしたら、合宿費をおまえらだけ割り増しする」と言ったら、百三十人が入っても垢一つ浮かさない。

すると旅館組合全体で「あそこの学校はすごい」と語り草になったそうです。

またそういうことがしっかりできた年には、不思議とチームも優勝するんですね。ところが「先生、今年の生徒はちょっと……」と宿屋のオヤジが言う時には負けますね。

6月14日

色眼鏡でものを見るな

酒巻 久
キヤノン電子社長

Hisashi Sakamaki

後に社長となられた山路敬三《やまじけいぞう》さんと共に会社人生で大きな影響を受けたのが、キヤノンの「技術の父」といわれた鈴川溥《ひろし》さんである。当時は取締役開発本部長で、山路さんの上司でもあった。

我われの時代は、入社した時の上司で将来が決まってしまうとも言われた。その点、技術や設計の話などは一切せず、人間としてどう考えるべきか、どういう心構えでものを見るべきかといったことを、繰り返し指導くださったお二人に出会えたことは何よりの幸運だった。

特に入社して五年近くは、鈴川さんにたくさんのレポートを書かされた。まだ複写機がない時代のこと、カーボン紙を二枚敷いて黒鉛筆で書いた報告書を持っていくと、赤鉛筆で直しを入れられてしまう。これでは消しゴムでは消せないため、また一から書き直しとなる。ある時、黒鉛筆で直しを入れてもらえるようお願いすると、「ここが間違いということは全部間違いということだ」と、以後も赤鉛筆での指導は続いた。

一番厳しく指導を受けたのは「言いたいことは何か、簡潔に述べよ」ということ。最初に趣旨を明確にし、その後なぜそう考えるのかを述べる。このレポートを、誰に、何のために書くのかという目的が不明瞭だと次のページを開いてももらえなかった。しかしこの時、苦労しながらも簡潔明瞭に文章を書く癖をつけたことが、後に特許の申請書類を書く際、どれほど役立ったか分からない。

技術屋は文章を苦手とする人が多く、特許の申請では皆頭を抱えていたが、私の場合はそうではなかった。これまでに社内で申請した特許の数は六百件を下らないが、すべては鈴川さんの指導のおかげである。

鈴川さんはよく、

「色眼鏡でものを見るな。ありのままに、素直にものを見なさい。仮に赤の眼鏡を掛けていると、そこに赤色があったとしても見逃してしまう。技術開発も商品づくりも、〝俺が〟という思いを持った時点で間違うから、自分自身を殺した形で真正面から見なさい」

と言われた。

売れている他社の商品を調べてレポートを出す際も、ここが悪い、あそこがダメだと欠点を指摘すると、その時点で突き返される。なぜ売れているのか、どこが優れているのかを探るのがものを見る時の基本。

自分の目で見て悪く思えるものも、もう少し次元の高いところから見れば、実は大きな可能性があるかもしれないというのである。

6月
15日

雪絵ちゃんとの最後の約束

山元加津子
特別支援学校教諭

Katsuko Yamamoto

十二月二十六日の九時、出発の準備をしていたら、電話のベルがなりました。雪絵《ゆきえ》ちゃんが亡くなった報《しら》せでした。お家へ駆けつけると、雪絵ちゃんは眠るような優しい顔で横になっていました。お母さんは「雪絵はきょう亡くなろうと決めていたんだと思います」とおっしゃいました。お正月になったら遠くの病院に転院することが決まっていて、お家が大好きな雪絵ちゃんはかつてその病院には行きたくないと言っていたそうで、「きっと二十八日の誕生日もお正月も家で過ごそうと思ったんだと思います」と。私は韓国に行かなければいけない事情をお話ししたら、「雪絵は先生と行った温泉旅行がすごく嬉しかったみたいですから、形見のものを持って、雪絵を連れていってください」といくつか雪絵ちゃんのものをくださって、それを手に私はお通夜もお葬式にも出ないで旅立ったんです。

韓国に着いてからも私は短かった雪絵ちゃんの人生を思っていました。「MSでよかった」と言っていたけれど、本当は強がって言っていただけなんじゃない？　本当はつらい人生だったんじゃない？　そんなふうに思っていたのですが、偶然持っていた荷物の中に、雪絵ちゃんがつくった詩がありました。

誕生日

私、今日うまれたの。／一分一秒の狂いもなく、今日誕生しました。／少しでもずれていたら、今頃健康だったかもしれない。／今の人生を送るには、一分一秒のくるいもなく生まれてこなければいけなかったの。／結構これって難しいんだよ。／十二月二八日、私の大好きで、大切で、しあわせな日。／今日生まれてきて大成功！／「すのう」に生まれてきて、これもまた大成功！

※すのう＝雪絵ちゃんのペンネーム

雪絵ちゃんが自分自身を丸ごと愛していたことは十分理解できたのですが、私は悲しくて悲しくて、日本に帰ってきてからもご飯も食べられなかったし、夜も眠れませんでした。「これからは一体誰が私の話を聞いて〝よかったね〟って言ってくれるの」みたいな自分勝手な思いになっていたんです。このままじゃ自分自身がダメになってしまうなと感じた時、最後に雪絵ちゃんと話した日のことを思い出しました。「かっこちゃん、きょうはどうしても聞いてほしいことがあるの。いまから言うことは、絶対にダメとか嫌とか言わないで」と何度も念押しするんですね。「いいよ、何でも聞くよ」と言うと、雪絵ちゃんは私にこう言ったんです。「前にかっこちゃんは病気や障碍《しょうがい》は大事だって言ったよね。人間はみんな違ってみんなが大事だということも科学的に証明されているとも言ったよね。それを世界中の人が当たり前に知っている世の中に、かっこちゃんがして」

〝世界中なんて、そんなこと私には無理〟と言いかけた時、雪絵ちゃんに「何にも言わないで。何でも聞いてくれるって言ったよね」と言われて、私は「分かったよ」と約束したんです。そうだ、雪絵ちゃんとの約束を果たさなきゃ。この思いが私に再び立ち上がる力を与えてくれました。

6月16日

あんたが変わらなければあかん

脇谷みどり　作家

Midori Wakitani

一年経ち、二年経つうちに娘の病状はどんどん悪くなって、発作や肺炎を繰り返して月に一度は入院するようになったんです。周りには精いっぱい明るく振る舞っていたんですけど、心の中は「幸せになると言われたのに、どんどん不幸になっていくやんか」と思うわけです。娘につきっきりで、三歳の息子は放ったらかしです。十二月のある日、入院中の病院から、夜電話してみたら「寒いよ、お母さん……」と。慌ててタクシーで戻ったら、こたつに首まで潜り込んで震えていたんです……。「こんな時くらい家にいてやってよ」と夫を責めたりもするようになるんですよね。娘と息子の間で体は張り裂《さ》けそうでしたし、娘ももう十分苦しんだから、心臓を止めて楽にしてやってくださいって思う時もありました。一人になると泣いていました。

冬の日、バスに乗ると「音刺激」で娘が発《ほっ》作《さ》を起こして、泣き叫ぶので、バスに乗れず、粉雪《こなゆき》の中、娘をおんぶして息子を抱いてバス停をいくつも歩くわけです。横の国道を、大きなトラックがゴーゴー走っていて、「あ〜、五十センチ車道に入ったら、すべてが終わる」と思ったこともありました。人間って不思議なもので、魔がさすっていうか、何メートルか歩くと、これ以上不幸にはならないだろうと笑えてきたものです。

唯一本音を吐《は》けたのが、筋ジストロフィーの息子さんを育てた女性だったんですけど、いつ訪ねても「あんたが変わらなければあかんのやで」とおっしゃるんです。私はいつも周りの人に明るく振る舞っているのに「あんたが変わらなければあかん」と。かのこを京都の病院へ連れていくためにJR京都線に乗っていたんですね。発作でいつ泣き出すか分からないのでいつもすぐ降りられるようにドアのところに立つようにしていました。

山崎駅で電車が止まって、外を見たら、田んぼが緑の絨毯《じゅうたん》のように広がっていたんです。その間の道を、赤い車が走っていく。思わず「かのこちゃん、あの車の中には幸せな家族が乗っているんやろうね」って呟《つぶや》いていました。その時初めて気がついたんです。「あ、私は自分のことをメチャクチャ不幸と思ってるんやな」と。

心の奥に押し隠していたんでしょうね、無意識にいい母を演じていたんでしょう。そして、「変わらなければあかん」というのは、この心の闇の部分だったんだなと。いくら表面を取り繕《つくろ》っても、私の本質はかのこが生まれた瞬間から全《まった》く変わっていなかったことに気づいたんです。

その山崎で、私は「変わろう」と誓いました。かのこが歩けないからって何が悪いの。歩けなくても、世界一幸せな子にしてやろう。夫も私が精いっぱい助けて、一流の学者にしよう。そして私も、諦めていた文章を書いてお金をもらうことにもう一回挑戦しようと。

結果的に、息子は元気に成長してくれましたし、夫は大学教授になり、私も機会に恵まれて作家デビューを果たすことができました。それもこれも全部、あの山崎の誓いがあって実現したことです。

破草鞋の公案

千 玄室　茶道裏千家前家元
Genshitsu Sen

「一切皆苦《いっさいかいく》」という釈尊《しゃくそん》の言葉がありますが、生きていると時には死んでしまいたいと思うようなこともあります。それでもこうして命をいただいて生かされていることに「ありがたいな」と感謝することが大事です。その感謝の上で、いま目の前のことに全身全霊を込めて打ち込んでいくことです。

　私も朝晩「きょうも生かさせていただいてありがとうございます」と神仏にお祈りすることを日課にしております。これをすることによって自分の歩みを進めていくことができるんです。

　しかし、私は自分がいくつまで生きようとか、もっと長生きしようといったことは一切考えたことがありません。昭和二十年五月二十一日、出撃命令を受けて出撃しようとした途端、「出撃命令取り消し」と待機命令を受けた。死ぬつもりでいたのが、引き下ろされた。その時の空虚《くうきょ》感は九十八歳になるいまも続いています。亡くなった戦友に対していまもなお本当に忸怩《じくじ》たる思いなのです。

　いまも私の後ろには多くの戦友たちの顔があります。この頃は毎晩のように出てきます。靖國神社に行っても「千よー」という声が聞こえてくる。しかし、そんな時、私の中でこういう思いも同時に込み上げてくるんです。「これまで元気で長生きできたのは、仲間が生かしてくれたのだ。仲間が自分の分も頼むぞと思って守ってくれた」と。私はそんな仲間の分まで頑張ろうと、これまで一瞬一瞬を精いっぱい生きてまいりました。

　若い時、後藤瑞巌《ずいがん》老師からいただいた「破《は》草鞋《そうあい》」という禅の公案があります。破れ草鞋《わらじ》という意味なのですが、私はこの言葉を自分が履いた草鞋がボロボロになって裸足になったとしても、それに気がつかないくらい歩き続けなさいという意味で捉《とら》えていました。ところが、「それは答えになっていない」と。では何かと思ったら、「無」なのです。つまり、破れ草鞋そのものすらないという無の境地、これが一つの答えでした。人間は裸で生まれてきて裸で死んでいくじゃないか。無になってしまえ。これが「破草鞋」の教えだったのです。

　だけど、人間はなかなか無にはなれません。無になれないとしても、命ある限り生き抜いて、自分の花を咲かせることはできます。「三冬《さんとう》枯《こ》木花《ぼくのはな》」という禅の言葉があるんです。十二月、一月、二月の三冬、この一番寒い季節に立つ枯れ木が花を咲かせる。「真冬の枯れ木に花なんか咲くはずがない」と思う人もいらっしゃるでしょうが、とんでもない。枯れ木であっても内に秘めたる力があれば花を咲かせることができるし、花を咲かせようとする精進《しょうじん》努力を忘れるな。これが人間の生き方というものだと近頃思います。

　先代は「死んでからが修行だぞ。あの世に行っても修行だぞ」とよく申しておりました。年齢を重ねる度にその意味がだんだん分かってくるようになりました。花を咲かせる力を持って枯れていけたらどうだろう。九十八歳まで生かされてきたいま、その思いをしみじみと噛み締め、ありがたく日々是好日《にちにちこれこうにち》で前向きの心で歩んでおります。

6月
18日

立ち直ろうとしないのはあんたのせいや

大平光代　弁護士

Mitsuyo Ohira

いま思えば中学校に行かんでもよかったし、いろいろな選択肢があったなと思います。でも、当時は「いじめられたら学校に行かなくていい」という時代ではありませんでした。

この状況が一生続くように思っていたし、場合によっては殺されるかもしれない。だったら自分で死のうと決めたんですよね。子供でしたからね、お腹《なか》を刺せば死ねると思ったんです。ところが全然意識はなくならない。痛い、苦しい……。ああ、自分は死ぬこともできへんのかと、いまにして思うと大変罰当たりなことを考えました。

一命《いちめい》を取り留めた後、結局私は学校に戻りました。

「先生がちゃんとしてくれると約束してくれたし、学校に行けへんかったら恥ずかしいから、お願いだ」

と母に懇願され、親にまで見放されたくないという思いが強かったので、母がそこまで言うならと、登校したんです。そうしたら、「死にぞこない」と。結局、何も変わっていませんでした。

しばらくは頑張ったのですが、いよいよ耐え切れなくなって、「こういうことをする子たちが『人間』というなら、私は人間やめたろ」と思いました。

そうして暴走族に入り、やがて暴力団の組長の妻になりました。小娘が遊んでいると思われないよう、二度とこの世界から出ないことを示すために、入れ墨も入れたのです。しかし、結局暴力団の世界にも自分の居場所はありませんでした。

離婚して、北新地のクラブで働くようになって、毎日ヘネシーのボトルを一本空けていました。「いつ死んでもいい」と、浴びるように飲んでいました。

そんな時に後に養父となる大平のおっちゃんとの再会がありました。ちょうどバブルの絶頂期で毎日お店は接待で満席。そこにやってきたのです。

大平のおっちゃんは実父の友人で、小さい頃よく遊んでもらっていたので、一目見て互いのことが分かりました。「いつでも電話しなさい」と名刺を渡され、時々喫茶店で会うようになったんです。

その度《たび》に「こんなこと、してていいんか」と諭されたのですが、ある日私が、

「おっちゃん、口先だけで説教するのはやめて。そんなに立ち直れって言うなら、私を中学時代に戻して」

と居直ったんですね。

するとおっちゃんは周囲も驚くような大きな声で、

「確かに、あんたが道を踏み外したのは、あんたのせいだけやないと思う。親も周囲も悪かったかもしれない。でも、いつまでも立ち直ろうとしないのはあんたのせいやで。甘えるな！」

と。この時、落雷に遭ったような衝撃が走ったんです。初めて私のことを真剣に叱ってくれている。一人の人間として接してくれている。これが立ち直る最後のチャンスだと感じました。

6月
19日

死は前よりしも来らず、かねてうしろに迫れり

清川 妙 作家

Tae Kiyokawa

夫と息子を亡くして、ものすごく賢くなりましたよ。人は死ぬんだということが分かりました。

それまではわりとおめでたく、まあ、丁寧には生きていましたけれども、おめでたく生きていましたね。死を観念的にしか考えていなかった。

それが、人は死ぬんだ、突然死ぬんだと分かりました。だって夫なんて、昨日まで笑って「行ってらっしゃい」と言っていたのに、その翌日に死んだんですからね。奥信濃のひなびた宿の露天風呂で、紅葉を仰ぎながら心不全を起こしたんです。

夫が旅立つ前日、私は諏訪《すわ》で講演会があったので夫に玄関まで送ってもらいました。玄関の土間に立つ私の服装を見てもらい、「これでいい？　このスーツ、新しく買ったのよ」と言うと、「ホウ」と小さな声を漏らして微笑みました。また買ったのかという冷やかしのような、なんと褒めていいか、少し照れたような、いつもの優しさをこめた、温かく、懐かしい声と微笑みでした。

その夜私は諏訪に泊まり、翌朝夫は奥信濃に旅立ったのです。私は夫を見送ることもしなかったんです。

定年以後は家事のほとんどを引き受けてくれて、私を助けてくれていた夫でした。「こんな日ができるだけ長く続くといいわね」と、二人でいつも言っていました。

『徒然草《つれづれぐさ》』に、

「死は前よりしも来《きた》らず、かねてうしろに迫れり」

とありますが、夫の死を知った時に心にひらめいたのがこの言葉です。

それまでは古典は教養として受け入れていましたけど、これはもう、聖書なんだと思いました。骨身に響く言葉なんだと思って。

この言葉の後に兼好《けんこう》はこう続けています。

「人みな死あることを知りて、待つことしかも急ならざるに、覚えずして来る。沖の干潟《ひかた》はるかなれども、磯《いそ》より潮《しお》の満つるがごとし」

人は誰でも、死の来ることを知っているが、そんなに急にやって来るとは思ってもいない。だが、死は予期せぬ時、突如として来る。沖のほうまで干潟になって、はるかな向こうまで広々としている時には潮が来るとも思わないが、突然、あっという間に磯のほうから潮が満ちてくるのと同じようなことなのだ、という意味です。

本当にこの通りですね。背中をポンと押して突き落とすような殺し方を運命はします。だから自分もいつ死ぬか分からないのだから、どう死のうと、喜び上手に、隅から隅までフルに生きたいとその時思いましたね。

6月20日

準備、実行、後始末

桜井章一　雀鬼会会長

Shoichi Sakurai

私は雀鬼会《じゃんきかい》の弟子についても、打ってくれる相手に信頼される麻雀をしなさいと言っています。一般の麻雀というのは、迷惑をかけっこして、迷惑をかけられた人が負けていくんですよ。うちらの麻雀は、キャッチボールでいえば、相手の胸に向かって一番捕りやすい球をお互いが投げ合うということ。そこで初めて本当の勝負ができるんだ、と。

先日もね、私のところで全国から二百人くらい選手が集まって日本選手権大会をやったんですが、終わった時に全員が、勝ちを感じましたね。

たった一人の人間が勝ったり、一部分の人間たちが勝利感に浸ったりするのが世間一般の勝負でしょう。でもうちの大会じゃ、もうそこにいた人間全員が、勝利感、達成感というものを味わうことができたんです。

雀鬼会の麻雀のやり方というのは、点数がある子だけが何かやっているんじゃなくて、点数がなくなった子にも、やるべき仕事がいっぱいあるんです。で、それを見つけてやれば、「お前、勝ったね」と言ってあげられる。だから勝ち負けの結果以上に、勝った者、負けた者が精いっぱいやっていれば、全員並んだということになる。百の力の人は百の力を、二十の力の人は二十の力を出し切ればいい。みんなが精いっぱいやったら、敗者も勝者もないんです。

いま世の中って、点数だけを見ているじゃないですか。私はもっと、人生の基本というものを重視しているんです。例えば、きょうは朝の十一時から大会だといったら、十一時に来るやつは遅刻です。十時半に来た子ですら、申し訳なさそうに入ってくるんですよ。

もう一時間でも二時間でも前から集まって練習をしたり、準備をしたりしています。

私はね、人間というのは「準備、実行、後始末」が大事だと言っているんです。

物事を行うということは、すべて「準備、実行、後始末」なんです。ところが、後始末をできる大人が、いまは皆無ですね。そういうところから、子どもたちの大人に対する疑問や反抗心が起きていると私は思うんです。

麻雀に限らず、例えば会の催しで皆で海なんかへ行くと、私を含めて全員が、荷物だとかをパパパッと整理して帰っていく。

皆でソフトボールをやる時なんかも、後始末は必ずきちんとやります。グラウンドを管理されているおじいさんからある時、「俺はここで四十年もグラウンドを見てきたけど、お前たちは何なんだ。こんなに俺が後で何もしなくていいようにして帰っていくところは初めてだ。来た時よりきれいになっているよ」と言われたことがあるんです。別に私が、「掃除をしっかりしろ」とか言ってるわけじゃないんですが、日ごろから麻雀で「準備、実行、後始末」の観念を教えていますから、それがどこに行っても出るんです。

「準備、実行、後始末」というのはワンクールです。ワンクールができるということは、簡単に言えば、しっかりしている、ちゃんとしているということじゃないですか。

6月
21日

私は虫であり、虫は私である

熊田千佳慕　生物画家

Chikabo Kumada

僕の虫の絵を見た多くの人が、「生きている」って言ってくださるんです。なぜだろうと、長い間いろいろと考えていました。

よく皆さんは虫を見てスケッチするけれど、動いているものをよく描けますよね。僕は虫を見ている時、自分も虫になって、一緒に遊んでいる。だから何時間もずっと見ているんです。いまはあまりやりませんが、少し前までは、道端や草むらに何時間も寝そべっているから、よく行き倒れと勘違いされた（笑）。見ているうちに、「いい格好だな。いい所だな」と思うと、頭に絵が入ってくる。細部の線や色までが、ちゃんと焼きついてくるんです。

僕は七十歳の時、夢で「私は虫であり、虫は私である」という声を聞きました。ああ、そうか。僕は虫の姿を借りて自分を描いているから、自分の目も心も命も、すべてがそこへ映って、生きているものが描けるんだなって。神様が教えてくれたのです。

僕は、人生で八十代が一番輝いていたと思っているんです。新しい仕事が増えて、それまで溜めてきたものを、どんどん発散することができたし、周りに輪をつくってくれる人もできた。すると、自分の中の「自己」を強く感じるようになったんです。

虫や自然と接している時は、すごくピュアで、無心になれる。だから人生でも、小川を流れる枯れ葉のように、もうなすがまま。ぶつかりぶつかり大海へ出よう。これが自分の姿だ、と。

皆さん「生きる」というと、大変なことのように考えるけれど、僕は簡単なことだと思うんですよね。毎日一膳のご飯がいただける、これが「生きる」ことだと思うんです。これを積み重ねていけばいいだけで、何も難しいことはない。一種の悟りではないですけれど、そういう気持ちになった。

僕にとって絵は生きがいだし、自己そのものなんです。土門拳《どもんけん》という写真家がいるでしょう。奥手な彼の恋愛の指南はいつも僕がしていたくらい、彼とは仲良しだった。その土門が晩年、展覧会に来て、僕の手を握ってボロボロ泣くんです。「ゴローちゃん負けたよ。これが本当のリアリズムだ」って。「君の絵には心がある。絵を通して心を表現した」と言ってくれましたね。

6月22日

正射必中——経営に生かす弓道の極意

ジェローム・シュシャン ゴディバ ジャパン社長

Jerome Chouchan

ゴディバ ジャパンは五年間で売り上げが二倍になったんですけど、そもそも私は五年間で売り上げを二倍にすると目標を掲げたことは一度もありません。全社員が正しいことをするよう心掛けてきた結果として、十五%ずつ前年増になり、七年間で三倍になったんです。

むしろ私が社長に就任する前の三年間、既存店の売り上げや来客数は下がっていました。そういう中で、今年は十五%増を目指そうと言ったところで、誰もついてこないと思うんですよ。

だから、目標はプレッシャーにならないように、五%増の予算を立てる。けれど、新商品は何にするか、どこに出店するか、どんな社員研修をやるか、といった毎日毎日やることは一所懸命ベストを尽くす。

これはいま日本の会社で一番足りないところだと思います。「これやれ、あれやれ」と上から命令されてもやる気って出ないでしょう。

私が社長に就任する前の三年間は、まさにそういう状態に陥《おちい》りかけていました。予算を達成できなくて、社員のモチベーションが下がる。達成できないと、上の人は「もっとやれ」と命令する。これはよくないですよね。

ですから、「明るく、楽しく」と「一所懸命」、両方大事です。

もっとも結果を狙うのではなく、プロセスを求めるというのは弓道《きゅうどう》の教えに基づいていまして、弓道には「正射必中《せいしゃひっちゅう》」という言葉があります。正しく射《い》られた矢は必ず的に当たるという意味です。

例えば、矢を放つ前に「これ当たるかな」「いつ手を放そうかな」と思っていると、たいてい失敗するんですよ。ところが、そういうことに気を取られず、自分が練習してきたことを淡々と一所懸命やれば必ず当たるんです。

だから、弓道では的に当たる結果よりも、矢を放ち終わるまでのプロセスを大切にしています。プロセスを正しく行えば、結果は必ずついてくると。

ビジネスも同じで、売り上げ目標やノルマがあるじゃないですか。それだけを考えると、気を取られて上手くいかない。

私はビジネスの秘訣とは「当てる」ではなくて「当たる」ところにあると考えているんです。ビジネスにおける「的」はお客様のこと。お客様という的に「当てる」ことを狙わずに、「当たる」というヒット現象を起こすんです。

そのためには、お客様の気持ちと会社の行動が一体にならなくてはなりません。社員一人ひとりが我を捨て、「純粋な心」でお客様と向き合う。お客様の気持ちを素直に聞き、よいものをつくるために無心で仕事に向き合う。そうしてお客様と心が一体になった時に、本当のヒットが生まれるんです。

弓道の場合、無意識で矢を放つのが理想と言われています。雑念が入ると、的には当たりません。ただ、無心になるためには並々ならぬ努力が必要です。

6月
23日

稽古に泣いて土俵に笑う

尾車浩一　尾車部屋親方

Koichi Oguruma

一番怖いのは怪我《けが》ではないし病気でもない。他人でもない。自分自身です。

ただ、私も人間ですから、最初から「やってやろう」なんて思っていないわけです。凡人ですから、「終わったな」「無理だな」「もうダメだ」と思うこともあった。

そこで何かのために頑張るというものを常に持っている人でないとダメだと思います。今回私は弟子のために稽古場に戻らなければならない、もう一度家族に笑いを取り戻させたいと。そして願わくば、お世話になった相撲界にご恩返しするために、もう一度働きたいということが大きな目的でした。自分のためにやることは、しょせん甘いです。自分は楽を選びたいもの。嫌ですよ、苦しいこと、辛《つら》いことは。

稽古中もそうです。親方に「ほら、琴風（現役時代の四股名《しこな》）、四股を二百回踏め」と言われると、二百回踏んだ後に、「おふくろのためにもう二十回」「俺の出世を待っているおばあちゃんのためにもう二十回」と、そうやって四股を踏んできたんですよ。それがプロの世界、競争の世界です。

だから弟子たちにも言うんです。稽古が終わった後、礼儀として親方である私に「どうもごっつあんでした」と挨拶に来る。その時、「ここまではおまえがやったんじゃないよ。親方が言うからやったんでしょ。ここまではやらされたんだ。ここからおまえが誰のために頑張るかだよ」と。

一日十回余計に四股を踏む。一年で三千六百五十回です。この三千六百五十回を大晦日一日で取り戻せませんよ。この少しの差が人との差になるんです。

でも、これは自分のためだったらやれていなかったと思います。

だから私はいま、五十六歳になってもう一度土俵に上がっているような心境です。おかげさんでこの怪我は一日でも怠けると元に戻るというか、三日も寝ていたら歩けなくなる。以前は弟子を育て、ある程度相撲界にご恩返しができた後は、女房とのんびり過ごしたいなと思っていましたが、こうなった以上、「一生休むな」と決められた人生なんだろうなと思っています。

だからこそ、「私は死ぬまで一度も怪我や病気がなく、いい人生だった」と言って亡くなっていく人、もちろんそれは最高ですが、怪我をしてしまった以上、そういう方々にも負けないくらい、いい人生にしたいと思っています。

現役時代、サインを求められると「稽古に泣いて土俵に笑う」と書いていました。怪我をして休場した時は、「この日のことを笑って話せる日が来るまでは絶対に泣かないぞ、辞めないぞ」と思ってリハビリをしてきました。今回も一緒です。この怪我によって私も、弟子も、家族も、一度は笑いを失いました。だけどもう一度心からの笑顔を、笑いを取り戻したい。最後には絶対に笑ってやる。

「怪我に泣いて、最後に笑う」

いまはそんな気持ちでいます。

6月
24日

「もう一回」の言葉の重み

石原仁司　日本料理・未在店主
Hitoshi Ishihara

「未在《みざい》」という店名は、禅の言葉で「修行に終わりはなく、常に向上心を持って上を目指せ」という意味です。僕が吉兆《きっちょう》を退職した時、盛永ご老師のお弟子さんからいただいたご老師の墨蹟《ぼくせき》から頂戴した言葉なんですが、それは僕に対しての何かのメッセージでしょうね。

道を求めて終わりがないのは、皆がそうだと思うんです。それぞれの人に道があって、道を求めている人にとっては完成ということはない。また、そういう気持ちを常に忘れずに仕事の中で精進していくことが大切だと思っています。

美しい自然を眺め、清新な空気を吸いながら心を浄《きよ》めてこそ料理がおいしくいただける、という思いは僕自身の信念でもありますね。未在を京都の喧噪《けんそう》から離れたところにつくった理由もそれなんです。

そのことで、いまでも忘れられない思い出があるんです。僕は二十七歳で嵐山吉兆の料理長になって間もなく、大ご主人が毎週店に来ては目の前に座って料理を食べられました。特にお出汁《だし》にはうるさい人でしたので、お椀の吸い物を口にする度に「もう一回」と言われました。そう言われて出汁をひき直すと、また「もう一回」と。多い時は一日に三回もひき直したことがあります。鰹《かつお》が足りないとか昆布が効いていないとか、そういうことは一切言わない。それが十八年間も続いたんです。

大ご主人は結局、それが何だったのかを説明しないまま平成九年に九十六歳で亡くなるんです。

もちろん「まだまだ未熟だ」という意味もあったと思います。だけど、僕が思うには一番、一番が勝負だよ、吸い物はそう簡単なものじゃない、料理の道は無限であるという精神を伝えてくださったのではないか、と。

このような教育を受けたのは僕一人というわけではありません。仲間のうちには「また、大ご主人が何か言っている」と軽く受け流す者もいましたが、僕はそう思わなかった。

料理人は大ご主人のために当番で風呂を沸かしたり、足もみもしたりしていました。妻帯者はそれを免除されることになっていたんですが、僕は大ご主人の側にいたかったから、結婚してもずっと続けていたんです。それから二十年ほど経って、初めてですよ。「ああ、ワシの弟子やな」と言ってくださった。その時に本当に涙が出ましたよ。

別に誰かが聞いているわけではないんだけど、そう言ってもらえた、思ってもらえたことだけでも、「ああ、吉兆にいてよかった」と心から思いましたね。

6月25日

この世は愛の練習所

鮫島純子　エッセイスト

Sumiko Samejima

　私は五井《ごい》昌久先生とのお出会いをいただいて六十年近くになりますが、自分が少しだけ成長できたかな、と感じる出来事がありました。東日本大震災が起きる二週間ほど前、オレオレ詐欺《さぎ》に遭いましてね。

　お電話をいただいた方には、丁寧に応対するという癖がついておりますので、代々木警察署の署員を名乗る人から「あなたの通帳から五十万円が二回抜かれています」と電話がかかってきた時も、まずはお話をよく聞こうと思ったのです。

　通帳は金庫に入っておりますし、怪しいとは思いましたけど、相手は「犯人は銀行員九人で、四人はまだ捕まっていない。またお金を抜かれるといけないからキャッシュカードを変えましょう」と。とりあえず警察署に確かめようと思って一度、電話を切りましたら、すぐに「財務省の者です。警察から聞きました。安心してください。盗まれた分は全部財務省が保証します」と電話が入りました。何でも犯人が銀行員で、銀行の信用がなくなるから今回は財務省が保証するというわけですが、どう考えてもおかしな話ですよね。

　でも「おかしいな」と思いながら、いつの間にか洗脳されて、言われるままにキャッシュカードを束ねて、訪ねてきたスーツ姿の男性に渡してしまったんです。

　銀行の窓口は既に閉まっていましたので、翌朝すぐに飛んでいきましたら、大金を引き出されて、その上方々に送られてしまっていました。もちろん、警察にも行って事情をお話ししました。調書を作成なさっている間、待っていたのですが、犯人に対する憎しみや恨みの感情がいささかも湧いてこないんです。「ああ、私はきっと過去世で、いただいてはいけないものをいただいたのを、いま帳消しにしていただいたんだ」という思い、罪をつくった犯人のこれからの人生、母親の悲しみを案じる気持ちしかありませんでした。

　警察の方も「これだけ大金を盗《と》られて泣き騒がない人も珍しいですね」と驚かれていました。しかし、ここで泣き叫んでいたら、きっとまた別の形で私に悪い出来事が返ってきていたでしょうね。

　後日、私の考え方をよく知っているある方から「こんな時に言う言葉ではないけれど、おめでとうございます」とお電話をいただきましたが、自分でも心の成長が嬉しく思えました。

　九十七年の人生を振り返ってみますと、この世はすべてが愛の練習所だったんだな、という思いを強くしております。人生は様々な出来事が起きますけれども、そのすべてが愛するためのトレーニングの場なのですね。どんな人でも、どんな時でも神様は見守ってくださっている。だとしたら、何が起きてもジタバタせずに、御心《みこころ》のままに愛を持って生きていくのが一番いいと、最近つくづくそう感じるようになりました。若い世代の皆様には、ぜひそのことをお伝えできたらと思います。

6月26日

人生を切り開く「ダブルゴール」

岩出雅之
帝京大学ラグビー部監督
Masayuki Iwade

帝京ラグビー部の監督に就任後、まず普通のことをしっかりしようということで、練習を休まないとか挨拶をするとか、そういうチームの規律を育てていくことから始めました。帝京ラグビー部に限らず、学生スポーツは自由気ままな活動が罷《まか》り通っていた時代です。そこに中学校や高校の部活指導を経験し、規律をうるさく言う指導者が現れたと。学生にしてみれば面倒くさいやつが来たなと思っていたでしょうね。

学生たちも未熟でしたけど、僕自身も未熟で、学生たちの心を掴むようなアプローチの仕方が分からず、もがき苦しんでいたように思います。そんな中、就任から二年後の平成十（一九九八）年に、数名の部員が不祥事《ふしょうじ》を起こして逮捕され、一年間の公式戦出場停止処分を受けるという大きな試練に直面しました。非常に辛《つら》い出来事ではありましたけど、その時に本当の意味で覚悟を定めることができました。足場がどれだけ悪くても、学生たちがどれだけ自分についてこなくても、何があっても絶対に逃げない。信念を持って根気強く挑戦し続けていこうと。

この思いはいまも全《まった》く変わっていませんし、辛い体験を学生たちにさせないためにも、指導は妥協しないように努めてきました。ただ、世の中の変化に伴ってアプローチの仕方はもちろん変わっていますけど。

僕も最初はトップダウン型の指導をしていました。ところが、監督になって五年くらい経った時、勝ったら全国大会に出場できる、負ければ敗退してしまうという瀬戸際の試合で、ベンチに入れなかった一年生が「負ければいいのに」と言って相手チームを応援するような残念な光景を目にしたんです。きっと試合に出られないから自分とは関係ない、と思ってそう口にしたんでしょう。帝京ラグビー部という組織自体に魅力がないことを痛感しました。

まず組織自体を好きにさせるためには、環境づくりが大切だなと思いまして、本人の心を育てていくと共に、上級生と下級生の関係性を育てていこうと。それで試行錯誤の末、「上級生が下級生に伴走する」ことや「ダブルゴール」を設定するようにしたんです。

四年間の短期的な目標と、卒業した後の長期的な目標を考えさせています。高校を出たばかりの一年生というのは、ラグビーをしたいとかレギュラーになりたいとか優勝したいとか、目の前のことだけにターゲットを置いて入部してきます。そういう夢があるからこそ、彼らは体の中からワクワクするエネルギーが湧き起こってくる。ですから、四年間の短期的な目標を立てることは大事です。

ただ、卒業後もラグビーを続ける学生ばかりではありませんし、続けたとしてもラグビーというのは比較的選手寿命の短いスポーツですよね。その後の人生のほうが長いわけなので、社会人としてどういう活躍をしたいのかってことも学生の時から意識させるんです。目の前のゴールと未来のゴールを同時に考えて設定することで、彼ら自身の力で人生を切り開いていってほしいと思っています。

6月
27日

不可能を可能に変える経営哲学

鈴木敏文
セブン&アイ・ホールディングス名誉顧問
Toshifumi Suzuki

帰国後しばらくしてアメリカの商業の実態をいろんな面で調べてみたら、日本よりも遥かに大型店が普及し、競争の激しいアメリカでセブン‐イレブンは四千店舗もチェーン展開していたんです。驚きと共にこれを日本で適応することができれば大型店と小型店の共存共栄のモデルを示せるはずだという可能性を感じた。そこからすべてが始まったわけです。

けれどもこの案には相当反対がありましてね。当時社長だった伊藤雅俊（現・セブン&アイ・ホールディングス名誉会長）をはじめとして、ダイエーの中内㓛《いさお》さんや西武の堤清二《つつみせいじ》さん、コンサルタントの先生方、誰も賛成しない。日本では絶対無理だと。だけどそれらをよく聞くと、過去の経験に基づいた反対論ばかりで、未来の可能性は過去の論理では否定できないだろうと生意気にも思ったんです。で、私があんまりしつこく言うものですから、伊藤社長も「それじゃあ実験的にやってみたら」と応じてくれたのがきっかけです。

まずはノウハウを取得しないことには始まらないので、アメリカの運営元であるサウスランド社と交渉に当たりましたが、非常に難儀しました。向こうはそもそも日本となんか提携する気がないので、吹っ掛けてくるわけですよ。一年に何百店舗出さなきゃいけないとか。で、最後の最後まで揉めたのがロイヤリティの率です。

向こうは売上高に対して一％のロイヤリティを取ると。カナダでも一％でやっているから、日本だけ例外を認めるわけにはいかないと言う。ただ、私は日本でやった場合にせいぜい二～三％しか利益は上がらないから、ロイヤリティを一％も出すわけにはいかない。〇・五％だと主張する。互いに譲らず、ゴールが見えませんでした。どんなに巧みな話術を駆使しても、率をテーマにしている限りは解決できないと考えて、こう提案したんです。

「提携によってあなた方のライセンス収入が大きくなることが本来の目的です。そのためには、我われが健全な経営をし、売上高を伸ばしていく必要があります。たとえロイヤリティの率を低くしても、日本で成功すれば最終的に額は上がっていきます。だから、率を上げるよりも額を上げるという考え方をしてはいかがですか」。そうやって自分たちの利益や言い分を前面に押し出すのではなく、相手の立場で考え、相手のメリットを説くようにしたことで、結局サウスランド社が大きく譲歩し、〇・六％で合意に至りました。

昔から私のモットーは「変化対応」。変化は当然起こるから、あらゆる変化に対していかに対応するかを考えていくことが大事だと。変化の激しいこの時代に過去の成功事例に縋りついていたら失敗が多くなる。ですから過去を捨てろと言いたいですね。世の中が変化している時、常識という過去の経験の蓄積に囚われることほど怖いものはありません。私がこれまで既存の常識を覆す数々の挑戦を行い、不可能を可能にすることができたのは、常にお客さんの立場で考え、何が本質なのかを見抜いて物事を単純明快に発想し、やるべきことを一つひとつ解決してきたからでした。

6月28日

天命追求型の生き方・目標達成型の生き方

白駒妃登美
ことほぎ代表取締役
Hitomi Shirakoma

大病を患い、絶望の淵に立たされた私は、発病前に読んだ話を思い出しました。人間の生き方には西洋の成功哲学に代表される「目標達成型」とは別に「天命追求《てんめいついきゅう》型」があるというのです。

天命追求型とは将来の目標に縛られることなく、自分の周囲の人の笑顔を何よりも優先しながら、いま、自分の置かれた環境でベストを尽くす。それを続けていくと、天命に運ばれ、いつしか自分では予想もしなかった高みに到達するという考え方です。そこでは、自分の夢だけを叶える for me より、周囲に喜びや笑顔を与える for you の精神、つまり志が優先されます。

天命追求型、目標達成型という視点から歴史を紐解《ひもと》くと、天命追求型はまさに日本人が歴史の中で培《つちか》った素晴らしい生き方であることに、私は気づきました。そして私自身も目標達成型から生き方をシフトし、天命に運ばれていくうちに、奇跡的に病状が快復したのです。

天命追求型に生きた歴史上の人物といえば、豊臣秀吉はその好例でしょう。

秀吉は徳川家康、織田信長と比べて大きく違う点があります。家康や信長が殿様を父に持ったのに対し、秀吉は農家に生まれたことです。農民の子の秀吉が最初から天下統一を夢見たでしょうか。通説によると、秀吉は「侍になるために織田家の門を叩いた」ということになっていますから、おそらく若き日の秀吉は、天下を取るなど考えてもいなかったに違いありません。しかし、秀吉の人生はその夢を遥かに超えてしまうのです。

ご存じの通り、秀吉は最初、信長に〝小《こ》者《もの》〟という雑用係の立場で仕えました。雑用係は、もちろん侍の身分ではありません。けれども、信長が秀吉を雇い入れた時、きっと秀吉は、農民の自分に目をかけてもらえたことに胸を躍らせ、心から感謝したのではないでしょうか。だからこそ、たとえ雑用係の仕事にも自分でできる工夫を施《ほどこ》したのだと思います。寒い日の朝、信長の草履《ぞうり》を懐《ふところ》に入れて温めてから出した話は有名ですが、草履一つ出すにも喜んでもらえるようアイデアを加えたのです。やがて足軽となってからも信長を喜ばせたいという思いは変わらず、一層の信頼を得て侍に、さらに侍大将、近江国・長浜城の城持ち大名へと登り詰めるのです。

過去の自分を振り返ると、西洋の成功哲学に刺激を受け、目標達成に突っ走っていた頃、確かに夢は叶いました。受験勉強、就職活動、子育て、すべてにビジョンを描き目標を立ててやってきました。しかし、見方を変えれば夢しか叶わなかったのです。夢を超えた現実はやってきませんでした。

では、秀吉はなぜ夢を超えることができたのでしょうか。想像するに、秀吉は最初から天下取りなど考えず、いつも〝いま、ここ〟に全力投球する生き方を貫いたからだと思います。自分の身の回りの人たちに喜んでもらえることを精いっぱいやっていった。その結果、周囲の応援を得て次々と人生の扉が開き、天下人へと運ばれていったのではないでしょうか。まさに天命追求型の人生だったのです。

6月29日

「まだまだ」と「よし」

堀澤祖門　三千院門跡門主
Somon Horisawa

私の師匠はやっぱり器量の大きい人でしたな。戦後の日本を立て直すためには若い者を教育しないとダメだというので、天台宗の青年を日本中から二十人ほど集めて修行させておった。

で、私がよく師匠に言われたのは「絵を描くな」と。これは実際に絵を描くことじゃなくて、頭で物を考えるなということですな。おまえは私の弟子になったんだから何も考えるな、全部私に任しておけと。「はい」と言ったんだけど、一遍だけ絵を描いたことがある。

せっかく比叡山の坊さんになったんだから、「比叡山で一番本格的な修行をしたいと思います。それは何でしょうか」と師匠に尋ねたわけ。そうしたら「実は十二年籠山行《ろうざんぎょう》というのがある。伝教大師が始められた行だから、これが一番の根本だ。おまえ、やる気あるか」と、こうなったんだね。

私は師匠が選んだものなら何でも受け取ろうと思っていたから、「はい。分かりました」と言った。そこに逡巡《しゅんじゅん》はなかった。

やっぱり普通は回峰行《かいほうぎょう》をやった師匠のところでは弟子も回峰行をやる。けれども、私の場合はそういうことでたまたま回峰行じゃなくて籠山行のほうへ進んだ。

私は七十年近く行を続けてきたわけだけど、行そのものには終わりはない。ただね、終わりはないけれども、いつまでも「まだまだ」じゃダメ。不安感で覆われてしまうからね。それを断ち切るにはどこかで「よし」という気持ちを持たないといけない。「よし」ということは終わりじゃなくて、自分で納得してまた新たに進んでいくということ。進行形と、ゴールに既に着いているということは同時なの。

でも、自分で「よし」と手応えを感じるまでには五十～六十年かかったな。

八十くらいになってやっと、人間とか仏教とかいろんなものが分かってきて、人生が楽しくなってきた。やっぱり高いところを求めているから、そう簡単に満足できませんわ。

出家した時に考えたのは、私の師匠は確かに叡南祖賢《えなみそけん》だけれども、叡南祖賢だけじゃない。そのバックにはお釈迦《しゃか》様がいる。だから、お釈迦様のレベルまで行かなきゃならない。本当の師匠はお釈迦様だと。

そう考えると、もうこれでいいとか、もう行は終わったなんてことはない。無窮《むきゅう》って言葉があるように、道を求めるというのはそういうことなんだね。

6月30日

前提条件を覆せ——大野耐一の激怒

林南八
元トヨタ自動車技監

Nanpachi Hayashi

入社七年目にホンダの鈴鹿《すずか》製作所を見に行った時、僕は常々トヨタで習っている教えを正しいと考え、ホンダの悪いところを書いて出したら、大野耐一《たいいち》さんに激怒されたんです。「悪いところはあるに決まっとる。せっかく見に行ったのに、なぜいいところを見てこなかったんだ。出張費を返せ」と。

なるほど、その通りだと反省して、大野さんのご機嫌が直った時に、「ホンダは乗用車の組み立てラインを四十秒タクトで回しています。四十秒だと仕事が一つ増えるとオーバーしますし、一つ減らすと手持ち無沙汰になってしまいます。コンベヤーのスピードの最適値はどう考えればいいですか」と尋ねたら、これがまた怖い顔になってね。

「最適値？　何をバカなこと言っとるんだ。最適や限界というのは前提条件を固定した時に決まる。君たちは前提条件を覆すために採用されてるんだ。くだらん質問をするな」

この言葉は非常にインパクトがあったし、勉強になりました。

それから、大野さんや鈴村喜久男《きくお》さんにはいろんな現場に連れていかれて、何も言わないまま置き去りにされることがしょっちゅうありました。急なもんだから、財布も着替えも持ってない。それで薄暗くなってきて、「私の上司、どこに行きましたか」と聞くと、「とっくに帰ったよ」って。

放り込まれる現場はトヨタの取引先が多かったけど、中にはトヨタと全《まった》く関係ない会社もあって、「宿はとってあるから心配せんといてくれ。あんたの上司に頼まれたから居てもいいけど、邪魔するなよ」と。これが現場の人との最初の会話です。

何しろ会社の看板や役職で物が言えない。毎日通って、一緒に汗をかいて、コミュニケーションを取って、周りをその気にさせて、仲間にしないことには前に進まないわけ。それが訓練なんだね。現場によりますが、一番長かったのは一年半。「黒字になったら帰ってこい」ですから。

昔、大野さんから宿題をもらって悪戦苦闘してたね。「何でできんか分かるか」って聞かれたことがあるんです。答えようがないですよね。まぁでも何か適当に答えたら、大野さんがひと言、「できるまでやらんからだ」。

アプローチの仕方は違うけど、やっておけ、放っておけで丸投げするんじゃなくて、課題を与えた瞬間から自分も考えてる。だから現場を見に来るんです。

大野さんも鈴村さんも張《ちょう》（富士夫）さんもちゃんとアイデアを持ってるんだけど、具体的にああしろ、こうしろとは敢《あ》えて言わない。ヒントだけ教えてくれる。そうやって考えることのできる人間をつくってくれました。

7月

July

石川紀行（草木谷を守る会代表）
納屋幸喜（相撲博物館館長・元横綱大鵬）
宇治田透玄（東井義雄記念館館長）
高橋忠之（志摩観光ホテル元総料理長兼総支配人）
小嶺忠敏（長崎県立国見高等学校サッカー部総監督）
田中澄憲（明治大学ラグビー部監督）
松本明慶（大佛師）
宮本祖豊（十二年籠山行満行者・比叡山延暦寺円龍院住職）
橋本保雄（日本ホスピタリティ推進協会理事長・ホテルオークラ元副社長）
辰巳芳子（料理研究家）
宮本 輝（作家）
大村 智（北里大学特別栄誉教授）
川田達男（セーレン会長兼CEO）
金出武雄（カーネギーメロン大学教授）
北方謙三（作家）
長谷川富三郎（板画家）
鈴木鎮一（才能教育研究会会長）
大山澄太（俳人）
佐藤愛子（作家）
稲尾和久（プロ野球解説者）
小林ハル（越後瞽女・人間国宝）
フジコ・ヘミング（ピアニスト）
河田勝彦（オーボンヴュータンオーナーシェフ）
塙 昭彦（セブン&アイ・フードシステムズ社長、前イトーヨーカ堂中国総代表）
鳥羽博道（ドトールコーヒー名誉会長）
森口邦彦（染色家・人間国宝）
新津春子（日本空港テクノ所属環境マイスター）
荒牧 勇（中京大学スポーツ科学部教授）
植木義晴（日本航空会長）
谷川浩司（日本将棋連盟棋士九段）
塩見志満子（のらねこ学かん代表）

7月1日

心のじょうぎ

石川紀行
草木谷を守る会代表
Noriyuki Ishikawa

先祖の石川理紀之助《りきのすけ》は生前、多くの言葉を書き残しました。私の手元にある『心のじょうぎ（定規）』という古い冊子からは、勉学に勤《いそ》しみ、自らの執念を貫き通した聖農《せいのう》の気迫が伝わってくるようです。

すべて人間には、心のじよう木が必要である。何人《なにびと》もみな、それぞれ心のじよう木をもつべきである。これがなければ、万事について迷うことが多い。たとへば、世の流行に対しても、心のじよう木をもつていれば、之をはかつて、じよう木にあえばとり、あわねば、いかに勢いの強い流行でも、これに従わない。これ即ち、取捨撰択のよろしきを得るゆえんである。

しからば、いかにして、じよう木をつくるかと云うにそは（それは）、東西古今の聖賢の教訓によるべきである。聖賢の教訓は尊いものであるから、よく心に入れて、更に日常これを実行して見て、はたして実事実際に適すればこれをとり用い。しからざれば、たとい聖賢の教えといえども、これをとらぬようにせねばならぬ。かくして、たえずこれをねつて行くべきである。

もつとも、じよう木が、できれば守る所が出て来て、容易に、世の風流《ふうちょう》に従わぬようになるので、世間からはへんくつ者と云われる。予などは、よくその、ような世評をうけた。けれども予には、予の、じよう木があるから、たとえ世評がどうあろうとも、予は予が心のじよう木に従う外はない。

理紀之助はこの「心のじようぎ」をかたくななまでに守り続けました。常人では及びもつかない強靭な精神力で事を成し遂げたのも、こういう心の支えがあったからにほかなりません。

山田村の復興に当たっていた頃の興味深い逸話があります。ある大雪の日、理紀之助はいつものように午前三時に板木を打ち鳴らしていました。それを見た妻のスワ子が問い掛けます。

「こういう日に板木を打っても誰にも聞こえないし、起きて作業をする人はいませんよ」

理紀之助は言います。

「私は村人のためだけに板木を打つのではない。ここから五百里離れた人、五百年後に生まれる人にも聞こえるように打っているのだ」

よ（世）にまだ　生れぬ人の
耳にまで　ひびくはこれの
かけ板の音

私もまたそういう理紀之助に学び、地域農業の未来のために力を尽くしていきたいと思っています。

7月2日

大事なのは丸い土俵から何を学ぶか

納谷幸喜
相撲博物館館長・元横綱大鵬
Koki Naya

猛稽古《もうげいこ》のかいあって入門から一年ほどすると勝てないと思ってた兄弟子たちに次々と勝てるようになって、自分の中で自信がつくのを感じました。そうなると面白いもので、入門二年目の三十三年の春場所では三段目全勝優勝を飾れるまでになったんです。だけど、辛《つら》いこともあってね。師匠が目をかけてくれているだけに、心身両面でのしごきが激しくなったんです。稽古中は土俵に叩きつけられたり、引きずり回されたり、倒れ込むと口の中に塩を一掴み入れられたり、気を失いそうになって水をぶっかけられたり……。

それに加えて一日に四股《しこ》五百回、鉄砲《てっぽう》二千回のノルマがありました。手を抜こうものなら、師匠にはすぐに分かる。いくらきつくても黙々とやり通す以外になかったんです。「なんで俺だけが」と何度思ったことかね。

最初から稽古が好きな力士なんて誰もいません。だから、嘘ばかり言ってごまかしたり、ちゃんこ番に行きたがる。稽古は好きになるというより、遮二無二《しゃにむに》やらされるんだな。そのうちに欲が出てあいつに勝ちたいと思うようになれば、自分で進んでやるようになりますよ。

でもいま思うと懐かしいね。相撲《すもう》の基礎は何と言っても四股、鉄砲ですから、それをみっちりやったことが後でどれだけ役に立ったか分からない。入門当時身長百八十三センチで体重七十一キロのガリガリだった私が相撲とりの体になったのも、この四股や鉄砲で鍛えたからなんです。相撲で必要なのは、ボディービルと違って弾力性のある柔らかい筋肉。それを鍛えるのはこの二つしかありません。

だから私ははっきり言う。誰もが夢だとか目標だとか言うけれどもそういうものではないよ。毎日同じことの繰り返しだよと。コツコツ、一つのことを根気よく続けるかだと。農作業でもそうですけどね。北海道の広い畑を鍬で耕そうとすると、前を見て「まだこんなにあるのか」と思うけれども、毎日コツコツ耕していたら、だんだん起こした部分が広くなり、喜びに変わるわけだから。大事なのは何の変哲もない丸い土俵から何を学ぶかということです。

まずは根気でしょう。努力して何ものにも負けない精神力を学ぶ。

相撲はこの一番、この一秒がすべてです。一番で明るくなるか、暗くなるかのどちらかです。そのためには一つの稽古を大事に丁寧にやるかどうか、最後はそこに結びつきますね。もちろん、最初からそういうことは分かりません。序ノ口、序二段、三段目と番付が上がってくるにつれて一瞬の勝負のために毎日稽古を積み重ねることがどれだけ大事かを少しずつ体で覚えていくわけです。

特に横綱である以上は必ず勝つことが使命です。私の根性むき出しの相撲を嫌がる人もいたし、勝つだけが能じゃないと言う人もいるが、勝たなきゃ意味がない。師匠もいろいろな意味で厳しかったから「おまえは負けちゃ駄目なんだぞ」と言い聞かせられていましたね。

自分の荷は自分で背負って

宇治田透玄
東井義雄記念館館長
Togen Ujita

「苦しみも　悲しみも／自分の荷は／自分で背負って／歩きぬかせてもらう／わたしの人生だから」という詩は、そのまま、義父・東《とう》井《い》義雄の生き方です。胃がんで、自分の死を間近に見た時ですらそうでした。ところが、平成二年の出来事は、義父にとって「自分の死以上の問題」でした。東光寺に同居していた長男・義臣が、勤務先の小学校で倒れたのです。体育の授業中、子どもたちと運動場を走っている時に突然意識を失い、病院に担ぎ込まれました。そして、心臓こそ動いているものの、二度と目を覚まさない人となったのです。まだ、四十六歳という若さでした。

朝、出勤するときには／互いに　手を振りあって　見送り／そして　出勤していった／伜であったのに／それから　一時間半の後／一校時の　体育の時間／子どもたちと一緒に／運動場を走っているとき／突然　ぶっ倒れて　しまったという／すばやい　学校のご処置のおかげで／すぐに　病院に運ばれ／すでに　停止してしまっている／呼吸や心臓を／人工で　はたらくように／していただいたという／／機械による　呼吸であるとはいえ／こうして　呼吸をさせてもらい／いのちをいただいているのは／学校のすばやいご処置と／出石病院の先生方の　おかげだ／／学校の皆さん／病院の先生方／ほんとに　ほんとに／ありがとう　ございます

これは義父の日記にあった詩です。日記は、亡くなった後、義母が書斎で見つけたといいます。長男が目を覚まさぬ人となってからも、周囲から見た義父の様子はほとんど変わりませんでした。苦しみもやりきれない思いも決して外には表さない人だったのです。私の妻にもそういった種類の言葉は何一つ言わなかったといいます。しかし私たちの知らないところで自分のやりきれない感情を、日記に認《したた》めていたのです。そしてそれは詩のスタイルで綴られていました。冒頭で紹介した詩で義父は「自分の人生である限りは悲しみも苦しみも自分で背負う」といっています。そして長男が意識を失っておよそ一年を経て、その現実すらも息子と代わってあげることができないという辛《つら》ささえもそのまま受け入れようとしていたのではないのでしょうか。

南無阿弥陀仏
とうとう／義臣が／まる一年／いのちをいただいてくれた／たくさんな皆さんの／念力にささえられて／いのちをいただいてくれた／

「悲しみを通して、初めて見さしてもらえる世界があるのですね」

義臣の妻、私の義妹が義父に言ったそうです。当たり前に息を吸うことのありがたさ。家族がそろって一日を過ごせる素晴らしさ。そんな、それまでは見過ごしていた幸せを、かみしめていたのかもしれません。真の意味で命を喜び、どんなに辛い現実もかけ値なしの人生と思える、それを、悲しみを通した向こうの世界に見たのかもしれません。

7月4日

一流になりたければ超一流に触れよ

高橋忠之　志摩観光ホテル元総料理長兼総支配人

Tadayuki Takahashi

私は、料理は学問であり、芸術であり、サイエンスだと思っているんです。学問は知識の集積であり、芸術というのは技術完成の練《れん》磨《ま》です。それに基づき、温度と時間と分量を正確に測る力を持っていれば、世界共通のフランス料理はほとんどできます。冷蔵庫から出てきた食材を組み合わせてみたら、意外と違う味ができたといって、それを創作料理なんて言うのは論外です。確実に、サイエンス的にやらないと。

だから私が一番嫌いなのは「料理は愛情だ、心だ」ってやつです。愛情や心では料理はつくれない。カラオケと同じですよ。心を込めて一所懸命歌った下手な歌、最後まで聞けないでしょう。

うまい料理をつくるには素材に対する知識といい道具です。いいビフテキはいい肉といいフライパン。いい刺し身はいい魚を選ぶ目と確かな技術、そして庖丁《ほうちょう》です。愛情で刺し身は切れません。心でビフテキは焼けないのです。

あまり生意気なことを言うつもりもないんですが、この年代に達して思うのは、人間の幸せは健康とかお金とか友達とか趣味に生きるとか、よく言うじゃないですか。私は嘘だと思うんです。美しいと感じる能力、美しさを知る能力ってありますでしょう。これを持ち合わせていないと幸せにはなれないですね。音楽でも絵画《かいが》でも彫刻でも、あるいは自然や人の出会いでも、感じる力がなければ私はダメだと思います。

私はやっぱり一流になりたければ超一流に触れなければダメだと思いますね。一流からは二流しか学べない。やっぱり世界の超一流になる意気込みがないと一流の仕事はできませんよ。そのためには絶えず勉強するしかありません。

私は料理長といえども一組織人ですから、自分の引き際はある程度考えていましたし、自分で後継者を指名することもありませんでした。確かに総支配人としてそういう人材教育をしてきましたが、私は料理は教えて受け継ぐものではないと思っています。新しい人たちが新しい料理長像をつくっていくことが尊いんですよ。

私はフランス研修から帰ってすべてのノートを捨てて以来、その年に勉強したノートは一年ごとに捨ててきました。それが未来創造に対する挑戦の姿勢だと思っています。引き出しから過去を引っ張り出して、思い出に浸っていてはダメです。常に明日に向かって進んでいく思想、信念が、未来に花を咲かせるための種であり、水であり、肥料である。私はそう思っています。

麦は踏まれて強くなる

小嶺忠敏
長崎県立国見高等学校サッカー部総監督
Tadatoshi Komine

私の場合は、母に育てられましたから、母の教えが人生の支えとなっています。

うちの地方では麦踏みというのがあるんですよ。麦は少し背丈《せたけ》が伸びたら踏み倒す。一週間くらいたって、また伸びてきたら、また踏み倒す。それを三回くらい繰り返すんですよ。小さい頃、私はそれが不思議でならなかった。

ある日、母に「どうして何度も麦を踏み倒すの」と聞いたら、「踏まれた麦は上を向いてスクスク育っていくが、踏まれていない麦は冬に霜や雨が降るとしおれてしまって、作物にならない」と。続けて「人間も同じだよ。小さい頃や若い頃に苦労して、踏まれて踏まれて大きくなった人間が将来大物になるんだぞ」と教えられました。

もう一つ心に残っている教えがあります。九州は昔から台風が多いのですが、台風が去った後、母が「あれを見てごらん」と指した方向に、大木《たいぼく》が何本も折れて倒れていたのです。一方で、大木の横にある竹やぶの竹は一本も折れていない。

母は「竹にはところどころに節《ふし》がある。だから強いんだ。人間も遊ぶ時は遊んでもいいが、きちっとけじめをつけて、締めるところは締めないといけない」と教えてくれました。「節ありて竹強し」なんですね。

これらの教えが辛《つら》い時、私の支えでした。

実際、長崎の島原《しまばら》にいながら県立高校で日本一を目指すことは、当時の常識で考えれば不可能に近いことで、高校の同級生たちからは「バカか、おまえは。こげんとこで日本一になれるものか。もしおまえが日本一になったら、俺らは島原中を逆立ちをして歩くたい」と言われましたよ。

初優勝は十年目の昭和五十二年のインターハイです。

しかし、サッカーは他の競技と違って、冬に行われる全国高校サッカー選手権が一番大きな大会なのですが、これがなかなか勝てなかった。やっと優勝できたのが、二十年目の昭和六十二年です。その間、島原商業から国見高校への異動もありました。不思議なことに、一度優勝すると、次からドドドと六回優勝できたんです。

私はいつも言うんですが、普通のことを考え、普通のことをしていたら、普通のことしかできない。勉強も人が一時間するなら二時間やる。サッカーだって、よそが三時間練習するなら、うちは六時間やる。とにかく鍛えるということです。

7月6日

伸びる選手には〝狡賢さ〟がある

田中澄憲　明治大学ラグビー部監督
Kiyonori Tanaka

伸びる選手の共通点として、能力はもちろん大事ですが、やはり正しい努力ができるか、自分の強み、弱みをしっかり分析できるか、でしょうね。もう一つ挙げると、いい意味での狡賢《ずるがしこ》さが必要かなとも思います。

くそ真面目では駄目ですね。言われたことは一所懸命やるけれども、自分で考えることができない子は成長のスピードが遅い。

僕はサントリー時代、営業の仕事もやってきたんですけど、各人にビール、酎ハイ、ワイン、ウイスキーとそれぞれの売り上げ目標がある。そのすべてを達成しようと頑張る人もいますが、僕はトータルの目標を果たせればそれでいい、と考えてきました。ワインの店にビールの営業をしても置いてもらえるはずはないし、そういう営業には意味がない。

上司に何と言われようとも、「トータルで目標を達成した。責任を果たした」と自分で納得し、それをきちんと上司にも伝えられる。例えば、そういうタイプが試合を勝ちに持っていける選手です。

ラグビーの試合でも用意したプランが通用しない時、そこでどうゲームを組み立てられるかが問われます。コーチの言うことを「はい」と聞きながらも、でも自分ならこうする、と常に考えられる選手でなくてはいけないんです。

強いチームや組織をつくるには、チームの方針や理念みたいなものは絶対に必要だと思います。会社でいえば社風ということになりますが、それがなかったら組織は強くなりません。社会人トップリーグでもこれまで優勝したのは神戸製鋼《せいこう》、サントリー、パナソニック、東芝と、いずれもラグビースタイルを持っているチームばかりです。そのことは僕のチームづくりの軸になっています。

もう一つ、チームを勝たせるのは何よりも指導者の情熱、本気度でしょうね。それがすべての源ですし、情熱がなくては何事もなし得ません。僕自身、毎朝四時半に起床し、五時半にグラウンドに着くことを自分に課しています。

ラグビーの世界では、能力が高くても情熱のない選手は、いずれ消えていってしまう。能力がある上に努力をし、人間的にも素晴らしい。そんな超一流の選手を育てていきたいと思っています。

仕事でもらったスランプは仕事で返す

松本明慶 大佛師
Myokei Matsumoto

我われは足を切ったり、指を飛ばしたり大怪我をすることもありますが、それでも私はあくる日も仕事場にいます。仕事をしない日はないです。お正月も、弟子には休みをやりますが、自分は木づちをふるっています。この正月の期間は仕事場を独占できて、新年の構想の下ごしらえができるんです。

こういう話をすると、「先生、そんなに仕事ばかりして、ストレスはどう解消していますか」と聞かれますが、スランプやストレスは何から起きているかといえば、結局は仕事から起きているんです。だからそのストレスは仕事でしか解消されないんですね。

魚釣りに行ってストレス解消しているという人もいるけど、それは一時的に忘れているだけで、実際は消えることはないんです。

野球選手がヒットを打てないからスランプやと言っても、そんなのヒット打てばいっぺんで直ります。

だから仕事でもらったスランプは仕事でしか返すもんがないです。それでもまた次にスランプがやってきますけど、そうやって繰り返していくうち、だんだん間隙《かんげき》が少なくなって、すーっと仕事ができるようになります。

一つの道を究めていくには精進《しょうじん》を続けていかなければなりませんが、そのためにはまず考え方を変えないとダメだと思いますね。考え方が変わると行動が変わります。行動が変わると結果が変わります。

大変な行に入らなければならないとか、辛《つら》い仕事をしなければならんとか、そうとしか考えられなかったら、ずっと苦しみが続きます。そして苦しみから逃れるために手を抜こうとか、違う仕事を見つけようかとなる。

天台《てんだい》の教えにもありますよね、「苦楽《くらく》」って。うちの工房の会報誌は、この「苦楽」に「吉《きっ》祥《しょう》」を足して「苦楽吉祥」というんです。結局苦楽があるから吉祥があるんです。苦しいけど楽しいと考えを変えれば、必ず吉祥がきます。

また、「楽」という字には「多くの人が集まってくる」という意味があるそうですね。

私も「そんな長い時間、卒業も定年退職もなく、よく毎日やりますね」と言われますが、いい仕事を楽しんでやっていると、「あいつ、楽しそうだな」と人が寄ってきます。寄ってきてくれた人たちに「あいつと一緒だと楽しいな」と思われ、また人が寄ってきてくださる。そうなると、どんな苦しいことがあっても楽しくなります。

これも天台の言葉ですが「一隅《いちぐう》を照らす」という教えがあるでしょう。自分の仕事に懸命に取り組むことで一隅を照らす。そうやってその場で光るような生き方をしておれば、必ず人は集まる。

7月8日

限界をつくっているのは自分自身

宮本祖豊　十二年籠山行満行者・比叡山延暦寺円龍院住職

Soho Miyamoto

実は三百年の歴史の中で、私以上に長く好《こう》相《そう》行（三千の仏様の名前を唱えながら五体投地《とうち》を行うもの）をした方はいません。全員が四か月以内に感得《かんとく》しているんですね。ですから、行の途中で何回かやめたいなという気持ちの時は訪れました。

やはり体力の限界が来る。精神的にも限界が来る。もう二度と立ち上がりたくない。それくらい疲れ果てます。その時、どうするか。もう一回だけやろうという気持ちを起こすんです。で、もう一回やりますと、あともう一回くらいできるんじゃないか、と思うんです。これを三回繰り返すと、いままで限界だ、もう二度と立ち上がれないと思っていたのがなぜか不思議と「なんだ、できるではないか」と、気力が漲《みなぎ》ってくる。

その時に思いましたね、ここが限界だという壁を自分でつくっていただけで、本当の限界はもっと向こう側にあるのだと。

あと一回、あと一回とやっていくうちに、もう一度続けて礼拝できるようになっていく。さらにまた苦しくなってくる。これもあと一回頑張ろう、もう一歩だけ踏み出そう、そういう思いでやっていくとその次の壁も越えられる。これを繰り返すことで、最終的に感得するにまで至れる。

それと、最初のうちは仏さんを観たいという思いが強くあります。先輩方は三か月くらいで観えていますから、三か月先を目標にしてやるんですね。でも、そうしている間は決して観えない。

もう限界まで来て、このいま一瞬をどう生きるか、どう礼拝するか、それだけに懸けた時に初めて人間は無の境地になって、悟りを得ることができるのです。

人間はどうしても先を見ます。もしかすると「あと何年で籠山行満行《ろうざんぎょうまんぎょう》ですね」と言う人がいるかもしれない。けれども、先を見て修行しているんでは、おそらく続かないと思います。

十二年籠山行は確かに十二年という期間が定められていますが、その間に後継の侍真《じしん》が出てこなければ十五年、二十年やり続けます。ということは、ある意味で終わりがないんですね。そういう中においては、きょう一日、いま一瞬をどうやって生き切るか、これがすべてだと思います。

ただ、私は修行という形で自分の心を磨くという形を取りましたけれども、一般の人にはそれはできません。では、どうするのか。それは自分の仕事を通して心を磨いていくことです。

与えられているものに感謝しつつ、それぞれの仕事、それぞれの立場において、いま一瞬を生き切る。全力を尽くすこと。これが間違いなく悟りに近づいていく道であり、伝教大師の求めた一隅を照らすことに繋がるのです。

7月9日

尊敬する人を持たない人は成長しない

橋本保雄
日本ホスピタリティ推進協会理事長・ホテルオークラ元副社長
Yasuo Hashimoto

私は日本プロゴルフ協会の学術委員をやっていますが、日本のプロはなかなか世界で勝てない。やはり世界のステージはでかいんですよ。そのステージに出た時に、自分の信念、不屈の魂を堂々と通す。その姿を、ギャラリーがちゃんと認めて拍手をされるような選手でなければ勝てないんですね。

タイガー・ウッズなんか見ていると、ただのガッツポーズだけではなく、そういう信念が周りに伝わってくるような感動的なしぐさをいっぱいするんですよ。

例えば彼が初めて日本のトーナメントに出場した時に、中村寅吉さんが最終ホールのサイドに立っておられた。ウッズは、早くスコアを出さなきゃいけないのに、人をかき分けて中村さんのところまで行って挨拶したんですね。彼は、日本にゴルフを広めた中村さんのことをちゃんと調べてきていて、「先生ありがとうございました」と握手をした。そういう人は日本のプロにはいないんですよね。

感謝の気持ちさえあれば、そういうことができる。プロというのは、ただお金を稼ぐだけでなく、万人に愛される人間性を持っていないと、本物ではないと思うんですね。

尊敬する人を持たない人は成長しないし、プロにはなれませんね。

それと、やはりプロとして大切なのは愛情だと思うんですね。人間は天から愛情や心の感動という素晴らしい機能を与えられているけれども、そのことに気づかないと、勝手流になってしまって、教育にしても仕事にしても失敗してしまうと思いますね。

本当にその道に長《た》けている人には、必ず素晴らしい仲間がいます。そういう人は、人望だとか品格だとか言う前に、まずいい顔をしていますね。

非常に平凡な言い方だけど、やっぱりいい顔をして好感度を発揮している人は、みんなに助けられます。もちろんいい顔というのは、外面的な格好のよさではなく、その人の内面がにじみ出ているような顔ですね。好感度を発揮していない人はダメです。

だから、自分の可処分《かしょぶん》時間の中で一日わずか十秒でいい。自分の顔を鏡に映して、きょうはどういう顔をしようかと訓練したらいいんです。それを毎日積み重ねている人は、やっぱりいい顔をしています。たった十秒の時間を自分に割けないような人に、いい顔はできないし、そういう人にはやっぱりブレーンもできないですね。

心・力・意を尽くす

辰巳芳子
料理研究家
Yoshiko Tatsumi

私は本当は、貫くとかそういう意識はあまりないんですね。けれどもやっぱり、しなければならない仕事からは逃げない。ベストを尽くすより他、方法がないと思って、それを貫いてまいりました。

聖書の中に「汝心《なんじ》を尽くし、力を尽くし、意《い》を尽くして、あなたの神を愛し、人を愛しなさい」という言葉があります。

やっぱりそこに出てくる「心」と「意」と「力」の三つを全部使わなきゃダメですね。どこか端折《はしょ》ると必ず一からやり直しということになって、結局後で三倍も骨が折れることになりますから。ですからどんな小さな仕事でもこの三つを精いっぱい使うという姿勢は、一貫して貫いていかなければなりませんね。

手塩にかけるというのは、心を手足に添わせ、自己を励ましつつ生きる人の姿を、日本の暮らしのうちにありありと重ねて表現した、地に足のついた言葉だと私は思います。

人生はその日その日、一日一日、一時間一時間、一分一分、それ以外にないんですものね。そして死んでいく時には誰もが、「いろんなことごめんね」、それから「いろんなことありがとうね」ってこの二つ以上の言葉は出てこない。「ごめんなさい」と「ありがとう」に集約されちゃうでしょう。人生ってそういうものなんだから、その時その時、与えられた役割を精いっぱい果たしていくしかない。

だから私はいつもシンプルに、神の望みを生きるということ、ただそれだけを思っています。きょう一日神様は私に何を望んでいらっしゃるかなと。神様の望みに応えて生きさせていただくことはとってもありがたいことだし、私にとってはそういうふうに生きることが自然体なんです。

幼い時に私をとても愛してくれていた祖父を失ってできた心の空白を、私はイエス様との出逢いで埋めることができました。神を父と仰ぐ信仰に出逢い、それが身に沁《し》みているということは、私にとって大きな救いです。そして、父なる神のきょうの私への望みを果たしていく。それ以外に求めるものはないですね。

私は体にそんなに力がなくてあまり頑張れないから、常にその思いを心に抱いて、スーッと生きていくより他しょうがないんです。

7月
11日

足下を掘れ、そこに泉あり

宮本 輝　作家

Teru Miyamoto

とにかく八十五歳まで小説を書きたいですね。だからあと二十年。年を取ってだんだんスタミナもなくなっていくだろうけれど、もし八十五歳まで健康で小説を書き続けられたら、僕は百篇の長編小説を残すことになる。

これも昔、三十五歳の時にある人に言われたことなんです。「輝《てる》さん、あと五十年小説書けよ」って。「はい」と返事はしたものの、五十年っていったら八十五歳でしょう。でも、その人は「輝さんならできるよ」って。

「輝さん、仕事をする時は一所懸命やるんだよ。必死でやるんだよ。だけど疲れたら休むんだよ。そしてまた一所懸命仕事をする。そういう自分のリズムをつくりなさい。そうして年に二本ずつ五十年書いていけば、宮本輝は生涯で百篇の長編小説を書ける。純文学で百篇の長編小説を書いた作家は世界にいないよ」

この言葉を聞いて、「よし、やろう」と思った。質はともかく、量で世界一になろうと。

そのためにはまず八十五歳まで生きないかん。でも、できると思う。頑張って生きて百篇の長編小説を書いて死にたいです。「みなさん、ありがとう、ありがとう」と言いながら。

やっぱり自分の仕事を最後まで手を抜かずにやることですね。みんな与えられた仕事があります。主婦には主婦の仕事があるんです。家事をするのも、夫を支えるのもそうでしょう。自分に与えられた仕事、自分に与えられた役割を、手を抜かずやり尽くすことが人生では大切だと思います。

「足下《そっか》を掘れ、そこに泉あり」という言葉がありますが、皆、自分の足元を掘っていったら、必ず泉が湧いてくることを忘れているんです。あっちに行ったら水が出ないか、向こうに行ったら井戸がないかと思っているけれど、実は自分の足元なんです。

与えられた仕事をコツコツと地道にやり続けた先に、自分にしか到達できない泉がある。その豊かな泉を掘り当てるまでのプロセスが、「一念《いちねん》、道を拓《ひら》く」ということじゃないかと思います。

金がないから何もできないという人間は

大村 智
北里大学特別栄誉教授
Satoshi Omura

私の郷里・山梨の出身者に小林一三《いちぞう》という大先輩がいらっしゃいます。阪急電鉄や東宝、宝塚歌劇団などを起こした大実業家ですが、この方が「金がないから何もできないという人間は、金があっても何もできない人間である」と言っています。

この言葉を聞く度に思い出すのが、アメリカから帰国する時にメルクと交渉して研究資金を確保したことです。ところがしばらくしたら、また困ったことが起こりました。

北里研究所は設立五十周年を迎えた時に学校法人北里学園を創立し、そこに北里大学をつくりました。ところが大学を発展させるために資産を大学へどんどん費やしてしまって研究所が倒産寸前になり、私の研究室も解散してくれというわけです。解散したら十分な研究を続けられなくなりますから、私は非常に厳しい覚書を交わし、私の研究を通じて賄《まかな》った資金で研究室を十年もたせてみせよう。それでもダメだったら手を上げようと肚《はら》を括《くく》りました。

幸い五、六年で特許料が入るようになってどうにかクビが繋《つな》がりましたが、もしあそこで研究室を閉めていたら私はノーベル賞をいただけなかったでしょう。世の中にはそういう厳しいことがありますが、そこで踏ん張らなければ成功への道は歩めない。小林一三の言葉は、そのことを示唆しているように私は思います。

しかし、その後も北里研究所の経営状態は思わしくなく、私は教授を辞めて副所長になり、背水の陣で研究所の立て直しに臨みました。経営を研究するという言葉はしばしば耳にしますが、その頃の私は、「研究を経営する」という言葉をよく使いました。

これにはまず、質の高い研究者を育成すること。そして優れた研究アイデアの着想・考案、そのための資金の確保、そしてそこから得た成果を社会に還元することが大切だと考えました。

中でも人を育てるのは大変なことで、研究所の研究環境のレベルを上げなければ優れた人は育ちません。そのために私は、海外から優れた研究者を呼んで若い研究者に話をしてもらいました。セミナーに来てくれた方々はホームパーティーに招いて家内の料理でもてなしました。狭い家でしたけれども、何度もパーティーを開いてできるだけ大勢の方を招いて交流を続けてきました。

セミナーは三十年で五百回も開き、三分の一はノーベル賞受賞者をはじめとする著名な海外の研究者にご講演いただきましたが、日本の大学や研究所でこれだけセミナーを続けた人はいないと思います。おかげさまで若い人たちも成長し、百二十人が博士になり、そのうち三十一人が大学教授になっています。それによって研究を一層発展させ、また研究所も経営を立て直すためのいろんなことができたわけです。

7月13日

経営的発想のできる人間が伸びる

川田達男
セーレン会長兼CEO
Tatsuo Kawada

いま考えると工場へ行って、そこの現場で五年半仕事をしたことが、私のビジネスマン人生の原点ですね。

現場で一所懸命汗を流して、現場の人が何をしているのか、どんなことを考えているのか、あるいは幹部をどう見ているのか、大変勉強させていただきました。現場を知る。これより強いものはありませんよ。

あの頃はまだ日本も貧しくて、一遍《いっぺん》会社を辞めたらもう二度と就職できるような環境じゃありませんでした。だから、辛《つら》くても会社を辞めるなんて発想は全《まった》くなかったです。

いまは非常に転職しやすい時代になりましたから、理不尽なことがあるとすぐ辞めてしまう若者が多いでしょう。ただね、一遍そこの会社に入ったら、そこの部署に配属されたら、「もうここしかない」と必死になって仕事に打ち込むことが非常に大事なことだと思います。

五年半の工場勤務の後、営業に異動になりましたが、そこもやっていることは営業の仕事じゃないんです。元請けの要望を工場に伝えるだけのメッセンジャーボーイだと言ったら、また飛ばされましてね。で、最終的には同期の皆が課長に昇進する時に、私だけは課長になれず、営業開発という名の窓際《まどぎわ》部署に行く辞令が出ました。

だからもうずっと左遷《させん》の連続でしたが、その経験があったからこそ、私は社長になれたんですね。人間万事《ばんじ》塞翁《さいおう》が馬というように、まさに吉凶《きっきょう》禍福《かふく》は予測できませんし、人生に無駄な経験など、何一つないのだと思います。

環境や機会を与えることはいくらでもできますけど、育つかどうかは本人次第。私なんか育ててもらった覚えはないですね。いじめられたことはありますけど。

じゃあどういう人間が伸びていくか、それは経営的発想で物事を考えられる人ですね。大きく分けると、会社の中には仕事をする人と作業しかしない人がいるんです。

自分の一つひとつの言動、極端に言うと会社の中で一歩動いたら、その一歩が社益《しゃえき》に繋がっている、あるいは付加価値を生み出している。それが仕事をしている人です。ただ言われた通りに機械を動かしている、資料をつくっている。そういう人は作業だけしている人です。たとえ単純作業であっても、どうやったら効率を上げることができるか、不良品を少なくできるかということを絶えず考えていかなければいけません。

素人発想、玄人実行

金出武雄　カーネギーメロン大学教授

Takeo Kanade

世界中の優秀な学生が集まってくる中で、大きく伸びる学生の共通点は、よく勉強するということは当たり前として、精神的に「しつこい」ですね。

例えば研究について質問や提案に来たとする。教授に「考えておくから」と言われ、「あ、そうですか」と帰ってそのままにしてしまう、という姿勢ではない。またすぐ来て「あれはどうなったか」とか「もっとさらに考えたんだ」と迫ってくるようなしつこさ。何としても自分の思いを通そうとする思いの強さは絶対必要条件ですね。これは万国《ばんこく》共通じゃないですか。成功している人はだいたいしつこい人が多い。これは負けず嫌いということにも繋がります。

あとは、「かわいい人」ですね。何でもそうでしょう。スポーツでも何でも、スーパースターといわれる人たちはみんなかわいいところがありますよね。

かわいさは素直とほぼイコールだと思います。素直というのは何でも「はい、はい」と聞くことではなく、考えがひねくれていないということです。

例えばコメントを受けた時に、「なるほど、そういう考えもあるのか。もしそうだとすると、自分の考えはもっとよくすることができるかな」とポジティブに受け止めようとする姿勢です。逆に、自分の考えが攻撃されていると受け止めて、なんとしても防御《ぼうぎょ》する姿勢はだいたい上手くいかないですね。

これは処世訓ではなく、研究そのものと深い関係があります。だいたい、研究で成功する人の考えの多くは極めて単純明快です。難しい話や重要な発明も、その発想を聞いてみると「なーんだ」というものが多い。

私はこの仕事をしながら、常々、

「素人《しろうと》発想、玄人《くろうと》実行」

ということを大切にしてきました。とらわれのない、素人のような視点で物事を考える。しかし、それを形にしていくにはプロとしての知識と熟練《じゅくれん》された技が必要ということです。いくら発想が素晴らしくても、下手につくったものはうまく動きませんから。

発想は単純で素直なものでなければならないのに、それを邪魔するものは、なまじっかな知識、自分は知っているという心です。大学教授という職業は、「それは理論的に難しいだろう」「何年前にあの人も挑戦したけれど、上手くいかなかった」という知識をつい先に出してしまう。

本当の玄人になるには、自分の玄人性に疑問を持てるかどうか。もっと言うならば、時に自分が築いてきた実績を捨てる勇気があるかだと思います。「素人発想、玄人実行」は学生たちにも話していることであり、自分自身を育てるためにも意識し続けていることです。

7月15日

男は十年だ

北方謙三　作家

Kenzo Kitakata

体験というのは、たぶん小説を書く時の十%ぐらいの核にはなっていると思います。あとはその体験に、いろんな願望や想像力が加わって小説になっていくんだろうと思いますね。

ですから私の二十代の十年間というのは、肉体労働をしながらひたすら小説を書き続けたわけですが、その間のボツ原稿がどのくらいあるかというと、四百字詰めの原稿用紙を積み上げて、背丈《せたけ》を越えます。

あの十年間はいったい何だったのかとよく考えるんです。そしてあれは青春だったと思います。青春というのは意味のあることを成し遂げることじゃないんです。どれだけ馬鹿になれたか。どれだけ純粋で一途になれたか。それがあの背丈を越えるボツ原稿だとしたら、捨てたもんじゃないと思いますね。

青春時代にすべてを完成させようと思っていると、チマチマと小さくまとまった生き方になってしまうだろうと思うんです。けれども私は十年間馬鹿になって突っ走った。転がっては突っ走り、転がっては突っ走り、それの集積が背丈を越えるボツ原稿の山。これはなかなかのものだと思うんですよ。やってる最中はとんでもなかったですけど。

でも途中で書くのをやめようとは、不思議と思わなかったんです。きっと私は小説の神様から、小説を書けと言われてこの世に生を受けたんだと信じるしかないんですね。

周りからは何度もやめろと言われましたよ。同窓会に行くと、仲間はみんな一流会社で活躍している。「北方、何やってるんだ?」と聞かれて「小説を書いている」って言ったら、肩をポンと叩かれて「おまえは偉いな」と。その偉いなって言葉の中に、多少の侮蔑《ぶべつ》と哀れみが入っているんです。

父親には「小説家は人間のクズだ!」と言われていました。自分の倅《せがれ》がそんなものを目指しているなんて思いたくないとずっと言っていました。その親父が、私がみんなからやめろ、やめろとめった打ちにされている頃、ひと言だけ言ってくれたことがあるんです。「男は十年だ」と。

十年同じ場所で頑張っていると、見えるものは見えてくるし、できることはできるようになると。その時は、何言ってやがるんだと思いましたけど。

その親父が六十歳の時に心臓発作《ほっさ》でパタッと倒れて、そのまま亡くなったんです。その頃には週刊誌の連載を何本も抱えるようになっていたので、親父が横たわっている側で線香を絶やさないようにしながら、締め切り間近の原稿を書き続けました。

その時に初めて思いましたね。確かに男は十年。親父の言った通りだったなと。残念ながらそれを伝えようと思っても、親父はもう目を開いてくれませんでしたが。

7月16日

一生一作――師・棟方志功の教え

長谷川富三郎　板画家

Tomisaburo Hasegawa

初出展で国展に入選して、私はうれしくて、棟方志功《むなかたしこう》さんのお宅にご挨拶にうかがうと、棟方さんは「何で黙って出品したのか」と注意されましてね、驚きました。私は、「棟方さんのひいきで選ばれたのではバツが悪いと思ったので黙って出品しました」というふうに答えたわけです。

まあ、それで終わればよかったんですが、生意気にも「会場を一巡《いちじゅん》して感じたのは、どうして私の作品が入賞しなかったのかということです」と言ってしまった。すかさず棟方さんは、「初出品で初入選していて、いい気なもんだな。入選だけを喜んでおればいいんだ」ときっぱり言われました。

世の中は甘くないよっておっしゃりたかったんでしょう。今日、私がこうして板画の道を歩んでいられるのも棟方さんのお導きだと思いますね。本当にいろんなことを教わりました。

ある日、こんなことを言われました。「これを出したら後がないといつも思うんだがなあ。それを出さんと後がないんだ」と。「その時その時の最高のものを惜しみなく出すという気で仕事をせんとね」と話されました。

その時の棟方さんの熱のこもった声を忘れることはできませんね。とにかく、全身全霊で板画に打ち込まれるお姿に私は打たれました。

また、棟方さんは、ご自身の作品に○○柵というように、柵の字をつけられることが多かったわけですが、それは、そこに柵を打ち込んで後に下がらないようにするためだとおっしゃっていました。ただただ前に進み、次へ仕事を伸ばしていくということこそ大切だと思われてのことだと思いますね。

それから棟方さんは、「一生に一作をなすのだ」という話をされたことがあります。棟方さんはよくもこれほどたくさんの作品を生み出されたものだといつも感服しているのですが、その棟方さんが「一生に一作をなす」と言うんですからね。どういうことかと、確かめると、「一生一作。それは棟方板画という一作だ」ということでした。

一作一作が柵であり、「棟方板画」という一作の部分を日ごとに制作しておられたんだと思います。

私自身は、「今日本番」――いつか私なりに自分に言い聞かせるようになりました。

7月17日

能力を高める秘訣

鈴木鎮一　才能教育研究会会長

Shinichi Suzuki

まず大切なのはやってみることです。生命は行動する者にのみその力を発揮するんです。どんな能力だって、実行を怠《おこた》る者には備わらない。（略）

生まれつき素質がない、などとよくいいますが、そんなことはありません。育てられた姿を見て、それを生まれつきだとする考え方をやめなければならない。狼の習性を身につけてしまうのも人間なんです。アインシュタインやゲーテだって、もし石器《せっき》時代に生まれていたら、石器時代の人々の文化能力にしか育たなかったでしょうし、石器時代の乳児を私が受け取って育てれば、やがてその子を、ベートーヴェンのヴァイオリン・ソナタをひく青年に育てることもできます。

最も大切なことはいかに育てるか、ということです。才能はあるものではなくて、創るものですからね。下手な努力をすれば下手な才能が育つし、優れた才能を示した人たちはそれだけ正しい努力を積み重ねた人たちだということです。

優れた才能をつくるために最も大切なことは、何度も繰り返してやる、ということです。身につくまで何度でも、繰り返してやる。子供が日本語をしゃべれるようになるのは、毎日毎日の繰り返しでしょう。どんな能力でもそれと同じで、やさしく感じるようになるまで、何度でもやる。それが能力を高める秘訣ですね。

だから例えば、私は一つの曲を何回でもひかせるんです。普通の場合は一つの曲がひけたら、どんどん次の曲にいってしまう。でもそれでは、あれもこれもできるけれど、立派なのが一つもないということになってしまうんです。だから私は一つの曲を毎日三回ずつ、約三か月ひかせる。しかもその一方で、その曲の世界最高の演奏をレコードで聴かせる。そうすると高さというものが生まれてくるんですよ。それはもはや技術ではない、精神の段階なんです。

それは単に一つの曲だけではなくて、一つの大事な音の場合もあります。ある一つの大事な音、これがあなたの心を表す音だと言ってね。それを一万回練習してきなさい、と言う。

本当にやる子は、ちゃんと日記までつけてやってますよ。「今日は八千六百回になりました」とかね。それを繰り返しているうちに、自分でも知らぬ間に変わっているんです。

一万回といいましたが、やはりより多くの訓練も必要なことです。五年間やりましたという人がいますが、五年といっても毎日五分間やるのと三時間やるのとは、全《まった》く違いますからね。正しい方法による、より多くの訓練、これが能力の育つ原則です。

7月
18日

種田山頭火という生き方

大山澄太　俳人

Sumita Oyama

山頭火《さんとうか》という人は幾度か私の家に泊まりましたが、帰る時、いつも後ろを振り向きもせず一目散《いちもくさん》に駆けていくのです。見送るほうとしては物足りんのですね。だからある雪の降る夜、山頭火が私の家に泊まった時、いつものように酒を飲みながら「あんたが帰る時、僕らが名残《なごり》惜しんで見送るのに、いつも後ろを見ないで、すーっと逃げるようにして行く。あれはどうしたんか」と私が尋ねると、山頭火は酒を飲むのをやめましてね。「君、そう言うな。君らは月給もろうて生活に心配ないが、僕のような漂泊《ひょうはく》の乞食坊主はあんたらに別れたらこれが最後で、どこで野垂《のた》れ死にするやら分からない。ひょっとしたらもう会えんと思うとつろうてならんので、涙が出て、自分の涙を踏み踏み歩きよる。手を振ったり、後ろ向くゆとりがないんだよ。『一期一会《いちごいちえ》』というからの」そういう純な思いで出て行く人に、物足らんと思うのは愚かだなあと気がつきました。

振り返らない道がまっすぐ
まっすぐな道でさみしい

その頃の山頭火の句です。こういうところに山頭火の歩みのなんともいえんものが響くのであります。ある年の暮れ、仕事で山頭火の庵《いおり》の近くまで来たので、酒を持って訪ねました。夜まで話が弾み、さて帰ろうとすると、「澄太君、すまんが長い間、人間と一緒に寝ておらんので、寒いぼろの庵だが、ここへ泊まってくれ」という。寂しがる先輩を残して帰るのもなんだから、「それでは泊まろう」ということになったが、いざ寝ようとしたら蒲団《ふとん》が一つしかない。

山頭火が「君が泊まるので嬉しいから寝ずに起きとる」と言うので、蒲団に入ったが、小さくて薄い蒲団のため寒くて眠れない。「どうも寒くて、眠れそうにない」と言うと、山頭火は泣きそうな顔をして「済まんことだ」と言いながら押し入れから夏の単衣《ひとえ》を出して私にかける。私は「まだ寒い」と言うと、紐《ひも》のついた物を持ってくる。ようく見ると赤い越中《えっちゅう》ふんどしなんです。それを私の首に巻く。臭いことはないが、いい気持ちはしないので「それはいらん」と取って外す。そのうちに酒の酔いも手伝って寝てしまいました。

東側の障子《しょうじ》がわずかに白んだ夜明けの四時頃だろうか、私はふと目が覚めた。山頭火はどこかとこう首を回して探すと、すぐ近いところで僕のほうを向いて、じーっと坐禅を組んでいる。その横顔に夜明けの光が差して、生きた仏様のように見えましたなあ。妙に涙が出て仕方ない。私は思わず、彼を拝んだもんです。さらによく見ると、山頭火の後ろに柱があり、その柱がゆがんでいる。障子を閉めても透き間ができ、そこから夜明けの風が槍《やり》のように入ってきよる。それを防ぐために山頭火は、自分の体をびょうぶにして、徹夜で私を風から守ってくれたのです。親でもできんことをしてくれておる。私はしばらく泣けて泣けて仕方がなかった。こういう人間か、仏か分からんような存在が、軒《のき》に立てねば米ももらえんし、好きな酒も飲めん。その時私は月給の四分の一を山頭火に使ってもらうことに決めました。山頭火が死ぬまでそうしました。

7月
19日

人生は美しいことだけ覚えていればいい

佐藤愛子　作家

Aiko Sato

私の場合、言葉によって支えられたということはないですね。言葉が先にあって、その言葉で力づけられ自分の人生が決まったというのではなく、自分の人生が先にあって、人生観なり自分の気質なりにぴったり合う言葉を見つけた時に、嬉しくなってそれが力杖《ちからづえ》になる、ということだと思うんですね。

そういう意味で気に入った言葉の一つに、「人生は美しいことだけ覚えていればいい」という沢田美喜《みき》さんの言葉があります。

ご存じのように沢田美喜さんはエリザベス・サンダース・ホームを創設し、たくさんの戦災混血孤児《こじ》を育てた方ですが、私はテレビで沢田さんがこの言葉を言ってらっしゃるのを見て、非常に感動したんです。

ホームで育った黒人の混血孤児なんですが、成長して二十七、八歳の青年になって、アメリカへ自分のお父さんに会いに行く。ところがお父さんは喧嘩か何かして監獄に入っているんですね。胸が潰れるような思いでその青年は、沢田さんが来るのをニューヨークの公園のベンチに座って待っている。沢田さんの姿が見えると青年は駆け寄って、抱きついて、思わず泣くんです。その時に沢田さんが英語でね、

「泣いてはいけない、人生は美しいことだけ覚えていればいい」

と言って、青年を励ますという場面があるんです。

長いこと生きてくると、いろいろな経験をしてきますけど、楽しいことよりも、美しいことのほうが心に残るということが分かります。美しい自然、人の美しい心。そういう美しいことだけ覚えていれば、人生捨てたものじゃない、というふうに思えるわけでしてね。さすがに沢田さんはいいことを言われるなあ、と、感銘を受けましたね。

また、アランの楽天《らくてん》主義というのは有名ですが、『幸福論』の中に「上機嫌」という章があります。「たまたま道徳論を書かなければならないとすると、私は上機嫌ということを義務の第一義に置くだろう」

とあるんですが、私はこの言葉が非常に気に入っています。

我われは何かにつけて、取るに足りないことで愚痴《ぐち》をこぼしたり、泣いたりしがちですけどね、そういう時に「上機嫌」というのを義務の第一義に置くと、生きていく力が出るんじゃないかと思うんですよ。

私はすぐに怒る人間として知られているようですけど、怒る時も上機嫌に怒ってましたから、まあまあ元気にやってこられたんじゃないかと思いますよ。上機嫌に怒るということは、つまり、あとに怒りの余燼《よじん》――憎しみや怨《うら》みを残さないということです。

7月20日

与えられた環境を最大限に生かす

稲尾和久　プロ野球解説者

Kazuhisa Inao

私が進学した別府緑ケ丘高校というのは無名の学校でしたが、二年生の時に南海《なんかい》から誘われたことがあります。プロ野球というのは夢ではありましたが、まさか自分が入れるとは思っていなかったのと、甲子園に出たいという目標もあったので、その時は断りました。

三年生の時、西鉄《にしてつ》から誘いがきました。この年は県予選で準決勝まで進んだので、ひょっとしたらプロでもやれるかもしれないという自信もできていました。

正式契約の日のことはいまだに忘れられません。スカウトがきて、我が家の汚いちゃぶ台に、五十万という現金を置くのを見て、私の母親は失神《しっしん》してしまいました。高卒で就職した私の同級生の初任給を考えると、母が腰を抜かすのも無理からぬことでした。

そうして入団し、畑隆幸という投手に出会うことで、人生の最初の転機を迎えたわけです。

いい選手になるためには、いかに早く自分の長所に気づき、それを伸ばす努力をするかが重要なことです。私の場合、スピードではとても畑にはかなわないと思いました。すると、勝負ができるのはコントロールしかありません。徹底的にコントロールを身につけようと考えました。

練習とはいっても、全部ストライクを投げると、打者はすべて打とうとしますから、休むことができません。「たまにはボールを投げろ」と叱られて、ボールを交ぜるのですが、やがて、三球続けてストライクを投げ、四球目はボールにして休ませるというのが、バッターもリズムがとりやすいということが分かってきました。

短い間でしたが、中学時代にキャッチャーをやっていたので、私はあまり大きく振りかぶらずに、素早く投げる癖がついていました。普通の投手が投げるのは一分間に六球程度ですが、私は八球投げることができました。当時の打撃練習は一時間でしたから、その間に私は四百八十球投げることになります。

ストライクは真ん中に投げるだけですが、ボールにする球は、内外角それぞれの高低と四つのコースがあります。このボール球を投げる時だけがコントロールをつける練習になると思って、真剣に投げました。

それに、ブルペンではバッターが立つことはありませんが、私の場合はいつもバッターが立っていてくれますから実戦に近い。四百八十球投げるうち、百二十球は自分だけに特別に許された練習だと思ったわけです。

7月21日

よい人と歩けば祭り、悪い人と一緒は修行

小林ハル
越後瞽女・人間国宝

Haru Kobayashi

瞽女《ごぜ》は目が見えないので、必ず「手引き」という目の見える人と組んで旅に出かけます。いつも気の合う人と歩ければいいのですが、そういったことは滅多になく、あの人と歩いたり、この人と歩いたりと、いろいろな人と組まなければなりません。だから、瞽女の組み合わせは一つの修行といってもよいかもしれません。私はいい人と歩けば祭りだし、悪い人と一緒だと修行だと思っていつも歩いてきました。

七十三歳の時、私は老人ホームに入りました。このホームに入っている人たちはほとんどが目の見える人たちで、同室になった四人のうち一人だけ意地悪な人がいました。その人は私よりも二つか三つ年下で、連れ合いを亡くし、子どもたちがみんな独立して自分一人になったのでホームに入ったようです。

入った時からその人は、私にいろいろな意地悪なことを言いました。「目が見えなくたって、ごはんが食べたいんだか」とか、誕生会で唄を唄うと「瞽女だと思っていい気になっている。目の見えないざましていっちょうまえ（一人前）の気になっている」と事あるごとに意地悪なことを言うのです。

家のやっかいになるまいと思ってここに来ましたが、ここもまた切ないところだなと思いました。しかし、年を取ってどこも行くあてがなくてここに来たのですから、諦めるより仕方がありませんでした。

どこへ行っても、いくつになってもいろいろな苦労があるものです。しかし、神仏はすべてお見通しです。人に言いたいこと、したいことを何も考えないでしていると、必ず天罰があたる。私は決して無理なことを言ったり、したりしないですべて神仏にお任せしてきました。言いたいことはいっぱいありましたが、それを口から外に出してしまえば必ずバチがあたります。

ホームでこうやって世話をしてもらうだけでもありがたい。いくらなんでもこの年になって外や雨のあたるようなところにはいられないのですから、ここへ来たらそれが務めだと思って、そういう人に対してはなおさら気がねして努めてきました。

考えてみれば、ホームの組み合わせは瞽女と同じようなものです。ホームも組み合わせで良い人と組めば祭りだし、悪い人と組めば修行です。それでも瞽女は短くて一か月、長旅でも半年もすれば組み合わせが変わります。ホームは一度組むと二年も三年も一緒ですから辛《つら》いところもありますが、幸い私は三年目からいい人と同じ部屋になり、もう姉妹のようにお付き合いさせていただきました。

私は目が見えないので、どんな目に遭っても、どんなことがあっても人には背《そむ》くまいと思って生きてきました。そうやって努めてきたからこそ、いまはこんなに幸せで気ままに生きさせてもらっているのだと思っています。若い時の苦は楽の種という言葉がありますが、百歳になったいま、そのことをしみじみと実感しています。

7月
22日

私はピアノで、ピアノは私

フジコ・ヘミング　ピアニスト

Fujiko Heming

誰も聴いてくれる人がいなくても、猫しか聴いてくれなくても、私はピアノを弾いて、弾いて、弾いてきた。それはピアノが私そのものだから。ピアノがなければ私はない。そういう意味では、ピアノを私に与えてくれたすべてに感謝の他はありません。そして、私のピアノを聴いて感動してくれる人がいる。それは私が分かってもらえたことです。こんなありがたいことはありませんね。

夢を持つ、夢を追いかけるなんていうのは、夢と自分との間に距離があるでしょう。そうではなくて、自分と一つになっているものがある。そういうものがあると、運命が巡り巡って、神様は必ず配慮してくれる。そんな気がします。

逆にいうと、自分と一つになっているものがないと、運命もまたそれなりのものでしかなくなってしまう、ということじゃないのかな。そんなふうに思いますね。

ピアノというのはね、最後はテクニックじゃない。人間は機械じゃないんだから、間違ったっていいじゃない。それよりも大切なのは魂で弾くことよ。ポンと鍵《けん》を叩くと、私の人格が音になって流れ出していく。私の人間性が貧しかったら、見透《す》かされる。とても怖い。だから、ステージに上がる時はいつも足が震えます。それを乗り越えるには、よほどの体力が要る。だから、家では体操を欠かさないし、演奏会前日の夜には二十分歩きます。それから食事。私はベジタリアンで、最後に肉を食べたのは一九八三年だったかな。ジャガイモはいいですよ。体の中がきれいになる。

こうして万全の準備をして、私は弾く。いつまで弾けるかなんて、知りません。考えません。

何も考えずに弾く。だって、私はピアノで、ピアノは私なんだから。私にとってピアノを弾くことは生きることなんだから。

7月
23日

社長が求めているものを求めているか

河田勝彦
オーボンヴュータンオーナーシェフ

Katsuhiko Kawata

仕事が上達する人とそうでない人の差は「意識」でしょうね。ただ言われた仕事だけをしているか、あるいは僕と同じような気持ちで、つまり菓子屋ならシェフ、会社なら社長が求めているものを求めて仕事をしているか。やはり後者でなければおいしいお菓子は絶対に作れないし、仕事でいい結果は出せません。

これまで約二百人がこの店を巣立っていき、中には有名店を経営している者もいます。三十年近く見てきて感じるのは、いまの子は人にとても優しい。それはいいことだと思います。でも、自分にも優しいんですよ。これがいけない。

こんなもんでいいかなって許しちゃうわけですね。妥協《だきょう》点が早いんです。そうやって流して仕事をする子はなかなか伸びないと思います。逆にこだわりを持っている子はどんどん成長していきますよ。

もちろん頑固《がんこ》がいいと言っているのではありません。自分に厳しく、小さなことでもとことん追求するというある種の譲れない信念を持っている。それを貫いていくことが、僕は絶対に必要だと思います。

いまはもう、どこのお店に行ってもいい原材料を使っています。道具も平等です。だけど、店によって味が違う。なぜか。それは作り手の思い、これしかないです。本人に熱い思いさえあれば、必ず技術はどんどん上達していきます。ですから、僕がどんなに口うるさく言ったって、結局は本人の意識次第なんです。

僕はフランス修業の最後の一年半、パリのヒルトンホテルでシェフ・ドゥ・パティシエを務めたんですが、あの時は半年間ほとんど寝ずに働きましたね。

当時、ホテル業界は全体的に衰退していましたから、抜本《ばっぽん》的な改革をしようと。ホテルに入っているレストラン、カフェ、宴会場、そのすべてのデザートメニューを検討し、新しいアイデアを次々に考え出していきました。

他にも材料の仕入れ先や働く人など、問題は山積です。

だから、一日二十四時間ではとても足りませんでした。一時間くらい仮眠を取り、あとはひたすら手を動かし、頭を働かせていたんです。やはりシェフは先頭に立って闘わなきゃいけないと思います。そうじゃないと人は絶対についてきませんよ。

人生、すべて当たりくじ

塙 昭彦
セブン&アイ・フードシステムズ社長、前イトーヨーカ堂中国総代表
Akihiko Hanawa

私どもの会社はセブン&アイ・ホールディングスのフード事業会社として二〇〇七年に設立されました。デニーズジャパン、ファミール、ヨーク物産の三つを吸収合併し、レストラン、ファストフード、それに社員食堂などのコントラクトフード事業の店舗展開(二〇〇九年二月末現在、計九百五十九店舗)を図っています。

いま、「生活で何を節約しますか」と聞かれて約七割の方が「外食」と答えるような時代です。このように外食産業が大きな曲がり角にある厳しい時だけに、やはり事業を集約して仕入れ先などを統合し、食という一つのテーマを追求していくべきではないかと。ただ、業績は大変厳しくて、初年度は赤字でした。何とかこれを黒字にしたいと思いまして目下《もっか》奮闘している最中なんです。

もう一つ、私にはイトーヨーカ堂取締役中国総代表という仕事があります(取材当時)。月に約一週間は店舗がある中国の北京や成都《せいと》に行って現地のイトーヨーカ堂の責任者たちと会議をして、今後の事業展開などを話し合うんです。売り上げは一千億円弱といったところでしょうか。おかげさまでこちらのほうは大変順調に利益が伸び続けております。

セブン&アイ・フードシステムズが設立された後、中国から呼び戻され、二つの重責を担《にな》うようになりました。

中国室長の辞令をいただいたのは十三年前の平成八年、メンバーは私一人でした。それまで営業本部長だった私には二万五千人の部下がいたんです。それが突然ゼロ、しかも中国は初めての土地です。周囲からは左遷《させん》と見られ、これから一体どうなるのかという思いでしたね。

しかし、一緒に行きたいと名乗り出る仲間が現れて、彼らが必死にやってくれたおかげで今日があると思っています。中国という大地に播《ま》いた種は、花を咲かせて、実を結ぶようになりました。

やはり大事なのは、どのような厳しい環境でも、そこに踏みとどまって頑張ることだと思いますね。逆境や不遇の時、「嫌だ、嫌だ」と逃げ回ったり自己逃避したり、じっとしてるだけでは何の解決にもなりませんから。そんな時は、自分の心を強くして、闘い、克《か》つ以外にないんです。

人事異動でも何でも世間の誰もが「外れくじ」と思う出来事ってありますね。でも、世間や周囲の人がどうあれ、自分だけは「このくじは当たりだ」と思うことが大事なんです。そのように考えたら、何事があろうと「人生すべて当たりくじ」じゃないですか。

私は子供の頃から、随分と劣悪《れつあく》な環境の中で生きてきましたが、その時、常に自分に言い聞かせてきたのが、この「人生、すべて当たりくじ」という言葉でした。

7月
25日

創業時を支えた二つの言葉

鳥羽博道

ドトールコーヒー名誉会長

Hiromichi Toriba

ブラジルから帰国後、再びコーヒー卸会社で働いていたが、ある時、得意先を競合他社に取られた社員を往復ビンタで殴る社長の姿を見た瞬間、辞表を提出した。大変恩義はあるけれども、こういう状況のもとに会社は発展しない。厳しい中にも和気藹々《わきあいあい》とした理想の会社をつくろう。そう思ったのである。

ゆえに私が起業したのは、社長になりたいからでも、金儲けがしたいからでもない。ただ理想の会社をつくりたい。その一念だけだった。資本金の三十万円も人から借金をし、八畳一間の場所で二人の仲間と共にコーヒー豆の輸入・卸《おろし》の会社を立ち上げた。「ドトール」という社名は、ブラジル時代に住んでいた地名から取った。

お金も後ろ盾《だて》もない。コーヒーの品質も高くない。あるのは夢と情熱だけ。まさに徒手《としゅ》空拳《くうけん》でスタートしたため、最初は全《まった》く買ってもらえなかった。明日潰れてもおかしくないという恐怖心を静めようと、夜は自宅近くの神宮外苑《がいえん》を散歩してからいつも帰宅していた。

そんなある時、ハッと気がついたことがある。潰れる、潰れると思うから心が萎縮し、思い切った仕事ができない。明日潰れてもいいじゃないか。きょう一日、朝から晩まで体の続く限り働く。明日のことは考えない。きょう一日に集中しよう――。

毎日毎日こういう心構えで仕事を続けていると、私の真剣な姿を見て、「あぁこいつ大変だな。何とかしてやろう」と手を差し伸べてくれる人が現れるようになった。

二つの言葉との出逢いもまた、私に大きな影響を与えてくれた。

創業当初、自分は死に物狂いで働いているのに、社員に必死さが感じられない。そのことに腹が立って仕方がなかった。ちょうどその時、ある人から「長《ちょう》の一念」「因果倶時《いんがぐじ》」という言葉を教わった。

日頃社員に不満を募らせていたけれども、その原因は社員にあるのではなく、すべては長である自分自身にある。自分自身が変わらない限り社員は変わらない。また、よかれあしかれ、過去の因の積み重ねが今日の結果をつくっている。未来をよくしようと思えば、一分一秒も疎《おろそ》かには過ごせない。

そう気づいてからは、社員への不満や批判は一切消え、より一層仕事に全精力を傾注するようになった。紹介が紹介を呼び、創業から二年ほどで事業を軌道に乗せることができた。

7月
26日

仕事は追い掛けられるな、追い掛けろ

森口邦彦　染色家・人間国宝

Kunihiko Moriguchi

私は父と約四十年間、同じ仕事場でやってきたんですが、最初の十年くらいは生活を気にすることなく、自由に創作に取り組ませてくれたので、すごくその時間は重要だったと思っています。

とはいえ、父は私の作品を本当に評価してくれているのかという疑いは常に持っていました。おふくろは私の作品をいつもけちょんけちょんに貶《けな》してちっとも褒めてくれませんしね。実は父に褒められたことも一度もないんです。

ただ、父のもとに入門して十年目頃、単純な一本の線が着物を着た時に、スパイラルのように体全体に巻きついて見える作品をつくったんですが、その図案を半年も経たないうちに父が自分の作品に取り入れていたんですよ。

もちろん父の作品では、線は一本の梅の枝に、上からだんだん花が咲いていくといったような誰もが楽しめる素晴らしいもので、私の作品は無愛想な一本の線だけの抽象的な構成でした。

それでも、そうやって真似をしてくれたということが父の唯一の褒め言葉だったんではないかなと思いますし、自分でも父の役に立てるんだと思えた瞬間でした。これは本当に嬉しかったですね。

父に直接「自分の真似をしたな」と、そんな無礼なことは言えません。やっぱり、父と子はお互いにライバルなんだと思います。年に一度の大事な展覧会に出品する時にも、うちは小さな仕事場で一緒にやっていましたから、作品をつくり始めたのがお互いにすぐ分かるんです。

父の口癖は「仕事は追い掛けられるな、追い掛けろ」ということで、要は、仕事は先に、先にしなさいと。それである年に早めに展覧会の準備に取り掛かったら、父に「もうつくり始めるのか?」と言われましてね、父は私をライバル心で見ているんだなと思いました。

その頃ね、一度だけ「同じ山、美という山を登るのに、私はあなたとは違ったルートを見つけたいものだ」という思いは父に伝えたことはあります。

あと、父には勝てない、すごいなと思ったのは、内弟子さんの教育の仕方ですね。父は内弟子さんに筆の技術など、現場のことしか教えなかったので、私はデザインの基礎的な知識とか、もっと大局的なことも教えてあげたほうがいいじゃないかと思いましてね。廊下で父とすれ違った時に、何で教えないのか聞いてみたんです。

そうしたら父は「言わないと分からん奴には、言っても分からんから言わん」って言うんです。それを聞いて自分はなんて厳しい人に育てられたんだと思いましたね。

7月27日

断ったらプロじゃない

新津春子
日本空港テクノ所属環境マイスター

Haruko Niitsu

入社から三年経った時、私は全国ビルクリーニング技能競技会に会社の代表として出場することになりました。全国大会の前に予選大会があって、私としては百％出し尽くしたんですけど、二位だったんです。その結果に納得がいかなくて、常務に「何がいけないの?」ってぶつけると、ひと言「気持ちを込めていない」って。

私が「どうやって気持ちを込めるの?」と聞くと、「急ぐあまり道具を使ったらポンポン投げるように置いているでしょう。それが気持ちがないってことだよ。道具をつくった人が見たらどう思う?」。もう返す言葉がありませんでした。

そこから全国大会までの二か月間、私は道具や物も人だと思って、使ったら「ありがとう」って言いながら置くようにしていきました。ただ、常務は「自分で考えろ」という感じで細かいことは教えてくれない。「気持ちを込めるにはどうしたらいいか」って毎日考えていました。ある日、お客様の動きをずっと見ていると、答えが分かったんですよ。

空港を利用する人は年齢層も職業も当然バラバラですよね。会社員、主婦、障碍者《しょうがい》、子供、ご年配の方……。それぞれのタイプによって動きが違うんですよ。ということは、例えば同じテーブルを使うにしても汚れる場所、汚れ方はそれぞれ違ってくる。そうやって考えていくと、子供が使うとこう汚れるのか、ご年配の方の場合はこうだ、ということが分かってきて、使う人のことを見据えて掃除のやり方を工夫できるようになったんですよ。その結果、二か月後の全国大会では日本一を獲得することができました。二十七歳での優勝は最年少記録だったと聞いています。

それからですね、自己満足の清掃ではなく、お客様のためにする清掃に転換したのは。「気持ちを込める」という自分に欠けていたものに気づいてから、清掃技術の向上だけに留まらず、もっともっと自分を高めていこうという意識に拍車《はくしゃ》がかかりました。一つずつ目標を立てて、努力して、達成して、また新たな目標を立てる。その喜びがやみつきになって、いつしか清掃の仕事が自分の居場所だと感じるようになりました。

私たち空港の清掃員はお客様からいろんなことを頼まれるんです。だから、清掃とは関係ないことであっても、お客様から言われたことは断らないで全部やっていく。そういうことは意識しています。

断ること自体が自分には許せないというか、断ったらプロじゃないと思うんですね。もちろん私にはできないようなことも中にはあるわけですから、それを断らないでやるためにはどうすればいいかって考えて、やっぱり日々プラスアルファの努力を積み重ねる。

あと、清掃に関しては、赤ちゃんが床でハイハイしても大丈夫なくらい綺麗にしようって心掛けているんです。心を込めなければ綺麗にはできませんし、そこは妥協せずにやっています。どんな仕事でも心を込めてベストを尽くす。そうすることで、お客様は喜んでくれると思うの。

7月28日

トップアスリートの共通項

荒牧 勇
中京大学スポーツ科学部教授
Yu Aramaki

闘魂《とうこん》という言葉について、私自身の研究から思いつくのは、何かを始める時の脳のエネルギーについてです。スポーツを直接の対象とした研究を始める前は、基礎的な運動の研究をしていました。具体的には右手と左手を協調して動かす両手協調運動を研究していました。

例えば、両手の人差し指と中指を交互に動かしてタッピング運動をします。この時に、左右の手の人差し指同士を同時、中指同士を同時、といった具合に、同じ指同士を同時にタッピングするパターンはとても簡単です。ところが、右手の人指し指と左手の中指を同時に動かし、続いて右手の中指と左手の人差し指を同時に動かすというパターンでタッピングすると途端に難しくなります。

この程度の課題の難易度の変化でも、その運動を開始する時の大脳基底核の活動は大きく違います。難しい運動を開始する時は、大脳基底核のより大きな活動が必要となるのです。

このように、困難なことを始める時、また、大きな変化を起こす時には脳にも大きなエネルギーが必要です。

ここからは研究データに基づかないので雑感となりますが、トップアスリートに限らず、人生で大きな成功を収めるような人物は、この大きなエネルギーを出せるのだと思います。それがいわゆる一つの闘魂なのだと思います。

一流と二流、伸びる人と伸び悩む人、両者を分けるものを突き詰めていけば、この闘魂の二文字に集約されるのではないでしょうか。

一般の人には手の届かないような一流人が持つ闘魂は、意外に小さなところから育むこともできると私は考えます。

例えば、やるべきことにすぐ手をつけられるか否か。仕事でも何でも、いったん始めてしまえば後は比較的楽なのですが、多くの人はなかなか手をつけられずにグズグズと時間を浪費してしまいがちです。先述の通り、何かを始める時、変化を起こす時には脳内で大きなエネルギーを消費するため、愚図になるのは仕方のないことではあるのです。かくいう私もいわゆる一人の愚図です。

これを克服するには、思い切ってやり始める以外にありません。やるべきことがあったら、すぐにやる。気分が乗らなくても無理やりにでも始めてしまう。これを繰り返すうちに徐々に脳の構造も変化し、新しいことにも積極的に挑戦する人間に自己変革できることでしょう。

テクニックとして有効なのは、何かを始める前にはルーティン、一定の動作を行うことです。メジャーリーグで活躍するイチロー選手が、打席に入る前に必ず同じ動作をするように、自分なりのルーティンを決めて実行することを習慣づければ、脳内に回路が形成されてスムーズに仕事に着手できるようになるでしょう。

私と刺し違えるつもりで来なさい

植木義晴
日本航空会長
Yoshiharu Ueki

ＪＡＬ再建当時の当社は、いったい誰が経営しているんだと思うくらい数字に鈍感な会社になっていましたね。

稲盛和夫名誉会長から「この会社の一か月間の経営数字はいつ分かるのか」と聞かれて「三か月後です」と答えると、「話にならない。一か月で出せるようにしなさい」と。

当時の私どもの感覚からすれば、「そんなご無体な」という感じでしたね。ＪＡＬは海外でも運航をしているし、他の航空会社からの乗り継ぎのお客様もいらっしゃるので、数字をまとめるのにどうしても時間がかかるんです、と説明をしても、頑《がん》として受け付けていただけない。どうしても一か月で出せるようにしなさいと。

最初は正直、その意味が分かりませんでした。しかし三か月も経った数字というのはもう旬を過ぎているんですね。夏休みの数字が寒くなる頃に出ても、あぁこうだったんだなぁでおしまいです。

ところが、いまは連結の正確な数字はひと月、概算ならば半月もしないうちに出ます。便ごとの収支も、国内線では翌日、国際線でも三日後に出ますから、担当者はそのデータを見ながら逐一《ちくいち》手を打っていけるんです。以前ではとうてい考えられないことでした。

その間のご指導で印象に残っていることは、数えきれないほどあります。中でもやはり一番大切にされていたのは、まずは責任を持てということでした。

この会社ではいままで誰が責任を持って経営をしてきたんだと。本部長一人ひとりが自分の本部のことに百％の責任を持っているのかと。その責任感がなければ執行もできないだろう、と我われに強く訴えかけられました。

会議の場で我われ役員が時間をいただき、個別の案件について提案させていただいた時のことは、いまも忘れられません。そこで名誉会長が見ておられたのは、説明の内容よりも、それを説明する我われの心意気でした。これ以上聴く必要がないと判断されれば、最初の五分で「もう帰りなさい」と。

君の話には魂がこもっていない。本当に認めてほしいなら、私と刺し違えるつもりで来なさい。その気迫のない者は去りなさいと。

ですから五分、十分、なんとか持ち堪《こた》えようと懸命に説明をする。三十分聴いていただいてホッと胸をなで下ろしました。もちろんその上で判断が下るわけですけれども、そういう真剣勝負の場を毎日毎日過ごさせていただいたことは本当に大きかったですね。

運を無駄遣いする人、味方につける人

谷川浩司
日本将棋連盟棋士九段
Koji Tanigawa

私は、一人ひとりが持っている運の量っていうのは平等だと思うんです。そして、運が悪い人というのは、つまらないところで使っているんじゃないかと思うんです。

将棋の棋士《きし》を見ていると、例えばトップクラスの棋士がやっぱり一番将棋に対する愛情、敬意を持って接していますね。対局前の一礼にしても、羽生善治《はぶよしはる》さんをはじめとするトップの人ほど深々と礼をするんです。その姿勢は相手が先輩でも後輩でも変わらない。そして対局後に「負けました」と言うのは一番辛《つら》いですけれども、それもやっぱり強い人ほどハッキリ言うんですね。

それから、棋士の中には対局開始前ギリギリにやってくる人もいます。さすがにトップ棋士は対局の十分、十五分前にはちゃんと対局室に入るけれども、そういう心掛けのできていない人は、電車が遅れたりしたら大変です。なんとか対局に間に合ったとしても、その人はそこで運を使い果たしていると思うんです。

将棋も囲碁も先を読みますが、どんなに頑張ってもどこか読み切れない部分があります。そういう最後の最後、一番大事なところで運が残っているかどうかというのが非常に大事だと思うんです。

ですからどんな対局であっても、与えられた条件で最善を尽くして運を味方につけることが大事です。

対局の持ち時間を残して勝負をあっさり諦めるような人は、やっぱり成績も振るわないし、最後の最後の大事な場面で勝ちを逃すことが多いような気がします。

よく天才とか才能とかいう言葉を使うんですけれども、それは決して一瞬の閃《ひらめ》きではなくて、毎日の積み重ねが自然にできることがやっぱり才能だと思いますね。

どんなに酷《ひど》い負け方をしても、翌朝には盤《ばん》の前に自然と座れることが大事で、やけ酒を飲んで次の日を無駄にしてしまうような人は、やっぱりだんだん差をつけられていくんでしょうね。

私は最近「心想事成《しんそうじせい》」という言葉が好きでよく揮毫《きごう》させていただくんです。心に想うことは成るという意味ですが、そのためには平素《へいそ》からどれだけ本気で勝負に打ち込んできたかということが大切だと思います。真剣に、本気で打ち込んできた時間が長く、思いが強い人ほどよい結果を得ることができるし、そのための運も呼び寄せられるのではないでしょうか。

勝負の神様はそういうところをきちんと見ておられるし、それはその対局の時だけでなく、普段の生活すべてを見ておられると思うんです。もちろん人間ですから一日中将棋のことを考えているわけにはいきませんが、体の中心に将棋というものが軸としてあるか、そこが問われると思います。

どこまで人を許せるか

塩見志満子　のらねこ学かん代表
Shimako Shiomi

長男が白血病《はっけつびょう》のために小学二年生で亡くなりましたので、四人兄弟姉妹の末っ子の二男が三年生になった時、私たちは「ああこの子は大丈夫じゃ。お兄ちゃんのように死んだりはしない」と喜んでいたんです。ところが、その二男もその年の夏にプールの時間に沈んで亡くなってしまった。長男が亡くなって八年後の同じ七月でした。

近くの高校に勤めていた私のもとに「はよう来てください」と連絡があって、タクシーで駆けつけたらもう亡くなっていました。子供たちが集まってきて「ごめんよ、おばちゃん、ごめんよ」と。「どうしたんや」と聞いたら十分の休み時間に誰かに背中を押されてコンクリートに頭をぶつけて、沈んでしまったと話してくれました。

母親は馬鹿ですね。「押したのは誰だ。犯人を見つけるまでは、学校も友達も絶対に許さんぞ」という怒りが込み上げてくるんです。

新聞社が来て、テレビ局が来て大騒ぎになった時、同じく高校の教師だった主人が大泣きしながら駆けつけてきました。そして、私を裏の倉庫に連れていって、こう話したんです。「これは辛《つら》く悲しいことや。だけど見方を変えてみろ。犯人を見つけたら、その子の両親はこれから、過ちとはいえ自分の子は友達を殺してしまった、という罪を背負って生きてかないかん。わしらは死んだ子をいつかは忘れることがあるけん、わしら二人が我慢しようや。うちの子が心臓麻痺《まひ》で死んだことにして、校医の先生に心臓麻痺で死んだという診断書さえ書いてもろうたら、学校も友達も許してやれるやないか。そうしようや。そうしようや」

私はビックリしてしもうて、この人は何を言うんやろかと。だけど、主人が何度も強くそう言うものだから、仕方がないと思いました。それで許したんです。友達も学校も……。

こんな時、男性は強いと思いましたね。でも、いま考えたらお父さんの言う通りでした。争うてお金をもろうたり、裁判して勝ってそれが何になる……。許してあげてよかったなぁと思うのは、命日《めいにち》の七月二日に墓前《ぼぜん》に花がない年が一年もないんです。三十年も前の話なのに、毎年友達が花を手向《たむ》けてタワシで墓を磨いてくれている。

もし、私があの時学校を訴えていたら、お金はもらえてもこんな優しい人を育てることはできなかった。そういう人が生活する町にはできなかった。心からそう思います。

8月 August

山本康博（ビジネス・バリュー・クリエイションズ代表）
岸良裕司（ゴールドラット・コンサルティング日本代表）
滝川広志〈コロッケ〉（ものまねタレント・俳優）
前野隆司（慶應義塾大学大学院教授）
松岡修造（スポーツキャスター）
加藤彰彦（沖縄大学人文学部福祉文化学科教授）
斎藤智也（聖光学院高等学校硬式野球部監督）
坂東玉三郎（歌舞伎俳優）
川辺 清（五苑マルシングループ代表）
秋丸由美子（明月堂教育室長）
是松いづみ（福岡市立百道浜小学校特別支援学級教諭）
淡谷のり子（歌手）
松野幸吉（日本ビクター会長）
藤原正彦（数学者）
小野田寛郎（元陸軍少尉・財団法人 小野田自然塾理事長）
早乙女哲哉（天ぷら「みかわ是山居」主人）
田村 潤（100年プランニング代表・キリンビール元副社長）
片岡一則（ナノ医療イノベーションセンター センター長）
八杉康夫（戦艦大和語り部）
福地茂雄（アサヒビール社長）
岡村美穂子（大谷大学非常勤講師）
佐野公俊（明徳会総合新川橋病院副院長・脳神経外科顧問）
占部賢志（福岡県立太宰府高等学校教諭）
山田満知子（フィギュアスケートコーチ）
江崎玲於奈（物理学者）
塚本こなみ（浜松市花みどり振興財団理事長）
高嶋 栄（船井総研ホールディングス社長）
川勝宣昭（DANTOTZ consulting代表）
髙田 明（ジャパネットたかた創業者）
山川宗玄（正眼寺住職）
奥田政行（「アル・ケッチァーノ」オーナーシェフ）

8月1日

発想力を鍛えるためのポイント

山本康博
ビジネス・バリュー・クリエイションズ代表
Yasuhiro Yamamoto

発想力を鍛えるためのポイントを三つに絞ってご紹介しましょう。

まず一つ目は、物事を疑ってかかること。例えば人というのは一つの会社や業界に長くいると、そこでの慣習にいつの間にか囚《とら》われてしまいます。そこで、周りが常識と考えていることは果たして本当なのだろうか、と常に疑ってかかることで発想力は鍛えられていくのです。

二つ目は勘を磨く。どうすればよいかというと、周囲の行動や変化に対して注意深く観察することです。例えば私は電車に乗った際には、同じ車両の乗客をつぶさに観察し、なぜそのような行動をとるのかと考えるようにしています。そのように常に観察することで潜在ニーズを掴む勘が磨かれ、時に時代の少し先が見えてくることもあるのです。

また、これに関連して常に自分の目と耳を使うことも大切です。あらゆることに興味を持って実際に体感することで、発想力が磨かれていくのです。

ところが最近はあらゆる情報を、インターネットから手に入れることができるようになったため、情報に触れただけで満足してしまう人が増えてきました。しかし、人の手を介《かい》した情報をただ鵜呑《うの》みにしているようではいけません。何事も自分で体感したことだけが、商品開発に生かせる情報として蓄積されていくのです。

そして最後の一つが、何事においても「できないと言わない、思わない」こと。壁は突破することに意義があるのです。

もっとも、壁にぶち当たった時、すぐにそれを壊そうとする人もいますが、それだけが能ではありません。特に組織で働く人の場合、壁を全部壊そうとすると却《かえ》って自分の首を絞めることにもなりかねません。時にはその壁をよじ登ったり、下から掘ってみたりと、要は壁の向こう側に辿り着ければよいのです。私はよく自分自身に「急がば回れ」と言い聞かせてきましたが、そうやって必死に「あきらめない力」を鍛えていたのかもしれません。

この三つのことを、発想力を鍛えるために私は常に意識してきましたが、歴史を紐解《ひもと》くと成功している人物たちの行動にも意外と通ずるのではないかと考えたりもしています。それだけ発想力とは大きな可能性を秘めており、地球上の生き物の中で、我われ人間に与えられた本当に素晴らしい力だと思っています。

そして、発想力を語る上で何よりも大事なことが「人を喜ばせたい」という、シンプルな気持ちを忘れないことです。なぜなら潜在ニーズとは人の心であり、その心の中に潜む喜びのポイントを見つけ出そうとする姿勢こそが、発想力を湧き立たせる源泉となるからに他ならないからです。

8月2日

最も問題が解決しない考え方

岸良裕司　ゴールドラット・コンサルティング日本代表

Yuji Kishira

京セラ在籍時、稲盛和夫さんは「私にもできるのだから皆にもできる」と常日頃語っていた。だが、僕は新入社員の頃、自分が稲盛さんのような凄い人になれるとは到底思えなかった。

でもある時、稲盛さんのような偉大な人が存在しているからには、必ず何かの理由があるはずだと考えるようになった。要するに「あの人だからできる」という考え方をやめたのである。「あの人だからできる」と定義すると、学びがそこで止まってしまうからだ。

大好きだった京セラを飛び出したのは四十三歳。現在様々な赤字企業や問題を抱えた組織の経営コンサルティングをさせてもらっている。

相談の中身はそれぞれに異なるが、何か問題があって、ずっと解決しない時には必ず一つの共通した症状がある。それは〝人のせいにする〟ということだ。「あそこの会社は力があるから」「うちには人材がいないから」といったように「○○のせいだ」という言葉が必ずどこかに出ている。

いつも僕は同じ質問をする。

「人のせいにして問題は解決しますか」

世界中の誰に尋ねても「しない」と口を揃えて答える。にも拘《かかわ》らず、我われは人のせいにしがちで、その結果、問題を放置してしまう。見方を変えれば、その症状があったとしたら、そこに改善のチャンスがあるということだ。

稲盛さんは講話の中で「宇宙は常に進化発展している。そこに心を委《ゆだ》ねるならば、京セラも未来永劫《えいごう》発展する」と我われに語られた。僕も曲がりなりに五十年以上の人生を生きてきて、確かにそうではないかと思う。

世の中はよき方向へ向かっている。それなのに、その妨《さまた》げになるものがあるとすれば、それは我われの持つ、最も非生産的で問題が解決しない考え方、「人のせいにする」ということではないだろうか。

かつての僕がそうだったように、自分の思うような仕事や部署に就けず、悶々《もんもん》としている人は少なくないだろう。だが仕事というものは「自分がいたら助かる」という部分を見つけるところから始まるのだと思う。そしてそれは必ず見つけられる。職場には必ず困っていることがあるからだ。

会社が自分を雇ってくれた理由とは何か。それを自らに問うところにきっと新しい扉が開かれている。

8月
3日

「あおいくま」の教え

滝川広志（コロッケ）
ものまねタレント・俳優
Hiroshi Takigawa

いつの頃からか、我が家の柱には母の字で書かれた、黄ばんだ紙が貼られていました。

あせるな
おこるな
いばるな
くさるな
まけるな

子どもの僕には意味が分からず、「あおいくま」と横に読んでしまいましたが、母は笑いながら「広志くん、この言葉だけは覚えておきなさい。これを覚えておけば大丈夫だから」と教えてくれました。それからというもの、僕は事あるごとにこの「あおいくま」を思い出し、心の支えとするようになりました。

僕が中耳炎《ちゅうじえん》になったのは小二の時です。しかし、母にそのことを言い出せませんでした。お金がかかるから我慢しようと思ったんです。姉と僕の間には母に気を遣わせてはいけないという暗黙のルールがありました。お金が必要なら自分でアルバイトをして稼ぐ。僕はそれを当然のことと考えていたからです。実際、中学、高校と新聞配達をしながらお小遣いを貯めていました。

耳の痛みはその後も時々起こり、耳垂《みみだ》れが出ることもありましたが、我慢できないほどではなかったので、そのままにしておきました。

ところが、中二の時、突然、耳鳴りがして右耳に激痛が走ったんです。僕は耐えられずに、その場に倒れ込んでしまいました。病名は真珠腫性《しんじゅしゅせい》中耳炎。即入院です。しかし、そんな大変な時でも僕は「お母さんに悪い」と、そのことばかりを考えていました。

母は「大丈夫ね?」と声を掛けてくれましたが、その表情はとても辛《つら》そうでした。母は痛みを打ち明けられずにいた僕の気持ちを分かってくれていたでしょうし、そうさせてしまった自分を責めていたに違いありません。息子の右耳が聞こえないと宣告された時、一体どんな気持ちだっただろうかと思うと、いまでも胸が痛みます。

僕はといえば、落ち込んだのは本当に一瞬でした。「左耳が聞こえるからいいや」とすぐに気持ちを切り替えていました。両耳が聞こえることを期待するのではなく、片耳になってどうすべきかを考えていました。自分から先回りして相手の右側に座る、それもふざけたりしながら相手に気づかれないように自然な形で振る舞う、という技術をいつの間にか身につけていったんです。この時の呼吸は、その後、お笑いの世界に入ってからも大変役に立ちました。

僕がすぐに気持ちを切り替えられたのは、母譲りの〝いい加減〟な性格と「あおいくま」のおかげなのかもしれません。

幸福になる四つの因子

前野隆司　慶應義塾大学大学院教授
Takashi Maeno

一つのテーマを掘り下げていくことはもちろん大切ですが、バラバラに研究したままでは、その成果を社会で生かすことは容易ではありません。

それなら、自分が過去の幸せ研究を体系化しようと思い、そのために活用したのが〝因《いん》子《し》分析〟という手法でした。因子分析は、多変量解析（たくさんの量的データの間の関係の解析）の一つで、多くのデータを解析し、その構造を明らかにするための手法です。

そう言うと難しそうに聞こえますが、統計ソフトを用いれば、因子分析は簡単に行えます。具体的には、幸せに関する過去の研究やアンケート結果をコンピュータにかけ、専用ソフトで計算するということを行いました。

学生たちと共に因子分析を行った結果、二〇一二年頃、この要因を満たせば誰もが幸せになれるという因子が得られました。それは次の四つの因子です。

第一因子『「やってみよう！」因子』（自己実現と成長の因子）
第二因子『「ありがとう！」因子』（繋がりと感謝の因子）
第三因子『「なんとかなる！」因子』（前向きと楽観の因子）
第四因子『「ありのままに！」因子』（独立と自分らしさの因子）

第一因子の『「やってみよう！」因子』は、人生の大きな目標や日々の目標を持ち、それを実現していくための自分の強みが分かっている、また、強みを生かすために学習・成長しようとしている人は幸せであることを示しています。

第二因子の『「ありがとう！」因子』は、人に感謝して、人のために何かをしたい、誰かを喜ばせたいという気持ちが強く、様々な人と交流を持っている人は幸せであるということです。第一因子が自己実現や成長といった自分に向かう幸せだったのに対して、第二因子は感謝と利他、他人に向かう幸せだといってよいでしょう。

第三因子の『「なんとかなる！」因子』は、幸せには前向きさや楽観性が必要だということを示しています。自己実現や成長、他者との繋がりを育む場合にも、「よし、何とかなる！」と、前向きで楽観的にチャレンジしていけることが必要です。そういう意味では、第三因子は幸せになるためのスパイスのようなものだと言えます。

最後の第四因子『「ありのままに！」因子』は、周りの目を気にせず、自分らしく生きることが幸せに繋がることを示しています。

例えば、第二因子の実現のために周囲の人と仲良くすることはよいのですが、それが人のペースに合わせてばかりになっては幸せになれないでしょう。人と仲良くしつつも、同時に自分らしさも持つことで幸せになれるのです。

8月5日

鏡の前で毎日言い続けている言葉

松岡修造 スポーツキャスター
Shuzo Matsuoka

プロになって三年目、二十一歳の時のことですが、初めて世界ランキングトップ百の壁を破ってこれからだと意気込んでいた矢先に、両膝に痛みを感じるようになりました。翌年の春に手術を受け、リハビリをしながら夏に復帰したものの、悉く初戦負け。ランキングは四百四十五位まで下がり、焦りは募る一方で、何もかもが絶望的に思えてきました。自分を悲劇の主人公のように考えてしまっていたんです。

根本的に僕は物事の捉え方が消極的なんです。たぶん世間の人は逆だと思っているでしょうけど。だから、『何でこんなに頑張っているのに、こうなっちゃうんだ……』と思うことがすごく多かった。それを前向きな捉え方に変えるために、様々なメンタルトレーニングを取り入れたんですが、一番よかったのは中村天風《てんぷう》先生の『絶対積極』の思想ですね。ちょうどウィンブルドンベスト８に入った年に中村天風《てんぷう》先生の本を読み、講話テープを聴き始めました。中村天風先生が一日の始まりに唱える言葉があって、それを自分なりにアレンジし、一日二回声に出して言うようにしたんです。

「独立決断
自分はけが、病気は絶対しません
怒らず、恐れず、悲しまず
正直、親切、愉快に
力と勇気と信念を持って
自己に対する責務を果たし
愛と平和とを失わざる今日一日
厳かに生きていくことを誓います」

これを朝起きた時と夜寝る時、鏡の前で毎日言い続け、試合に復帰した姿や優勝した姿をリアルにイメージしていったことで、自分の本当の力を生み出せるようになったんです。

8月
6日

自分の仕事に命を懸けなさい——森信三の教え

加藤彰彦
沖縄大学人文学部福祉文化学科教授
Akihiko Kato

私は取るものも取りあえず、森信三先生のご自宅へ駆けつけました。当時私は二十九歳、先生は七十歳に近かったと思います。先生は私を部屋へ招き入れると、「さあ、こちらへ!!」と言って、私を上座《かみざ》へ座らせました。その一連の動作から、先生の「出会い」に対する気迫を感じ、ただただ圧倒されるばかりでした。

その後、何度もお会いするようになりましたが、先生はいつも毅然《きぜん》としていて、孤高の人でした。別れ際《ぎわ》は「未練が残りますから、きょうはここで。じゃ」と言って、決して振り返らずに歩いていかれる。おそらく、すべてにおいて未練を断ち切って生きてこられたのでしょう。厳しい生き方を貫いてこられた背中を見送っていると、駆け寄って抱きしめたくなることもありました。

その後、私は中学時代の恩師の勧めで、横浜の寿町《ことぶきちょう》にある生活相談所の職員になりました。横浜の寿町といえば、有名なドヤ街です。生活相談所の職員とはいっても、結局あらゆる相談に応じました。小学校もろくに通えなかった人もたくさんいて、勉強がしたいという彼らの要望に応え、私は無認可の夜間学校をつくって教壇に立ちました。本当に昼も夜もない忙しさでした。

森先生はいつも私を気にかけてくださり、「あなたの仕事を見てみたい」とおっしゃっていました。ある日、関東での会合の帰りに足を伸ばしてくださって、本当にドヤ街に会いに来られたのです。

ひとしきり相談所での仕事ぶりをご覧いただいた後は、三畳一間の私の部屋にお泊まりになりました。教育のこと、仕事のこと、このドヤ街の事情、森先生は一晩中私の話に耳を傾けてくださいました。

そして、もう明け方が近づいた頃でした。最後に私は当時一番悩んでいたことを打ち明けました。それは恋愛のことでした。

ドヤ街での仕事ははっきり言ってきついものがあり、自分は家庭など持てないと思っていました。生涯独りで生きていくつもりでしたが、熱心に言ってくださる方が現れ、悩んでいたのです。話し終えると、先生は声高らかに笑って、「これはご縁があるかどうかですね」と言いました。

「あなたは自分の仕事に命を懸けなさい。そうすれば必ず一緒に行く人は現れます。相手のことを考え、振り回される人生なら、あなたはきっと途中で燃え尽きるでしょう」

そう言って、また笑いました。

私はスッキリして、ドヤ街《がい》に骨を埋《うず》める覚悟で働くことを決意しました。すると不思議なことに、いまの妻が手伝いに来てくれるようになったのです。

私はあの日の朝焼けの空と、先生の澄んだ笑い声をいつまでも忘れることができません。現在は大学で児童福祉学を教える立場になりましたが、いつも耳の奥で、「自分の仕事に命を懸けなさい」という森先生の声が響いています。

前後際断・瞬間燃焼

斎藤智也　聖光学院高等学校硬式野球部監督

Tomoya Saito

私は「前後際断《さいだん》」とか「瞬間燃焼」といった言葉をよく使うんですが、これを教えるのに最適なトレーニングがあります。

もともとは塩沼亮潤《りょうじゅん》先生の大峯千日回峰《おおみねかいほう》行《ぎょう》からヒントを得たのですが、毎年夏の大会前になると、夜中に地元の吾妻連峰に登り、懐中電灯と熊除《よ》けの鈴を持って暗闇の中を五時間かけて一人ずつ下山させるんです。

山の雄大さ、険しさ、水の清らかさ、この大いなる自然に身を委ねなさいと、満天の星空を眺めるところからスタートする。山を下りるのも真っ暗闇で怖い。そこから徐々に日が差して辺りが明るくなってくる。クライマックスは朝四時半頃。雲海が飛び込みたくなるような思いに駆られるほど、凄く綺麗なんですよ。そこから太陽の光が少し差し込んでくる。で、この時に子供たちの足が止まるんです。雲海から出てくる太陽を皆、心待ちにしているんですね。

そしてパーッと太陽が出てきた時の、あの凄い感動……。泣いている子もいます。きっと自分が野球をやっていることの意味を噛み締めたり、夏の大会を間近に控えた怖さと向き合うんでしょうね。

私なりに、お坊さんが瞑想《めいそう》して無の境地に迫ろうとする意味は何かと考えてみると、邪《じゃ》念《ねん》の塊《かたまり》、雑念《ざつねん》の塊、私利私欲《しりしよく》の塊、こうしたものから解放されるためには、邪念、雑念、私利私欲に襲われ続けないと消えていかないことが分かってきました。

だから怖い、負けたらどうしよう、嫌だ、嫌だ……、そうやっていろいろなことを考えながら歩いていく中で、その子の頭は雑念だらけ。その雑念を、自然が忘れさせてくれるということもあるんですが、でも最後はそこから解き放たれる自分自身を見つけるんですね。

これは勝負の世界でも一緒ですよ。負ける怖さを骨の髄《ずい》まで味わい続ける。だから解き放たれる。その時、やっと勝負事を天に任せられる状態になって、夏の大会にさぁ行こうか、潔《いさぎよ》くやろうぜ、という気持ちになる。選手たちには勝つも負けるもない。ただ一瞬一瞬やり切るだけ、という状態になる。

それが、甲子園に行っても「おまえら、ホントに預けてるの」「引っ張り込んでるだろ、勝負事を」「私利私欲の塊集団!」なんて言いながら試合をやっている時があるんですね。そういうシーンが多い時は負けが近い時です。

潔く、試合展開にも一切こだわらず、一喜一憂せず、まさに前後際断、過去も未来もすべて消す。まさにいまだけ、一途一心、という境地で臨める時は強いです。夏の大会に入る前にその状態を完成させてしまえば、後の結果は本当はどちらでもいいんですよね。

8月8日

苦を忘れるために夢中になる

坂東玉三郎　歌舞伎俳優

Tamasaburo Bando

二十歳までは本当に体が弱かったですから、いつも「踊れなくなったらどうしよう」という思いがありました。そして舞台を終えると「ああ、きょうも終えることができた」と。だからとにかく「明日、また舞台に立つ」。そのことだけを考えてやってきました。それはいまも変わらないです。

特に私は女形としては大柄だと言われてきましたので、小さく見えるように舞台に立ってきました。これが結構な負担がかかっているようで、体のメンテナンスをしてすぐに休まなければ、とても翌日起き上がれない。だから舞台が終われば真っすぐ家に帰っていました。

よく「玉三郎さんは寄り道もせずに芸道に励まれ……」とか言われますが、別にこれも美談でも何でもなく、必要に迫られてのことです。他の方のように舞台の後に寄り道したりすることができない体だったんです。その若い時の習慣がいまも続いているだけなんです。

この一幕、必死で舞台に立つ、その繰り返しできょうまできました。もちろん、それはこれからも続きますが、冷静に見れば肉体的にはあと十年持たないでしょう。その見極めはしっかりしないといけないと思っています。

六代目尾上《おのえ》菊五郎は「まだ足らぬ　踊りおどりて　あの世まで」という言葉を残していますが、「まだ足らぬ」という心境は大いにあります。芸道には終わりはありませんから。

ただ、「踊りおどりて　あの世まで」という感覚は私にはないんですね。六代目さん（菊五郎）はいまの私の年齢の年に、舞台の最中の眼底出血がもとで亡くなったといわれます。六十四歳でしたからまだまだ踊れるという感覚を持っていらしたのでしょう。

しかし、私はこれから先、お客様の前で踊ったら失礼な時が来るんです。一人の人間の人生としては、意識がしっかりとしている限り無限に前進していきたいと思いますが、俳優としては肉体的にいずれ限界がきます。そのギリギリのせめぎ合いです。だから私の場合は……「まだ足らぬ　もがきもがきて　あの世まで」という心境ですね。あとはどれだけ自分で自分の体を騙せるかです。

人生って修行なんです。それぞれが天からいろいろな課題が与えられていますが、それは全然楽なものではない。よく「苦楽」といいますが、そんなちょうどよく五十％ずつではないです。たぶん分量としては「苦楽苦」。楽があるとすれば一割か二割です。

ただ、幸いなことに苦も楽も定着するものではありません。一瞬一瞬刻々と変わっていきます。苦しみの中にフッと楽しみがあったり、楽しみの中に苦しみがあったり。私は苦を感じたくないの。だから一所懸命になる。一所懸命になっている時って苦を忘れるんですよね。苦を忘れるために夢中になる。そうなれば夢の中ということです。

清、負けたらあかん！

川辺 清
五苑マルシングループ代表
Kiyoshi Kawabe

当グループは、おかげさまで今年創業五十周年の節目を迎えることができました。

子どもの頃、病で左足が不自由になり、貧乏ゆえにガリガリに痩《や》せていた自分が、よもや全国二百店舗、三千人もの従業員を抱える外食グループを一代で築き上げようなどとは思いもよりませんでした。

「清、負けたらあかん！」

この強烈な一念こそが、何の力もない私をここまで突き動かした原点といえます。

靴の修理を生業《なりわい》としていた父親はしばしば家族を伴い各地に赴いていましたが、私は足手まといになると言われずっと親戚の家に預けられて育ちました。

よそ者で足も不自由な私は行く先々で虐《いじ》めの対象となり、小学三年の時に姉の嫁ぎ先で酷い虐待《ぎゃくたい》に遭い、とうとう母に連れ戻されたのでした。

「堪忍《かんにん》やで、清。堪忍な……」

足を悪くした時、そして親戚の家から連れ戻された時、泣きながら私を抱きしめてくれた母の温《ぬく》もりが私のすべてでした。

戻った家に父はおらず、初めてまともに対面したのは母が病で寝込んだ時でした。父のところから米をもらってきてほしいと頼まれ、胸を躍らせて訪れた父の住まいには知らない女性がいました。

「おまえのような者は知らん」

思いもかけない言葉で追い返された私は、帰路《きろ》、涙を流しながら固く誓ったのでした。

あんな男に負けてたまるか。俺は絶対あの男の上にいってやる。そしてお母ちゃんを楽させたる。

中学を出ると奈良の靴職人のもとへ奉公しました。仕事は朝六時半から夜中の十二時まで。休みは月に二回のみでしたが、早く一人前になりたい一心で懸命に働きました。

ところが二年経った頃、私は体を壊して実家へ追い返されてしまいました。結核でした。

俺は本当に駄目なやつだ。絶望した私は命を絶とうとして、機関車に身を投げました。ところが次の瞬間、私は傍《かたわ》らの草むらに倒れていたのです。恐れに飛び退《の》いたか、風圧に飛ばされたか、ともかく私は生きていた。

ふと線路を見ると、ポケットから転がり出た五円玉が身代わりに機関車に潰され、平べったくなっていました。

俺は五円玉や。五円玉の輝きを見せてやる。新たな決意に病魔も退き、無事年季を全《まっと》うした私は二十五歳で会社を創業。以来、様々な困難を乗り越え、今日を築きました。

8月
10日

「人」という字を刻んだ息子

秋丸由美子
明月堂教育室長

Yumiko Akimaru

関東・関西の菓子業界を主人と行脚《あんぎゃ》していて、忘れられないのが、神戸のある洋菓子店に飛び込んだ時のことです。そのオーナーさんは忙しい中、一時間ほどを割《さ》いてご自身の生き方や経営観を話してくださったのです。誰にも相手にされない状態が長く続いていただけに、人の温かさが身に沁《し》みました。人の心を動かす、人を育てるとはこういうことなのかと思いました。

いま、私たちの長男がこのオーナーさんのもとで菓子作りの修業をさせていただいています。

全国行脚を終えた私たちは、社員の人格形成に力を入れる一方、それまで学んだことを商品開発に生かせないかと社長や製造部門に提案しました。そして全社挙げて開発に取り組み、苦心の末に誕生したのが、「博多通りもん」という商品です。まったりとしながらも甘さを残さない味が人気を博し、やがて当社の主力商品となり、いまでは博多を代表する菓子として定着するまでになっています。

「天の時、地の利、人の和」といいますが、様々な人の知恵と協力のおかげでヒット商品の誕生に結びついたことを思うと、世の中の不思議を感ぜずにはいられません。

ところで、余命十年といわれていた主人はその後も元気で働き続け、私も一安心していました。しかし平成十五年、ついに肝不全で倒れてしまいました。

手術で一命は取り留めたものの、容態は悪化し昏睡《こんすい》に近い状態に陥《おちい》ったのです。

知人を通して肝臓移植の話を聞いたのは、そういう時でした。私の肝臓では適合しないと分かった時、名乗り出てくれたのは当時二十一歳の長男でした。手術には相当の危険と激痛が伴います。万一の際には、命を捨てる覚悟も必要です。私ですら尻込みしそうになったこの辛《つら》い移植手術を、長男は全《まった》く躊躇《ちゅうちょ》する様子もなく「僕は大丈夫です。父を助けてください」と受け入れたのです。この言葉を聞いて、私は大泣きしました。

手術前、長男はじっと天井を眺めていました。自分の命を縮めてまでも父親を助けようとする息子の心に思いを馳《は》せながら、私は戦場に子どもを送り出すような、やり場のない気持ちを抑えることができませんでした。そして幸いにも手術は成功しました。長男のお腹には、七十八か所の小さな縫い目ができ、それを結ぶと、まるで「人」という字のようでした。

長男がお世話になっている神戸の洋菓子店のオーナーさんが見舞いに来られた時、手術痕《あと》を見ながら「この人という字に人が寄ってくるよ。君は生きながらにして仏様を彫ってもらったんだ。お父さんだけでなく会社と社員と家族を助けた。この傷は君の勲章だぞ」とおっしゃいました。この一言で私はどれだけ救われたことでしょう。

お腹の傷を自慢げに見せる息子を見ながら、私は「この子は私を超えた」と素直に思いました。と同時に主人の病気と息子の生き方を通して、私もまた大きく成長させてもらったと感謝の思いでいっぱいになったのです。

あずさからのメッセージ

是松いづみ　福岡市立百道浜小学校特別支援学級教諭

Izumi Korematsu

梓《あずさ》が生まれたのは平成六年のことです。私たち夫婦はもともと障がい児施設でボランティアをしていたことから、我が子がダウン症であるという現実も割に早く受け止めることができました。

迷ったのは上の二人の子たちにどう知らせるかということです。私は梓と息子、娘と四人でお風呂に入りながら「梓はダウン症で、これから先もずっと自分の名前も書けないかもしれない」と伝えました。息子は黙って梓の顔を見つめていましたが、しばらくしてこんなことを言いました。

さあ、何と言ったでしょう？　という私の質問に子どもたちは「僕が代わりに書いてあげる」「私が教えてあげるから大丈夫」と口々に答えます。この問いかけによって、一人ひとりの持つ優しさがグッと引き出されるように感じます。実際に息子が言ったのは次の言葉でした。「こんなに可愛いっちゃもん。いてくれるだけでいいやん。なんもできんでいい」。

この言葉を紹介した瞬間、子どもたちの障がいに対する認識が少し変化するように思います。自分が何かをしてあげなくちゃ、と考えていたのが、いやここにいてくれるだけでいいのだと価値観が揺さぶられるのでしょう。

さて次は上の娘の話です。彼女が「将来はたくさんの子どもが欲しい。もしかすると私も障がいのある子を産むかもしれないね」と言ってきたことがありました。私は「もしそうだとしたらどうする？」と尋ねました。

ここで再び子どもたちに質問です。さて娘は何と答えたでしょう？「どうしよう……私に育てられるかなぁ。お母さん助けてね」。子どもたちの不安はどれも深刻です。しかし当の娘が言ったのは思いも掛けない言葉でした。「そうだとしたら面白いね。だっていろいろな子がいたほうが楽しいから」

子どもたちは一瞬「えっ？」と息を呑むような表情を見せます。そうか、障がい児って面白いんだ。いままでマイナスにばかり捉えていたものをプラスの存在として見られるようになるのです。

逆に私自身が子どもたちから教わることもたくさんあります。授業の中で、梓が成長していくことに伴う「親としての喜びと不安」にはどんなものがあるかを挙げてもらうくだりがあります。黒板を右左半分に分けて横線を引き、左半分に喜びを、右半分に不安に思われることを書き出していきます。中学生になれば勉強が分からなくなって困るのではないか。やんちゃな子たちからいじめられるのではないか……。将来に対する不安が次々と挙げられる中こんなことを口にした子がいました。

「先生、真ん中の線はいらないんじゃない？」、理由を尋ねると「だって勉強が分からなくても周りの人に教えてもらい分かるようになればそれが喜びになる。意地悪をされても、その人の優しい面に触れれば喜びに変わるから」。

これまで二つの感情を分けて考えていたことは果たしてよかったのだろうかと自分自身の教育観を大きく揺さぶられた出来事でした。

8月12日

上手な苦労と下手な苦労

淡谷のり子
歌手

Noriko Awaya

歌詞が自分のものになるまでには、三年ぐらいかかりますね。歌っていながらですよ。歌いながら養《やしな》っていくんです。だから、年がら年中、別の歌を歌えるものじゃないですよ。それが持ち歌というものです。

本当のところは自分じゃ分かりませんけども、ははぁーと、分かってきたような気がしたのは、十年ぐらい前ですかね。理屈じゃないですから、口ではどうと言えないけども、自然と納得できるものがありますよ。やはり六十代まで歌いこんでこないとね、四十代、五十代は勉強でしょうね。ですから、本当に年を取っても歌えるようにという基礎での努力が大切だなと、つくづく感じます。

勉強も必要ですけど、やはり感受性というか、持っているものですね。私、音楽学校の時、久保田先生から「あなた、どうってことないけど、詞が分かるわね」と言われたことがあります。シューベルトの「冬の旅」の六番に「冷たい涙」というのがありますでしょ。別れた恋人の家の前を通ると一粒の涙がこぼれるといった詞なんですけども、その時、涙がこぼれたんですよ。何かピーンと来るんですね。だから、これは持っているものなの。何を見ても読んでも「ああ、そうですか」とケロッとしている人が多いでしょ。私はピッピッと感じる。センチメンタルなんですかね。でも、歌にはそれが助けになっています。

もちろん素質は磨き上げていくものですが、素質を持たない努力だけの人では駄目です。スター性があるっていうでしょう。その人が出ると舞台が大きく見えるとか、これなんかもスター性ですね。これは声がきれいとか、音感がいいという要素とは、違う次元の問題なんです。本来、その才能を持った人が競い、磨き上げていくのが、プロの世界なんですよ。

素質を磨き上げるには、もう勉強しかありませんね。歌の勉強だけじゃなくてね。ただ、苦労をするにしても上手な苦労、下手の苦労ってのがありましてね、みじめな気持ちを持ったり、へんに勝気だったり、弱気というのは駄目です。明るく希望を持ってね、学ぶ。素直がいいというのは、そういうことなんですね。素直な人はそれが自然にできるでしょ。ですから、そういう性質なんでしょうね。それが歌にも出てきます。

それとうぬぼれはよくないですね。私は、いまだに自分の歌を聞いていいと思いませんですものね。それが苦しいです。でも、それがあるから、また最後の最後まで魂を燃やして歌いたいと思うのでしょうね。私は、恋人としても、妻としても、母親としても失格でした。結局、私には歌しかなかった。だから、いつまでも歌に燃える季節であってほしいと願っています。

8月
13日

売れる商品と売れない商品の差

松野幸吉　日本ビクター会長

Kokichi Matsuno

人はやっぱり、使い方で動くもんや。だから上の人間は、彼はこういう長所を持っている、と考えることが大切ですね。その人に、「君はこういう長所があるから、しっかりやれよ。しかし、こういう欠点もあるから、この点を気をつけよ」と言えば、これは伸びていく。それを「君はここが悪いんや、悪いんや」とやったら、もう長所を出しませんからね。

「君はこういう欠点があるけれども、こういう長所もあるんだ。長所を発揮したら、欠点はもう分からんようになるからやれ。お前のことはよう分かってる」と、こういうことで人を使っていったら、やはり、自分の風呂敷に入る。やっぱり、風呂敷は大きいほどいい。

松下幸之助さんといろいろ話し合いしたり、喧嘩したりしているうちにだんだん分かってきましたね。

仕事を通じていろいろやっているうちに、心の琴線に触れ合う。ああ、間違ったな、どうしようか、こうしようか、あれもしよう、これもしようかというふうに、連鎖的に仕事に対する見方がだんだん大きくなっていく。それに対して、その都度、松下さんが「それ、やれ。できるだけやってみい」と応じてくれる。そういうこと通じて、ぼく自身成長したし、自然にそういう眼も養われてきたな。

結局、経営のコツというのは、いかに人間の能力を引き出すか、引き出し得るかということですね。また、心の琴線に触れ合うか、ということですね。心の琴線に触れ合うと、人は感動する。喜びを感じる。そうしたら、ホップ、ステップ、ジャンプで行動に移すわけです。

一つのことに懸命になろうとする。一所懸命になろうとする。そうするとそのことに命をかける気持ちができるわな。そのときに相手も、真剣にものごとを考えていると、お互いに、ああ、なるほど、あいつはええ考え持っているなと、心が動く。そのとき、感動が起こるわな。

だからぼくはあっちこっちで何か書けと言われるから「命かけて作ったものはいつまでも残る」と書いている。やっぱり、普通のものを作っていたのではだめだな。

仕事は生存競争やからね。当たり前のことやってたら、生き残れない」

結局、売れる商品と売れない商品の差はどこまで考えたかということですね。それと、やっぱり、会社は人の集団です。だからやはり、みんなが喜んで仕事をすることが大事です。感動が起こったら歓喜が起こってくる。歓喜が起こらなかったら、成功しないでしょうね。

8月14日

一に国語、二に国語、三、四がなくて五に算数

藤原正彦 数学者

Masahiko Fujiwara

まずは母国語である国語を、強制的でも画一的でもしっかり叩き込むこと。漢字を覚えさせることです。小学校の英語、パソコン教育は直ちにやめないといけませんね。小学校から英語なんてやっていたら、日本から真の国際人がいなくなります。国家的損失です。

私が数年の海外生活を通して痛感したのは、東西の名作名著や日本の文化や伝統に精通《せいつう》していることが、流暢《りゅうちょう》な英語を話すこととは比べものにならないほど重要ということでした。このことに何十年も気づかなかったので、いまとなって呆然《ぼうぜん》としているわけです。

アメリカの小中学校二万校で株式投資を教えているといわれています。アメリカの教育学者は「そのおかげで子供たちが新聞の株式欄に目を通すようになった」とか「社会に目が開かれるようになった」とか自画自賛《じがじさん》しているのですが、私はこういう人間につける薬はないって言いたいですね。

子供たちが新聞の経済欄、株価欄に目を通す必要は全《まった》くないんです。本音を言うと社会に目を開く必要すらないと私は思っています。そういうことよりも、とにかく日本人の魂の中心である国語を身につけさせること、読書を好きにさせること、その次には算数の九九をきちんと覚えさせること。それを抜きにして創造性だ、独創性だ、自ら考える力だといくら叫んだところで、そんなものは生まれるはずがない。いまは子供たちの自主性を重んじるというので、とにかく押しつけなくなりました。戦前、非論理的なことを押しつけすぎた反動で、戦後は非論理的なことはやめましょうと論理的に説明できることだけを教えるようになったんです。

しかし、世の中で最も重要なことには論理的に説明できないことが多い。例えば、なぜ人を殺してはいけないか。私なんか、人を殺してよい論理は一時間もあれば百くらい考えつきます。しかし、人を殺すのは駄目だから駄目なんですね。論理的な理由はない。同様に卑怯《ひきょう》はいけない、男が女をぶん殴ってはいけないという論理的な理由は何もない。卑怯というだけです。そういう価値観を親が自信を持って問答無用で押しつけることが重要だと思います。

私はいつも一に国語、二に国語、三、四がなくて五に算数。あとは十以下と言っています。初等教育における国語の占める割合は、それくらい圧倒的なんですね。江戸時代の初等教育は寺子屋によって行われていました。しかも江戸には千数百か所、県単位で見ても三百、四百とあるんですね。全国津々浦々《つつうらうら》にあって町民から農民までがここで学んでいた。

寺子屋の先生たちの偉さは、教育にとって最も大事な三つを読み、書き、算盤《そろばん》（計算）と順序立てて捉えていた点ですね。いまの世界の教育学者たちが見失っていたものを、寺子屋の先生たちは見抜いていたわけです。

8月15日

ルバング島で孤独感がなかった理由

小野田寛郎
元陸軍少尉・財団法人 小野田自然塾理事長
Hiroo Onoda

ルバング島にいた三十年間で発熱は二回でした。それは仲間が負傷して、介護疲れでちょっと出しただけです。

熱が出たところで、医者も薬もないですから、まずは健康でいることが大事です。

そして健康でいるには頭をよく働かせなければダメです。

自分の頭で自分の体をコントロールする。健康でないと思考さえ狂って、消極的になったりします。

島を歩いていると、何年も前の遺体に会うこともあるんです。それを埋めながら、「早く死んだほうが楽ですね」と仲間に言われ、本当にそうだなと思ったこともあります。

獣《けもの》のような生活をして、あと何年したらケリがつくか保証もないですし、肉体的にもそういつまでも戦い続けるわけにもいかない。

いずれはこの島で死ななきゃいけないと覚悟しているので、ついつい目の前のことに振り回され、「それなら早く死んだほうが……」と思ってしまう。結局頭が働かなくなると、目標とか目的意識が希薄になるんです。だから、仲間と喧嘩をするのも、頭が働かずに正しい状況判断ができない時でした。右に行くか、左に行くか。

そっちへ行ったら敵の待ち伏せに遭うから嫌だと言う。しまいには、

「隊長は俺たちを敵がいるところへ連れて行くのか、そんな敵の回し者みたいな奴は生かしておけない」

と言って銃を持ち出します。

「馬鹿、早まるな。やめろ」

と言えばいいんですけど、こちらもついつり出されて銃を構えてしまう。

しまったと思って、

「じゃ命があったらまた会おう」

と言って回れ右して、僕は自分が行こうと思っていた道を行くのですが、背中を見せるわけだから、そこで撃たれたら死んでいました。だから僕らの場合は議論をするにも命懸けでした。

いずれにしても、頭がしっかり働かなくなると正しい状況判断ができなくなる。

よく孤独感はなかったかと聞かれましたが、僕は孤独なんていうことはないと思っていました。二十二歳で島に入りましたが、持っている知識がそもそもいろいろな人から授かったものです。

すでに大きな恩恵があって生きているのだから、決して一人で生きているわけではないのです。一人になったからといって昔を懐かしんでは、かえって気がめいるだけですから、一人の利点、それを考えればいいんです。一人のほうがこういう利点があるんだと、それをフルに発揮するように考えていれば、昔を懐かしんでいる暇もなかったです。

8月16日

クリエイターに必要な三要素

早乙女哲哉　天ぷら「みかわ是山居」主人

Tetsuya Sotome

修業を始めた頃から、始終考えていたのは「天ぷらとは一体何か」ということ。自分のしていることを具体的に言葉で説明できなければ、きょうは調子がよかった、悪かったという話で終わってしまい、コンスタントな仕事ができない。そんなことではアーティストなどとは到底呼べないでしょう。そこで、自分の行動に「いまがベストか」と必ず問答を掛けるようにし、少なくとも天ぷらに関しては、どんな質問を投げかけられても全部答えられるようになろうと誓いました。

例えば天ぷらを「揚げる」とはどういう状態を言うのか。私の出した結論は「蒸す」と「焼く」とを同時進行で行う、ということです。

油自体は火がつく寸前の三百六十度近くまであげることができますが、天ぷらの衣《ころも》や魚には水分があるため、揚げている素材は百度を超えることがありません。揚げるというよりは、百度で「蒸して」いる状態です。

しかしそのまま油に入れておくと、徐々に水分が抜けていき、完全に水が抜け切ったところは、百度から一気に二百度近い温度へと飛ぶ。すると百度で「蒸す」のと、二百度で「焼く」調理とが同時進行で始まるのです。

その原理を認識していれば、魚のクセを取ったり、衣をいかにつければよいかといったことが自分自身で把握できるようになります。理論はよく分からないが、油の中に入れていれば勝手に揚がるなどと思っていると、自分から何かを仕掛けていくことなど不可能で、経験が蓄積《ちくせき》されていきません。

詰まるところ、魚も、野菜も、元は皆生きるために海の中にいたり、野にあったりしたもの。それを、料理人は食べるために置き換える作業をしなければならない。いま、どこの料理の世界でも、奇をてらったようなものが大流行《はや》りですが、果たしてそれは本当においしいと言えるのか。お客さんに面白い料理だと喜ばれればそれでいいのか。

真のクリエイターとは、科学者であり、数学者でもあり、なおかつ優れた感性がなければいけないというのが私の考えです。

したがってお客さんから「おいしいですね」と言われたら、「えぇ、そうやって揚げてます」と答えられる。天ぷらがおいしく揚がるよう、結果が必ずそうなるよう、一挙手一投《いっきょしゅいっとう》足《そく》、計算し尽くした中でものづくりをしている、と。それは即《すなわ》ち次に来ても、そうやって揚げられますよということであり、この次も気を抜かずやらなければいけない、という自分自身への戒《いまし》めでもあります。

8月17日

結果のコミュニケーション

田村 潤
100年プランニング代表・キリンビール元副社長
Jun Tamura

一九九五年、四十五歳の時、本社の政策立案部門という、いわゆる花形《はながた》の仕事から一転、高知支店の支店長を命じられました。高知支店は全国最下位クラスで、暗い雰囲気なのかと思いきや、意外と明るいんです。その理由はすぐに分かりました。

みんな人のせいにしているんですよ。ビール業界では「商品力八割、営業力二割」とよくいわれており、本社の指示通りにやって売り上げが上がらないのは本社が悪い。自分のせいじゃない。負けても平気。誰かが何とかしてくれる。そういう典型的な大企業病、負け癖のついた集団になってしまっていました。

スーパードライのヒットに追い打ちをかけるように、高知支店に着任した翌年、キリンがアサヒに対抗しようとして主力商品であるラガービールの味を変えたことで、シェアがものすごい勢いで下がっていきました。中でも、高知県は一番下げ幅が大きかったんです。

まずは料飲店の営業に集中することを方針として決めました。ビールがどこで飲まれているかというと、約七割は一般の家庭で、約三割が飲み屋さんなんですよ。だから、七割の一般家庭が大事なんですけど、これはお客さんが自分で選んで買うじゃないですか。一方、飲み屋さんは営業の努力次第で置いてもらうことができる。高知県には約二千七百店の料飲店があったものの、当時は月三十~五十軒しか回っていない。それで料飲店に絞り込んだんです。

また、当時の高知支店には決めたことをちゃんとやり切る文化がありませんでした。この文化だけはせめてつくらないと、組織にならないと思い、営業マンが自発的に目標を定め、それを現場のリーダーとの間で合意し、その結果をしっかり検証する「結果のコミュニケーション」を開始しました。

上から与えられたノルマではなく、自分で考えて自分で約束した主体的な目標、ということがポイントです。そして、その結果について月ごとにリーダーと営業マンが「なぜ実行できなかったのか」「どうすればよいのか」という問答をお互いに納得するまで徹底して突き詰めていきました。

やり切る文化を創り上げるまでに一年半くらいかかりましたね。料飲店の訪問数を月二百軒にするという目標を立ててやっていくメンバーが多かったのですが、最初は門前払いを食らったり怒られたりするんですよ。すると意気消沈《いきしょうちん》して回らなくなってしまう。

それでも私は「約束したのだから、嘘をついてはいけない」「目標の訪問数に達していないのなら、家に帰ってはいけない」と本気で叱り、そうやって粘り強く営業の基本活動を続けることで、料飲店との人間関係が築かれていき、徐々に馴《な》れ合いではないチームワークが生まれていきました。

8月18日

頭の強い人と弱い人

片岡一則
ナノ医療イノベーションセンター センター長
Kazunori Kataoka

僕はよく学生に言うんです。「東大生は頭はいい。でも、頭の弱い人がたくさんいる。頭の弱い人にはなるな」って。

頭はいいからいろんな知識を持っていますよね。そうすると、何か壁に直面した時に、これをやってもうまくいかないんじゃないかと思って、なぜできないかってことを滔々《とうとう》と語るわけです。で、違うことを次にやり始める。それを繰り返して、結局一つのことに執着できなくなり、評論家になってしまう。そういう人は頭が弱い。

だから、頭はいいけど頭が弱い、これは少なくとも研究者としては最悪なんです。当然、頭がいいに越したことはない。ただ、やっぱり頭が強くなければなりません。絶対に諦めない、ブレないという姿勢でやっていると、必ず見つかるんですよ、一見何もないようなところから宝の山がね。

しかしこれは紙一重《かみひとえ》で、間違っていることをやり続けても、単なる頑固者《がんこもの》で終わってしまう。そこはもう、センスと運でしょうね。

よく「幸運の女神には前髪しかない。だから前髪を掴め」と言いますけど、いつもそういう意識でいるように心掛けています。

目の前の出来事を素直に受け止める、情熱を持ち続ける、それから常に明るい。この三つが運を掴む上で大事だと思います。

実はこれは、有機化学の権威《けんい》で文化勲章を受章された向山光昭《むかいやまてるあき》という先生がいまして、僕が学生の時にその先生が授業の中で語った言葉をベースにしているんですね。

「実験結果をありのまま見る素直さ、絶対に成《な》し遂《と》げるという情熱、何度失敗してもめげない明るさ。この素直さ、情熱、明るさが有機化学者として成功する条件だ」

僕はこの言葉がものすごく心に響きました。だから、これだけはいまも鮮明に覚えているんです。おそらくこれは有機化学者のみならず、どんな職業分野の人にも当てはまる法則だと思います。

あともう一つ、研究開発で大事にしている心構えがあります。例えば、実験をする時にはこういう結果になるんじゃないかって、ある程度予測を立てるんですね。で、実際に思ったとおりになるのはもちろん嬉しいじゃないですか。だけど、失敗したりうまくいかない時はもっと嬉しいんです。

そこには必ず理由があるわけで、なぜできないんだろう、なぜこんなふうになってしまったんだろうと突き詰めていく。

そこから新しい発想や成功に繋がるヒントが生まれてくるんです。理由が分からずに次に進んでしまっては、いつまで経ってもうまくいかない。だから、ここが頭が強いか弱いか、あるいは成功するか否《いな》かの分かれ目でしょうね。

8月19日

戦艦大和の上官がくれた命

八杉康夫
戦艦大和語り部
Yasuo Yasugi

「総員、最上甲板へ」との命令が出ました。軍には「逃げる」という言葉はありませんが、これが事実上「逃げろ」という意味です。すでに大和は五十度ほど傾いていましたが、この時初めて、「大和は沈没するのか」と思いました。それまでは本当に「不沈《ふちん》戦艦」だと思っていたのです。

もう海に飛び込むしかない。そう思った時、衝撃的な光景を目の当たりにしました。私が仕えていた少尉《しょうい》が日本刀を抜いたかと思うと、自分の腹を掻《か》っ捌《さば》いたのです。噴き出す鮮血を前に、私は凍《こお》りついてしまいました。

船はますます傾斜《けいしゃ》がきつくなっていきました。九十度近く傾いた時、私はようやく海へ飛び込みました。飛び込んだのも束《つか》の間、沈む大和が生み出す渦《うず》の中へ巻き込まれてしまいました。その時、私の頭に過《よぎ》ったのは海軍で教わった「生きるための数々の方策」です。海軍に入ってからというもの、私たちが教わったのは、ひたすら「生きる」ことでした。

海で溺《おぼ》れた時、どうしても苦しかったら水を飲め。漂流した時は体力を消耗《しょうもう》してしまうから泳いではならない……。陸軍は違ったのかもしれませんが、海軍では「お国のために死ね、天皇陛下のために死ね」などと言われたことは一度もありません。ひたすら「生きること、生き延びること」を教わったのです。

だからこの時も海の渦に巻き込まれた時の対処法を思い返し、実践しました。しかしどんどん巻き込まれ、あまりの水圧と酸欠で次第に意識が薄れていきます。その時、ドーンという轟音《ごうおん》とともにオレンジ色の閃光《せんこう》が走りました。戦艦大和が大爆破したのです。そこで私の記憶はなくなりました。

気づいたら私の体は水面に浮き上がっていました。幸運にも、爆発の衝撃で水面に押し出されたようです。しかし、一所懸命泳ぐものの、次第に力尽きてきて、重油《じゅうゆ》まみれの海水を飲み込んでしまいました。「助けてくれ！」と叫んだと同時に、何ともいえない恥ずかしさが込み上げてきました。この期《ご》に及んで情けない、誰にも聞かれてなければいいが……。

すると、すぐ後ろに川崎勝己高射長がいらっしゃいました。「軍人らしく黙って死ね」と怒られるのではないか。そう思って身構える私に、彼は優しい声で「落ち着いて、いいか、落ち着くんだ」と言って、自分が掴まっていた丸太を押し出しました。そして、なおもこう言ったのです。

「もう大丈夫だ。おまえは若いんだから、頑張って生きろ」

四時間に及ぶ地獄の漂流後、駆逐艦《くちくかん》が救助を始めると、川崎高射長はそれに背を向けて、大和が沈んだ方向へ泳ぎ出しました。高射長は大和を空から守る最高責任者でした。大和を守れなかったという思いから、死を以て責任を取られたのでしょう。高射長が私にくださったのは、浮きの丸太ではなく、彼の命そのものだったのです。

8月20日

自分の仕事を天職だと考える

福地茂雄　アサヒビール社長

Shigeo Fukuchi

これはもう先輩から教わってずっとやっていることで、私の持論になっているんですが、“惚れる”ということです。相手に好かれようと思わないでまず自分のほうから好きになる。

販売をやっていまして、あの得意先は嫌いだなと思ったら、やっぱり足が遠のきますよね。三回行くところが二回になってしまう。さらに社長にお目にかからないといけないのに、行って社長がいないとほっとしたりしてしまう。そういうこちらの気持ちは向こうにも伝わります。そうするとなおさら関係が悪くなる。

まあ、好きになってもすべての相手が好きになってくれるとは限りません。しかし少なくともこちらが好きにならなければ、相手は絶対に好きになってくれない。好きになっても好かれない時はこちらの惚れ方がまだ少ないと思わないといけない。

ですから最初にがつんと怒られたお得意さんほど、何とか関係を修復しようと思って頑張りますから、かえって親しくなりました。いまでも家族ぐるみで親しくしていただいている方というのは、最初の出会いは最悪でしたよ。

このことはお得意先との関係だけでなく、会社の人間関係や友達、男女の関係でも言えると思います。さらに言えば、仕事に対しても言える。

自分の仕事を天職だと考える。実は私自身、営業が一番嫌だったんです。学生時代ずっと会計学を専攻していましたから、できれば経理の仕事に就きたかった。勤務地も東京や大阪ではなく、出身地の九州がよかった。そういう希望を書いていたのに、行きたくない大阪でやりたくない営業マン。しかしいまは大阪をこよなく愛しています。だから嫁さんも大阪の人間、話す言葉も大阪弁になって、お生まれは関西ですか、と言われる。

割合に環境に対する順化が早いほうです。

入社のときこそ希望を書きましたが、それ以来人事部がやってみたい仕事とか、転勤の希望を調査するんですが、いつでも白紙で出しました。

というのは、「天知る、地知る、人知る」ではありませんが、学校を出て一年か二年一つの仕事だけをやっている自分よりも、ベテランが見て決めてくれたほうがよく分かるんじゃないか、なまじっか自分で決めないほうがいいんじゃないかと思いましてね。

しかし何も書かなかったせいかどうか、新入社員から十三年半、他の人は三回か四回転勤したのに、ずっと大阪にいました。人事部に忘れられたのかなと思いましたよ。

8月21日

鈴木大拙の風韻

岡村美穂子　大谷大学非常勤講師

Mihoko Okamura

鈴木大拙《だいせつ》先生（当時八十一歳）は、ニューヨークの仏教会でも五回シリーズで講演されました。著名な学者の方に交じって、十五歳の私も聴講しました。

少しでも先生の関心を引きたい、と思った私は最後の講義の日、休息時間に先生が一人でおられるところを見計らって、英語でこう質問したのです。

「先生。世の中にたくさんの宗教があるでしょう。だけど究極的には同じことを言っているんじゃないですか」

私としては知恵を絞り、精いっぱいの質問をしたつもりでした。

そのとき、先生は、何とも言えない優しい顔をされて、遠いところを見るような眼差しで「ノー」、つまり「同じところには到達しないよ」とおっしゃったのです。

先生はそれ以上詳しく説明はされませんでしたが、当然「イエス」という返事が返ってくると期待していた私は、この答えを聞いて驚いてしまいました。

私はこれ以上、質問する知識を持ち合わせていませんでした。そんなあたふたした心の状態が表情にも表れたのでしょうか。先生は続けて、

「そうか。明日は土曜日だから学校は休みでしょう。よかったら三時のお茶に、わしのところにいらっしゃい。そうしたら説明してあげましょう」

と言ってくださったのです。

先生が宿泊されていたのは、コロムビア大学の附属のホテル・アパートのようなところで、客員教授たちがここに泊まっておられました。

先生の部屋に入ると、たくさん本が積み上げられ、壁には赤い縁取《ふちど》りのある大きな曼荼《まんだ》羅《ら》がかけられていました。先生の雰囲気が部屋中に溢れていました。

とにかく恐れを知らない生意気盛りですから、先生と気軽にお話しするうちに、いつのまにか自分の日ごろの不満や悩みを率直に先生にぶつけていました。

孫以上に年の離れたお下げ髪の少女の他愛《たわい》ない話を、先生はソファーに寄りかかり「なあ、なあ」と頷《うなず》きながら、いやな顔一つしないで耳を傾けてくださいました。

私は先生に、

「人が信じられないのです。生きていることが空しいのです」

と訴えました。すると先生は一言、「そうか」と頷かれ、私に「手を出してごらん」とおっしゃるのです。

先生は私の手を広げながら、

「きれいな手じゃないか、美穂子さん。仏の手だぞ」

「仏の手じゃないか。何でそんなにブツブツ言うのか」

そう言って涙を浮かべておられるのでした。

前日に「ノー」とおっしゃったことの答えは直接には説明してくださいませんでしたが、先生から発せられる空気に触れて、その意味が何となく感じ取れる気がしたのです。

手術の極意は「独坐大雄峰」

佐野公俊
明徳会総合新川橋病院副院長・脳神経外科顧問
Hirotoshi Sano

自身の修羅《しゅら》場《ば》体験はたくさんありますけどね。例えばこの映像は、六年前にインドの都市で公開手術をやった時の模様です。

出された症例は、両側の内頸《ないけい》動脈が閉塞《へいそく》して、脳底動脈から全脳の血流がきている、その脳底動脈に動脈瘤《どうみゃくりゅう》ができているという非常に難しいものでした。術中にその動脈が詰まったりすると、血流が遮断《しゃだん》され、命を落としてしまうことになります。

この手術は相当リスクが高いから、このまま様子を見ていたほうがいい。私は主催者にそう告《つ》げましたが、「ご家族も皆、あなたが助けられなかったら、世の中に助けられる人はいないと話している」と聞き入れてもらえませんでした。

結局その日の午前十一時から手術を始めることになったんです。血管に囲まれて全部で五ミリ程度しかないスペースを必死に分けていくんですが、そうこうしているうちに昼を過ぎ、四時から始まる私の講演までまもなくとなりました。

それにしても患部が薄く、これでは破けそうだなと思いながら、その薄い膜にクリップを掛けたら、案の定、破けてしまい、ドーンと出血が……。そしたら、ワーワー言ってた周りも急に静かになってね。脳底動脈を一時遮断して、さらに剥離《はくり》を進めると、血液がまだ流れていることが分かったから、まぁ、慌てなくてもいいや、と。

で、その細い血管を傷つけると廃人状態になっちゃうから、それをそっとよけていきながら、どうにかクリップを掛けることに成功した。そしたらパッと血が止まって、これでよし、となったんです。

たいていの人は、血を見ると興奮したり、動揺したりしますけどね。私は逆にそうなった時のほうが、気持ちが安定します。そこに没入してしまいますから。

それまでは周りと喋りながら、こうしたほうがいい、ああやったほうがいいんだよと教えながらやっているでしょ。でも、いざとなった瞬間は、そういう雑念は一切消えて、ただそのことに没入している。禅語の「独坐《どくざ》大雄峰《だいゆうほう》」とは、このような心境をいうのではないでしょうか。

私が五十歳を少し過ぎた頃、自分なりに「手術の極意」とも言うべきものを次の言葉で表すことができるように思いました。

「術前に悩むも術中に迷う事なく、観にて六分、見にて四分に見極め、手自由にして手に道具あるを忘れ、道具手にあるを知らず、心恒にして独坐大雄峰也」

術前に手術のイメージを懸命につくり上げて、本当にこれでよいのかと何度も検証を重ねる。そのイメージができていない手術は、うまくいきません。

それで、いざ手術に掛かれば、迷うこともなく、手は自由になって道具と一体化し、心は何が起こっても平静でいる。手術に臨《のぞ》むイメージを総括すると、こんなふうになるんじゃないか、と当時思ったんですが、それはいまだに変わりませんね。

8月23日

小林秀雄から教わった歴史を知る意味

占部賢志
福岡県立太宰府高等学校教諭
Kenshi Urabe

日本の文化伝統を次代を担う子供たちにどう伝えていくか。これが学校教育の中核であるべきだと思っているんです。

私がこういう考えを抱くようになったのも、小林秀雄さんの教えなのです。

私は学生時代以来、一所懸命読んだのは小林秀雄さんの本でね、ある時宮崎の延岡に講演にいらっしゃるというので、会いに行ったことがあるんです。

その時、私はどうしても質問したいことがあったんです。

「歴史を知ることは自分を知ることだ」

と小林さんはよくおっしゃっていたが、その意味が当時の私にはよく分からなかったんですね。

夜の十一時近くなっていたでしょうか。小林さんが地元の名士と一緒にホテルへ戻ってこられたところへ

「質問があります」

と割って入っていったんです。

小林さんは

「君を産んでくれたのは誰か。君のおっかさんだろう。おっかさんのいいところも悪いところもみんな君の中に流れている。

そうすると、おっかさんを大事にすることは、君自身を大事にすることだ。

君が君自身を大事にすることは、おっかさんを大事にすることになる。

歴史だって同じじゃないか。日本の二千年の歴史は君のこの体に流れている。君が君自身を大事にすることは、歴史を大事にすることだ。だから歴史を知ることは、自己を知ることに繋がるんだ」

ということを嚙み砕いてお話しくださった。

考えてみればその通りで、日本の古典には「鏡もの」というのがありますね。『大鏡《おおかがみ》』や『吾妻鏡《あずまかがみ》』。あれは全部、歴史書です。

日本人は古来、歴史を鏡だと思っていたんですね。歴史を学べば本当の自分の姿が見えてくるんです。そういう意味で、生き方の鏡として歴史を子供たちに提供していけば、期せずして徳をつくる教育になるのではないかと思います。

8月24日

伸びる人と伸びない人の差

山田満知子　フィギュアスケートコーチ

Machiko Yamada

はっきりいって、頭が悪いのはダメですね。学校の勉強じゃないですよ。

一を言って十を知るじゃないけれど、コーチがいま何を考えているかとか、きょうは何を練習したらいいかとか、こちらが何も言わなくても察することができる。

そういう勘がいい子が伸びますね。

私の場合、チャンピオンにするとか、メダリストにするとか、実はそれほど興味がないんです。

うちに習いに来て、三しか能力がない子を五とか七とかにすることはできても、もともと十の才能を持っている天才にはかなわない。

五輪に出てくる選手なんてみんな天才ですよ。

その天才たちがさらに天才的に努力をして、やっとメダルに手が届くかどうか。そういう厳しい世界です。

世界の頂点に立てるのは天才の中の超天才だけ。

たまたま伊藤みどりや浅田真央《まお》、宇野昌《しょう》磨《ま》はなれましたけど、なれない人がほとんどなんですよ。

そりゃ私も二番より一番のほうがいいですよ。でも、たとえ五番でも、みんなから「あの子、いい子だったね」「あの人の演技って素敵だったね」と言われるスケーターがいいなと私は思います。

だってジャネット・リンだって三位ですよ。誰も一位の人なんて覚えちゃいない。

彼女のスケートのいろいろなシーンに人間性が出て、それがいつまでも私たちの心に残っているんです。

だから私はジャンプができないとか、スピンが下手とか、そういうことではまず怒らない。

礼儀とか躾《しつけ》のほうが多いかな。反抗期の時、生意気だったり、先生にプンみたいな態度でいる子には「ちょっと待ったぁ！」と。

「私はあなたより年上で、しかも先生でしょう。いまの受け答えはないでしょう」とはっきり言います。要するに生き方の注意のほうが多いですね。

みどりはハートの強さと優しさが混ざった演技をするスケーターでしたし、真央は素直で自然体の愛らしい演技をする子。

それってそのまま彼女たちの性格ですよ。人間性が全部スケートに出ているんですね。

8月25日

ノーベル賞を取るための五か条

江崎玲於奈　物理学者

Reona Esaki

創造性を育《はぐく》むにはオプションを活かすことと共に、何事もよく「考える」ということも大変重要です。

私が勤めていたIBMには、「Think」という標語があちこちに掲げられていました。考えて考えて考え抜け、という社員の心得を説いた言葉です。

アップル社のスティーブ・ジョブスも、「Think different」、つまりただ考えるだけではなく、違ったことを考えろ、と言っています。

これを受けて私が若い人に言いたいのは「Think unthinkable」、考えられないことを考えなさいということですね。

私の場合、エネルギーが粒子状態になっているという、想像を絶するアンシンカブルなことをプランクが考え出し、それが古典力学を超える量子力学の発展に繋がりました。

このように将来というものは必ずしも過去の延長線上にはない。

現状維持、何もしないこと、伝統を守るということがリスクになることだってある。

そのことをしっかり理解してほしいと思っています。

私が一九九四年に国際会議で話した内容を、ノーベル物理学賞の選考委員が聞いて、スウェーデンの物理学専門雑誌に「江崎の黄金律」として発表してくれたものがあります。

一、いままでの行きがかりにとらわれない
二、教えはいくら受けてもいいが、大先生にのめりこまない
三、無用なガラクタ情報に惑わされない
四、創造力を発揮して自分の主張を貫くには闘うことを避けてはならない
五、子供のような飽くなき好奇心と初々《ういうい》しい感性を失ってはいけない

この五つは、私自身のモットーであるとともに、いま私が日本に創造の風土を醸成するための心得としていることでもありますね。

8月26日

「感動分岐点」を超えられるか

塚本こなみ　浜松市花みどり振興財団理事長

Konami Tsukamoto

二〇一四年に、浜名湖《はまなこ》花博《はなはく》10周年記念というイベントが、はままつフラワーパークと静岡県が運営する浜名湖ガーデンパークの二か所で開催されました。

三月から六月までの期間中、当園は二十万人の集客を目標にしていました。

私の計算では三十五、六万人入ってもらえると嬉しいな、と考えていたんですが、その期待をさらに上回って六十万人の方にお見えいただいたんです。

これは当園四十四年の歴史で過去最高です。園を存続できるかどうかのまさに瀬戸際でしたので、予想以上の結果を出せてホッとしているところです。

私はこの園の再生のために昨年春、理事長としてお招きいただいたのですが、就任以来、お客様が何を求められ、私どもは何を提供できるかを考え続け、それを実行してまいりました。

「感動分岐《ぶんき》点」という言葉をご存じでしょうか。

経営用語の損益分岐点と同じように、このくらいなら感動しないけれども、それを超える何かを提供すると感動が心の中に沁《し》み入る、という分岐点があるという考えです。

例えば、見たこともない景色や想像を遥かに超えた場面をご提供することが、その分岐点を超えることになると考えています。

ここは三十万平方メートルという東京ドームの七倍に相当する広大な植物園です。その中には素晴らしい日本庭園があって一千三百本もの桜の木が植えられています。

各六百メートルの二本の桜並木があり、春には多くの人で賑わうのですが、私はその日本庭園や池、水路の周りにチューリップを五十万球ほど配して桜とチューリップで世界一美しい庭園を造ろうと考えました。

桜といえば青森の弘前公園だとか全国各地に名所がありますし、チューリップ公園は富山県砺波《となみ》市などが有名ですが、日本庭園の美しい風景の中に桜とチューリップが競演するという演出はここでしかできないと考えたんです。

花博開幕直後はあまり手応えを感じなかったんですけど、桜とチューリップが満開を迎えた頃どっと来園者が伸びて、シーズンを過ぎた後も、全《まった》く減りませんでした。きっと「はままつフラワーパークはすごい」と評判が評判を呼んだのだと思います。

8月27日

帰りがけの挨拶を見ておくように

高嶋　栄
船井総研ホールディングス社長
Sakae Takashima

私と船井幸雄《ゆきお》との出会いは約三十年前に遡《さかのぼ》ります。

私は当社の新卒一期生として採用されました。

一九八〇年四月に入社しましたが、同年十二月、私は突然船井幸雄に呼び出されました。

そこで告げられたのは、

「一月から俺の運転手をやるように」

ということ。

研修の意味もあったと思いますが、当時は若い社員に一年間、本業とは別に社長の運転手を兼任させていて、その話が私に回ってきたのです。

すぐに住んでいるところを引き払い、船井家と細い道一本を隔てた家に住み始めました。

「会社は社長で決まる」

当時船井幸雄から教えられた言葉です。

「コンサルタントの仕事はその会社を深く分析してみないと分からないところがあるが、瞬間的に分かる部分もある。それはそこの社長を見ること、社長の研究をするんだ」

と、よく申しておりました。

ということは、自分の入った会社を深く理解するには、社長の船井幸雄を研究するのが一番効果的だということです。

そうして一年間の運転手研修から始まって今日までの三十年間、生身の姿を通して、また膨大な著作を通して、私は「船井幸雄研究」をやってきたと言えるのかもしれません。

運転手時代に学んだことは数えきれませんが、船井幸雄を訪問企業まで送っていく際、

「これから行く会社はいい経営をしている。社長さんも素晴らしい。だから帰りがけの挨拶を見ておくように」

と言われることがありました。

すると、ほとんどの会社は私が車を出した後でも姿が見えなくなるまで見送ってくださるのです。

逆もまた然《しか》りで、経営に苦戦している企業に新聞紙上で船井がアドバイスする企画があり、取材を兼ねておじゃまずると、見送りがちゃんとできていない会社が多かったのも事実です。

社長の人間性や考え方の一部がそういう行動に表れて、経営に浸透してしまう。

そのことをコンサルタントの卵であった私に教えてくれたのだと思います。

この話は当社の社員にも心掛けてもらいたいと思い、いまもよく話すエピソードです。

8月
28日

困難は解決策を連れてくる

川勝宣昭　DANTOTZ consulting 代表

Noriaki Kawakatsu

日本電産芝浦が業界首位に立ち、なお成長軌道に乗ったところで、私は二社目の再建を命ぜられました。五年前と同じように、ある日突然派遣が決まったのです。

その会社はエレベーターの速度制御機をつくるネミコンという社名で、規模こそ一社目より小さいものの、再建への道のりは遙かに難しいものとなりました。会社規模は従業員が百名程度で、売り上げ約四十億円に対して年間八億円の赤字で、永守重信社長から与えられたテーマは、やはり一年以内の黒字化です。

なぜ難しいかと言えば、新しい速度制御機をエレベーター製作会社に採用してもらうには、試験期間に最低一年を要するという慣行がありました。そのためいくら新規の営業に走り回ったり、製品開発に力を注いでも、一年以内の売り上げ増に繋がらない状況にあったのです。

悩んだ揚《あ》げ句に国内市場から目を転じ、注目したのが当時開発ラッシュの続く中国市場でした。調べてみたところ中国ではエレベーター製作会社の社長に自社製品を気に入ってもらえれば、僅《わず》か一週間で採用が決まるというのです。

すぐに中国市場に打って出たことで、翌月から売り上げ増が見込めるようになりましたが、すぐに手放しには喜べないことが分かりました。なぜなら中国の相手企業から支払いがなされないばかりか、手形制度が存在しないため訴訟に持っていくことすらできないという状況に直面したのです。

この時も必死に打開策を探し求めた結果、上海にある国営商社と組み、そのナンバー2を動かすことで相手企業に代金を支払わせることができました。中国では企業と企業よりも、人と人との関係が大きなウエートを占めているのです。中国とはそういう商習慣の国なのです。

こうして八方手《はっぽうて》を尽くすことで黒字化への道筋をつけたわけですが、いかに困難な状況においても何かしら行動を起こせば解決策は必ず出てくるというのが、日本電産で得た一番の教えだったかもしれません。

「困難は解決策を連れてくる」

これは永守重信社長の言葉の中で私が最も感銘を受けたものの一つで、これに関連してこんな話をしてくれたことがありました。

「向こうから困難さんがやって来る。誰でも困難からは逃げたい。だから君も困難から逃げたいだろう。しかし困難さんから逃げてみろ。困難さんは脇《わき》を通り過ぎて行くが、ひょっとその背中を見たら、後ろに『解決策』というリュックを背負っているじゃないか。逃げたら解決策も逃げて行くんだぞ」

生きた教訓とはこういうものかと思ったものです。

一所懸命やらなかったことを失敗という

髙田明
ジャパネットたかた創業者
Akira Takata

仕事は楽しく充実した生活を過ごしていましたが、若気《わかげ》の至りから二十五歳で会社を辞めて田舎に帰りましてね。実家が写真屋をしている。じゃあ手伝おうかということで、写真の仕事をしているうちにどんどんはまってしまったわけです。寝る間も惜しんで真剣にがむしゃらに走り続け、二十七歳で松浦市に、三十歳で佐世保《させぼ》市に店舗を出し、年商二億五千万円にすることができました。

どうしたらもっと成長させていけるんだろうと思って一所懸命やっていたら、その手法としてラジオに出逢った。最初は「カメラのたかた」の歌をつくって、二十秒のラジオコマーシャルを流したりしていました。そうしたら、偶然ラジオで喋りませんかと声を掛けていただき、五分間喋ってみたら百万円くらい売れたんです。調べてみると、日本全国どこでもラジオショッピングをやっていることが分かり、それなら全国のネットワークをつくってみようと思いました。佐世保から始めて、いろんな方のお力を借りて徐々に広げていって、北海道や沖縄にも飛んでいきました。

TBSとか文化放送とか、MBSとかABCとか、大きいラジオ局で放送したくても、佐世保の小さな会社ですから当然厳しくて。だからまず、ローカルからネットワークをつくったんです。そこで信用ができて初めて、東京や大阪に進出していける。三~四年そうやって動いていたら、年商が五十億円になりました。次に出逢ったのがテレビです。

最初の五年くらいはよそのスタジオを借りて番組をつくっていました。ところが、パソコンが登場してくると、三か月に一回新商品が出るようになり、制作会社にお願いしていたら間に合わない。それで自社スタジオをつくり始めたんです。これは一つのチャレンジであり、ターニングポイントですね。自社スタジオがなかったらいまのジャパネットはありませんから。不可能と言われたんですけど、一所懸命やっていたらどうにかなって、いまは百人規模で、カメラマン、編集、出演者、すべて社員が担っています。

その後、電波だけじゃなくて紙媒体もやろうと思って、チラシやカタログを配りました。三年も経つとマンネリ化します。見てくれる人を増やすにはどうしたらいいかって一所懸命考えて思いついたのが「明日の朝刊、見てください」だった。これで通常のチラシの数倍売れたりしたんです。

インターネットが出てくると、まさかこんなもので売れないだろうと思ったけど、世の中が求めるんだったらやってみようということでやり始めた。結構、苦労話を聞かれるんですけど、正直言って楽しくやっているから苦労はないんです。失敗もないんですよ。

私は一所懸命やらなかったことを失敗だと思っているので、やってダメだったことは失敗じゃないんです。やっぱりプロセスが大事。結果はうまくいくこともあるし、うまくいかないこともある。そこで工夫改善を繰り返していけば、いつの間にかうまくいくことが重なってくると思います。

8月
30日

自分の思う限界は限界ではない

山川宗玄　正眼寺住職
Sogen Yamakawa

お恥ずかしい話なのですが、この矛盾、つまり修行から解放される方法は「修行半ばでこの人は挫折した」と皆から思ってもらえることだ、という結論に達しました。それにはこの修行中に突然バタッと倒れて救急車で運ばれるのが一番いい、と何も分からない頭で考えたのです。

そうなると、一刻も早く倒れなければならない。となれば毎日の修行は厳しいが、さらに負荷をかけて厳しくすれば、早い時期に倒れてくれるのではないか。そこで坐禅《ざぜん》も作務《さむ》も托鉢《たくはつ》も身を粉《こ》にしてとことん頑張りました。予定では数日、長くても一週間で見事に倒れ、誰かに介助されて救急車で運ばれるという筋書きでした。修行とは全《まった》く違う方向ですが、本人は必死でした。人間に残る最後の欲望は休みたいということだと実感したのもこの頃です。

ギリギリだとは自分でも感じているのですが、倒れないんです。面白いことに。

自分の思う限界は限界ではなかったのかもしれませんが、いずれにしてもギリギリのところで踏みとどまっていたと思います。そうなると、不思議なもので余計なことを考えなくなるのです。「倒れたい」という気持ちと「倒れないな。不思議だな」という実感。

そして、ある満月の晩でした。皆が寝に帰った後、いつものように一人で夜坐《やざ》をしていました。ボーン、ボーンという時計の音で「あっ、二時だ」と分かる。それまでの私なら、「いま禅堂に戻っても一時間半しか休めない」と思っていたと思います。倒れたいと願っているはずなのに、面白いものでそんなことを考えてしまう。だが、その日はなぜか「一時間半しか」ではなく「一時間半も休ませていただけるのか」という言葉が心の奥底からフッと浮かんできたのです。その途端、ガラガラと世の中が変わっていくような感触を得たのです。「自分は変わった」と思いました。

8月31日

人が嫌がることを三百やる

奥田政行　「アル・ケッチァーノ」オーナーシェフ

Masayuki Okuda

　父が悪徳《あくとく》コンサルタントに騙《だま》されて一億三千万円の借金を背負うことになったという話をさせていただきましたが、当時私は二十一歳でしたから、自分にはまだ奥田家を幸せにするだけの実力がないことは分かっていました。

　だから、もう一度東京に行かせてくださいと両親にお願いして、再び上京し、新宿の高級レストランへ修業に入りました。

　で、その店のシェフが大変ストイックな人で、食器に指紋《しもん》がついていたり、水槽《すいそう》に魚の鱗《うろこ》が一枚ついているだけでボッコボコに殴られて、毎日二十発以上はみんな殴られていました。

　シェフが出勤してきた時、ドアノブが早く回るか、ゆっくり回るか。最初の一歩が大きいか、小さいか。そしてパッと顔を見て、きょうはコーヒーにするか紅茶にするか、それともカモミールを温《ぬる》めにするか、熱めにしてミントを入れるかと判断しなきゃいけない。

　それでシェフが着替え終わったら、私が淹《い》れたドリンクを飲みながら、メニューを書くんです。

　で、ランチタイムで忙しくなってくると暴れ始めるわけです。

　殴られて、「何できょうこんなに追われているか分かるか！」と言われるから、「いえ……」「きょう、おまえが出したものは俺の気持ちと違ったからだ！」と。

　毎日がそんな調子で、味を見てもらうだけで「違う！」と殴られる。だからある時私もいたずらをして、前の日にOKをもらったソースをそのまま翌日に味見をしてもらったんです。

　そうしたら「違う！」と言うので、何だ、シェフも感覚でやっているだけなんだと思って「これ昨日OKもらったのと同じやつです」と言ったら、「バカ野郎、昨日は晴れできょうは雨だ」。

　ああ、この人はただムチャクチャ言っているだけじゃなくて、すごいことを言っているのかもしれないと感じるようになって、そこから、ちょっとこのシェフについていってみようかなという気持ちになりました。

　ただ、人間そういう状況に追い込まれると、シェフが新宿駅に降り立った瞬間、分かるようになるんですよ。「あ、来た」って。

　出勤時間が違っても分かる。もう絶対に嫌いにならないように毎日シェフの写真を胸ポケットに入れて仕事していました。

　私はいつも、「やりたいことの数値が百だとすると、やりたくないこと、人が嫌がることを三百やる」と自分に言い聞かせています。そうすると、いつの間にかやりたいことを実現するためのスタートラインに立てる。

　これは修業時代からの実感です。

9月
September

米田 肇（HAJIMEオーナーシェフ）
加藤健二（元キャピトル東急ホテル エグゼクティブコンシェルジェ）
ガッツ石松（元WBC世界ライト級チャンピオン）
三浦由紀江（日本レストランエンタプライズ大宮営業所長）
石川真理子（作家）
二宮尊徳（農政家）
中村桂子（JT生命誌研究館館長）
牛尾治朗（ウシオ電機会長）
相田みつを（書家）
外山滋比古（お茶の水女子大学名誉教授）
唐池恒二（九州旅客鉄道会長）
谷川徹三（哲学者）
川島英子（塩瀬総本家三十四代当主・会長）
山本富士子（女優）
野尻武敏（神戸大学名誉教授・生活協同組合コープこうべ理事長）
松久朋琳（大仏師）
藤森 武（写真家）
日比孝吉（名古屋製酪社長）
鷺 珠江（河井寛次郎記念館学芸員）
大久保恒夫（成城石井社長）
松原泰道（南無の会会長・龍源寺前住職）
吉田悦之（本居宣長記念館館長）
平岩外四（東京電力社長）
井上康生（全日本柔道男子代表監督）
樋口武男（大和ハウス工業会長兼CEO）
栗山英樹（北海道日本ハムファイターズ監督）
大谷將夫（タカラ物流システム社長・タカラ長運社長）
加治敬通（ハローデイ社長）
山下弘子
豊田良平（コスモ証券元副社長）

9月1日

「三つ星」を取れる人と取れない人の差

米田 肇　HAJIMEオーナーシェフ

Hajime Yoneda

三つ星を取れる人とそうでない人の差は、皆が頂点を目指して頑張っている中で、細部にまでとことんこだわれるかが分かれ目だと思います。よくスタッフが「ちょっと火を通し過ぎたと思うんですが、どうですか？」って聞きに来るんですけど、味見をすると全然ちょっとじゃないんです。病院の先生でも、体温がたった〇・〇二度上がっただけでおおごとだと捉える方がいますが、そうした微差《びさ》を追求できる人が特出できるのだと思います。料理の世界ではその差が品質管理にものすごく影響します。

よく器用なほうがいいですか？　という質問を受けますが、器用であったほうがいいですけど、それ以上に日々の努力を積み重ねられる人のほうが成長します。そのためには小さなミスにも真摯《しんし》に向き合う姿勢が大事ですね。

私は一流プロの条件は二つあると思っていて、一つは高品質な仕事をすること。そしてもう一つはそれを継続して行うことです。

二〇一二年に先ほどお伝えした改革を実行した後、二つ星に落ちたのは、ミシュランのスタッフが私たちの料理のレベルや安定感を探っていたのだと思います。再び三つ星をいただけるまでに五年もかかりました。

坂村真民《しんみん》さんの詩に「本気　本腰　本物」とありますが、本気とは、自分で勝手に決めてしまっている限界を超えることだと思います。車のリミッターと同じで、本当は三百キロ出せるエンジンがついているのに、百八十キロまでしか出せない設定にしている。そのリミッターをカットし、真の力を出すには本気になって打ち込むのみです。

本腰とはすべての責任を背負う覚悟。いつも逃げ腰で、人のせいにするような中途半端な人間は成長できません。

そして本物とは、ぶれない中心軸を持つこと。時代や流行はどんどん変わりますが、本筋って意外と変わっていなくて、それに気づける人が本物でしょう。

9月2日

すべて私にお任せください

加藤健二　元キャピトル東急ホテル エグゼクティブコンシェルジェ

Kenji Kato

あるテレビ番組に出演した時のことです。「お客様の顔と名前をどれだけ覚えているか？」と問われたホテルマンの私は「一万人は覚えていますよ」と答え、実際にそれ以上の数を諳《そら》んじることができました。こんな話をすると、私が優れた記憶力を持っていると思われるかもしれませんが、決してそうではありません。

私が勤めていたのは、平成十八年に閉館した東京・永田町のキャピトル東急です。ホテルの前身は東京ヒルトンにあたり、昭和三十八年の開業より二年後に部屋を掃除するハウスマンとして入社しました。

配属から二日目、フロントから「七五二のお客様がランジェリーの洗濯をお願いされている」と連絡を受けた私は、まずその方のお名前を確認した上で部屋へ向かいました。

ドアをノックし、普通なら「グッドモーニング」と言って中へ入ります。しかし名前を覚えていた私は「グッドモーニング・ミスターホーマン」と声をかけました。

驚いたのはホーマンです。彼はとても感激した素振《そぶ》りを見せ、「ワット・イズ・ユア・ネーム？」と言いながら、さっと右手を差し出してきました。一日に数百回お客様と握手を交わし、後に私が「ミスター・シェイクハンド」と呼ばれることになる、これが始まりでした。

翌日、担当の七階フロアへ向かい、さらに驚いたことがありました。従業員用エレベーターから降りた瞬間、そこにホーマンが立っていて「グッドモーニング・ケンジ！」と声をかけてくれたのです。以来、彼は来日の際、どんな用でもホテルにではなく、私宛てに連絡をくれ、四十年来のお客様となりました。

私はボーイだった頃から、お客様の名前を覚え、必ず名前を呼びかけることを徹底していました。覚えるためには何か特徴を掴まなければなりません。その一つが握手です。感謝の心を込め、差し出す手を通して「どうぞ私に何でもご相談ください」という気持ちをお伝えするのです。

また私は、毎朝、勤務開始の一時間以上前に出社してこんなことをしていました。

コンピュータで打ち出されたＶＩＰリストの裏に、二百名余りいるお客様のお名前やお部屋番号、勤務先、愛車などのメモを、直接手書きで記していくのです。リストをただ眺めているだけでは頭に入ってきません。自分の手で実際に書き出していくことで、確かな情報がインプットされていくのです。

一通りの作業を終えるには、一時間では済みません。毎朝午前三時半に起床して、四時四十三分に家を出る。五時三分の始発電車に乗って五時五十分に出社。まだ真っ暗な事務所の明かりをつけ、席に着くなりコンピュータを叩き始めます。

お客様をお見送りした後でスタッフは朝食をとりますが、私はその時間をお客様のために使います。何か御用はないか、快適に過ごされているかどうか、ロビー内をくるくると回り一日に二万歩近くを歩いていました。

9月3日

偉い人間にならなくていい、立派な人間になれ

ガッツ石松　元WBC世界ライト級チャンピオン

Ishimatsu Gattsu

俺だって本当は高校に行きたかったけど、そんな余裕がある家庭じゃないからね。じゃあ、何も持たない自分が這《は》い上がるにはどうすればいいか。体一つで戦えるボクシングしかないと思った。

とりあえず近所の人の紹介で東京の会社に就職しました。入社してすぐ、会社のみんなで元フライ&バンタム級で世界チャンピオンのファイティング原田さんの試合中継を見ていた。その時、俺は社長さんに「俺もボクサーになりたいから、ボクシングジムに通わせてください」と申し出た。すると社長さんは、「おまえみたいな人間が、あんな偉い人間になれるわけがない」と言ったね。

まだ十五だよ。ショックだったね。ああ、東京も田舎も一緒だ。俺みたいなやつにチャンスはないんだ、と思って、すぐに会社を辞めて田舎に戻った。

村の人たちに見つかると「あそこの息子、もう仕事をやめて帰ってきた」と噂されるから、真夜中にひっそりと帰って、昼間、誰にも見られないようにふるさとを歩いたんだ。山、川、田んぼ、畑……。ふるさとの自然に抱かれているうち、「よし、俺はやっぱり東京へ行く」という思いが湧いてきた。

もう一回上京する日、おふくろはいつも通り朝早くに土方仕事へ出て行った。帰ってきた数日間も、忙しくてろくに話もできなかったから、駅に向かう途中に仕事場に立ち寄ってみたんだね。

「もう一回東京へ行ってくるぞ」と言うと、おふくろは泥だらけの手で前掛けのポケットをゴソゴソやって、一枚の千円札をくれたんだ。俺がいつも悪さばかりしていたから、「サツ（札）はサツでも、警察のサツは使えねえぞ」と言ってね。

そして、ハラハラと涙をこぼしたかと思うと、

「偉い人間になんかならなくていい。立派な人間になれ」

と言った。うちのおふくろさんは学歴はないけど、やっぱり苦労を重ねて生きてきた人だから言葉に力があったよね。すっと心に沁みて、それはいまも忘れない。

結局、その時もらった泥のついた千円札はずっと使えなくて、いまでも大切に持っていますよ。

9月4日

仕事に言い訳しちゃいけないよ

三浦由紀江
日本レストランエンタプライズ大宮営業所長
Yukie Miura

時給八百円のパートが千円や千五百円の駅弁をそう頻繁《ひんぱん》には買えませんでしたが、一応全部食べました。そういう私を見て、「三浦さん、頑張っても時給八百円のままなんだから、そこまでやる必要ないよ」と、パート仲間はもちろん社員さんからも言われました。

そうそう、「こんなまずいもの、自分で買って食べるなんてバカじゃないの」と言う社員もいたんですよ。信じられないでしょう？

主婦は家族が「おいしい」と言って喜んでくれる顔を思い浮かべて料理する。同じようにお客様に喜んでもらう商品をつくって売るのが商売じゃないかと。この主婦としての目線が、その後の仕事の指針になっていきました。

仕事観といえば、こんなこともありました。パートを始めて六か月くらい経ち仕事にも慣れてきた頃のことです。お弁当は配送担当のアルバイトが各売店に届け、陳列《ちんれつ》することになっています。ところがいつも一か所に山積みにして帰る人がいたんです。毎回開店時間までに並べ直していましたが、ある日堪忍袋《かんにんぶくろ》の緒《お》が切れて、現状を社員に見せて注意してもらおうと思い、そのままの状態で店を開けたのです。

現れた社員さんはビックリですよね。「三浦さん、何これ」って。「あの人、いつもこうなんです」「でも、並べ直す時間はあったんでしょう」「それは私の仕事じゃありません。あの人をちゃんと教育してくださいよ！」

すると、こう言われたのです。
「三浦さん、仕事に言い訳しちゃいけないよ」

瞬間湯沸かし器的に頭にきて、「こんな会社、辞めてやる！」と思ったのですが、帰る頃には、「そうだよなぁ、私が間違っていた。何できょうは手を抜いてしまったんだろう」と後悔しましたね。改めて「これからはいかなる時でも自分自身が納得する仕事をしよう」という思いを強くしました。

また、これには後日談もあって、三日後に同じ社員さんが別の売店に入っている私のところに来て、「いやぁあの売店、きょうも陳列がひどいよ。あそこは三浦さんがいないとダメだね。これからも頼むよ」と。ああ、この人は私がいつも並べ替えをしているのを知っていて、だけど「仕事はそうじゃないよ」ということを教えてくれたんだなと分かりました。「三浦さんがいないとダメだね」の一言がものすごく嬉しくて、さらに仕事にのめり込んでいきました。

9月
5日

明日を案ずるより今日を最期と生きるのです

石川真理子　作家

Mariko Ishikawa

目の前の一歩をできるかぎり最良な一歩にするには、次のような心がけを抱くことが秘訣のようです。

毎日、今日を最期と生きること。

「今日も命がありましたね、ありがたいことです」

これは、武士の娘だった祖母がことあるごとに申していたことでした。この言葉には、「だからまた少し、人生を良くすることができる」ということが暗示されています。

その日を最期と思い、昨日よりもほんの少しでもいいからよりよい自分になり、よりよい選択をして生きる。その積み重ねが武士道というストイックな倫理道徳をあきらめずに貫く力になるのだと思います。

世相が暗い時というのは不安が薄絹のようにまとわりつき、些細《ささい》なことで気落ちしたり、いたずらに先行きを案じてしまいます。けれど、いくら案じたところでせいぜい自分にできることは、その状況をいかに明るく力強くのりきるかということではないでしょうか。

昭和九年に長女が結婚、十一年には初孫《ういまご》の誕生と次女の結婚という、祖父母にとっては慶事《けいじ》が続きました。

その一方で世の中は徐々に軍事色が濃くなり、戦争の足音が確実に近づいていたのです。嫁いだ娘たちが、時に心細げに不安を訴えてくるのも致し方なかったことでしょう。

ところが祖母は、不安など吹き飛ばしてしまいなさいといわんばかりに、「案じても詮無いことを心配して過ごすより晩のおかずを心配したほうがはるかに上等」などと言うのでした。

「そんな様子を見るかぎりでは、嫁としての務めを果たしておらぬようだね。母として妻としてまともにお務めを果たしておれば、くよくよ心配するほど暇な時間などありはせぬ。とどのつまり、今日を最期と一所懸命になっていないということですよ。明日はもうこの世におらぬと思えば、つまらぬ心配などそっちのけで、やりたいことやっておかねばならぬことをするはず。これが最期と思うなら、精一杯、明るく幸せに終わりたいと思うだろう。よいですか、明日のことなど案ずることはありませぬ。それより今日を最期と生きなさい。そうである限りは、どんな世であろうとも、良き人生と相成《あいな》りますよ」

娘たちを戒《いまし》めた後で、祖母はこのうえない慈しみにあふれる笑顔を浮かべ、「さあさあ、元気をお出しなさい」と言うのでした。

明日の命をも知れない武士にとって、その日を最良の日とすることが人生を悔い無きものにする術となりました。

今を生きる私たちも、いつ、どこで、どのように最期を迎えるのか誰も知るよしはありません。だからこそ今日を最期と明るく生きることを心がけていきたいと思うのです。

9月
6日

今日の決心がそなたの家の存亡にかかわる

二宮尊徳　農政家

Sontoku Ninomiya

ある村の富農に、頭のよい子があった。それを江戸湯島の聖堂に入れて修行させようというので、父子同道でいとまごいに来た。私は心を尽してこれをさとしたものだ。

　何といったかというと、――それは良いことではある。けれども、そなたの家は富農であって、田畑をたくさん持っているということだ。してみれば、農家としては尊い家株だ。その家株を尊く思い、祖先の高恩をありがたく心得て、道を学んで近郷村々の人民を教え導いて、その土地を盛んにして国恩に報いようと、そういうつもりで修行に出るならばまことによろしいが、祖先伝来の家株を農家だからとて卑《いや》しんで、むずかしい字を覚えてただ世間に自慢しようという気持ならば、大きな間違いだろう。

　そもそも農家には農家の勤めがあり、富者《ふしゃ》には富者の勤めがある。農家たるものは、どんなに大きい家でも、農事をよく心得なければ役に立たない。富者は、どれほどの富者であっても、勤倹して余財を譲って、郷里を富《と》まし、土地を美しくして国恩に報じなければ、役に立たない。この農家の道と富者の道とを勤めるために学問するなら、まことによろしいけれども、もしそうでなくて、先祖の大恩を忘れて、農業はくだらぬ、農家は卑しいという気持で学問をしたならば、学問のためにますます本心がどこかへ行ってしまって、そなたの家が滅亡すること疑いない。

　今日の決心がそなたの家の存亡にかかわるのだ。うかつに聞くではない。私のいうことは決して違わないはずだ。そなたが一生涯学問をしても、このような道理を発明することは決してできまい。また、このように教え戒《いまし》めてくれる者も決してあるまい。聖堂《せいどう》に積んである万巻の書物よりも、私のこの一言の教訓のほうが尊いはずだ。

　私のことばを用いればそなたの家は安全だ。用いなければそなたの家の滅亡は眼前《がんぜん》にある。だから、用いるならばよし、用いないならば二度とふたたび私の家に来るではない。私はこの地の廃亡を復興するために来ているのだから、滅亡などということは聞くのも忌まわしい。決して来てはならぬ。――

　と戒《いまし》めたが、従うことができないで江戸に出てしまった。そうして、修行も途中なのに、田畑はみんな人手に渡って、ついにその子は医者になるし、親は手習《てならい》師匠をして、今日をしのぐまでになったと聞いている。痛ましいではないか。世間にはこの類《たぐい》の心得違いが往々にある。私はその時、口ずさみに「ぶんぶん（文々）と障子にあぶの飛ぶみれば　明るき方へ迷うなりけり」とよんだことがあるが、痛ましいことではないか。

（現代語訳）

9月7日

本当に大事なことは二十年かかる

中村桂子　ＪＴ生命誌研究館館長
Keiko Nakamura

私は科学からスタートしていますから、科学的に物事を考えたり、生き物を科学的に理解することはとても大切なことだと思っています。でも、科学だけですべてが分かるわけでもないし、逆に抜けているものもたくさんある。その一つが時間です。

生き物って何ですかと聞かれたら、私は時間を紡《つむ》いでいるものと答えます。それなのにその基本である時間を抜きにして切り刻んで考えても、それは生き物ではありません。

生命誌は簡単に言うと、三十八億年もの長い間連綿《れんめん》と続く生命の歴史を紐解《ひもと》こうというものです。生き物の歴史には時間と、驚くほど様々な生き物の関係が存在します。ところが科学はこの時間と関係を切ってしまうので、生命誌でそれを取り戻したいと思って始めました。

最初の頃は、何をやるの？　みたいな感じで、理解してもらえませんでしたけれど。

いま私が館長を務めているＪＴ生命誌研究館の開館二十周年の時に、これまでやってきたことや自分の思いをまとめたんです。皆さんにお知らせしようと。でも、それを見て一番納得したのは自分でした。私はこういうことをやりたかったんだって、明確に見えてきた。

二十年って生まれた赤ちゃんが大人になる時間でしょう。そこで、本質的なことをきちんとやりたかったら、二十年要るんだなと思いました。

ところがいまは大学などでも、与えられる研究期間は三年、長くて五年。三年で成果が出なければ、それで終わり。十年とか二十年かけて見てくれるところがなくなっています。でも私のいまの実感としては、何か本当に大事なことをやりたかったら、それくらいの時間が必要なのではないかということです。

時間の場合、技術開発をしてある製品の製造時間を短縮することはできても、子どもが生まれるまでの十月十日《とつきとおか》を長いから二か月にしようというのは無理でしょう。やはり生き物には時間が大事なわけで、無駄に見えるかもしれない時間を過ごしていくことが生きていくことなんですよね。

9月8日

相手が自分を必要とする時は

牛尾治朗　ウシオ電機会長

Jiro Ushio

この世に生を享《う》けてから父と死に別れるまでの二十七年間、父は陰に陽に様々な面で私を支援してくれていたように思う。

旧制第三高校は京都、大学は東京と、早くから実家を離れていた私にとって、神戸支店勤務時代、父と共に生活した二年間は大変貴重な時間だった。通勤時間が同じだったため、朝はいつも食事を共にし、父の車に同乗させてもらって通勤していた。その間は、自分がいま読んでいる本の話を父にするのが習慣だった。父は「読み終わったらすぐに貸してくれ」と言い、私も父と交流が持てることを殊《こと》の外《ほか》、楽しみにしていた。父と間近に語り合ったこの二年間はまさに私の人生の豊穣《ほうじょう》の時だったと思う。

その後は、お互いに会う機会は少なくなったが、父とは週に一度手紙を交わすようになっていた。後年、父の書斎から数年に及ぶ私の手紙が全部出てきた時、こみ上げてくるものを抑えることができなかった。

父が病で倒れたと聞いた時、ふと胸に去来した出来事がある。大学の卒業式の日、友人と当時流行《はや》っていたチャップリンの映画『ライムライト』を観に行った時のこと。人生に失望し、生きる気力を失っていた若いバレリーナを老いた役者であるチャップリンが励ますシーンに、次のような台詞《せりふ》があった。

「元気を出せ。人生に必要なものはイマジネーション（想像力）とカレッジ（勇気）とサムマネー（若干《じゃっかん》のお金）だ」

私はその言葉に大変感激して、家路《いえじ》についた。すると、父から一通の手紙が届いていた。

「きょうはおまえの卒業式に行けないことを非常に残念に思う。しかし、私から君に言うことはもう何もない。これからは君の思う通りにやってくれれば、それがきっと世の中の光になることを信じている。心からそう思える父親であることを、限りなく幸せに思う」

この言葉を受け、私は父のためにも頑張らなければと心に誓った。

父が亡くなり、会社をどうするかという決断に迫られた時、二十七歳だった私は文化的な分野で仕事をしていきたいという想いがあり、初めはそれを理由に引き継ぐことを拒否し続けた。渋々《しぶしぶ》父の会社に入ってからも、数年で辞めて自由な生活を送ろうと考えていたのだ。しかし、三十歳を目前にした頃、自分自身の中に「会社の繁栄と従業員一人ひとりの幸せが一致するような経営がしたい」という思いが湧き起こった。そして三十三歳の時、不採算だった電機部門を独立させ、経営者として生きることを選択した。それは、父の期待に応えることこそ、私の生きる道だと確信したからである。

「自分は誰も必要としないけれども、相手が必要とする時は、その必要のために生きるのも一つの実存である」

と、サルトルは言う。人間誰しも生きていれば思い通りにならないこともあるだろう。しかし、その時に自分の希望ばかりに固執するのではなく、相手の必要と期待に応える。それを自らの果たすべき使命と捉えることも、自分の一つの実存と言えるだろう。

戦死した二人の兄の教え

相田みつを　書家
Mitsuo Aida

一人のあんちゃんが、幼い時に、私の手を引いて、よく原っぱへ紙芝居を見に連れて行ってくれたんです。その紙芝居を見るのに、貧しくて当時、一銭のお金がないんですよ。後ろのほうで気兼ねな思いをしながら、見てたんですが、ある時、そのあんちゃんが、襟《えり》首《くび》をつかまれてね。「このガキは毎日毎日ふてえガキだ」と言われて、みんなの前でピーンとほっぺたを叩かれるんですね。その時に泣き出せば、それで終わったんですね。

あんちゃん、泣かなかった。なぜかというと、後ろにね、弟の私がいるから、くうっと渾身《こんしん》の力で私のほうを見ている。泣かないものだから、おじさんが「何て強情《ごうじょう》なガキだ」というんで、反対のほっぺたを叩かれて、ほっぺたが両方、真っ赤になりました。その時の印象は、おじさんの手が大きくて野球のグローブのような印象がありましたね。私は背筋がゾクゾクして震え上がったのを、いまだに覚えています。やがて、その紙芝居のおじさんから解放されて、あんちゃんは一滴も涙を流さないんですよ。で、棒切れを拾いましてね。いまから考えると、秋のことでした。まんじゅしゃげの花がいっぱいに咲いているのを、全部、折っちゃいました。何ともやりきれない思いで、私はあんちゃんの後ろをとぼとぼとついて行った経験がある。このあんちゃんが、小学校を終えるとすぐ、私の家はおやじが日本刺繍《ししゅう》をやっていたので、その跡取りになって、そのあんちゃんの働きによって、私が旧制の中学校にやってもらったんです。

で、私が旧制中学の四年生の時にそのあんちゃんは兵隊に行くわけですが、ある時、裸電球を真ん中に置いて、夜なべで刺繍してた。私はちゃぶ台の古いのを置いて勉強していたんですね。その時に、あんちゃんが、「みつをなあ、おまえも来年は最上級学生だな。最上級学生になると、下級生を殴る、という話を、俺は聞いたが、おまえだけは下級生を殴るような、そういう上級生にならないでくれ」「無抵抗な者をいじめる人間なんていうのは、人間として最低のクズだぞ」ということを、針を運びながらね、懇々《こんこん》と言うんですよ。「ああ、紙芝居のおじさんに叩かれたという心の傷が深ーいところにあって、それから出てくるんだろうな」と、私はピンピン分かったんですね。

それで、その後に刺繍の手を止めて、私の足先を指差してね。「おまえの足な、足袋《たび》に穴っぽがあいてるけれども、ボロな足袋をはいていることは、一向に恥ずかしいことはないぞ」と。「そのボロな足袋をはいていることによって、心が貧しくなることが恥ずかしいんだ、その足袋の穴から、いつでもお天道《てんとう》さまを見てろ」と。これは、私のあんちゃん、偉かったなと思うんですね。で「いつでも心は貴族のような心を持っていてくれ」。三つ目に、「貧しても鈍するな」。この言葉の意味を当時、私は分かりませんでしたが、「どんなに貧しくても、卑《いや》しい根性を持つな」ということですね。そして、もう一人のあんちゃんは、こういうことを言いました。「同じ男として生きる以上は、自分の心のどん底が納得する生き方をしろよ」と。

9月10日

人生の後半をどう生きるか

外山滋比古
お茶の水女子大学名誉教授
Shigehiko Toyama

座右の銘を持つなら、単に人から聞いたり、本から拾った借り物を安易に掲げるよりも、自分の人生から導き出した信念のこもった言葉にするべきだと思っている。そしてその言葉は、その時々に変化していくほうがいい。それは決して変節《へんせつ》ではなく、進歩の証だと私は考える。

私が一番最初に心に留めた言葉は、「我が道を往く（Going My Way）」だった。戦後間もなく、アメリカから入ってきた映画のタイトルでもあるが、内容は忘れてこの言葉だけが心に残った。

私はこれを、他人のやることに付和雷同しない、と解釈して心に刻んだ。我が道というのは、常識、流行、体制といった多くの人がいるところにはない。一人で運命を切りひらいていく覚悟を持ち、孤独に耐えて歩んでいく者がつくっていくものである。

私は、誰もが留学したがる中で、その実効性に疑問を持って海を渡らなかった。また一切の役職を断り、社会的に地位を得て自分を見失うことを避けてきた。一人で道をひらいていく覚悟を持って、精神的に自立して歩んできたのである。周囲からは変わり者と見られていたようだが、私は意に介さなかった。

我が道を往き、自分の頭で考えることを実践し続けて私は八十六歳となった。それなりに納得のいく人生を歩んできたという満足感はある。しかし、さすがにここまで長生きするとは思わなかった。人生五十年くらいの気持ちで生きてきたところが、五十歳を過ぎても一向に終点が見えず、途方に暮れているというのが定年を過ぎた多くの人の実感だろう。

さて、これからどう生きたらいいのか、と考えている時にこんな俳句と出合った。

浜までは海女《あま》も蓑《みの》着る時雨《しぐれ》かな

詠《よ》んだのは江戸時代の俳人、滝瓢水《たきひょうすい》である。これから海に潜る海女が、雨を避けるために蓑を着て浜に向かう。どうせ海に入れば濡れてしまうのに、なぜ蓑を着る必要があるのか。浜までは濡れずに行きたい、というのが海女の気持ちなのである。つまり人間は、少しでも自分を愛《いと》おしみ、最後まで努力を重ねていかなければならないのである。

この句の〝浜〟を〝死〟と捉えれば、一層味わいが深まる。どうせ仕事を辞めたんだから、どうせ老い先短いんだから、と投げやりになるのが年寄りの一番よくないところである。死ぬ時までは、とにかく蓑を着る。日が照りつければ日傘《ひがさ》を差す。そうして最後の最後まで前向きに、少しでも美しく立派に生きる努力を重ねていくべきなのである。

9月11日

気を満ち溢れさせる四条件

唐池恒二
九州旅客鉄道会長

Koji Karaike

繁盛《はんじょう》する店と繁盛しない店を分ける一番の要素は、その店に気が満ち溢れているかどうかだと気づきました。

気というのはたとえ初めて行く知らない店でも、なぜか入る前から薄々感じるものです。綺麗に掃除されていたり、元気のいい声が飛び交っていたり、そういう店はいい店だなって思いますよね。実際、料理もサービスもほとんど間違いない。

では、気を満ち溢れさせるにはどうするかと。これは外食事業部時代からいまも社員に言い続けていることですが、一つは「スピードあるキビキビした動き」。迅速に動くと気が集まります。

二つ目は「明るく大きな声」。挨拶にしても打ち合わせや電話にしても、小さな声でヒソヒソ喋っている人がいるんですけど、それじゃあ全然職場に気が満ち溢れません。だから、もっと明るく元気に大きな声を出せと、こう言うんです。

三つ目は「隙《すき》を見せない緊張感」ですね。誰に対して緊張感を持つのか、それはお客様です。本社にいるとお客様は見えませんので、お客様を想定して、こういうことをしたらお客様はどう感じるか、どう反応するかということを意識する。現場は常にお客様に見られているので、お客様がいつ来られてもいいような態勢を整えておく。接客サービスで一番大事なのは、「待っている時の姿勢」なんです。お客様は大抵予告なしで突然いらっしゃいますよね。その時に、いつ来店されてもいいような表情、態度、事前の準備ができているかどうかです。例えば、店に入った瞬間、従業員がつまらなそうな顔をしてボーっと突っ立っていたり、客席の横に食材の段ボール箱が放置されていたりすると、それだけでもうこの店はダメだなと思うでしょう?

ですから、接客サービスというのは準備で八割決まると思います。普段から準備をしていないと咄嗟《とっさ》の時に対応できない。毎日「いらっしゃいませ」「ありがとうございます」という声出しや笑顔の訓練をしていると、咄嗟の時にも自然と出せる。お客様に隙を見せない緊張感を持つとは、準備を徹底するということなんです。

四つ目は「貪欲さ」。もう一人お客様に入っていただこうと呼び込みをするとか、もう一本ビールをお勧めしようとか、もう一品おつまみをご注文いただこう、あるいはもっと自分を成長させようといった追求心、向上心です。

「スピードあるキビキビした動き」「明るく大きな声」「隙を見せない緊張感」「貪欲さ」、この四つを徹底的に現場に浸透させることで、八億円の赤字を抱えていた外食事業部を三年で黒字化へと導くことができたんです。七年間外食事業に携わった後、鉄道事業でも同じ手法を用いて改革にあたりましたが気というのは規模の大小、業種の違いに関係なく、どんな組織でも共通するのだと確信を得ました。

9月
12日

平生の心の持ち方により芸術の高低が出る

谷川徹三　哲学者

Tetsuzo Tanikawa

僕は、道元禅師って人は、坊さんとしてだけでなく、僕たち哲学をやっている者の立場から見ても、立派な一つの哲学とも見られるんだ、表現したものがね。

僕は、『正法眼蔵《しょうぼうげんぞう》』も別に勉強しようというんじゃないんだ。好きな時勝手に読むんだ、一巻を読んだり、二巻を読んだりね。で、その正法眼蔵を読んでいるとね、度々《たびたび》出てくる言葉に〝修証一如〟って言葉がある。これ悟りって意味なんだ。

修行と悟りは一つのものだ。修行を重ねることによって悟りができるんだけれど、悟りを開いたからといって修行を怠ったらダメだってことをいっている。だから、修行と悟りというものは、しょっちゅう輪のように流れて行くもんだと。

それが本当の禅宗の僧としての生き方だってことを、道元禅師はいってるんだ。僕は禅宗の坊さんの中に嫌いな人がいるんだ。つまり野狐禅だね。何だか悟ったような振りをして大きなことをいう、大言壮語する。そういうのはねぇ、一遍悟った後は、もう修行しなくてもいいんだという間違った考えを持っていると思うんだ。

悟っても、なおその上修行を積む。そうすれば、また悟りが一層深まる。一層深まってもなお修行を積まなければ……。そういう「修証一如」ってことは好きですね。

これは単に宗教の世界だけでなくてね、舞の世界でも一緒です。おはん（武原はん／地唄舞）さんは、いまもってね、毎日鏡の前で舞を舞って、「ああこれだ」と悟ったりしてるわけだけれども、悟ってもなお、毎日、毎日、修行している。だから、いい舞を舞える。

芸術でも根本は心だ。小林古径《こけい》にしても安田靫彦《ゆきひこ》なんかにしてもね、絵を見ると、絵は全く心だったと思われる。人間として立派な人だったからああいう絵が描けたと。

禅のほうでは行住坐臥とか、平常心これ道、とかいろんな言葉があるが、これみんな、そうなんだ。平生の心の持ち方によって、その人の芸術の高低、高いか低いかが、出る。

それから深いか浅いか……。そういうのが、みな表れてくる。

僕は小林古径のところにね、戦前時々訪ねたけれども、玄関に入るとまるで僧院に入ったような感じがした。全体が、何かシーンとして。

で、こういうところから、あの芸術ができるんだ、ということを感じたものだがね、これは安田靫彦さんでも同じだった。

前田青邨《せいそん》さんはちょっと違うけれども、やっぱり、死ぬまで修行ってことを忘れなかった人ですね。立派な。やっぱりこの三人はね、明治、大正、昭和を通じて、最高の中に入る人たちだと思う。この人たちと、三渓先生の関係で知り合いになったことはね、僕が絵を知るうえにおいて、非常に幸せだったと思う。

9月13日

塩瀬饅頭総本家の家訓

川島英子
塩瀬総本家三十四代当主・会長
Eiko Kawashima

六百年以上にわたる塩瀬の商売を支える家訓として守っているのが、「今日一日の事」と「崋山《かざん》先生の商人に与へたる教訓」です。いずれも、三十一代の渡辺利一が以前より聞かされていた渡辺崋山先生の遺訓を教訓として、家訓としたものです。

その中で特に大切にしているのが「買人が気に入らず返しに来たら売る時よりも丁寧にせよ」というものです。

クレームがあった時の対応は売る時よりも丁重にしなければなりません。どのようなクレームがきても言い訳をせず、不快な気持ちにさせたことに対してひたすら謝る。どれだけ遠方であっても、お客様の元まで即刻謝りに行くようにしています。

また、菓子一筋に生き抜いた父の「材料落とすな、割り守れ」の訓《おし》えは一時も忘れたことはありません。

材料が足りなければ代用するのではなく、売り止めにせよ、また素材の分量は決して崩してはならない、というのが父の考えでした。

そして戦後の物資不足の時でも「まがい物は作らない」と、その信念を頑《かたく》なに守り通したのです。

【今日一日の事】

一、今日一日三ツ君父師の御恩を忘れず不足を云《い》ふまじき事
一、今日一日決して腹を立つまじき事
一、今日一日人の悪《あ》しきを云はず我善きを云ふまじき事
一、今日一日虚言を云はず無理なることをすまじき事
一、今日一日の存命をよろこんで家業大切につとむべき事
右は唯《ただ》今日一日慎みに候。翌日ありと油断をなさず、忠孝を今日いち日と励みつとめよ。

【崋山先生の商人に与へたる教訓】
（渡辺崋山の遺訓を教訓として家訓としたもの）

一、先《ま》づ朝は召仕《めしつかい》より早く起きよ
一、十両の客より百匁の客を大切にせよ
一、買人が気に入らず返しに来たら売る時よりも丁寧にせよ
一、繁盛するに従つて益々《ますます》倹約せよ
一、小遣は一文よりしるせ
一、開店の時を忘るな
一、同商売が近所にできたら懇意を厚くし互に励めよ
一、出店を開ひたら三ヶ年食料を送れ

9月
14日

時は心のうちに　からだのうちに積りゆくもの

山本富士子　女優

Fujiko Yamamoto

私は亡くなった主人と毎年バースデーカードを贈り合っていたんですけれども、主人は必ずそこに素敵な言葉を記してくれたんですね。その一つが砂時計の話だったんです。

『産経新聞』の一面に、「朝の詩」という一般読者の方が投稿する欄があって、主人はそこへ投稿された「この秋」という詩に大変感銘を受けて、「砂時計の詩」と題してバースデーカードに引用し贈ってくれたんです。

砂時計の詩

一トンの砂が、時を刻む砂時計があるそうです。
その砂が、音もなく巨大な容器に積もっていくさまを見ていると
時は過ぎ去るものではなく
心のうちに　からだのうちに積りゆくもの
と、いうことを、実感させられるそうです。
時は過ぎ去るものではなく
心のうちに　からだのうちに積りゆくもの

私はこの言葉に出合うまでは、時は過ぎ去るものと考えていました。こうしてお話ししている時ももちろん刻々と過ぎていきます。だからこそこの一瞬一瞬を大切に、一日一日を大切に、いい刻を自分の心や体の中に積もらせていくことが大事で、それがやがて豊かな心やいい人生を紡《つむ》いでいってくれる。そう受けとめて、一日一日を精いっぱい生きる、きょう一日を精いっぱい生きることの大切さを改めて実感させられました。とても感動したものですから小さな紙に書いて、お財布に入れていつも持ち歩いているんです。

9月15日

その職務に死ぬ覚悟がなければ本物になれぬ

野尻武敏
神戸大学名誉教授・生活協同組合コープこうべ理事長
Taketoshi Nojiri

森信三先生とは、やはり出逢うべくして出逢ったのでしょう。森先生もよくおっしゃいましたね。「人間は一生のうち逢うべき人には必ず逢える。しかも一瞬早過ぎず、一瞬遅すぎない時に――」そういうご縁を感じます。

森先生からいただいた言葉でいつもいつも意識しているというわけではないですが、非常に心に残っている言葉が三つあります。

一つはやはり「人生二度なし」。これはいつもおっしゃっていらしたので、私の座右の銘ともなっています。

「人生はマラソンの如《ごと》し」という言葉も心に残っています。マラソンの走者は各行程に全力を尽くすが、最大の見せ場はグラウンドに入ってからの数百メートル、そこに死力を尽くすというわけです。つまり人生は年を取ってからが勝負だとおっしゃっているのです。

それからもう一つは、神戸大学を退官する年にいただいた言葉です。その年の先生への年賀状に「いよいよ私もこの春で定年です」と添え書きしておきましたら、すぐに返事のハガキをいただきました。最晩年の時分で、ハガキには「マヒの右手にて」と書き添えられていました。

もともとひどく個性的な字である上に震えていて読みづらいのを判読しますと、「いよいよ定年だそうですね。人生に味が出るのはこれからですね」と書かれていました。ああ、なるほどなと思いました。いまこの人にはこの言葉、と実に適切なお言葉をくださる。

私はいま八十一歳ですが、このところ「人生二度なし」という言葉とともにいよいよ切実に胸に迫ってきます。

森先生は、「教育とは流水《りゅうすい》に文字を書くように果敢《はか》ない業である。だが文字を巖壁《がんぺき》に刻むような真剣さで取り組まねばならぬ」とよくおっしゃっていました。

でも海星に来られて、我われに話されていた時はもっと激しく厳しいものでした。

「教育は流水に文字を書くような果敢ない仕事だ。だがそれに命を懸ける決意がなければ教師になるな」

大学で教鞭《きょうべん》を執る者は、研究者であると同時に教育者でもある。教育に命を懸けられなかったら教壇を去れということを、私たちに伝えたかったのだろうと思います。

ただ私は、「教壇に死ぬ」ということは、ただ教師のことだけではないと思いますね。どんな職業の人だって、その職務に死ぬ覚悟がなければ本物にはなれんでしょう。

それは言葉を換えると、森先生から学生時代に教えていただいた「時処位《じしょい》的自己限定」と同じ意味だと思いますね。その覚悟ができた時、いま自分に与えられているいくつもの縁とその忝《かたじけな》さに気づき、初めて真に縁を生かすことができると思うのです。

9月
16日

下積みがなけりゃ、偉くなれない

松久朋琳　大仏師

Horin Matsuhisa

今から千五百年前に伝教大師が『山家学《さんげがく》生式《しょうしき》』というて、修行僧の心得を説かれたなかに、

「一隅《いちぐう》を照らす、是《こ》れすなわち国宝なり」

という言葉があります。道を志す人間は広い世の中のほんの片隅で、ささやかな灯火《ともしび》を掲げていればそれでよいのだ、それこそが〝国の宝〟といえる人間なのやと諭《さと》されているわけです。

とかく人間というものは片隅にいるよりも、脚光を浴びるところへ出たくなりがちです。要領よう生きたら得やという考え方ではあきません。まだ内容が充実していないうちから早く脚光浴びてるようでは、かえって若い者を誤らせるでしょう。

私は昔、こういうことを教えられた。

『下積みがなけりゃ、偉くなれない』

苦労して苦労して、どん底から這い上がってきた者は人材だということです。

比叡山《ひえいざん》に行くとよく分かります。谷がぎょうさんありますが、ええ材料になる木は谷底からグーンと上に伸びてきた木です。山のてっぺんでヒョロヒョロと生えている木はいい材料にはなりません。見た目には格好よく見えるけど、大して役には立ちません。十年、二十年、三十年と年輪《ねんりん》を刻んだ木は違います。

この間、おでん屋に行ったら、おでん屋のだし、あれ二十年、三十年かかって作り上げたものだといっていました、だから火事になったら、まずたれを持って逃げるのやそうです。たれは金では買えない。二十年、三十年という時間は金では買えんのです。

人間も同じです。あの人は味があるなといわれるには、年輪が要ります。やはり苦労して叩き上げたもんでないと本当の人材にはなれんのです。

我われが古仏に相対するとき、何百年という時間と空間が飛び去ってしまい、まるでいまこの仏像が現れたというような驚きの一瞬を感じることがあります。この時空を　超越して永遠に生きるものこそ、本当の仏像ではないかと思います。そこから感動が生まれてくるのです。

感動のない人生は不幸だと思います。私は貧乏でしたけれども、金があったから感動的な人生を送れるというものではないでしょう。金や財産では人は感動しません。感動したとしても一時的なものにしかすぎません。

運慶《うんけい》の仁王《におう》像を見れば　誰でも感動するでしょう。運慶を見習って作った私の仁王さんを見て感動してくれるならば、こんな素晴らしいことはありません。大阪四天王寺の一丈五尺の仁王さんは永遠に生きてます。私が死んでも、その感動は永遠に続くのです。財産はなくなっていきますが、感動は減りません。

だから私は仕事が楽しい。仏さん彫ってるのが一番楽しいんです。人はよく、仕事と遊びは別にしてるけど、仕事する喜びがあったら、何も別なところに娯楽を求めんでもいいんです。

楽しい仕事を持った者は、幸福者だと私は思うております。

9月17日

本物の人物を撮る心得

藤森 武
写真家
Takeshi Fujimori

画家の熊谷守一《くまがいもりかず》先生にご自宅で初めてお会いした時、先生は九十四歳、私は三十二歳。先生がパイプを燻《くゆ》らせていたので私も煙草《たばこ》を吸おうとすると、灰皿とマッチをすっと目の前に置いてくださいました。年は親子以上に離れていて、しかも初対面の人間になぜこんなに優しくしてくれるのだろう。そう思ってふと顔を見ると、それがものすごくいい顔だったのです。本当に目が澄んでいて髭《ひげ》もかっこいい、どう見ても普通の顔じゃない——。

お会いした瞬間から私は先生の顔、人柄の虜《とりこ》になり、いままでいろんな人に会ってきたが、この人以上に素晴らしいポートレートを撮れる人は他にいない。何とかして先生の写真を撮りたいという強い欲望に駆られたのでした。

それからというもの、カメラは持たずに先生の元に通い、お茶を飲んでは帰ってくるということを繰り返していたのですが、三か月ほど経った頃、「そういえば藤森さんは写真家だよね」と聞かれました。

もしかしたら、「写真家なのにどうしてカメラを持ってこないんだ」と言いたいのではないかと考えた私は、次にお会いする時、思い切ってカメラを持っていき、先生に向かってさりげなく構えてみました。すると、写真嫌いの先生がにこっと笑ってくれたのです。私はこれを「藤森さんなら撮っていい」というシグナルだと受け止め、この日を境に先生の写真を撮り始めたのでした。

ところが、何枚写しても、背筋の伸びた、それでいて味わい深い先生の姿は上手く写りません。先生のほうは構えもなく淡々として普通と何ら変わらないのに、上手く撮ろう上手く撮ろうと邪念《じゃねん》が働き、焦れば焦るほど先生が大きく見え、ファインダーの外にはみ出してしまう。

ローアングルで撮ってやろう、ハイアングルで撮ってやろうと一所懸命になっている私を見て、先生は「写真屋さんって犬猫のような格好をして撮るんだね」と笑っておられる。最初はよほど自分の姿が面白いんだなと思っていたのですが、本物の人物を表現するには細工をせず、真っ直《す》ぐ撮ることが大事なのだと先生は教えてくれているのではないか、次第にそう考えるようになりました。ですから、私は先生の写真は真っ直ぐからしか撮っていません。すべて真っ直ぐで勝負していきました。

そのように先生を夢中で撮っていく中で、ふと気づかされたことがあります。それは、カメラのシャッターは単に指で切るのではなくて、自分のすべてを集中させた「心の指」で切るのだということです。もちろん先生が直接そう言ったわけではありません。先生は無口であまり喋る人ではない。ところが、先生はその姿そのものから無言のうちに多くのことを教えてくれるのです。本当に言葉では表現できない不思議な人でした。

9月18日

悪いが良い、良いが悪い

日比孝吉　名古屋製酪社長

Takayoshi Hibi

「めいらく」の規模が拡大するなかで、とんでもないハプニングに遭遇《そうぐう》したことがありましてね。昭和六十二年に過酸化水素事故というのを起こしているんです。一部商品に過酸化水素が残留してしまった事故なのですが、マスコミからすべての商品に過酸化水素が混入しているような報道をされましてね。市場在庫をすべて回収し、四十億円もの返品を抱えただけでなく、関西のスーパーなどから相次いで取引を停止されてしまいました。

苦境にある私たちの足元を見て、ある有名なスーパーが「三千万円持ってきたらおまえのところの商品を売ってやる」と持ちかけてきました。藁《わら》にもすがる思いで持参したら、何と「五千万円」だという。仕方がないんで用意しました。すると今度は「八千万円よこせ」です。泣く泣く了承して八千万円持っていくと、「いや、一億円でないとだめだ」という。三千万円が一か月もしないうちに一億円……。さすがに私も「もう結構です。商品を売るだけが商売ではありませんから」と、こちらから願い下げました。

そういうスーパーがあるかと思うと、イトーヨーカ堂さんのように温かい手を差し伸べてくださるところもありました。伊藤雅俊社長（現・名誉会長）から「メーカーが困っているときに応援するのが私たちの立場だ」と言っていただき、セブン-イレブンやデニーズなどグループの社長にも「めいらく」を支援するように話してくださった。そのおかげで、東京地区のほかのスーパーも取引停止にならず、東京の市場だけは無傷で残りました。

そして、そのマイナスが非常なプラスになりました。

生産工程で不良品が続出して困っていたのが、その事故でピタッと出なくなったんです。あのころは乳製品に十五～二十％も不良品が出て、それを流すものですから下水はいつも真っ白でした。品質管理の教育をしたり、担当者を代えたりしても、ロスは減りません。それが事故のあと不良品がピタッと出なくなったのです。だらしがなかった生産部門が、存亡の危機を迎えてしゃきっとしたんですね。あの事故では実質百数十億円の損害でしたが、ロスが出なくなったのを計算すれば一千億円以上の利益になったと思います。

こういう事故、事件は他の食品メーカーも洗礼を受けていますが、それが会社の蘇生《そせい》につながっています。みんなが必死になる、本気を出す。だから「悪いが良い、良いが悪い」。これが大事なんですね、命まで助かっている。

9月19日

祈らない祈り　仕事は祈り

鷺 珠江
河井寛次郎記念館学芸員
Tamae Sagi

身内でありながら祖父の河井寛次郎からは感銘を受けることが多くありました。その一つが執着のない生き方です。

芸術家は、自分が心血を注いで確立した技術を大切に守るものですが、寛次郎はそれを手放せる人でした。陶芸で二度にわたって作風が変わり、陶芸以外にも様々な芸術作品を手掛けたのは、寛次郎の興味が新しい自分を求めて次へ次へと前進し続けていたからに他なりません。

戦時中に灯火管制が敷かれ、一時作陶を中断せざるを得なくなった時、寛次郎はろくろを筆に持ち替えてたくさんの詞句を書き記しました。これによって寛次郎の精神性は一層深まりました。例えば、

「祈らない祈り　仕事は祈り」

という言葉には、寛次郎にとっての祈りは日々の仕事であり、仕事を通じて生かされていることへの感謝を表現していたことが窺《うかが》えます。

寛次郎の芸術は、まさしく生命の歓喜から生まれていたのです。

二〇一二年に没した母も述懐していましたが、私たち家族は寛次郎から怒鳴られたことがなく、その口から嫌な話、人を非難する話も聞いたことがありませんでした。それは寛次郎が、生きることの素晴らしさを実感し、その思いを仕事を通じて表現していたからだと思います。

「饗応不尽《きょうおうふじん》」という最後の詞句には、寛次郎の到達した人生観が如実《にょじつ》に表現されています。

「無数のつっかい棒で支えられている生命
時間の上を歩いている生命
自分に会い度い吾等《われら》
顧り見ればあらゆるものから歓待を受けている吾等
この世へお客様に招かれて来ている吾等
見つくせない程のもの
食べきれないご馳走
このままが往生でなかったら
寂光浄土なんか何処にあるだろう」

私は二十年ほど前にがんを患いました。幸いいまは元気に暮らしていますが、あの病のおかげで、以前であれば迷った末に諦めていたことも、躊躇《ちゅうちょ》せず思い切って実行する自分に変わることができました。

人生には困難がつきものですが、大局的に見ればすべてのことに意味があり、喜びをもたらしてくれることを寛次郎は教えてくれています。

私はこれからも寛次郎の作品と共にそうした素晴らしい人生観をご紹介し、皆様に生きることの喜びをお伝えすることが出来ればと願っています。

9月20日

小売業がうまくいくかの指標はただ一つ

大久保恒夫　成城石井社長

Tsuneo Okubo

私がなぜこんなに挨拶、挨拶、と言うのかといえば、ドラッグイレブンで挨拶を徹底した時に、苦情の数が減ったんです。それも半端な数字ではなく、半分くらいに減りました。

苦情の種はきっと同じようにあると思うんですが、挨拶をすることでお客様が「あの店感じがいいね」とか「一所懸命やってるね」と思ってくださり、結果的に苦情が減っていくわけです。つまり、好感度が上がってきているということだと思うんです。

品揃えだの値段だのというよりも、お客様に、あの店が好きだと思ってもらえることが、商売にとって一番重要なことだと思っています。

ちなみに成城《せいじょう》石井の場合は、お客様からの「お褒め」が増えているんです。感じがいいな、と思っても普通は黙っていますから、わざわざ電話を掛けたり、手紙をくださったりしてお褒めをいただけるのはよほどのことだと思うんです。

でも、いまの小売業の経営者でそんなことを気にしている人は、すごく少ないと思うんですね。でも私は売り上げや利益を見るのではなく、お客様に本当に喜んでもらえているのかどうかといったことをもっと見るべきだと思います。

経営評論家の人たちは、経費を削減《さくげん》すると利益が出るように見えるらしいんですが、私には全《まった》くそうは思えません。

苦心して経費を削減して、その分、利益が出たとする。でも結局、売り場が乱れたり、働く人のモチベーションが下がったりして売り上げと利益は落ちていくんですよ。

小売業がうまくいくかどうかの指標はただ一つ。売り場がどれだけお客様に満足されているか。それ以外にありません。売り場がよくなれば、売り上げと利益は上がるというのは、私が何十社もコンサルタントをやって辿り着いた結論なんです。

その信念を社長に就任してからもやってみたらやっぱりそうだった。成城石井ではいま営業利益率が六パーセントを超えるという不況下では信じられないような数字を出しています。私はそれを目指してきたわけではありませんが、結果としてそうなっていると。

ただしそのためには、人材教育にかなりの投資をしなければいけませんが。

9月21日

真心尽くせ　人知らずとも

松原泰道　南無の会会長・龍源寺前住職

Taido Matsubara

私が早稲田大学を卒業したのは昭和六年で、ちょうど昭和恐慌《きょうこう》の真っ最中でありました。いまよりも災害がひどかったのは、銀行が取りつけ騒ぎでバタバタと閉鎖したために、一般の市民たちは自分の金を下ろすことができなかった。大変な混乱でしたね。

ある日も、学校へ行く途中の飯田橋のところで、若い父親らしい男性と小学生ぐらいの子供が骨と皮ばかりになって飢え死にしているのを見受けました。

農村も疲弊《ひへい》しておりましたから国元から仕送りができない。当時はアルバイトもなかったので、学友は間もなく卒業だというのに、泣く泣くトランクを抱え寂しく去っていきました。私の仲間たちは何とか卒業できましたが、誰一人就職が決まらないんです。あまりの痛ましさに耐えかねて、何か心機一転しようじゃないかと。じゃあ旅行に出掛けよう。旅行には金がかかるじゃないかと反論すると、金のかからない旅行をするんだ。つまり無銭旅行をするんだと言うんです。目的地は、箱根関所跡《せきしょ》として旅に出て、乗り物は一切使わず、歩き詰めに歩いて、夕方になると、お寺か農家に頼んで、一人か二人に分かれて無料で泊めてもらう。経済恐慌ではありましたけれども、いまと違ってどこかゆとりもあって、気持ちよく泊めてくれましたね。

薪《まき》割りをしたり、掃除をしたり風呂焚《た》きをしたり手伝いをして、一晩泊めていただき、翌朝、出掛ける時に、「おばさん、すまないけど握り飯を握ってくれないか」と厚かましく頼むと、気持ちよく作ってくれたんです。野宿《のじゅく》も二度しましたが、目的地の箱根の関所に達しました。いまと違い、誰一人観光に来ている者はありません。ただ「関所跡」という御影石《みかげいし》の塔が建っているだけです。

時季でありますから、風が吹いてぱらぱらと桜の花が散って、私どもの外套にかかる。すっかりセンチメンタルになり、淋しくなりましてね。「そろそろ帰ろうか」「ああ、帰ろう」と。その時、一人が私の背中を見て、「おい松原、おまえ何にもたれていたんだ。苔《こけ》が付いているぞ」と言うので、背中を払いながら「この碑だ」と。見るとそれは単なる記念碑ではなくて、何か細かい文字が書いてある。その文字のところを一人が指でもってなぞったら、「おい、これは歌らしいぞ。万葉仮名《まんようがな》で書いてあるぞ」と。そこは文学部の学生たちです。その歌碑を指でなぞりながら何とか読みあてたのが、次の一首でした。

あれを見よ　深山《みやま》の桜咲きにけり
真心尽くせ　人知らずとも

ああ、いい歌を教わったな。これからどんな苦境にあっても、自分たちは人を騙したり、苦しめたり、要領のいい生き方はやめような。山の奥深くに咲いた桜のように、誰が見てくれようとくれなかろうと、ただただ真心を尽くしていこうじゃないか。私たちはその時本当に感動し、そう誓い合いました。五人の友達でしたが、いまは一人もおりません。その五人とも、誰一人後ろ指をさされる者はなく、人生を終わりました。この時の誓いがこの年まで私を支えてくれました。

9月
22日

宣長は何によって偉い人になったか

吉田悦之
本居宣長記念館館長
Yoshiyuki Yoshida

本居宣長《もとおりのりなが》の弟子の大平《おおひら》が宣長の没後、ある人から「宣長先生は何によってあのような偉い方になられたのか」と問われた時に示してみせたのが、「恩頼図《みたまのふゆのず》」です。恩頼とは恵み深い賜物、平易に言えば「お蔭」のことを指し、この図には、宣長が学恩を受けた人々と、その学問に連なる人々などが表されています。

　中央にある空白の部分は、宣長に当たります。この宣長という存在から『古事記伝』や『玉勝間《たまかつま》』といった著作、そして多くの弟子が生まれた。その宣長の学問の根底を支えているもの、つまりお蔭を蒙《こうむ》ったとされるのが上部に示された人たちです。学恩を受けた人々の真ん中に「御子守神《みこもりのかみ》」が据えられているのは、宣長の父親が大和吉野の水分《みくまり》神社（御子守神としての信仰がある）に子授《さず》け祈願をして、宣長が生まれたからです。そしてまず両親が持つ長所や美点が子の宣長へと受け継がれていく。父親は大変真面目な性格であったため、「父主　念仏者ノマメ心」と記されています。母親は宣長の行く末をいつも案じていた。したがって「母刀自《とじ》　遠キ慮《おもんぱか》リ」と書かれている。これらが宣長の最も根本となる部分です。

　しかし、それだけではありません。将軍家の西山公（水戸光圀《みつくに》）、最初に儒学を教わった堀景山《けいざん》、太宰春台《だざいしゅんだい》に紫式部、垂加神道《すいかしんとう》の山崎闇斎《あんさい》に、孔子といった名前も挙げられています。

　宣長に影響を与えた人物は、一般に、古典研究の先駆者である契沖《けいちゅう》と、宣長に『古事記伝』の執筆を勧めた賀茂真淵《かものまぶち》の二人だといわれています。しかし、幼い頃から宣長の謦咳《けいがい》に接してきた大平の目から見ると、決してそれだけではない、という思いがあったのでしょう。これにはおそらく宣長という人が、自分の学問を支えてくれている人や事物に対して、深い感謝の気持ちを抱いていたことが関係していると思われます。例えば現在でも、伊勢の神宮会館にあるレストランでは、膳《ぜん》に添えられる箸袋に、食事の作法として、宣長の詠《よ》んだ次の二首が記されています。

「たなつもの　もものきぐさも　あまてらす
ひのおおかみの　めぐみえてこそ」（食べ物となる植物が育つのも、天照大神《あまてらすおおみかみ》の恵みがあってこそだ）

「あさよひに　ものくふごとに　とようけの
かみのめぐみを　おもへよのひと」（朝夕に食事を頂けるのも、食物の神である豊受大神《とようけのおおかみ》のお蔭だということを思いなさいよ）

　宣長はそれを人に「唱えなさい」と強要するようなことはしません。ただ、そうしたことを思わずになぜ食事ができるであろうか、と宣長は考えるのです。こうした、宣長が諸々の事物に対して抱く深い感謝の念を大平もよく理解していたからこそ、恩頼図のようなものが書かれたのでしょう。

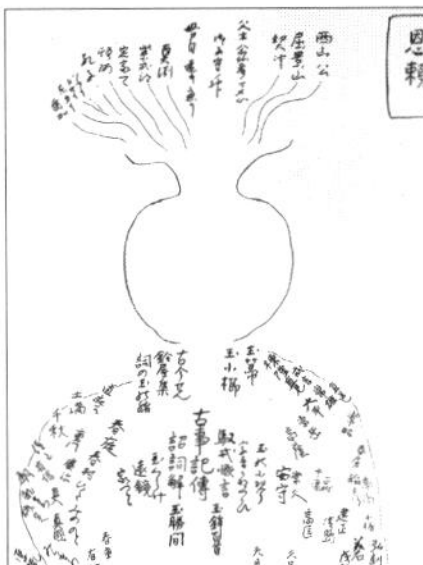

9月
23日

四耐四不

平岩外四
東京電力社長

Gaishi Hiraiwa

安岡正篤先生の会は、学校の教室でやるような授業ではなく、東洋学を対象にした一種の私塾の趣きがありましたが、私は先生の東洋学を通して経営というものの真髄を教えられたと思っています。

例えば、東洋の歴史には、過去数千年のあらゆる人間の動き、軌跡がある。だから、われわれがいまやっていることと近似した事例が、十八史略なら十八史略のどこかに必ず出てくるのです。先生はそれを折に触れ、東洋学全般の漢籍の中から適切に表現してくれる。そういうことが無数にありました。

中でも一番鮮烈に憶えているというか、社長職について三年、事あるごとに眺めあかしたものに、先生からいただいた耐えるの書があります。

「冷に耐え、苦に耐え、煩に耐え、閑に耐え、激せず、躁がず、競わず、随わず、もって大事を成すべし。」

これは、私が社長になったときに書いてもらったものです。私が社長になった直後に、木川田一隆会長が亡くなり、心のよりどころを失って、非常に困っていたときにこの言葉をいただいたので、これをもっぱら、心の支えとして、経営の場に臨んできたつもりです。もっといえば、このよりどころがあったればこそ、病気にもならず、やってこれたという気がしています。

冷というのは、まさにその通りだというのが社長になったときの心境です。社長というのは完全に孤独で、周囲は冷です。また、経営というのは苦しみですし、かつやたらに忙しい。煩わしいことの連続です。そういうのに耐えていかなくてはいけない、ということです。社長になったときというのは、閑というのはないわけですが、仮に自分が閑職に追われた場合も、さらっと生きられるようにしなきゃいけない。

さらに、つまらぬことに腹を立てるな、という。躁がずというのは、調子がうまくいったからといって、はしゃいじゃいけない。競わずというのは、例えば社長と副社長が競争したり、あるいは変な喧嘩みたいなことをやるなということ。かといって、なんでもいいなりになっていてはいけない。こういう心得でやっていれば、大事ができるんだ、ということです。一つ一つが思いあたることばかりです。この言葉は単なる言葉以上のものを私に与えてくれました。

覚悟を決めよう

井上康生　全日本柔道男子代表監督

Kosei Inoue

『プロの条件』（致知出版社刊）という本の中に、仕事を成就《じょうじゅ》するために欠かせないものとして「熱意」「誠意」「創意」という三つの言葉が紹介されていて、まさしくその通りだと思いました。以来、選手や柔道教室などでもその三つの言葉の大切さを伝えてきました。

監督としても、掲げた目標に対して「こんなもんでいいや」という中途半端ではなく、何が何でも達成するのだという「熱意」を示すことが大事だと思いますし、また、周りの協力なくして本当の成功はないと思っていますので、相手に対しての信頼や敬意といった「誠意」も忘れてはいけません。

そして、考えたり、想像したりする「創意」がなければ、掲げた目標や夢も達成できません。「創意」の源は何かというと知識力だと私は考えているので、指導者として常に学び続ける心を忘れないでいたいと強く思っています。

あと大事にしてきたのは覚悟を持つことです。オリンピックほど生きがい、やりがいを感じられる場はありませんが、一方でその過程においては、苦しいことや辛《つら》いことの連続であり、様々な犠牲も払わなくてはなりません。そういう中では、人間そこまで強い存在ではないので、本当の意味で覚悟を持たなければ、どうしても挫折したり、諦めたりということになってきます。ですから、監督になった時に、選手やスタッフたちにも、「覚悟を決めよう」という話を一番最初にしました。

ただ、先週、平昌《ピョンチャン》オリンピックのスピードスケートで金メダルを獲得した小平《こだいら》奈緒さんの講演会を聴きにいったのですが、彼女がこんなことを言っていたのです。

自分はコーチによく覚悟を決めろと言われてきたけど、覚悟は外から言われて決めるものじゃない、覚悟は自分自身で持つものなんですと。私はいつも「覚悟を決めろ」と選手に指導していましたから、恥ずかしい思いをしまして、これからは「覚悟を持とう」というように指導していかなくてはいけないと思っているところです。

9月
25日

運を強くするには人の道を守ること

樋口武男
大和ハウス工業会長兼CEO
Takeo Higuchi

福岡時代には忘れられないお客様がいます。工学博士の小田さんという方です。現役の頃は土木工学の権威だったそうですが、リタイア後は先祖の残した山を開発して、六百区画もの宅地を持っていました。それを我が社にも売らせてくださいと飛び込みで訪ねていきましたが、この小田さんは地元では「変人」と呼ばれて、人を家に上げたことがない。他社も数社訪れたそうですが、全部門前払いされたといいます。

当然私も最初はそうでしたが、通いに通いつめてようやく玄関先で話せるようになり、さらにはある日、「きょうはどうぞお上がりください。私は何万人もの人に会ってきたが、あなたのような人は初めてだ」と、どこをどう気に入られたのか分かりませんが、部屋に上げてもらいました。

そうして仕事をいただいて、息子のように可愛がってくださるようになった頃、小田さんは、

「私の資産は二十、三十億円あるでしょう。それを全部あなたに託してもいいから、独立して会社を起こしたらどうですか」

と言われたんです。当時の二十、三十億円といったらおそらくいまの百億円くらいあるでしょう。もともと私は自分の会社を持ちたいという思いで社会に出ていますから、喉《のど》から手が出るほどありがたいお話でした。

しかし、二十五歳で入社して三十六歳で支店長にしていただき、こうして福岡の支店長をさせていただいているのも自分一人の力ではないという思いもある。私は「一晩考えさせてください」と言って、その場を後にしました。

よくよく考えてみても、会社が自分を必要としてくれていることは分かっていました。世話になった会社に後ろ足で砂をかけるようなことをしては人の道に外れるのではないかと思いまして、翌日、

「大変ありがたいお話ですが、これからも先生とは〝大和ハウスの樋口〟としてお付き合いさせてください」

と、お返事しました。

こういう方との出会いがあるのも私の運の強さだと思います。小田さんが亡くなられてからも十三回忌までずっと出させていただきましたが、そのくらいになると集まるのは五、六人になるんですね。

オーナーも事あるごとに「樋口君も運のいい人と付き合え。運の悪いやつと付き合うと運を取られるぞ」と言っていましたが、要は人の道を守らない人間に運なんてついてこないですよ。それと、親を大切にしない人間が他人様を大事にできるわけがないですよね。親を大切にするというのは恩ある人を大切にするということです。だから、世話になった人に後ろ足で砂をかけて逃げるようなことは絶対にしてはいけない。

運を強くするには人の道をちゃんと守ることが一番大切だと思います。要するに人として当たり前のことを当たり前にする、凡事徹底ということです。

不満に思うか、ありがたいと乗り越えるか

栗山英樹
北海道日本ハムファイターズ監督
Hideki Kuriyama

僕は現役の選手時代、一人前になりたいという思いがとても強かったのですが、成功できないまま二十九歳で引退しました。選手として才能が発揮できなかった分、その後は野球解説などマスコミの仕事にがむしゃらに打ち込むようになったんです。

最後の三年間、「熱闘甲子園《ねっとうこうしえん》」という番組を担当した時も、とにかく必死でした。この年齢になって、高校球児に関わらせてもらうことへの意味を感じ、高校生たちに敬語を使って取材をする中で出会ったのが当時高校一年生だった大谷翔平であり、彼を育てた花《はな》巻東《まきひがし》高校監督の佐々木洋さんだったんです。この縁がなかったら、彼はファイターズに来てくれなかったかもしれませんね。

僕は本当に野球が好きなので、北海道に自分で野球場をつくったりもしました。「何でそんなことをしているのですか」と揶揄《やゆ》されながらも、自ら種を蒔《ま》いて子供たちのための天然芝の球場をつくりました。思わぬ監督のオファーが来たのも、そうやって必死になっている姿を神様が見ていてくださったからではないか、と思うことがあります。

考えてみれば、苦しい時にそれを不満に思うか、ありがたいと思って乗り越えるか。この二つの違いは実に大きいですね。

実は僕自身、ダメな選手だった時に、ある人によって助けられた思い出があります。入団した年、優秀な二軍選手が何人もいる中で、テスト生の僕は誰からも相手にされませんでした。しかし、二軍監督の内藤博文さんだけは練習が終わると「栗、やろうか」とノックを打ってくれたり、ボールを投げてくれたり、いつも練習に付き合ってくださったんですね。

その年の一軍が開幕すると、僕と同期で入ったドラフト一位指名の高野光がすぐに開幕投手に選ばれました。悔しくて、さらに落ち込んでいる僕に内藤さんは「栗、人と比べるな」とひと言声を掛けてくださったんです。「俺は、おまえが少しだけでも野球が上手くなってくれたら、それで満足なんだ」と。

その頃の僕は、中学生に負けるくらい野球が下手になっているんじゃないかとすっかり自信をなくしていましたが、内藤さんのこの言葉によって救われ、その後も野球を続けることができたんです。

内藤さんが亡くなる前年、ある喫茶店でやっとお会いできた時、体調を崩されていた内藤さんが、近くにあった箒《ほうき》を持って監督になっていた僕にバッティングを教えるんですよ。あまり言葉になっていませんでしたが、「内藤さん、俺のことをまだずっと心配してくれていたんだ」と思ったら涙が出てきちゃって……。

そういう人と出会えて指導者としての基礎をつくっていただいたことは、まさに幸運だったと思っています。

自己改革の六つのキーワード

大谷将夫
タカラ物流システム社長・タカラ長運社長
Masao Otani

職場で働く人間を大事にしたり、モチベーションを上げていって実力以上の力を出してもらうという人間に立脚した経営、これを人間主義の経営と言っていますが、これがいまの経営者は非常に弱いように思うんですね。

合理主義を追求して、例えば十部門中九部門までが赤字だった長崎運送の場合、一部門を残してあとは全部切り捨てればよかったかといえば、そんなことないですよ。本当は再建できる要素があるかもしれないのに、赤字だから切り捨てろというのではあまりに短絡的です。ですから私の経営の基本にあるのは、一つが合理主義に則った業務改革・業務改善、そしてもう一つは人間主義に基づいた意識改革。どれだけ合理的・効率的に考えていいことばかり言っても、元気の出ない人がそれを実行しても効果は上がりませんよね。私は社長として就任する前の日曜日に全社員三百二十名を集めて、経営方針発表会を開きました。そうしたらいままで社長の顔すら見たことがないという社員が半分近くいたんですよ。そんな会社では社長がいくら発破をかけても伝わりませんよね。私はその場で全員に訴えかけました。きょうから会社が変わっていくから皆さんも意識を変えてくれよと。

「明るく、元気に、前向きに、いまやる、頭をつかってやる、必ずやる」

これは私が掲げた自己改革の六つのキーワード。もちろんただやろうじゃないかと精神論を唱えるだけではなく、具体的な再建計画も全員にお伝えしました。会社が危機的状況に置かれていることすら知らない社員もいましたから、ここで全員の意識を一つにまとめて一丸となって頑張ろうと。これで会場にいた社員の目の色が変わりましたね。懇親会では舞台から降りて社員一人ひとりと握手して回りました。興奮する社員もいれば涙ぐむ社員までいて、それはもう大変な盛り上がりでした。三百二十人もいれば本当にいろんな社員がいます。でもね、そういう人たち全部をまとめて一つの方向へ引っ張っていくのが社長の一番重要な役割だと私は思っているんですよ。社員もまた会社でそれぞれ役割を担っているわけですから、私はオーケストラでいう指揮者みたいなものだと思います。

その日から私は一気に勝負をかけました。最初の三か月が土台づくりの勝負だと思って、もう朝から晩まで「これじゃあかん」「君の考えはどうなんや」と叫び通しでしたね。それまでぬるま湯みたいなところで見せかけだけの仕事をしている人が多かったから実際三百二十人の社員がいても戦力的には七掛けくらいで見ていましたよ。つまり二百二十四人。でもね、もし彼らがやる気になって普通の人の一・二倍働くようになったら三百八十四人分の戦力になるでしょ。そうしたら同じ人員のはずがモチベーションが上がっただけで新規に百六十人採用したのと同じことになる。だからいかに社員を元気にさせることが重要かってことですね。一人を単に一人と勘定しているようでは本当の会社の実力というものは見えてきません。

ピンチはチャンスだ、ありがとう

加治敬通
ハローデイ社長

Noriyuki Kaji

実は平成八年元旦の午前一時にお店が燃えたんですよ。そのお店というのは二十数年ぶりに出したばかりの後藤寺店という新店で、これが大当たりして会社の経常利益の三分の二の利益を出していたんです。

その夜、除夜《じょや》の鐘を聴きながら営業報告を確認し終えてやっと一息ついたところで、電話が鳴り響きました。電話口から上ずった声で、「火事です。後藤寺店が燃えています」と聞こえてきた瞬間、もう真っ青になりました。

すぐに車に飛び乗ったのはいいのですが、頭の中は悪いことばかりが次々と浮かんでくるものですから、寒さではなくて怖さで震えが止まりません。

その時に私の好きな「ピンチはチャンスだ！　ありがとう」という清水英雄先生の詩がふっと浮かんできたので、それを必死で唱え始めたんです。

「つらいことがおこると／感謝するんです／これでまた強くなれると／ありがとう／悲しいことがおこると／感謝するんです／これで人の悲しみがよくわかると／ありがとう／ピンチになると感謝するんです／これでもっと逞しくなれると／ありがとう／つらいことも悲しいこともピンチものり越えて／生きることが人生だと言いきかせるのです……」

車内での四十分間、私はその詩を大声で繰り返しました。店に着いた時にはゼェゼェいって喉がかれていたので、店に向かって歩く間は「ピンチはチャンスだ／人生はドラマだ」と小声で何度も呟《つぶや》いていました。

すると私を見つけた店長がバッと走り寄ってきて「すいませんでした」と大声で謝ってきました。その時私の口から出てきたのが、「店長大丈夫や！　改装費一億か二億かかっても、君ならまた取り戻せるやろ」という言葉だったんですよ。

私は基本的に怖がりだし弱虫だから、あの詩を口にしていなければ、きっと烈火《れっか》の如く叱りつけていたと思います。

その店長は私の顔を見ると言っていました。あの時は半殺しまでだったら我慢しようと覚悟をしていたら、思いもよらない言葉を掛けられて、嬉しくて嬉しくて涙が止まらなかったと。

この話には後日譚《たん》がありまして、そのお店がオープンした時の売り上げというのが千七百万円でした。これはスーパーの売り上げとしては驚異的な数字なんですよ。ところが火事の一か月後に再オープンした時の売り上げが何と二千三百万円だったんです。オープン時の売り上げをクリアするっていうことは本来ありえないことなんです。ですから「ピンチはチャンスだ、ありがとう」というのは実体験からきているんですよ。

9月
29日

いまが「どん底」だと分かればそれ以上は落ちない

山下弘子
Hiroko Yamashita

翌年四月、私は大学に復学しました。最初の手術の後、二か月に一度、定期検診に通っていたのですが、四月の検診で「今回、ちょっと肺に転移が見つかりました」と告げられました。私はこの言葉を俄《にわ》かには受け入れられませんでしたし、実際「余命半年」と言われた時よりもずっとショックでしたね。

またもや大学を休学して肺の四分の一と再発のあった肝臓を少し切除《せつじょ》しました。カテーテルの手術、ラジオ波による治療を含めて、これまでにした手術は数十回に及んでいます。もちろん、がんを完治したい気持ちはやまやまなのですが、いたちごっこを繰り返しながら、何とかがんをなだめて共生しているというのが実感ですね。

たぶん、その時その時、辛《つら》いことはいっぱいあったと思うんです。でも、あまり覚えていないことも多いんですよ。人間ってうまくできているんだなって本当に思います。

例えば、肺がんの治療中に薬疹《やくしん》が出たことがありました。薬の副作用で体中が真っ赤になり、最終的には頭にまで広がって地獄のような痒《かゆ》みを味わいました。このままだと喉《のど》にまで広がって窒息死するかもしれないという状況になって、その時は確かに辛かったんですけど、いまになってみると、どういう辛さだったかは忘れちゃった、みたいな……。

もちろん、私も落ち込んだり、その先にある「どん底」までいったりすることがあります。私の場合、辛いとか、悲しいという時は「どん底」ではないんです。「どうしよう」と泣いている時はまだ大丈夫な証拠です。「どん底」になると思考が停止し、頭が真っ白になって何も考えられないし、誰の声も届かなくなります。真っ白な世界にただ一人取り残されたような感じですね。主治医の先生に「いまのところ、もう打つ手はない」と言われた時なんかは、まさにそんな状態でした。

でも、全《まった》く誰にも会わずに一人でいる時間ってそんなに長くはありません。傍《そば》にいる人がちょっと声を掛けてくれるだけで、ハッと我に返る瞬間があります。その時に初めて人の優しさや励ましの言葉を受け入れて立ち直ることができるんです。いまが「どん底」だと分かれば、それ以上に落ちることはない。あとは上がるしかないわけですから。

9月
30日

知識、見識、胆識

豊田良平
コスモ証券元副社長

Ryohei
Toyoda

安岡正篤先生がよく話されたことに、「牛のけつ」というのがあります。

東京の谷中《やなか》に南隠《なんいん》という偉い禅僧がいて、そこに新進の仏教学者が訪れる。二祖断臂《にそだんぴ》の物語などを取り上げてとうとうとまくしたてるわけです。二祖断臂の物語というのは、慧《え》可《か》が達磨《だるま》に入門を請《こ》うた時、どうしても許してくれないものだから、雪の降る日、腰まで雪が積もるのを物ともせず、達磨の門の前で頑張るわけですね。

達磨がその姿を見て、「まだそんなことをしておるのか」と言うと、慧可は「私はいい加減なつもりで教えを請いに来ているのではありません」と言って自分の臂《ひじ》を断ち、それを達磨に差し出した。さすがの達磨も感動して、初めて入門を許したという話です。

仏教学者は、この話はおそらく伝説で、おまけに達磨自体実在したかどうか分からない。禅というものは、このように学問的にはあやふやな基盤の上に立った、いい加減なものではないかと、こういうわけですね。学者だからいろいろ研究しているし、新しい学説も持っている。禅僧のほうは、知らない話だから、感心して聞いているわけです。さて帰る段になって、玄関で禅僧が、「あんたは牛のけつじゃなぁ」と言うわけですね。

学者先生、わけが分からず帰ったが、何のことかさっぱり分からない。気にかかって一所懸命調べるけれども、どこにも「牛のけつ」という言葉が載っていない。ほとほと困り抜いて、また禅師を訪ね、先日、禅師から「あなたは牛のけつだなぁ」と言われましたが、どういう意味かお教え願いたいと言ったら、禅師は呵々《かか》大笑《たいしょう》して、だから学者は困る、牛は何といって鳴く、モウといって鳴くじゃろ、「けつ」はお尻じゃよ、だからおまえさんは「もうの尻、物知りじゃな」と言ったのじゃ、と。これを聞いてその学者はがっかりして帰ったという話です。

これは要するに、単なる物知りじゃいかんということですね。

先生が晩年、繰り返し強調されたのはそれですね。単なる知識ではいけない、それを見識、胆識《たんしき》にまで高めなければいけないよ、と。

先生は、晩年よく、「豊田君ねぇ、見識だけでは駄目だよ、判断力だけでも駄目だよ、胆識がなければいけないよ」とおっしゃった。胆識というのは、物事をなす場合に、抵抗、障害を乗り越えて、とにかくどうしても実行して、それを必ず達成する。それが胆識です。

10月 October

岡田武史（日本サッカー協会理事・サッカー日本代表前監督）
矢野博丈（大創産業創業者）
小島直記（作家）
片岡球子（日本画家）
高原慶一朗（ユニ・チャーム会長）
新井正明（住友生命保険元社長）
森本哲郎（評論家）
金子正子（日本水泳連盟シンクロ委員長）
神田昌典（経営コンサルタント）
観世榮夫（能楽師）
福永正三（京セラオプテック元社長）
島田洋七（漫才師）
田中真澄（社会教育家）
木村秋則（りんご農家）
海稲良光（OJTソリューションズ専務）
東井浴子（浄土真宗東光寺坊守）
吉丸房江（健康道場・コスモポート主宰）
原 俊郎（航空ジャーナリスト）
加藤俊徳（「脳の学校」代表取締役・医師・医学博士）
高田 宏（作家）
西岡常一（法隆寺・薬師寺宮大工棟梁）
北川八郎（陶芸家）
平岡和徳（熊本県宇城市教育長・熊本県立大津高等学校サッカー部総監督）
佐々木將人（合気道本部師範）
古田貴之（千葉工業大学未来ロボット技術研究センター所長）
天田昭次（刀匠）
山田惠諦（比叡山天台座主）
横田南嶺（円覚寺派管長）
渡邊直人（王将フードサービス社長）
長谷川和廣（会社力研究所代表）
渕上貴美子（杉並学院中学高等学校合唱部指揮者）

10月1日

勝負の神様は細部に宿る

岡田武史　日本サッカー協会理事・サッカー日本代表前監督

Takeshi Okada

南アフリカW杯は本番の約一か月前という時期に、一気に主力選手の入れ替えを行いました。皆さんからは、そんな時期によく思い切った決断ができたなと言われるんですが、自分の中では全《まった》く違っているんです。

今年（二〇一〇年）一月の時点から既に中心選手の動きがものすごく落ちていて、いざという時、どうするかという準備をずーっとしていたんです。だからそれをどの時点でやるのか、という問題だけだったんですよね。

結果としてよかったと思うのは、W杯直前の国際試合に四連敗したことで、強い危機感を持てたこと。あの時マスコミやサポーターからも散々叩かれたおかげで、選手たちにも「やらなきゃ」という気持ちが出てきましたし、ベテラン勢も含め、チームとして本当に素晴らしい状態になっていったんです。

僕自身も勝つために考えつく限りの種を蒔《ま》き、準備をしてきたんですが、ただそれによって出た結果については「偶然」なんですね。わざと四連敗させて危機感を植えつけたわけじゃないですから。

これはいつも選手に言うことですが、「運」というものは誰にでも、どこにでも流れていて、それを掴むか掴み損ねるかだと。僕は掴み損ねたくないから、そのために本当にベストを尽くしてきた。

だから今回も睡眠時間は平均四時間くらいで、深夜二時、三時まで必死に試合のビデオを見て、また翌日の練習に臨むという生活を続けました。そうして必死になってやっていると、最後は神様がご褒美をくれるんです。要するに、自分にできる限りの準備は全部する。その後の勝負の結果についてはもう分からない部分ですから。

それともう一つ、ずっと言ってきたことですが、「勝負の神様は細部に宿る」と。勝ち負けが決まると、マスコミの人はいろんな戦術論を並べ立てるんですが、僕は感覚的に八割ぐらいは「小さなこと」が勝負を分けているように思うんです。だから僕は、細かいことにものすごくうるさいんですよ。

おまえがあそこでたった一回、「まぁ、いいか」とか「これぐらいで大丈夫だろう」と気を抜いたために、運を掴み損ね、W杯へ行けなくなってしまった。そんなふうに運を掴み損ねたくなかったら、どんな小さいこともすべてきちっとやれ、と。

で、今回、選手たちはそれをちゃんとやってくれたんですよ。そうやって運を掴み損ねなかったから、あそこまで行けたんだと思うんですよね。

10月2日

本当の商人の謙虚さ

矢野博丈
大創産業創業者
Hirotake Yano

店の数が増えるということはとても怖いです。私は増やすな、増やすな、と言い続けていたんですが、百円均一という商売が珍しかったので結果的にここまで増えてしまいました。食料品と違って、うちの扱う家庭用品は、例えばカップ一つ取ってみても、普通の一般家庭では六個あれば十分ですよね。十個も必要ない。ティーセットにしても、家庭用とお客さん用で二セットあれば十分です。

ですから、店が増え続けた先には断崖絶壁というか、売れなくなる時が待っているわけで、そうなると兎《うさぎ》のように早く増やすより、亀のようにゆっくり増やしたほうがいい。かつて夜逃げした時に、東京に着いたらどうすればいいんだ、とゴールに近づけば近づくほど怖くなりましたが、あの心理と全《まった》く同じなんです。

もし倒産したら、女房とどこか山奥に逃げて温泉宿に雇われて、女房が賄いをして、俺が風呂たきをしよう。でも女房は別れると言うだろうから、俺は自殺するんだろうなとか、そういうシーンがよく頭をよぎるんですよ。でも自殺をするのは怖いですから、常日頃努力するとか、質素にするとか、頑張るとかいうことは何ともない。逆にとても楽しいんです。

そういう意味では、イトーヨーカ堂の創業者・伊藤雅俊名誉会長とお会いした時の印象は強烈でした。従来の経営者というのは泰然自若として、見るからに大物というイメージがありましたね。トップがあまり細かいことに口を出すと、人が育たないから駄目だという観念がありました。

ところが伊藤会長は、社員のやることに対して一から十まで、いや一から百までああだ、こうだと叱っておられる。当時売り上げが一兆三千億円だったと思いますが、イメージ的にはそこらの酒屋のおやじとほとんど変わらない。あの姿を見て、日本の経営者理論は間違っているなと私は思いましたね。

日本人は謙虚というものを、お坊さんの謙虚と勘違いしている。本当の商人の謙虚というものは、生きるために必死になっている姿。それこそが商人の謙虚だと思いました。だから、私はそれまで社員を怒ったことはなかったんですが、伊藤会長にお会いした日を境に怒れるようになりました。それも必死に。

伊藤会長のお話の中で、いまでも忘れられないのは、「いいですね、潰れる心配のない会社のオーナーは」と言いましたら、「馬鹿やろう、俺だって月に一回は潰れる夢を見るよ！」と。もしいま全社員が百万円くれと要求してきたら、あっという間に三百八十億円ふっ飛ぶんだと。もしいま台湾と中国が戦争を始めたら、もし天変地異《てんぺんちい》が起きたら、もしうちが何か事故を起こして新聞で叩かれたら、客単価はすぐに百円下がって赤字になるんだと。だから、うちは決して安定の中にいるんじゃない。いつ潰れるか分からないんだと怒られました。そのすごさ。やはりこれは、売れるプロセスを重視する伊藤会長の、人生観からくる強さですね。

10月3日

人生の五計

小島直記　作家

Naoki Kojima

六十歳の初め、僕は年の暮れに二階の一間に座って、お別れの言葉を残そうとしたことがある。一升瓶《いっしょうびん》を横に置いて、桜山を眺めながらいろいろと考えるのですが、なかなか言葉が出てこない。しょうがないからお酒をちびちびやり始めたら、とうとうベロベロに酔っ払ってしまって、最後には、まあいいや、とりあえず今年はまだ死なんだろうと断念した経験があるんです。残念ながら、それはいまだに実現していません。

まだ六十の小僧っこでしたからね。何か気の利いた、いい言葉を残そうというやまっけがありましたから駄目だったのでしょう。いくつになってもやまっけは抜けませんが、いまはむしろ、黙って死のうかなと思っています。

人間の弱さは、恒常的なものを持っていないということです。「生老病死」といいまして、いつ病気をするか分からない。誰でも年を取る。そしていつ死ぬか分からない。人間はそういう予測できない変化に翻弄《ほんろう》され、悩み苦しむ。それを克服するには、自分の生きる座《ざ》標軸《ひょうじく》、生きる支えのようなものが必要になってきます。

僕がよく生き方の指針として紹介しているのが、朱新仲《しゅしんちゅう》という人が説いた「人生の五計」という教えです。

五計の第一は生計です。いかに健康な毎日を過ごすかという意味での計画です。

第二の身計は、立身出世という言葉に近い。何をもって世に立つか、いかなる職業で、いかなる価値観の上で生きていくかという計画が身計です。

第三の家計は文字通り家計簿《ぼ》の家計です。どういう毎日の出し入れで生活するかという問題です。

第四の老計、第五の死計は文字通りの意味です。どういう老年を迎えるか、どういう死に方をするかという計画です。

この五つが「人生の五計」で、僕の人生の指針にしてきました。

落ちるからこそ、いい作家になれる

片岡球子 日本画家
Tamako Kataoka

思い直して中島清之先生（院展院友）のお宅へ戻り、落選を告げると、先生はいきなり「落ちるからこそ、いい作家になれるんだ。その味を忘れちゃいかん」と、怒鳴《どな》るようにおっしゃって、こう続けられました。

「僕はある人に前々から言われてるんだ。『片岡は最後まで残るのに、いつも最後の審査で落選している。あれじゃあんまりかわいそうだ。君についているそうだが、何とか激励してやれよ』と。しかし片岡さん、僕は考えるんだ。僕がもしも、君の絵に、僕の意見を言ったり、手を入れたとしたら、君はもう君独自の君流の絵は描けなくなる。君一人で絵は描けなくなるんだ。片岡球子《たまこ》の絵は、片岡球子の絵でなければならない」。このお言葉は忘れることができません。人が三年でなる院友に、私は十年もかかりました。その三年後のことですが、院展研究会に大観先生から「雄渾《ゆうこん》」という作品画題が出されました。その時、かねてから描きたいと思っていたモデルを思い浮かべました。横浜の上大岡《かみおおおか》という所に住んでいる行者《ぎょうじゃ》で、渡辺万歳という人です。金持ちの大農家の当主でしたが、目はランランと輝き、口は大きく、さらに大きなあぐら鼻を持った不動尊《ふどうそん》そっくりな行者でした。

早速行者を訪ね、モデルになってほしいと告げると、「よし、そんなに描きたいのなら、寒の入りから二十一日間、二足四足（鶏と獣肉）を断ち、朝は十時に卵一個、昼夜は菜食。夜中の正二時に水行を続けたら、モデルになってやろう」と言います。学校で教えながらの行です。終わり頃には足がふらついて困りましたが、とにかくやり遂げて行者を訪ねていきました。すると、私が一言も言わないのに、無言で私を護摩壇《ごまだん》の前に連れて行きました。燃えさかる炎の前で、行者はあぐらをかいて座り、紅蓮《ぐれん》の炎に照らし出される行者の顔は、鬼気《きき》迫るものでした。この絵が小林古径《こけい》先生の目に留まり、二等賞になりました。そして、古径先生のお宅に呼ばれたのです。

まず「今回の絵は良かった。あの勉強の仕方でいいから、一所懸命に勉強をしなさい」と言われました。そして、「あんたの絵はゲテモノだって有名だ。本当にゲテモノだ。だけれども私は言っとくけど、ゲテモノやめちゃいけない。ゲテモノでいいんだ。だから人に何て言われても、それをみんな自分の栄養だと思って、腹の中に入れときなさい。自分の主義主張を、曲げないで、ゲテモノをずーっと続けて、二十年、三十年、四十年と経っていくうちに、あんたの絵が変わってくる。変わってきたらしめたもんだ。本物の絵描きになれる、私の言うことはちゃんと守りなさい」と、そういうふうに言われました。

神様が会わせてくださったみたいです。私は終始、先生の目を食い入るように見つめ、全身を耳にして聞きましたよ。一語、一語、肝《きも》にしみ通るようでした。自分が間違いなく、駄目な絵を描いているのだな、と思い知りました。それと共に、このまま描いていきなさいという先生のお言葉に、いただいた二等賞のこともあり、心の片隅にほんの芥子粒《けしつぶ》ほどの膨らむものを感じました。

10月
5日

人間がかかる四つの病

高原慶一朗　ユニ・チャーム会長

Keiichiro Takahara

いくら組織を整えても、やはり経営者自身が高い志を持ち続けていないと難しい。これは私の人生観にも繋がるものですが、トップが「一生勉強、一生危機感、一生青春、一生情熱」という四つのスタンスを身につけているか。そういう生き方を貫いて、示していくことが大切です。

ただ人間は放っておくと心が病気になるんです。症状には四つあって、一つ目は「自惚《うぬぼ》れ」、二つ目に「驕《おご》り」、三つ目に「マンネリ」、そしてベースにあるのは「甘え」ではないかと思います。失敗している経営者は必ずこの心の生活習慣病にかかっていますから、絶えず自制していかなければならないということです。

父親も会社を経営していました。その背中を見て育ったから、小さな頃から自然と経営者になりたいと思っていましたし、そういう資質のようなものを身につけていたのかもしれません。私は昔からスポーツの世界に興味があったのですが、一流のスポーツ選手と創業経営者の資質というのはとても似ているんですよ。

例えば市民大会から県大会、国体、オリンピックと上っていくのはどういう人たちなのかなあと思っていたんです。

彼らは、まずは目標を持ち続ける「目標魔」です。そしてそれに向かって実践していく「実践魔」でもあるし、達成できるまでやり抜く「貫徹魔《かんてつま》」でもある。また、サッカーや野球などの団体競技は仲間と一緒に成し遂げる「協働魔」でもあるし、監督やコーチ、先輩は指導する「教育魔」の資質も必要でしょう。割と若い頃からスポーツ選手の姿勢に共鳴してそういう生き方を目指してきましたが、私もやはり「目標魔」で「実行魔」で「貫徹魔」ですね。

しかし、そうやって内なる欲求で精神性を高めていくことはとても大事ですが、同時に外なる刺激も求めていかなければなりません。外なる刺激も「下手な鉄砲数打ちゃ当たる」では困りますので、私は生涯で三人の師を持てばいいと思います。

私のモットーは「人生われ以外皆師」で、どんな方からも刺激を受け、勉強させてもらっています。同年代でも第一線で活躍されていらっしゃる方もたくさんいますし、年下の経営者でも素晴らしい方はたくさんいます。『論語』に「下問《かもん》を恥じず」という言葉がありますが、年下の人や立場の下の人の意見に謙虚に耳を傾け、学ぶ姿勢はとても大事です。

ただ、核となるべき存在として、三人の師が必要だと思っているんです。まずは両親。両親の生き様は人間ですから良いところ半分、悪いところ半分ですが、生まれた時から一番身近にいるお手本ですからね。次は教師ではない恩師。つまり知識や勉強だけではなく、生き方を教えてくれる人。そして社会に出たら職場の優れた先輩。職場でリーダーになるような人はそれだけ優れた生き方をしています。この三人の師を持ったら「守破離《しゅはり》」の精神で、まずは師の良いところを真似る、教えを守る。そしてやはり師を乗り越えて、自分なりのものをつくっていくことが、人格形成のためには欠かせないポイントだと思います。

10月6日

いかに忘れるか、何を忘れるかの修養

新井正明
住友生命保険元社長
Masaaki Arai

私は父が安岡正篤《まさひろ》先生を尊敬していましたから、先生の本を読むように、講義を聴くようにと、随分勧められましたが、まあ、当時若干《じゃっかん》、生意気であったし、先生があまり偉すぎたものですから、近づかなかった。

ところが、ノモンハンで右脚をなくし、陸軍病院へ入っている間、先生の著書を一所懸命に読みました。その中から、今後どう生きていけばいいかというようなことを徐々にですが、悟ることができた。悟るというと、大げさですけれども……。

それで、退院して会社に戻ったわけですが、兵隊に行く前は九か月しか会社におらなかったから、戻っても仕事ができないのですね。おまけに当然のことだけれども、行動が鈍い。同僚に比べますと、昇給が遅い。ボーナスが少ない。こういう時期が二、三年続きましたかな。

そういう中で、安岡先生の、『続経世瑣言《けいせいさげん》』の中にある、「忘《ぼう》の説」という箇所が目にとまったわけです。「どうにもならないことを忘れるのは幸福だ」という諺《ことわざ》がドイツにあるんですけれども、またカーライルが、

「忘却《ぼうきゃく》は黒いページで、この上に記憶はその輝く文字を記して、そして読みやすくする。もしそれがことごとく光明であったら、何にも読めはしない」

ということを言っているわけですね。先生はそれを受けて、

「我われの人生を輝く文字で記すためには確かに忘却の黒いページを作るがよい。いかに忘れるか、何を忘れるかの修養は非常に好ましいものである」

こう言われているわけです。

これだなと思った。

過去のどうにもならんことを忘れなければならない。召集令状《しょうしゅうれいじょう》さえ来なけりゃよかった。来ても即日帰郷《ききょう》になればよかった。戦争に行っても弾に当たらなけりゃよかった……。こういう過ぎてしまったことをいろいろ考えてみたって、実際はどうにもならんわけですね。いくら、言っても元へ返らない。

そうなるとそれを忘れ去って、今日ただいまから将来を切り開いていかなきゃならないという気持ちに到達したわけです。

だけど、時にはやはり、あの時はあれがなきゃよかったということもあります。ありますが、いまから考えると、そういう体になったのは一つの宿命である、と。

安岡先生はよく運命というのは自分で切り開いていけるけれども、宿命というものがあると。私はそういう宿命を負った。そしたら、これからの自分の運命はどう開いていったらいいだろうかということです。だから、安岡先生にはいろいろ教えられたけれど、この教えが、今日まで、一番深く、私の根本にあるわけですね。

10月7日

人間は努力するかぎり、迷うものだ——ゲーテの言葉

森本哲郎
評論家
Tetsuro Morimoto

先人の言葉は逆境の時ばかりではなく、順《じゅん》境《きょう》の時の戒《いまし》めとすることもできます。新聞の学芸記者だったころ、将棋欄を担当していた同僚に頼み込んで、升田幸三《ますだこうぞう》、大山康晴両棋士の名人戦を見学したことがありました。ところが、実際に観戦してすっかり閉口してしまいました。いざ対局が始まると、駒が一つ動くたびに「大山名人、長考一時間四十三分」といった具合です。その長い間、素人の私はひたすら次の手を待つしかありません、何とも退屈で、もうこりごりして帰った記憶があります。

その対局のあと、しばらくして大山名人にインタビューする機会がありました。私は観戦の体験を思い出し、いったい、どういう時に長考するのか聞いてみました。すると、大山名人の答えはこうでした。

「そりゃ、うまくいきすぎている時ですよ。だって、物事というものは、そんなにうまくいくはずがないでしょう」

それを聞いて、なるほど「守りの大山」といわれる秘密はここにあったのかと、私はその〝秘密〟を初めて知らされました。普通の人なら、物事がうまく運んでいる時は、その勢いに乗って突き進み、何も深く考えません。だから、思わぬ落とし穴に嵌《はま》り、失敗してしまう。ところが、大山さんは「物事というものは、うまくいくわけがない」ということを確信しているので、やたら順調に進んでいる時は、どこかに落とし穴があるに違いないと考えるのです。これは勝負に勝つ秘訣《ひけつ》であると同時に、人生を誤らないための至言だと思い知らされました。

私の青春時代は戦争の真っ只中《ただなか》でした。召集が来れば、必ず戦死する。そう考えると、たかだか二十歳前後の短い生涯だったけれど、自分なりに人生を総括しておきたいと思うようになりました。毎日、真剣に本を読み、友と議論をしました。しかし、本を読めば読むほど、人に会えば会うほど、迷いは深まるばかりでした。

そんな時、私はたまたま友人に勧められてゲーテの『ファウスト』を読み始めました。その中で「人間は努力するかぎり、迷うものだ」という文句を見つけたのです。その文句を読んだとき、思わずはっとしたのをいまでも忘れることはできません。

何かを成し遂げようと思った時、迷うことなく目標に達することなど、決してあり得ません。高い目標を掲げれば掲げるほど、何かを成そうと願えば願うほど、人はあれこれ悩むものです。逆に見るなら、迷わない人間とは、何の努力もしない人間と言えましょう。努力しなければ、迷うことさえないのです。ゲーテは迷いこそ生きている証拠であり、迷ったあげく目標に到達するところに人間の真実がある、と確信していたのです。

それ以来、私は迷うことを少しも苦にしなくなりました。迷うということは、それだけ真剣に努力していることの証拠だと考えたからです。

才能があるのに伸びない選手

金子正子　日本水泳連盟シンクロ委員長

Masako Kaneko

数年前から、東京の「国立スポーツ科学センター」という日本初のナショナルトレーニングセンターの中にシンクロ専用プールができて、施設には恵まれるようになりましたが、それまで、特に小谷実可子《こたにみかこ》の育つ頃は西武さんが持っている池袋のプールを、一般公開する前の早朝にお借りしてずっとやってきたんです。借りるにあたっては、早朝五時半頃から集まってプール掃除をしてから練習、終わったら自分たちでプールを磨いてお返しする。それこそ自動で動く機械の清掃道具なんてなかったですから、重い用具を押してプールの中を這《は》いずり回って掃除していました。

取材に来られた方は「五輪選手でもこういう掃除をされるのですか」と驚いていらっしゃいましたが、「五輪に行く選手だからするのです。下の子たちが磨いたプールで上の子たちが泳いでいるようではダメ。上の子がしていることを、下の子たちに見習わせています」といつも言ってきました。

選手たちにも「こうしてプールを自由に使わせてもらって、ここの皆さんにどうやってお礼ができると思う?」と聞くと、「できません。お金もないし……」と言うから、じゃあ、「日本一になるしかないネ」「オリンピックでメダルを取るしかないわね」と言っていました。そして、どうしたら周りの人たちと気持ちが通うのか、迷惑をかけずに練習ができるのか、考えて行動するよう指導しました。感謝すること、挨拶や荷物の置き場所、いろいろ考えて実践してきました。自分たちがどう動いたら周りの人たちが気持ちよく応援してくれるかを。五輪なんか行くと、いろいろな方から「シンクロの選手たちは明るく気持ちのいい挨拶をしてくれる」と褒めていただきますが、貧しい中で育ったゆえ、挨拶をしないと次が始まらないと自然と分かったんでしょう。

昔、ライバルのクラブチームが、小さいけれど専用プールを持ったことがありました。「そんなに存分に練習できるチームにはもう勝てません」と選手たちは諦め気味でしたが、「明日も明後日《あさって》も何時間でも練習できると思ったら、きょうくらいはと思って手を抜くと思わない？　あなたたちは二時間しかないけど、工夫して懸命に泳いだほうがずっとプラスじゃない」と私は言い切ったんですね。

二十五メートルプールの一コースを四十人くらいで使うから、上下二層で泳いで練習しました。のんびり泳いでいると詰まってきますから、後ろの人からタッチされたら倍泳がせると言ったら、みんな必死で泳いでね。我ながら貧しい中でよく考えてやっていると思いましたが、条件の悪い中で何とか工夫して、「やっている」という思いをいつも選手に持たせながらやり続けてきたことが、結果としては良かったのかもしれないと思います。

私は条件が悪い中で工夫するということは、選手についても同じことが言えると思います。素質や才能のある子は簡単にできてしまうから、あまりじっくり考えることがないんですね。才能があるのに伸びないという選手は、だいたい深く自分を考えることができない子が多い。

10月9日

売れるキャッチコピーを生み出す秘訣

神田昌典 経営コンサルタント
Masanori Kanda

二十九歳の時に、ワールプールというアメリカの家電メーカーの日本支社代表を務めていました。バブル崩壊直後だったこともあって全然売れない。ただ、それではクビになりますから、どうすれば売り上げが立つかと考えた時に、「通販だ」と。小さな新聞広告を出したところ、これが結構当たりまして、一か月にコンテナ何台分も売れるようになりました。

当時なかなか売れなかった戸建て住宅も、手づくり小冊子を配ることによって随分売れましてね。

当時坪単価七十万円くらいの結構高い住宅でした。そういうことをやっているうちに、たとえ会社の規模が小さくても、売り方さえ考えれば売れるという確信を得て、一九九八年に独立し、ダイレクトマーケティングのノウハウを中小企業にアドバイスするようになったんです。

私の場合は、仕入れるものがクライアントの商品になります。その商品の先にいらっしゃるお客様の笑顔を思い描き、「その人がどうやったらハッピーになるか」ということを考えて、売れるキャッチコピーを生み出していく。

売り上げを上げるだけだったら、一日のうちに終わります。なぜかというと、ほとんどの会社は商品を分かりやすく説明できていないからです。

その商品をきっかけにお客さんがどういった痛みを解消していけるのか、どういったベネフィットを得られるのか。顧客視点で説明し直すことによって、簡単に売り上げは上がります。

どこをどう変えたらいいかというのは、一瞬の作業です。といいますのも、三十代で独立して間もない頃、だいたい十分に一件くらいのペースで相談を受けていました。

当時の経営コンサルタントは、財務諸表から入って経営状態を改善するというやり方が主流でしたけど、私自身は若造ですからそういうコンサルタントと競合しても無意味ですし、もっと直球で売り上げを上げられないと価値がない。

そこで、「お客さんは財務諸表なんか見ませんよね。企業がお客さんと触れ合う真実の瞬間は一枚のチラシであり、DM（ダイレクトメール）です。だから、その言葉をお客さんの観点から書き直すだけで売り上げは上がりますよ」というセールストークで、おかげさまで一年のうちに五百社以上から仕事をいただきました。

たとえ商品が変わっても人の気持ちは変わりません。痛みから逃れたい、より多くの喜びを得たい、業種を問わずクライアントの気持ちは常にこの二つです。

そうするとコンサルタントとして一番重要なのは、いま抱えている痛みをどうやって和らげ、それを幸せの方向に転換していくか、なので、人の痛みを理解する力、ここに尽きると思います。

学ぶとは真似て自分を改造していくこと

観世榮夫　能楽師
Hideo Kanze

時々の初心という言葉のように常に自分を振り返ってクリアにしていかないと感覚は鈍っちゃいます。だから一歩でも半歩でも先に進んでいくための努力を怠ってはいけないということですね。もちろん体力は年々衰えてくるわけですが、衰えたものを乗り越える工夫というか、他の人ではできないやり方なり演目《えんもく》をいつも考えています。

実は五月も「邯鄲《かんたん》」という演目の舞台をやるんだけど、この前友達から「あれは老人のやるものじゃない」と言われました。こちらもお腹を切るなんて思ってもいませんでしたけど、体力的なハンディがある中で、工夫しながらどうやってうまく「邯鄲」を演じるか。そのことを考えています。

自分の知らないものには発見がありますから、新しいことをやるのが楽しいんだね。これからも無理のない範囲で、いろいろな仕事をしたいと思っています。

僕が心掛けている言葉に『風姿花伝《ふうしかでん》』の序にある、

「稽古《けいこ》は強かれ、情識《じょうしき》はなかれとなり」

という言葉がありましてね。

「稽古は強かれ」というのは厳格に稽古をしろという意味で、決してスパルタ式でやれということではありません。自分に厳格でなければ一歩たりとも先に進めないわけですが、それと同時に「情識はなかれとなり」と言っているわけですね。情識とは妬《ねた》み心やとらわれの心です。そういう思いを戒《いまし》めている。これは何でもないようなことですが、非常に重要なことなんです。

心がとらわれてしまいますと芸に広がりもなくなるし、実際の上での進歩も止まってしまう。上達すればするほどどんどん考えが狭くなるようであれば、本当の成果は出ません。だから僕は世阿弥《ぜあみ》が心の問題を重要視していることは大変深い意味があると思うんですね。自分に都合の良い視点からしか見えなくなることがあってはならないわけで、柔軟《じゅうなん》な感受性、考え方を常に持ち合わせなくてはならないということでしょう。

学ぶというのは真似《まね》るに通じるものがあると思います。自分の足りないところを真似することで、その相手よりも一歩でも半歩でも先に行かなきゃ。真似た相手より手前に留《とど》まっているうちは、その相手にはかなわないということですからね。

言い方を換えると、学ぶとは真似て自分を改造していくことだといっていい。それができない限り進歩はないし、面白さも美しさもないまま終わってしまうような感じがします。日本人は洗練とか極めるという言葉を好みますけれども、習慣による繰り返しだけでは進歩はありませんね。やはり先ほどから申し上げてきたように、自分の芸を観客の目で客観的に見る「離見《りけん》の見《けん》」が必要なんです。

自分の先輩でも同僚でもいいけれども、それを単に真似るだけではうまくいかない。それを学ばなくちゃね。

10月11日

経営と仕事の違い

福永正三　京セラオプテック元社長

Shozo Fukunaga

この組合をどうにかしないと再建は一歩も前に進まないというところにまで来ていました。うちだけの問題じゃないと感じた私は、関東の労働組合全体を牛耳《ぎゅうじ》っている人の元へ直談判へ行きました。その時も〝ど真剣〟に稲盛和夫会長から教わったことを相手に訴えたんです。「経営者の足を引っ張って、権利ばかりを主張しても幸せになんかなれん。本当に幸せになりたいのなら、いい仕事をいっぱいして、誰にも負けない努力をすることだ！」もう無我夢中《むがむちゅう》でしたね。怒鳴られることを覚悟していましたが、一瞬の沈黙の後、「よし、気に入った。委員長や書記長にわしから通達してやる」と言われました。「話せば分かる」と実感した瞬間でした。

挨拶や掃除を通して社員さんとコミュニケーションを取ってきた、管理者に京セラフィロソフィーを語り、協力してくれる者が三十人を超えた、組合にも話を通した。そういう下準備を終え、一気に全社員のベクトルを合わせる時が来たとにらみました。私は全部の業務を停止させ、全社員を食堂に集めました。彼らの心に向かって語り掛けたんです。「会社を再建するのか、つぶすのか」。そんなことは一日では語りきれません。それこそ膝詰めで一週間、ど真剣に話し合いました。赤字ですから、機械を止めて電気代を使わないほうが経費を使わなくていいくらいです。

その時、随分ひどいことも言ったんですよ。「あんたらは京セラにぶら下がっている乞食と一緒や。いや、乞食のほうが自分で食べるもんを探してくるから、まだ自立自活しているわ」と。それから当時、うちの売り上げから換算すると社員一人当たりの時給は五百円以下にしかならなかった。しかし、近くの自動車会社のアルバイトの時給は千五百円だという。何か学ぶところがあるに違いないと思い、一部の従業員を見学に連れていきました。その真剣な働きぶりに私も感動して社に戻りましたが、そこでまた社員さんに言ったんです。「うちはどうせ赤字なんだから、富岡《とみおか》で働かなくてもいいわけだ。いっそのことみんなであの自動車会社のアルバイトになるのはどうだろう。そのほうが儲かるんだから」。その時、「それだけはやめてください！」と一人の社員が言ったんです。会長は「大善《たいぜん》は非情《ひじょう》に似たり。大悪《たいあく》は小善《しょうぜん》に似たり」と言いますが、彼らのプライドが傷つくようなことを言って私が恨《うら》まれるなんて、「へ」でもない。会社がつぶれて路頭《ろとう》に迷ってからでは遅いんです。

そうやって全社員ととことん話し合った末、なかにはどうしても私の考えに合わないという人が三分の一いました。残念でしたが、その方々にはお辞めいただきました。三分の一いうたら百人ですから、普通やったらそんな一度に辞めたらびっくりするでしょう。でも、違う。やる気がある人たちのベクトルが合ったら、そのくらいカバーできる。これが三分の二だったら会社をつぶそうと思っていました。

この読みができるかどうか。それが経営です。経営と仕事は違います。誰かがつくった道を歩くのではなく、自分らが生きる道をつくり出していくことが経営なんです。

10月12日

貧乏には二通りある——がばいばあちゃんの教え

島田洋七　漫才師

Yoshichi Shimada

ばあちゃんは様々な工夫をして生活をやりくりしていました。常々、

「拾うものはあっても、捨てるものはないと」と言っていましたが、いまでもよく覚えているのは、ばあちゃんが外から帰ってくる時はいつも「ガラガラ、ガラガラ」と音がしていました。腰に結んだひもの先に磁石《じしゃく》を付けて、それを引きずって歩いているんです。

「ただ歩いたらもったいなかとよ。磁石つけて歩いたら、ほら、こんなに儲かるばい」

磁石についた釘や鉄くずをバケツに溜《た》めて売りに行くんです。落ちているのに拾わんかったらバチが当たるって。

それから、家のそばに流れている川に棒を渡して、棒に引っかかる木の枝や木っ端《こっぱ》を乾かして薪《たきぎ》にしていました。

「川はきれいになるし、燃料費はタダ。まさに一石二鳥だねえ」

川の上流には市場があって、曲がったり、少し傷《いた》んだりして、売り物にならない野菜や果物も流れてきます。ばあちゃんは、「曲がったキュウリも、刻んで塩でもんだら一緒。傷んだものは、そこだけ切って使ったら同じ」と、大半の食料を川に流れてくるもので賄っていました。ばあちゃんは川のことを、「スーパーマーケット」と呼び、わざわざ宅配までしてくれる、勘定《かんじょう》もせんでよか、と川をのぞき込んでは笑っていました。

僕はある時ばあちゃんに、「うちって貧乏だけど、そのうち金持ちになったらいいね！」と言ってみたことがあるんです。するとばあちゃんはこう言うんです。

「何言うとるの、貧乏には二通りある。暗い貧乏と明るい貧乏。うちは明るい貧乏だからよか。それも、最近貧乏になったのと違うから、自信を持ちなさい。うちは先祖代々貧乏だから。

第一、金持ちは大変と。いいものを食べたり、旅行に行ったり、忙しい。それに、いい服着て歩くから、こける時も気ぃつけてこけないとダメだし。その点、貧乏で最初から汚い服着てたら、雨が降ろうが、地面に座ろうが、こけようが、何してもいい。ああ、貧乏でよかった」と。

本当は、絶対に辛《つら》かったと思いますよ。でも見せなかったね、暗いところは。やっぱり七人も小さい子供がいる時に、自分が泣いたら子供は終わっちゃうじゃないですか。だから絶対に泣くところは見せなかった。逆にケラケラ笑っていました。

ご飯の時も、「こんなに食べるものがない家庭も珍《めずら》しかばい」って笑うんですよ。僕もよく分からなかったけれど、笑うしかないから一緒に笑っていました。アハハハッて。とにかく命懸けで育ててもらったものね。大きくなるにつれて、そういう苦労がだんだん分かってくるんです。いまになって気づくこともあるし。

10月13日

ベトガーに学ぶセールスの極意

田中真澄
社会教育家
Masumi Tanaka

独立以来、私が強く感じているのは、人生とは「一引き、二運、三力」であるということです。どんなに腕があっても、まずは「あなたを使ってあげる」と、人様に引っ張り上げてもらえる機会を得なければ、永遠に能力を発揮することはできません。そういう〝引き〟の機会をどうつくるか、それが人生の勝負です。

その一番のポイントが、ベトガーが一貫して説いている「積極的に生きる姿勢」「情熱」だと私は考えています。なぜなら成功者ほど前向きに燃える人間であり、自分と同じように必死に生きる姿に共鳴共感して「おまえ、なかなかいいじゃないか」とチャンスをくれるのです。とはいえ、ベトガー自身は生まれもって情熱的だったわけではなく、「青年時代の私は無愛想《ぶあいそ》で、ひねくれた性格で、人付き合いは悪く、まことにもって可愛気《かわいげ》のない若者だった」と著書に記しています。ましで販売外交員になった当時は、野球選手としての夢を断たれ、「私の生涯にとって、最も失望落胆のどん底にあえいだ月日だった」と言って、陰鬱な気分では到底契約は取れず、自分はセールスマンに向いていないと思い、毎日求人広告を見て転職を考えていたと述懐しています。

そんな彼に影響を与えたのは、デール・カーネギーでした。どんな職業に就くにしても、人怖《お》じしない性格にならなければと考えたベトガーは、カーネギーの主宰する話し方教室へ入りました。そこでカーネギーの情熱溢れる話し方に心動かされ、自分も情熱を持って人生を歩もうと決意するのです。

さらにカーネギーはベトガーに『ベンジャミン・フランクリン自伝』という本を薦めます。十歳で学校教育を終え、写植工からスタートして印刷業で成功を収めた後に政界に進出、アメリカ独立宣言の起草者の一人となったフランクリンは、米国で最も成功した人物といわれます。彼の成功の陰には「フランクリンの十三徳目《とくもく》」がありました。自らを鍛える十三の徳目を選び、一週間に一項目ずつ全力を傾けて体得するよう努めたことは周知のことです。ベトガーはフランクリンと同じフィラデルフィアの出身でした。郷土《きょうど》の素晴らしい先輩に学ぼうと、フランクリンの十三の項目のうち、六項目をそのままに、七項目を自分の仕事に役立つものに入れ替え、同じように実践して自らを変革したのです。

【ベトガーの十三徳目】

①情熱
②秩序（自分自身の行動を組織的にすること）
③他人の利益を考える
④質問
⑤中心問題（真の問題を捉える）
⑥沈黙（相手の話をよく聞くこと）
⑦誠実（信用を得るに値することをする）
⑧自分の事業に関する知識
⑨正しい知識と感謝
⑩微笑（幸福感）
⑪人の名前と顔を記憶すること
⑫サービスと将来の見込みに対する予想
⑬販売を取り決める（購買行動を起こさせる）

10月14日

かくて奇跡のりんごは実った

木村秋則　りんご農家

Akinori Kimura

あぁ、俺はこの子たちの親を名乗る資格は何もない。何てバカな男なんだろう、と畑で一人思い悩むことが多くなりました。そうなってくると、気持ちの上で自分をどんどんダメなほうに、惨めなほうに追い込んでいくんですね。とうとうある晩、私はりんごをトラックに積む時に使うロープを持って岩木山へ向かいました。どこか首をくくるのに適当な木はないか、と……。山の中腹《ちゅうふく》から見る弘《ひろ》前《さき》の街の夜景がやけにきれいな夜でした。

しばらくさまよい歩いて、この辺がいいなと思い定めてロープを投げたら、見事に外れて草の中に埋もれてしまいました。月明かりで探している時、ハッとしました。目の前にあるはずのないりんごの木があったんです。もうロープを探すことなんか忘れて、周囲の草をかき分けて駆け寄りました。りんごの木だと思ったのは、実はドングリの木だったんですが、虫はほとんど付いていないし、葉の一枚一枚の厚みが違う。人が手を加えない山奥で、どうしてこんなに元気に育っているんだろうと不思議に思いましてね。辺りを見ると、草が自由に伸びていて、根元から何ともいえない土のいい匂《にお》いがするんです。そこの土をほじくってみて「これだ」って直感しました。

二時間半もさまよっていた山を一気に駆け下りると、畑には女房と子どもたちが心配して待っていました。何か悪い予感がしていたらしいんだけどさ、私が走って戻ってきたもんだからみんなあっけにとられてよ。あのドングリの木をもう一度お日様の下で見たくて、夜が明けるとすぐにまた足を運びました。やっぱり前の晩に見たとおり、ものすごく元気だった。

ドングリの木の周辺には、いろんな草が自由に生い茂っていて、それぞれが役割を分担して一つの生態《せいたい》系を維持していました。そのおかげで辺りの土壌《どじょう》はとても豊かになっていました。元気のもとはこの土だ。これを自分の畑で再現しようと思ったんです。それまでりんごの木たちは私に、根っこを見ろ、土の中を見ろって一所懸命言い続けていたんだと思うの。それに気づかずに土の上ばかり、目に見える部分ばかり見ていたもんだから、あんなに長く苦しんだわけ。

私は山の土を持ち帰っては、同じ匂いがするまで土壌の改良を進めていきました。その年からりんご畑の草の刈り取りをやめ、大豆を植えて草ぼうぼうの状態にしたんです。傍《はた》目《め》には分からないけど、りんごの木が少しずつ元気になっていくような気がしました。実際、土壌の改良に取り組んだ二年後には、二百六十アールのりんご畑でたった一本でしたが、七つばかり花をつけ期待が膨《ふく》らみました。

そしてその翌年でした。隣の畑の主人がやって来て言うんです。「木村、見たか。早く畑に行ってみろ」って。すぐに女房と家を飛び出しましたが、畑には怖くて行けません。隣の畑の小屋から恐る恐るのぞいた途端、真っ白な色が目に飛び込んできました。りんごの木たちが競うように花を咲かせ、畑は白一色に覆い尽くされていたんです。もう涙で目がかすんで……。無農薬・無肥料の栽培に取り組んで十年目のことでした。

10月15日

トヨタの技術者が繰り返してきた言葉

海稲良光 OJTソリューションズ専務

Ryoko Kaine

日々の知恵と改善により、ものづくりの場を高めていくために、トヨタで繰り返し言われている言葉があります。

「者に聞くな、物に聞け」

者とは人のことであり、物とは現場や商品・製品のことです。現場の作業者から聞いたことと、実際に現場で起きていることが食い違っていることがよくあります。ですから、管理監督の立場にある人は、部下からの情報に頼り切るのではなく、実際に自分の目で現場を見て、何が起きているかをつかまなければなりません。

「やってみせ、やらせてみて、フォローする」

「やらせてみて」までは実施していても、その後の「フォローする」まで徹底している会社はほとんどありません。教えたことを本当に守り、実践するまでフォローすることが重要なのですが、実際には、「たぶんやっていますす」というレベルにとどまっているケースが多く見受けられます。「教えたとおりにやっています」と言い切れるところまできっちりフォローしていかなければなりません。

「あなたは誰から給料をもらうの？」

現場では、目先の問題に振り回され、事の本質を見失ってしまいがちです。この質問に対して、上司の名や会社をあげるのではなく、給料はお客様からいただいている、ということを出発点にすることで、品質やコストにも気を配ったお客様第一主義のものづくりが実践できるのです。

訪問した会社の管理レベルは、現場で作業をしている従業員さんに、「この部品は次にどこへ行くのですか？」と聞いてみればだいたい分かります。「隣の箱に置くんだよ」という答えには、「自分は誰から給料をもらっている」という問題意識は見受けられません。一人ひとりが、「この部品はこういう工程をたどり、最終的にこの製品になってお客様のもとへ届けられます」と答えるところまで持っていくことができれば、その会社の現場レベルは相当なものになっているに違いありません。

「陸上のバトンリレーのようにやりなさい」

トヨタ流の仕事のやり方を、私はこの言葉で表現しています。陸上のリレー競技では、前の走者から次の走者へとバトンを渡すバトンゾーンがあります。そのゾーン内であればどこで渡してもいい。バトンゾーンを有効に使うことで前走者と次走者の引き継ぎが円滑になり、全体のタイムを縮めることができます。これは仕事も同様で、例えばベテランから新人にバトンを渡す場合、ベテランはバトンゾーンのギリギリのところまで走って新人を助けてやればいい。バトンゾーンがあることで、自分の範囲を超えて仕事をしたり、アクシデントが起きた時には逆に助けてもらったりできます。お互いに自分の領域を少し超えながら、助け合ってリレーを走ることができるのです。

10月16日

悲しみをとおさないと見せていただけない世界がある

東井浴子
浄土真宗東光寺坊守
Yokuko Toi

おじいちゃん（東井《とうい》義雄氏）、おばあちゃんを見送った時、おじいちゃんの部屋で掃除機をかけていたら、床の間に色紙があったんです。

「苦しみも悲しみも／自分の荷は自分で背負って／歩きぬかせてもらう／わたしの人生だから」

私も、この「わたしの人生だから」という言葉でスッと気が楽になりました。夫が病気になったことも、おじいちゃん、おばあちゃんを見送ったことも、これはほかでもない自分の人生なんだ、何も悲しまなくてもよいし、そんなに気負わなくてもいい。全部ひっくるめて私の人生なんだと思ったんですね。

おじいちゃんは、本堂の黒板にいつもいろいろな言葉を書いていました。例えば「一寸《いっすん》先は闇！」。おじいちゃんや私にしてみたらそうなんですね。朝、「いってらっしゃい」と見送ったら、何時間後には夫があいうふうになってしまったわけだから。

夫が倒れた後、私は男親の厳しさを知らないまま子どもたちが大きくなってしまうんじゃないかと思って、おじいちゃんにお願いして、いろいろな言葉を色紙《しきし》に書いてもらっていました。この本堂にも、そのいくつかを掛けさせてもらっているんですけれども。

「悲しみをとおさないと／見せていただけない世界がある／身みずからこれにあたる／代わるものあることなし／代わってもらうこともできなければ／代わってやることもできない／自分の荷は／自分で背負って生きるしかない」

夫が倒れたのは確かにショックでしたけれども、不幸と思ったことは一度もありません。子どもたちにも「お父さんが倒れたことも、おじいちゃんが亡くなったことも決してマイナスにはしまいね」と言いました。

確かに人から見たら不幸のように見えるかもしれないけれども、私は子どもが素直に育ってくれたこと、自分の両親が陰ながら応援してくれたこと、ここのおじいちゃん、おばあちゃんが私のわがままを全部受け止めてくれたことなど考えると、本当に恵まれていると思っています。どこの家でも大なり小なりいろいろなことがありますし、たまたまうちは人に目立つほどの大きなことだったというだけで……。

私、寝たきりで動かない夫を見ていて、これは私に対する生き仏かなって思いました。だって本当は一遍《いっぺん》死んで、電気ショックで生き返ったんですもの。何か生きておかねばならない理由があったのだと思います。結婚した時、私はお寺の仕事は嫌だったし、仏事に関することは全部おじいちゃん、おばあちゃんに任せきりでした。でも夫の病気という大きな大きな代償を通して、おじいちゃんの話や浄土真宗の教えが少しずつのみ込めるようになっていきました。

10月17日

免疫力をアップする三つのスイッチ

吉丸房江
健康道場・コスモポート主宰
Fusae Yoshimaru

ナチュラルキラー細胞はいわば体の中のパトロール隊、おかしな細胞が出てきたら、すぐに連行してシュッと消してくれます。しかし、パトロールに出動したくても、起動スイッチがオンになっていなかったり、出動してもすぐ疲れて休んでしまうようでは、体の中はがん細胞で充満してしまいます。ナチュラルキラー細胞にフル稼働《かどう》してもらうためには、免疫力を高めなければいけません。

免疫力を高めるためには、三つのスイッチがあります。

一つ目のスイッチは、皮膚《ひふ》に氣持ちのいいことをすることです。私たちはお腹がいっぱいになった時、「ああ、食べすぎた」と胃のあたりをさすります。本能的に皮膚が内臓につながっていることを知っているのです。皮膚に刺激を与えると内臓は活発に動き出します。

氣持ちのいい肌着をつけることも大事です。材質もさることながら、乾燥機で乾かしたものと太陽のもとで乾かしたものとでは全然違います。また、太陽の生命エネルギーをたっぷり吸い込んだお布団で寝れば、ちょっと具合が悪くてもすぐに治ってしまいます。

最近はマッサージブームですが、お母さんが子どもや旦那《だんな》さんをさすってあげたら一番いいですね。昔のお母さんは「いい子だね、お利口さん」と言って、いつも子どもを撫《な》でていました。愛する人や本当に心許す人に撫でられたり、さすられたりしたら、皮膚は最高に喜んで免疫力はグーンとアップします。

二つ目のスイッチは笑うこと。人間が笑った時、体内では十三本の神経が触れ合って、免疫力を高めるホルモンをつくって分泌しています。逆に怒ったりうらんだりすると、四十七本の神経が互いに激しく突き刺し合います。これぞまさに四十七士の討ち入り！「このうらみ晴らさずにはおれようか」と、自分の神経が自分の神経を突き刺して、結局自分の体を傷つけることになるのです。

三つ目のスイッチは感謝すること。それも「おおげさに」です。どんな物事にも順序があるように、元氣になるのも一足飛びにはいきません。まずは小さなことにも感謝をしましょう。そうすると喜びが湧いてきます。喜びが湧いてくると、元氣になります。だからまずはおおげさに感謝することから始めましょう。こんなに辛《つら》い人生を歩んで、一体何に感謝をすればいいでしょうか？　そんな人もいるかもしれませんね。しかし「すっ」と一息が吸えたら、それはもう感謝すべきことです。その一息が吸えずに人は死んでいくのですから……。宇宙には法則があります。それは自分が投じたものが返ってくるということです。あるいは波動といってもいいかもしれません。すべてが波動であり、それに合わないことは起こらないのです。

喜べば喜びが、喜びながら喜びごとを集めて喜びにくる。悲しめば悲しみが、悲しみながら悲しみごとを集めて悲しみにくる。感謝して喜びながら生きていれば、喜びが雪だるまのように大きくなっていって、きっとみんな元氣になれるでしょう。

10月18日

ライト兄弟が人類初の空中飛行をできた理由

原 俊郎
航空ジャーナリスト
Toshiro Hara

ライト兄弟がまず手がけたのは印刷であった。たまたま手に入れた印刷機に改良を加え、新聞を出すのである。聖職者である父親が布《ふ》教《きょう》のための印刷物を出していた、といったことが素地《そじ》になったのかもしれない。兄ウィルバーが記事を書き、弟オービルが印刷するという分担で、地方新聞としてなかなかの成功を収めた。

しかし、一つところに落ち着いていないのが新しもの好きの特性である。その頃はやり始めた自転車にライト兄弟は夢中になる。だが、そこは商売感覚のある二人である。乗り回すだけでなく、自転車販売を始めるのだ。それも仕入れて売るだけでは物足りない。既製の自転車には飽き足らないものがある。兄弟は印刷業を友人に任せ、オリジナル・ブランドの自転車を製造、販売するのだ。

この商売もうまくいった。のちに飛行機に乗り出していく資金は、こうして蓄《たくわ》えられたのである。

こんな時に一つのニュースが舞い込む。一八九六年である。ドイツ人の航空学者オットー・リリエンタールが飛行実験中に墜死したのだ。当時、もちろん飛行機はない。リリエンタールが研究していたのはグライダー、それも翼をつけた人間が斜面を駆け下り空中に飛び出すといった、ハンググライダーのようなものである。

この事故死が兄弟にどのような衝撃を与え、何をもたらしたかを示す資料は乏しい。その点隔靴掻痒《かっかそうよう》の感じがあるが、二人が衝撃を受け、興奮し、大きく変化したのは明らかである。以後、兄弟は飛行機械に没入していくのだ。それは新しもの好きがまた新しいものに魅了されて飛びついた、といったこととははっきり違っていた。それからのライト兄弟は、それまでの多分に思いつきといった側面が影をひそめ、実に計画的に、用意周到に、事を進めるのである。

それまでは印刷にしろ自転車にしろ、先行するモデルがあった。それまであったものを参考に改良し、新しい機能を付け加えていくというやり方だった。だが、飛行機械には先行するモデルはないのだ。文字通りの未知の分野である。

全《まった》く何もないゼロからすべてを自分で構築していく。それは志と呼んでいいだろう。そういう志の局面に立った時、人は無茶苦茶に突き進むのではなく、逆に理性的になり、論理的になり、計画的になるのかもしれない。

ライト兄弟がまさにそうだった。これはライト兄弟の変化である。その意味で、変化とは志を抱くことである、と言い換えていいのかもしれない。そして、変化は必然的に成長を促さずにはおかない。それが人類初の空中飛行という成功をもたらしたものなのである。

脳にベクトルを持つ

加藤俊徳
「脳の学校」代表取締役・医師・医学博士
Toshinori Kato

個人の人生を通じて、具体的にどのようにして脳を変化、成長させてゆけばよいでしょうか。

まず大事なことは、脳にベクトルを持つということです。

人間というのは、得意な脳番地《のうばんち》でものを考えます。人生において何らかの明確な目標を持ったり、自分の得意な分野をつくり上げていくことは、そこで活性化される脳番地を中心に物事を考えることに繋がります。そしてそれがその人の思考の視点となるのです。

強い目的を持ってまっしぐらに進んでいく人の脳が著《いちじる》しく活性化され、成功を掴むことができるのは、脳の観点からも得心できるのです。

逆に、漫然と人生を過ごしている人は、脳にベクトルがないために思考の視点が定まりません。人間的にも魅力的な特徴に乏《とぼ》しく、飛躍的な成長もあまり期待できないと思います。

日々を漫然《まんぜん》と過ごさないためにも、先にやることを明確に設定することが大事です。明確な目標があることによって、それに対応する脳番地が活性化されるのです。

目標が定めにくい人は、尊敬する人物をイメージすることをお勧めします。その人に追いつき、追い越そうとすることで、脳には容易に一つの方向性が与えられます。

前向きという言葉がありますが、その本当の意味は、前向きに計画を立てることです。先にやることは、できるだけ明確で、また長く継続できるものがいいでしょう。そして、そのことを通じて社会と関わることが大事です。

社会との接点を持つだけで、人間は否応なく様々な脳番地を使うことになります。社会と関わることは、脳を働かせる最も簡単な方法なのです。

その意味で、私は定年には断固《だんこ》NOを言いたいのです。

脳には定年がありません。社会が定年を決めているだけです。脳の見地から言えば、定年はいままでやってきた脳の使い方から離脱《りだつ》することと言えます。

それまでは、会社に行くだけで、それに必要な脳番地が働き、脳が鍛えられていました。会社を辞めると、それが全《まった》く使われなくなります。楽になったと思うのはわずかな間で、しばらくすると、それまで簡単にできていたこと、得意だったことがうまくできなくなり、その状態を放っておくと、数年で惚《ぼ》けてくるのです。

定年で会社から離れ、社会的な活動が激減した人が、それまで以上に脳を使うことは大変なことです。定年後も脳の伸びるエネルギーを維持していくためには、それなりの工夫と努力が必要になってきます。

遂げずばやまじ——日本初の近代的国語辞書を創った信念

高田 宏　作家

Hiroshi Takada

日本初の近代的国語辞書であり、『広辞苑《こうじえん》』や『大辞林《だいじりん》』など、その後の辞書作りの土台を築いたとされる『言海《げんかい》』——。約四万語を収録した辞書を、独力で、十七年もの歳月をかけて完成させた大槻《おおつき》文彦が、生涯大切にしていた祖父の戒語《かいご》があります。

「およそ、事業は、みだりに興《おこ》すことあるべからず、思ひさだめて興すことあらば、遂げずばやまじ、の精神なかるべからず」

（物事はふと思いついた程度で安直に始めてはならない。心に深く決意して、ある事を興すなら、その時は必ず最後までやり遂げよ）

『言海』の編纂《へんさん》はもともと文部省からの指示によって始まりますが、途中で出版が立ち消えしそうになったため、文彦は私費での出版をします。その間、幼い我が子を失い、妻に先立たれるなどの苦難を味わいながらも、「遂げずばやまじ」という祖父の戒語を守り、この大業をやり遂《おお》せてみせたのでした。

『言海』が完成する明治二十四年までの日本には、漢和（和漢）対訳辞書や古語《こご》を調べるための「字引《じびき》」があるだけでした。字引であれば「歩く」や「話す」といった日常的な言葉は必要ありません。

しかし、むしろそうした重要な基本語、即ち「これが日本語だ」といえるスタンダードな語彙《ごい》を採録し、用例や出典の明示など、近代辞書として必要な条件を具備《ぐび》して作られたのが『言海』でした。文彦はまた、本書の巻頭に「語法指南」を付し、古言今言《こげんきんげん》、雅言俗《がげんぞく》言《げん》が複雑に入り交じっていた当時の日本語の文法を確立させることにも挑みました。

文彦は自著の中で「国語の統一は、一国家の独立の標識である」と述べています。近代国家形成の過程には、内閣制度の確立や憲法の制定、中央銀行の設立など急務の課題がいろいろとありました。彼はそれらと同じく、国語辞書が国家にとって絶対に必要なものだと固く信じていたのです。事実、ヨーロッパの近代国家も皆、同じような歴史を辿っていました。

要するに、国語の辞書と文法の確立は一民族の独立の証であり、それなくして諸外国と肩を並べた国家として存在していくことはあり得ないものだったのです。

明治新政府が発足した際には、江戸幕府が諸外国と結ばされていた不平等条約がありました。この条約を一刻も早く改め、強国に伍《ご》していかなければならない。そのために必要なものの一つが、日本語の辞書と文法の確立でした。つまり文彦は、近代国家をつくるための一つの「部門」を自ら担っていたといえるでしょう。

それが証拠に『言海』が完成した時の祝賀会には、伊藤博文をはじめとする政界のトップや、言論界を代表する錚々《そうそう》たる面々が集まり、「日本国にとって非常に大事な仕事を、独力でやり遂げてくれた大槻君に最大の感謝の気持ちを贈りたい」と賛辞を述べています。初の日本語辞書の完成が、国家にとっていかに重要なものであったかがお分かりいただけるでしょう。

理屈ではなく、体で覚える

西岡常一
法隆寺・薬師寺宮大工棟梁
Tsunekazu Nishioka

祖父は「どこそこの護摩堂《ごまどう》の絵様はどんなか見てこい」「あそこの門の蛙股《かえるまた》がどうなってるか描いてこい」と言う。私が言われた通りに見てきたことを話すと、「違う」。スケッチを見せても「あかん」と言うだけですわ。「もっとよく見てこい」「あかん」と何回も繰り返しているうちに、祖父の言うことが骨身に沁みて分かるようになってきました。

要は、理屈ではなしに、体で覚えるということでしょうな。体で覚えるというと簡単に聞こえるかもしれませんが、体で覚えるには、やはり魂を磨かないとあきませんわな。だから休憩する時がありませんでしたわ、修業の時代は。

まあ、そういう修業が続いて、十九歳の昭和三年頃、どうにか営繕《えいぜん》大工として、祖父や父から認められるようになりました。一人前の宮大工になるには二十年かかると思われますが、思えば四歳で祖父の現場に連れて行かれてから二十一年間です。その間私を立派な法隆寺大工の棟梁《とうりょう》にしたいという祖父の目が、たえず光っていましたな。

父親のほうは「これからの大工は設計も積算も製図もできないかんから工業高校へ入れたい」と言うたんですが、祖父は「額に汗することを学ぶには農学校がええ」と言って、無理やり、農学校へ放り込まれました。その農学校も、祖父は「五年制はあかん。三年制に入れ。五年も上の学校に行くと、カバンを持った月給取りになりたがる。そんなとこやったら、法隆寺の大工も棟梁も務まらん」と、三年制の農学校に入れられた。私は「宮大工になる者が、なんで肥桶担《こえおけかつ》いで野菜作ったり、米作ったりせなならんのか」と長いこと納得がいきませんでしたけどな。

これは後で聞かされたことですが、祖父の本当の気持ちは、「人間ちゅうもんは土から生まれて土に返る。木も土に育って土に返るのや。建物だって、土の上に建てるのや。土を忘れたら、人も木も塔もあらへん。土のありがたさを知らなんでは、ほんとの人間にも、立派な大工にもなれはせん」ということでした。これを、噛んで含めるように話してくれました。祖父の言葉をかみしめて味わえるようになったのは自分の髪が薄くなりかけてからですが、実際、農学校へ行っておいたおかげで、あとで随分役に立ちましたな。

薬師寺《やくしじ》金堂再建のための檜《ひのき》を台湾にまで見に行ったことがあるんですが、そこには樹齢二千年から二千五百年の檜が生えていた。ただ、そんな老木でありながら中には若木のように、枝、葉に勢いの良い木があるんですな。こういう木はきまって中が空洞《くうどう》なんです。中が空洞になると枝のほうにたくさん養分がいくから、若木のように葉が青々としている。年相応に老いの風格がある木は芯までしっかりしている。こういう木の良しあしを見分けることができたのも、農学校のおかげですな。

10月
22日

繁栄の法則

北川八郎 陶芸家
Hachiro Kitagawa

物事を肯定的に捉えた上で、物事の繁栄のためにまず大切なのは「喜びを与えること」と「感謝する」ことです。

熊本地方の方言に「モチ投ぐる（投げる）とダゴ返る」とあります。誰かにモチをあげると、あんこの入った団子になって返ってくる、つまり人に善意と好意を与え続けていると、それ以上のものになって自分に返ってくるという普遍の法則が働いてきます。

この世界には、このような法則が厳《げん》として存在します。繁栄は、まず喜びを与えることから始まるのです。決して奪うことや儲けることではありません。生きていく上では、お人好しでも、多少人よりテンポが遅くても、流行のバスに乗り遅れてもいいのです。

また、人はもらったものを自分の周囲に返そうとします。喜びを与えられたら喜びを、憎しみを与えられたら憎しみを、いじめられたら怒りを返そうとします。難しい話ではありません。

商売の基本も同じです。お客さんの心を打つようなもの、生き方を変えさせるようなものを与える奉仕の哲学を大前提として持てばよいのです。ところが、これが言葉では簡単なようで、実際はとても難しいのです。とにかく、実社会では利を上げることを中心に会社は動いています。

大事なのは、利益よりも先に信を選び、品物を売ることや売り上げを目指すのではなく、〝信〟を得ることを身につけることです。銀座の真珠《しんじゅ》会社のナンバーワンの社員は高いものを売りつけず、お客さんの予算の中で一番ふさわしいものを探し、値よりも信を買ってもらうことでナンバーワンを保ち続けています。大分の自転車屋さんは修理大好き自転車屋と看板し、人の役立つことに生きがいを感じ、たくさんの人の好感を買っています。「利よりも信を」「拡大よりも充実を」です。

ところが「与える」という発想に私たちは慣れていません。ですから、発想を百八十度転換し「与えることが難しい人は、自分が少し損をしながら毎日を生きてみる」と提案しています。具体的には自分の思っている十パーセントを目安に「損」をして生きるといいでしょう。

飲食店を例にとりましょう。飲食店経営で大切なのは、値段に見合った料理よりも、少し、十％でもいい品物を出すことです。千円の料理だったら千百円の品物を出すように心がける心が大切です。さらにお客さんに幸《さち》があるように祈りながら、料理を作るのです。

一般に、人は「ちょっとは儲けないと損だ」と考えて、千円の料理なら九百円の料理を出そうとします。ほんの少しケチります。その「ケチリ」、その邪《よこしま》な心を気づかれ、お客さんを遠ざける結果を自ら招いているのです。儲け優先のお店には何かしら、「鋭さ」があり、お客の喜びに参加するお店には「安らぎと居心地のよさ」があるのです。

10月23日

年中夢求——百分間限定練習

平岡和徳
熊本県宇城市教育長・熊本県立大津高等学校サッカー部総監督
Kazunori Hiraoka

大津《おおづ》高校サッカー部も最初は無気力な連中が多く集まっていました。ちょっと目を離すとボールの上に座っているとか、練習時間にメンバーが集まらないので教室に行ってみると女子と喋っているとか、彼らにはサッカーを強くする上で欠かせない人間力が欠けていて、ゼロからつくり上げたという点では熊商と一緒でした。

しかし、熊商でのやり方がそのまま大津高校で通用するわけではありません。しかも、熊本県国体が間近に迫っていた時で県民の期待も高く、ゆっくりと選手たちを育てる余裕はありませんでした。スピード感、機動力を意識しながら選手たちを変えていったんです。

例えば、自分たちの思いを文字化、可視化して共有することです。会社でもそうですが、ビジョンを明確にしないと組織は動きませんね。僕たちの場合、そのビジョンが「年中夢《む》求《きゅう》」です。これには一日一日の二十四時間を自分流にデザインし、夢の実現に向かって凡事を徹底し、身体を鍛え、心を磨き、人生をプロデュースできる人になるという意味を込めました。その上で、夢の実現のためには「本気のオーラ」を出すことが重要であり、それがなくては何も始まらないことを繰り返し伝えていったんです。

選手たちを本気にさせるのが僕のミッションです。人間、終わりがないと途中を本気で頑張れないものです。そこで大津高校では練習時間を百分と決めて、それを全力でやり切ることを習慣化しました。

この百分間はストーリーを大切にし、一切の無駄をなくします。コーチの笛を合図にウォーミングアップから、パスワーク、シュート、戦術練習、ゲームへと次々に進み、選手たちの足が止まることはありません。練習が十五分刻みだとすると、十分過ぎくらいから「ラスト何分」と追い込みをかけ、ギリギリまで全力を出させ、さらに一歩を踏み込ませた上で、次のメニューに移ります。

ここでできたよい流れが次の日の朝練習に繋がるんです。選手が「あのトレーニングがゲームの中でこのように繋がるのか」と感じてくれれば、そこに自ら考え行動する力（考《こう》動力《どうりょく》）が生まれます。百分という時間に無限の工夫をするチャンスがあることに気づけば、普段の生活も変わってきます。自ら課題を発見し、問題を解決しながら二十四時間をデザインする力もその中から生まれてくるんです。

そういうメソッドを少しずつつくり上げて選手の意識を変えていた時、志の高い新入生が入部し、彼らが二、三年生になる時に国体で二年連続準優勝を果たしたんです。

高い目標を持って日々のトレーニングに全力で励む選手は、いつも変化を求めている分、成長は早いと思います。変化の先にしか進化はありませんので、変化を創り出す内側のエネルギー、「内発力」がないといけません。その大前提となるのが主体性です。やらされ感では何も行動（考動）は変わらない。よくなるのは返事だけです。

10月
24日

人生の問題は一つ一つ解決していく

佐々木將人
合気道本部師範

Masando Sasaki

私ね、一時期、十勝《とかち》毎日新聞の記者になったことがあるんです。スポーツ記者ですけどね。その時に教わったのが、「おい、年賀状はな、書くほうは何百枚だけど、もらうほうは一枚だぞ」と言われた。

ああ、人生もそうだなと思いました。人生は、結局、今日一日の連続ですからね。

それと、どんなに問題がたくさんあったとしても、一度には一つのことしかできないんだ。だから、人生は一つ一つ解決していく。

何か事件があっても、この事件は神が、おれに必要だから与えたんだ、と。小学生に因《いん》数《すう》分解や微分《びぶん》、積分《せきぶん》問題を出してもできない。そうすると、この私に微分積分の難しい問題がきたということは、おまえなら解けるだろうということで与えられたんだと考える。だから、現実から逃げるなということです。

生きてるうちは花ですよ。問題は解決するためにあるんです。

私は学生によく言ったことですが、物の見方には三つあるんです。一つは百年単位で見ること。二つ目は立体的、生命的に見ること。三つめは根源的に見ることです。

百年単位で見るというのは、人間、百年経ったら白骨《はっこつ》ですよ、だから何を残すのかということ。それから人間万事塞翁《さいおう》が馬ですからね、いいこともあれば、悪いこともある。だから、人間は明るくなかったら駄目なんです。暗いときは寝たほうがいい。人間は明るいところで生きるんです。地球だって半分は暗いでしょう。だから、常に、どんなことがあっても明るく生きることです。

人間、あるがままの中に、明るく思うこと。これだけです。明るくなかったら、これは人生じゃないですよ。暗いところを暗いままにいると人生も暗くなる。

とにかく人間じゃなくて、人になることです。人と人間の違いは、常にそれを明るく考えることじゃないですか。私が片目をなくしたこと、これは事実であって、理屈じゃないんですよ。事実は目を怪我《けが》したということ。目を怪我した時にどうするかというと、明るく考えるんです。ああ、片目がなくなったか。じゃ、高級一眼《いちがん》レフになったんだな。

しかもズームが利《き》く、と。ズームが利けば片目でも一目瞭然《いちもくりょうぜん》で世の中が見えるようになったともいえるんじゃないかとね。

私の前半生はもう波乱万丈《はらんばんじょう》でしたけど、一つ一つ乗り越えてきた。悪いこととしたなあという気持ちもあるが、道は歩けば道になるんです。人生は出会《あ》いにして、幸不幸は巡り合わせの人の善し悪しでしょう。どんなことがあってもへこたれず、あるがままの中に明るく思って、わが道を生きていくことですね。

10月
25日

この世のすべては借り物

古田貴之
千葉工業大学未来ロボット技術研究センター所長
Takayuki Furuta

これは生き方の問題なのですが、最終的に僕が欲しいのは、ロボットで世の中や未来を変えることなんです。だから、僕はある時から人に褒められること、お金を儲けること、有名になることを捨てました。これは無敵ですよ。

お金をもらった瞬間、企業とは元請《う》け、下請けの関係になるんですね。僕には貸しはあるけれども借りはない。だから、二十七万人の社員のいる大手電機メーカーの社長とも対等でいられるんです。「僕はあなたのパートナーです。お金は要りませんから、一緒に世の中を変えてくれますか」と堂々と言える。

皆、人間は必ず死ぬということに気づかないんですよ。悠久《ゆうきゅう》な宇宙の歴史の中で百二十年生きようが、一日生きようが、それは誤差です。重要なのは何をして、何を残すかなんです。「明日これをやろう」と思っている人には明日は来ない。人に褒められたい、嫌われたくないと考えるよりも、本当の自分の心の声を聞いて、この世にどれだけのものを残せるかに時間を使うべきだと思います。

僕はいまも睡眠時間が一日二時間以下です。こういうと皆、驚くんですが、睡眠時間が長くないといけないというのは都市伝説だと思っているんです。これも僕のポリシーなのですが、人間のハードウエア、ボディとしての能力は皆、ほぼ同じ。自分の能力に気がついている人がたまたまそれを使いこなしているだけです。普通のことをしていたら、普通の結果しか生まれません。

僕は思うんです。いま持っている服や時計、パソコン。それどころか、この体すら僕のものではない。その証拠に百年後、僕の体は土に還《かえ》っている。つまり、この世のすべては借り物だということですね。

自分のものって何だろうと考えると、唯一残るのは自分の仕事。それだけです。だとしたら、この生きている間の借り物をボロボロにして返してやろうと。能力も時間もボロボロに磨《す》り減るまで使い切ってやろうと。

見えないものを追いかける仕事

天田昭次　刀匠

Akitsugu Amata

昔の合戦《かっせん》は立派な鎧兜《よろいかぶと》を身につけ出陣の時は神社にお参りし、舞を舞って、名乗りをあげて戦う。そのなかで、命のやりとりをする刀には特別な意味合いがあったでしょう。まず当然、折れたり曲がったりしないかということを考えなくてはいけない。それから死に装束《しょうぞく》的な意味もあったでしょう。

頭の先からつま先まで美化した形で死ぬ、特に刀は光を完璧なものにして悔いのない戦いをするためのものです。つまり、鏡、曲玉《まがたま》そして剣という三種の神器《じんぎ》のような意味があった。そうでなかったら日本刀はここまで洗練されなかったでしょう。ただの人斬り包丁なら、光もなにもいらない。刃がついていればいいんですから。先祖があの光を作ったということは大変なことだと思います。

雑兵《ぞうひょう》のものはそうでもないでしょうが、大将の刀などとなれば、制作する側はかなりきつかったでしょうね。だから、そういう刀を見ると、もうひきずりこまれてしまい、どうしようもないもがき、苦しみを覚えます。

本当は楽しいことであるはずなんですがね、しかし、私は大変な衝撃を受ける。どうして自分にはできないのかと、寝ても覚めても悩まされるんです。昔は製作者も滝に打たれたとか、水垢離《みずごり》をしたとかいいますが、現実に命のやりとりをする道具を作る、それゆえに製作者と持つ者の間に一体感があったでしょう。その切迫感が美をかもしだしていったと思います。ところがいまは、美術品という言葉の中で刀を作っている。その点が現代と古い時代では違うわけです。

私にそれができるかどうか、ですね。一方では常に探求するだけで生涯を終えたいという願望があり、もう一方に現実の生活がある。いかに現代を生き抜き、さらに古い時代に挑戦して生きるか、いつもその葛藤がありますね。見えるものだけを追っかけるというのは楽だと思いますよ。きれいだなあで終わってしまいますからね。しかし、見えない世界をみると、毎日同じ古い日本刀を見ても違う発見があるんです。幻を追ってるようなものですね、これだと思って追い求めて、掴んでみると違う。それじゃあこれだ、と思ってやると、また違う。それである日、これだというものが掴める。それは計算じゃなくて、苦しまぎれの中から生まれるものだと思うんです。そのためには苦しんで経験を積まなければやはり駄目なんです。例えば、人から同じ話を聞いても、苦しんでなければ、何だそんなことかで終わってしまう。ところが、苦しんで求めていれば、その言葉がダイヤのように光って、大変なヒントにもなるんですよ。

これしかないんだ、というところまで追いつめたような気がしますね、しかし、それは作品として出せないことには、いくら口に出していっても仕方のないことですからね。まあ、結果を出せということは、背中の後ろでいつも言われているような気がするんです。悔しかったらやってみろ、といつも背中のあたりで先祖の声がするんですよ。その声に追い立てられて三十年やってきて、これからが、その最後の追い込みといったところですね。

10月
27日

一隅を照らすとは、仕事に全力を注ぐこと

山田惠諦
比叡山天台座主
Etai Yamada

伝教大師《でんぎょうだいし》は、「どのように愚かな人でも、十二年間、同じ仕事に熱中すれば、必ず他の人のまねのできない力を発揮するようになる」とお経《きょう》に説かれてあるのを見て、比叡山に学校を開かれました。

そして、その特性を大別《たいべつ》すると、三つあると申されています。

「国宝とは何物ぞ、宝とは道心なり。道心有るの人を名づけて国宝と為す。故に古人の言く、径寸十枚是れ国宝に非ず、一隅を照らす此れ則ち国宝なりと。古哲又言く、能く言いて行うこと能わざるは国の師なり。能く行いて言うこと能わざるは国の用なり。能く行い能く言うは国の宝なり」。

すなわち、言うこともできれば行うこともできる人は国の宝であり、言うことは上手であるが、行いのできない人は国の師匠だと。行いのほうは立派であるが、言葉のほうが上手でない人は国の働きだと、これらの三人はすべての人が尊敬しなければならないとおっしゃっているわけです。

「一隅を照らす」ということは、結局、自分の仕事に全力を注ぎなさいということです。自分の持てる力のすべてを任務の上に遂行しなさいということです。

職業に貴賤《きせん》はありません。ですから、一人ひとりが、それぞれの持ち場で仕事を天職としてしっかりやることです。企業における上司と部下、家庭における親子の関係、すべてにおいて一隅を照らすことを自分の使命と考えることが人間としての基本です。

その一隅を照らすことを使命とすると同時に、その仕事をするにおいては忘己利他《もうこりた》でなければならない。自己の利益を顧《かえり》みず、他のために全力を尽くせば、誰でも「あの人は立派な人や」ということになる。たとえ口には出さんでも、皆、感謝の念を持って後から付いていこうとするでしょう。

かがみになることです。人の心の光になれということです。

平櫛田中《でんちゅう》（彫刻家）さんは、「わしがやらねば、だれがやる。今やらねばいつできる。五十、六十、洟垂《はなた》れ小僧、七十、八十、花盛り、九十でお迎え聞こえません」と言って、まだ作品を作り続けられたといいます。こういう気概でなければ長生きしている意味がないと思うんですね。

一番大切なことは、肉体を生きることではなくて、仕事に生きることでなければならんと思うんだ。生きるということは産むということだから、女性が子供を生む。男は仕事を生み落とすよりほかに方法がない。その仕事というのは千差万別やが、できれば後世の人のためになるものを残したい。

形や物は残せなくても、仕事の仕振りは残せるはずや。姿で示すことが大切ですね。また、お金は一銭も残らんでも、立派な子供を育て上げれば、立派な仕事をしたことになる。それが人間の生きがいなのやね。

10月28日

花が咲いている　精いっぱい咲いている

横田南嶺　円覚寺派管長

Nanrei Yokota

私が禅の道に入るに至った一番のご縁は、百一歳で亡くなった松原泰道《たいどう》先生との出会いでありました。私が中学生の時、泰道先生はラジオで毎月『法句経《ほっくぎょう》』の講義をされており、分かりやすい明朗な口調に引き込まれて毎回熱心に聞いておりました。そのラジオ講義が終了した頃、たまたま上京する機会があり、私はぜひお目にかかりたいと先生にお手紙を書いたのです。当時泰道先生は、ご講演や執筆で多忙を極めておられましたが、一面識もない中学生からの手紙にお返事をくださり、面会の約束までしてくださったのです。

そして初めてお目にかかった時に書いてくださったのが、

「花が咲いている
精いっぱい咲いている
私たちも
精いっぱい生きよう」

という言葉でした。これは今日に至る私の人生を貫いてきた言葉でもあり、将来もしあなたの一生とはどういうものだったのかと問われたならば、「中学生の時に泰道先生にお目にかかり、花のように精いっぱい生きよと言われ、その言葉どおり精いっぱい生きて死んだ」。そう答えられるとしたら、私にとって本望だと思っているほどです。

さて、それから二十年ほどが経って泰道先生が九十歳を迎えられ、私の修行道場での修行もほぼ終わりかけていた頃、「自分はこれからどのように生きていけばよいのだろうか。一生涯の指針となる言葉をいただきたい」と、泰道先生に書をお願いしました。その時に先生が書いてくださったのが、「衆生無辺誓願度《しゅじょうむへんせいがんど》」という言葉でございました。

「衆生」というのは、生きとし生けるもの、「無辺」とは限りがないという意味です、生きとし生けるものの悩みや苦しみ、悲しみは尽きることがないのです。「誓願度」の度とは渡すという意味です。迷いの世界から、悩みのない安らかで幸福な世界に生きとし生けるものを渡して差し上げる。そのことを誓う仏教の言葉が「衆生無辺誓願度」です。平たく申しますと、「生きとし生けるものの苦しみが無くなり皆幸せでありますように」という願いとも言えましょうか。

松原泰道先生は、もう少しで満百二歳をお迎えするという時に亡くなりましたが、その先生はかねがね「生涯修行、臨終定年」と言っておられました。そのお言葉のとおり、最後に法話をされたのが亡くなる三日前でした。その法話のCDを私もいただきましたが、少しの衰えもない素晴らしい内容でございました。

先生が亡くなった時、私は東京におり、すぐに駆けつけました。すると、先生の棺《ひつぎ》の傍《そば》に先生の直筆の言葉が掲げられていました。「私が死ぬ今日の日は、私が彼《か》の土でする説法の第一日です」

彼の土においても説法を行い、悩める人々を救済したい、という「衆生無辺誓願度」の願いを、亡くなった後もなお先生は貫いておられるのです。

自分が社長ならどうするか

渡邊直人
王将フードサービス社長
Naoto Watanabe

前社長の大東《おおひがし》隆行は、本社のある関西にいる時は、いつも専務や常務など周りにいろんな人がついていましたけれども、関東へ出てくる時はだいたい一人でした。私はずっと行動をともにしていて、ポロポロといろんな本音を漏らされるのをいつも聞いてきたわけです。ですから、大東の人柄というのは熟知しておりますし、こんな時はこういうふうに思っているだろうということを踏まえて常日頃から仕《つか》えてきたんです。

例えば、コーヒーを頂戴《ちょうだい》と言ってコーヒーが出てくるよりも、何も言わないのにコーヒーが出てきて、ちょうどいい温度であったら嬉しいですよね。そうそう、こんなのが欲しかったんだと相手に言わせることがホスピタリティで、サービス業に携わる我われの仕事なんですが、私はそれを上司に対してもやったわけです。

自分の立場で考えてみても、必要だなと思った資料が先に用意されていて、しかも大事なところに線を引いてくれているような部下がいたら、本当にありがたいじゃないですか。

大東も社長として何でも一人で決裁しなければならなくて、相当負担も大きかったので、私が代わりにやるならこうするということを常に考えていました。「君はどう思う？」とよく聞いてくるので、「こう思います」とすぐ答えられるように心掛けたわけです。

その時に、私だったらというよりも、大東だったらたぶんそうしたいと思っているだろうなと考えるんです。しかしそれをやるにはここが問題だ。成功させるために、その部分だけ手を加えてこのように進めよう。そこまで考えた上で、「それでよろしいでしょうか」と判断を仰《あお》ぐと、必ず「うん、任せるからやっといて」となる。そうやって関係を培《つちか》ってきましたから、大東の気持ちは分かっているつもりなんです。

お客様や上司が何を求めているか、絶えず考えながら仕えることの大切さは、創業者に鍛えられましたね。何でも言われたら即対応しないといけないので、ボーッとしてたら間に合わない。そろそろ来るぞと思ったらいくつか準備しておいて、言われたらさっと対応するように心掛けていました。

10月
30日

再建が必要となる会社に共通していること

長谷川和廣
会社力研究所代表
Kazuhiro Hasegawa

再建が必要となる会社に共通する部分として、例えば、業績の悪い会社の社員は廊下の端っこをうつむいて歩いています。やはりちゃんとした会社の社員は堂々と胸を張って真ん中を歩いていますよ。これは見事なものです。

あとは、再生会社に行って社員の出社の状況を見ていますと、だいたい出勤状態が悪い。そして決まって朝が遅いのですが、その中でも始業時間ギリギリに来る人たちがいる。急いで走ってくればまだいいのですが、全《まった》く慌《あわ》てる風がなくテレテレ歩いてくるんです。

要するに危機感がないんですよ。得てして会社がおかしくなるのは、会社に余裕がある時です。危機感を忘れ、それぞれが欲を出し始める。いま誰もが知っている通信機器メーカーがお家《いえ》騒動を繰り広げていますが、あれもおそらく我欲が発端になっていると思います。

そうなると、社員は会社の悪口ばかり言うようになるんですね。私たちが再建に入ると、最初はその会社の重役など主要なメンバーの会議に出席しますが、一日中悪口の言い合いですからね。製品から上役から会社の制度からお客様にいたるまで、すべてです。結局、会社への誇りを失っているんです。

だから、私が落下傘《らっかさん》で降りていって必ずすることは、最初に全社員に一堂に集まっていただいて、「皆さんのご家族の方々が〝うちのお父さんが、お兄さんが、息子が、孫があそこの会社で働いているんだよ〟と胸を張って言えるような会社をもう一度つくりましょう」とお話しします。

その後、会社にもよるのですが、社員さんの一時間の個別面談をしていきます。最初はよそ者の私に本心は言いません。ところが、最後の五分、三分くらいになると感情を見せるようになってくるんです。そしたら、「あなたはこの会社の問題を分かっているんだから一緒に解決しよう」とか「そこまで会社を好きなら、一緒に再建していこう」と言って心を合わせていくのです。

10月31日

合唱力を高めるポイント

渕上貴美子
杉並学院中学高等学校合唱部指揮者
Kimiko Fuchigami

合唱力を高めていくポイントは、まず「自分」を知ることが大切だと思います。誰かの美しい声に憧れてそこに自分の声をダブらせたり、ないものねだりをするのではなく、自分の、今あるがままの声をきちんと見つめること。

それから、声を磨いていくということ。誰でも最初は輝いていない岩石のような石を、努力して磨き続けることによって輝かせていくのです。私は生徒の出す声がよくなければ、ストレートに苦言《くげん》を呈《てい》し、それをシビアに受け止めさせます。

その時に自分のことがしっかり見つめられない子は、やっぱり三年後に伸びません。私がどんなに「こうしなさい」と言っても、それを受け止める心がなければ、悪いところも直せないし、よいものも吸収できません。

それと、合唱はたくさんの人数でやっていくものなので、相手の喜んでいる姿を見て、自分にも喜びを感じられるような感性が必要だと思います。

誰かが誉められているのを見て妬《ねた》ましく思ったり、相手が輝いている姿を見て羨《うらや》ましく思ったり。そうやって、人と比較をして自分の能力のなさを嘆くのではなく、相手のいいところを見つけて真似ていったり、輝いている人を見て「素敵だなぁ！」と、きちんと心から思えること。そんなふうに、素直な心になることが合唱にはすごく大切だと感じています。

もう一つは、人の心が読める、あるいは感じられる、ということです。昨年、合唱部の中で、二人の生徒のお父さんが、病気で急に亡くなられました。楽しい歌を歌っていても、その子の心の中は悲しみでいっぱいだったかもしれないし、悲しい歌を歌ったら、胸が張り裂けそうなほど苦しかったかもしれません。

そんなことを自分なりに心で感じながら、共に歌に思いを乗せていけるということが、すごく大切ではないかと思います。それがうまくできる年はいい歌が歌えます。音大にたくさんの生徒が入る年もありますが、そういう年に、全国大会に行けなかったことがあります。どんなに一人ずつのレベルが高くても合唱ではいい結果が出るとは限りません。

相手のいろいろな思いを読み、感じられるようになれば、どんなに声がハスキーだろうが、多少音程が外れていようが、皆の思いが一つに揃って心が清められていきます。そこが合唱のおもしろい、一人ではできない素晴らしいところではないかと感じています。

11月 *November*

覚張利彦（SMIジャパン公認エージェンシー　リバティー北海道代表）
吉野 彰（旭化成名誉フェロー）
岩倉真紀子（京都明徳高等学校ダンス部顧問）
藤重佳久（活水高等学校吹奏楽部音楽監督）
隈 研吾（建築家）
山高篤行（順天堂大学医学部小児外科・小児泌尿生殖器外科主任教授）
佐藤久夫（明成高等学校男子バスケットボール部ヘッドコーチ）
鈴木秀子（文学博士）
川口淳一郎（宇宙航空研究開発機構シニアフェロー）
木下宗昭（佐川印刷会長）
佐藤 等（ドラッカー学会理事）
上山博康（旭川赤十字病院第一脳神経外科部長・脳卒中センター長）
孫 正義（日本ソフトバンク社長）
野口誠一（八起会会長）
丸谷明夫（大阪府立淀川工科高等学校名誉教諭・吹奏楽部顧問）
堺屋太一（作家）
谷沢永一（関西大学名誉教授）
白鵬 翔（第六十九代横綱）
尾形 仂（国文学者）
東城百合子（『あなたと健康』主幹）
澤村 豊（北海道大学病院脳神経外科医）
青木定雄（MKグループ・オーナー）
東井義雄（教育者）
辻口博啓（パティシエ）
やましたひでこ（クラター・コンサルタント）
黒川光博（虎屋社長）
山本明弘（広島市信用組合理事長）
平山郁夫（画家）
船井幸雄（船井総合研究所社長）
井原隆一（日本光電工業副社長）

11月1日

自家発電能力

覚張利彦　SMIジャパン公認エージェンシー　リバティー北海道代表

Toshihiko Gakubari

私が思うに、ほとんどの人は明確な目標を持っている時、懸命にそれに取り組む。しかし本当の苦しみは、その目標を達成した後に始まるのではないだろうか。

例えば念願の金メダルを手にした途端、怪我《けが》や不調に見舞われ、試合に勝てなくなる五輪選手。「地域一番店になる」「自社ビルを建てる」と燃えていたが、その目標を達成した後、目指すべきものが分からなくなり、行き詰まっている経営者。

その人がいる「現在地」は、本人の成長段階に合わせて刻々と変化していく。私が、夢や目標を持つということと同等に大切だと思うのは「いまの自分の実力を知り、その実力に合った目標を設定できる」ということ。世の中で成功し続けられる人というのは、一様にこの能力を備えた人ではないかと思う。

五輪や世界選手権で金メダルを取り続けている柔道の谷亮子《りょうこ》選手などはその代表的な例だと思うが、私は以前、こんなやりとりを目にしたことがあった。

二〇〇〇年のシドニー五輪が始まる直前のことである。彼女は自転車競技で連続の金メダルを取ったある外国人選手とテレビ番組で共演していた。その時、あなたが五輪に出る目的は何かと尋ねられた谷（当時は田村）選手は「もちろん金メダルです」と答えた。

五輪選手はその答えを受けて「それじゃダメですね」と述べ、こう後を続けたのである。

「私は金メダルを取ることを〝目的〟にしたことは一度もなく、金メダルを取ることは、祖国の子どもたちに夢と希望を与えるための〝手段〟にしかすぎない。

もっと多くの子どもたちに夢と希望を持ってもらうために、私には絶対に金メダルが必要なの。あなたのように金メダル獲得を目的にすれば、取ったとしてもそこで終わってしまうでしょう」

この後、谷選手はシドニー五輪で自身初となる金メダルを獲得し、四年後のアテネ五輪でも、見事、二大会連続となる金メダルを獲得した。

谷選手にあの時、どんな心境の変化があったのかは分からないが、人は明確な理由に基づいて行動していくと、必ずよい成果を出すことができる。それが「セルフモチベーション」や「自家《じか》発電能力」といわれるものである。

日本人はよく、テンションが高い人のことを「モチベーションが高い」と捉えてしまいがちだが、モチベーションは明るさや元気さのことを指すのではない。一見暗い性格で、地味な雰囲気の人でも、やるべきことが明確で、その目標に向かってこつこつこつこつ努力を続ける人は、偉業を成し遂げることができる。大切なのは、いまの自分の実力に合わせた目標を設定し、絶えず新鮮なモチベーションをつくり出すことである。

11月2日

先読みでゴールを見極める

吉野 彰 旭化成名誉フェロー

Akira Yoshino

研究をするために大切なことは、基本的には極めて単純な話です。自分が持っている知識、あるいは技術といったシーズ（種）と、世の中で必要とされているニーズ、この二つを線で結びつければいいだけのことなんです。ところが厄介《やっかい》なことにシーズもニーズも日々変化していく。技術というのは日々進化していくので、昨日まで不可能だったことが翌日には可能になることがある。また、昨日までは世の中で必要とされていたことが、ある別の製品の開発によってわざわざ研究する必要がなくなることだってある。

つまり、動いている物同士をどうやって線で繋ぐかという、非常に難しい問題なんです。それがどれほど難しいかというと、何か難しいことを表現するのに「針の穴を通す」という言葉がありますよね。実際の研究開発では、ジェットコースターに乗りながら針の穴に糸を通すようなものだと僕は思うんです。だからこそ、先ほど話したように五年、十年先のことを先読みできるかが大事になってくるんです。

目の前のニーズをいくら追いかけても、時間の経過とともにいずれそこからいなくなる。いま見えているターゲットに弾を撃ったところで、研究開発の世界では絶対に当たりません。そうではなくて、あっちの方向に向かって撃てば、こういう軌道《きどう》を描いて当たるだろうと考える。そういう読みが大切ですね。

それと、もう一つは、自分の技術です。いまはこのレベルでも、いずれこういうことも必要になるだろうと考えて、自分の技術レベルを上げていく。そうやって常に技術を磨き上げることも、研究者にとって大切な姿勢だと思います。それは世の中で求められているものを創り出すということですが、最も大事なことは、その志を実現するための手段をいかにして持つかということになってくるでしょうね。

そして、その手段を得るためには、先読みが大事になってくると思います。というのも、例えばマラソンレースは四十二・一九五キロと決まっていますよね。どんなにしんどくても、必ずゴールがあるから選手たちは頑張れる。もしその日の天候によって、距離が変わってしまったらがっくりしますよ。

それと同じで、先読みによってゴールを見極め、自分のやろうとしていることは、五年、十年先にはこうなっているはずだという信念を持つことです。そうすればそれがモチベーションの維持にも繋がるだけでなく、どんな壁があっても目標に向かって走り続けることができる。

僕の経験からしても、必ずゴールがあるという信念があれば、これほど強いことはありません。研究開発の過程では周囲からいろいろ言われはしましたけど、僕の中では間違いなく将来こうなるから、自分はこの研究開発の道を歩んでいくんだという信念があった。その信念が僕の志を支えてくれたおかげで、リチウムイオン電池という世の中に求められるものを創り出すことができたのです。

11月3日

〝できない〟を〝できる〟に変えていくために

岩倉真紀子
京都明徳高等学校ダンス部顧問
Makiko Iwakura

人を育てていくって本当に難しいと思います。私はダンス部での三年間を通して、最終的には世の中に出て人の役に立てる、この人と仕事がしたいと思われる大人になってほしいんです。

だから、いま子どもたちに教えているのは、「材料の人材ではなく、人の宝の人財になりなさい」と。

やらされている意識ではなく、自分たちが自主的にどうしたらいいかを考えて練習する。そういうスタイルを追求しています。ただ、それがなかなか自分たちでできないので、厳しく言うんです。

私が叱《しか》るポイントは一つで、やれるのにやらない、できる力があるのに出し損《そこ》ねていると感じた時です。そういう時、私は「走ってこい！」って子どもたちに言うんですよ。「何のために走るの？　ペナルティ？」って聞くと、子どもたちは「違います。気持ちを切り替えるためです」と答えます。「言わせてるの、これ？」って私、何回も確認しますけど、「いや、違います。自分たちの集中力がなかったので走ってきます」と。

初めから自分たちで気づいてやってくれたらいいんですけど、まだまだです。もちろんよかったら素直に褒《ほ》めますし、ダメならダメって叱ります。そこで変に妥協したり嘘をつきたくないんですよね。嘘をついて持ち上げて褒めるよりかは、厳しく言ってもう一回練習させて、頑張る力を出させたいなと思っています。

だから私は、テレビでは鬼教師って言われていますけど、叱ってやらせるのは基本的に自分のやり方ではありません。

私はダンスの専門家ではないので、子どもたちと一緒に「できない」を「できる」に変えていくためにどうしたらいいかを考えて、これまでやってきました。何をしてあげたら、どんな言葉を掛けてあげたら、できるようになるのかと。

子どもたちがつくり笑顔とかやらされている顔じゃなくて、本当に心の底から笑って楽しんでダンスを表現した時に、やっぱり勝てる。私の中でもこのチームならいけるという自信が出てくるんですね。

だから、何をやるのも全力かつ全員でやるというのが、私の信条です。うちは部員百人いますけど、メンバーの子もサポートの子も関係なく全員で練習しますし、振りも全員に渡して、「もっとこうしたほうがいい」「こっちのほうが格好よく見える」ってことを話しながら指導しています。

11月4日

愛されるために何が大事か

藤重佳久　活水高等学校吹奏楽部音楽監督

Yoshihisa Fujishige

お互いに信頼し合える人間関係が築けていると、できないことができるようになっていきますよね。

チーム内の人間関係はもちろんですが、他の部活動との練習場の問題なんかもありますので、先生方と仲良くなっていないと協力してもらえません。保護者や地域の人もそうです。やっぱり周りから愛されるバンドにならないと日本一にはなれないと思います。

じゃあ、愛されるためには何が大事か。それはやっぱり日頃の生活態度ですよ。特に上の大会に行けば行くほど、ちょっと悪いことをしたら一斉に文句を言われますからね。だから、レギュラーの子もそうじゃないサポートの子も、一人ひとりがプライドを持って、自分が部の看板、学校の看板だという気持ちを持たせるべきだと思うんです。企業は人なりというように、バンドだって人なんですよ。人が育っていないと、いい音楽はできない。

中には下級生のほうがうまい場合もあるわけです。でも、うまいからといって、上級生に対して横柄《おうへい》な態度を取ったり、何か頼まれた時に嫌な顔をする。それじゃあ絶対にいい音楽はつくれません。

だから、技術だけでは絶対にダメなんですね。部活動を通じて、人間としてのあり方、根本を身につけさせることがものすごく大事だと思います。

私は一九九〇年に初めて全国大会に行ったわけですが、その次の年は全国大会出場を逃しているんです。しかも惜しいとかいうレベルではなくて、九州大会の前の県大会のさらに前にある最初の地区大会で落ちたんです。これはショックでしたね。でも、よく考えてみれば、ダメな時はダメなことをやっているんです。

完全に図に乗っていました。去年全国大会に行ったから今年も行けるだろうくらいに思って、なめてかかったんですね。生徒の技術や意識レベルはそんなに差がありませんでした。もう何もかも指導者の責任ですね。私自身にそういう驕《おご》りや慢心《まんしん》がある時は、必ずといっていいほど落ちました。

やっぱり指導者は常に謙虚でいなくてはならないと感じます。

仕事がない時こそ最大のチャンス

隈 研吾 建築家

Kengo Kuma

僕が事務所を構えたのは一九八七年、三十二歳の時で、ちょうどバブルの真っ盛りでした。本当なら最初は小さな住宅の設計くらいしか仕事はいただけないはずなのに、いきなり都心の青山にあるビルの設計が舞い込んできたりと、それは華《はな》やかなものでした。

ところが、九〇年代になった途端、バブルが弾けるわけです。オイルショックの後、「これからは建築の時代じゃない」と言われたのと同じ空気が日本中に広がり、僕もまた九〇年代の十年間、東京での仕事はゼロだったんです。

皆からよく「嘘でしょう」と言われるんですが、本当の話です。それで「こんなに時間があるのなら、とりあえず心配事はすべて置いて全国のいろいろなところを旅してみよう」と思って。地方の町や村を回り始め、その中でポツポツと小さな仕事をいただくようになったんです。

九四年に手掛けた高知県檮原《ゆすはら》町の地域交流施設は「公衆便所でもやってもらえますか」と町長に声を掛けていただいて始まったものです。予算は僅かでしたが、職人さんと酒を酌み交わしながら構想を練り、地場の素材や土壁を最大限に活用することで誰も試みたことのない方法があることが分かってくるんです。どんな小さな仕事でも楽しんでやれる自信がついたのはこの頃ですね。

それに、地方の木造建築の保存運動などいろいろなことに取り組む中で、「あっ、俺がやりたかったのは、田舎の木を生かした建築だったんだ」ということに気づく機会ともなりました。

この十年間の体験があったおかげで、僕は仕事が来ないことが怖くありません。身の丈に合ったサイズの仕事さえやっていけば満足できる。仕事がないのは、むしろ一つのチャンスだと前向きに受け止められるようになりました。

だから、いま講演などを通して学生に言うんですよ。「仕事がないことが君たちにとって一番のチャンスかもしれないぞ」って。

忙しい時は期限に追われてあまり考える時間が持てない。仕事がない時こそ、じっくり試したり考えたりできるチャンスだ。それが建築家にとって一番のことなんだと話すと、「そういう話はいままで誰からも教えてもらったことがありません」という答えが返ってきます。僕の話の中で学生が一番頷《うなず》いてくれるのは、実はその部分なんです。

不可能を可能にする気持ちでやれ

山髙篤行
順天堂大学医学部小児外科・小児泌尿生殖器外科主任教授
Atsuyuki Yamataka

私の恩師である宮野武先生は、手術がめちゃくちゃうまい人でした。少しだけ宮野先生との話をさせていただくと、先生は教授になられる前にラグビー部の監督だったんですよ。

私はずっとちゃらんぽらんに生きてきて、二年間浪人《ろうにん》して拾われるように順天堂大学に入ることができましてね。そんなに体が大きいほうではないのですが、ラグビー部に勧誘されたんですよ。

最初はラグビーっていうのは、不良少年の更生のためのスポーツだと思っていました。でも始めてみたら、なぜか分からないんですけど、学年で最初にレギュラーになってやろうと思うようになっていて、私の人生で初めて燃えられるものに出会えたんです。ですから練習は厳しかったですけど、途中でやめたいと思ったことは一度もありませんでした。

周囲からは宮野先生が小児外科の教授になられたから、僕も小児外科の道に進んだと思っている人がいるんですけど、この他にもっと大きな理由がありましてね。五、六年生の頃にポリクリ（病院実習）で回っている時に、実は初めて小児外科というものがあることを知って、実際に臨床現場も見て感動したんです。それに一般外科よりもいろんな臓器を扱えるので、これは面白そうだと。

それで、よし、自分は小児外科の手術を誰よりもうまくなってやろうと思って入局しました。そこで初めて宮野先生の手術を見たのですが、非常にうまくて、そこでも感動した。ですから私の人生は、ラグビーと小児外科の二つに出会えたことだけでラッキーだったなと思っているんですよ。

よくラグビーの練習で「不可能を可能にしろ」と言われていて、医者になってからも「小児外科の仕事は神様のやり残されたことへの挑戦だから、不可能を可能にする気持ちでやれ」って言われていましたね。しかも宮野先生は非常に英語がうまくて、国際的に活躍されていた方でした。

それもあって、手術の時にはよく「Don’t trust anybody, Don’t believe anybody.」、要するに手術で俺が言っていることさえも信用するな、誰も信用するな、と。

それに「Seeing is believing.」。百聞は一見に如かず、ですね。つまりどんな症例であっても一例でも多く見ておくことが大事で、自分で見てないものは信用するなということを強調されていました。

11月7日

高校生らしさだけは日本一になろう

佐藤久夫
明成高等学校男子バスケットボール部ヘッドコーチ
Hisao Sato

私が高校スポーツの指導者として選手たちに伝えたいことをひと言で言えば心を教えることです。ひたむきにディフェンスをする、ひたむきにボールを追う、ひたむきに頑張る、正々堂々と戦う。私はそれが高校生としての戦う姿勢だと思っています。

「心・技・体」という言葉がありますよね。「心・技・体」か「体・心・技」か、それとも「技・体・心」か、どの順番でチームづくりを行うのがよいのか。私もいろいろと悩んできました。結果的に私は「心」を優先したチームづくりをしてきました。つまり、「高校生らしさだけは日本一になろう」というテーマで指導してよい結果に繋がったことです。

バスケットで技術面の遅れを取り戻すのは容易ではありません。だけど、文武両道《ぶんぶりょうどう》、勉強もスポーツも全力で頑張っていこうという姿勢を身につけさせることはいますぐにでもできます。そこに重点を置いて日本一になるための練習をスタートしました。

まずやる気がなかったら、力は十二分に発揮できません。もちろん気持ちだけでは勝てませんから、技術や体づくりを高める努力は怠ってはいけませんが、技術面では誰もができることがしっかりできていれば、それだけで絶対に結果が出せます。その技術を発揮させるために心の持ち方が大事になってくるのです。

極端な言い方をすれば、私は技術は未熟でもいいと思っています。技術が劣る分、心の持ち方と体力で補う。体が疲れているのだったら負けん気と技術で補うというように常に心技体のバランスを取りながら、ピンチを乗り越えることが何度もありました。

私が指導を通して最近よく感じることなのですが、いまの選手は自分の欠点を指摘されるのが不得手ですね。一度落ち込んでしまうとなかなか立ち上がれない。だから、そこはなるだけ優しく諭すようにしているわけですが、指導者があしろ、こうしろと上から言うだけでなく、選手たちの間で「この欠点を自分で直さなきゃ」という自主性が目覚めると、とてもいい流れが生まれる気がするのです。

しかし、実際には「おまえはどうしたいんだ」と質問しても、なかなか答えが返ってこない。これはいまの教育の弊害《へいがい》なのかもしれませんが、彼らは私たち指導者が喜ぶような答えを探そうとばかりします。一つの答えだけを求めようとする。もっと自分の考えをストレートに投げ掛けてきたらどうか、と言いたくもなりますね。逆にそういう気質を持つ選手は、言われたことしかしない選手と比べて確実に伸びていきます。

11月 8日

心の中で二次災害を起こさない

鈴木秀子
文学博士
Hideko Suzuki

その青年はトラックの運転手でした。しかし、赤信号で停止中にトコトコと前に出てきた二歳の男の子に気づかず、前輪《ぜんりん》で巻き込み死亡させてしまうのです。

意図してやったわけではなくても、法的には過失致死《かしつちし》と見なされます。事故を起こして以来、青年は「あと五分早く出ていたら」「あの場所に止まってさえいなかったらあんなことにならなかったのに」と悶々《もんもん》と悩み、自己を責め裁くようになります。私と出会ったのも、まさにそういう時でした。

青年の裁判を担当したのは一人の国選弁護士でした。弁護士はいたく落ち込んだ彼を見かねて、次のように話しかけました。

「人生では何も悪いことをしていないのに、思いがけない災難に遭うことがある。〝なぜこうなったのか〟と思い悩めば、心の中に新たな二次災害を引き起こしてしまう。だから、とにかくいまやることだけに心を集中し、過ぎ去ったことは考えないようにしなさい。辛《つら》い出来事にも深い意味があったと、いつか気づく日が必ず来るはずだから」

荷を積み上げる重労働の現場に配属になった青年は、弁護士のこの言葉に大きな勇気を得、一つひとつの作業に気持ちを集中しようと心に決めました。しかし、労働を終えると事故の記憶が甦《よみがえ》ってきて、そうなると頭はパニック状態でした。

ある時、弁護士は青年を呼んで自分が辿ってきた歩みについて、しみじみと話し始めました。それは弁護士がまだ新聞記者をしていた若い頃の話でした。

実はこの弁護士も国道で車を走行中に、真っ暗な中でうずくまっていた老人を撥《は》ね、死亡させた経験があるというのです。老人のポケットからは「自殺したいが死ねない。轢《ひ》いてほしい」という自筆のメモが見つかり、自殺と認定されたものの、弁護士にとっては自分が死んでしまいたいほど耐え難い苦しみでした。しかし、心身ともにボロボロの中にあって、一つの思いが込み上げてきたといいます。

「この苦しみには、もしかしたら自分で知り得ない深い意味があるのかもしれない」

この気づきは弁護士の人生を大きく変えました。彼の心に浮かぶのは、事故を起こしたという自責の念で心の二次災害、三次災害を引き起こし、人生をメチャメチャにしてしまう人たちのことでした。そして、自分と同じ悩みで苦しんでいる人たちの救済のために人生のすべてを捧げようと一大決心をするのです。新聞記者をやめ、猛勉強の末に司法試験に合格。そして今日まで弁護士として人生に傷ついた人たちのために祈り、救いの手を差し伸べ続けています。それが弁護士が自らに課した使命でした。

この話を聞いた青年の表情には次第に明るさが戻っていきました。弁護士との出会いが青年にとっては、かけがえのない「計らわれた出来事」の一つだったことは改めて言うまでもないでしょう。いまはまだ苦しくとも、彼が自分の置かれた環境に意味を見出してくれることを信じて疑いません。

11月
9日

誰にも譲れない信念があるかどうか

川口淳一郎
宇宙航空研究開発機構シニアフェロー
Junichiro Kawaguchi

　宇宙開発が一般のプロジェクトと異なる点は、試行錯誤《しこうさくご》が利かないということです。例えば自動車なら試作して実際に走らせ、問題があれば改良していって商品として出す。しかし宇宙開発ではお金がかかり過ぎるため、いわば試作品をそのまま打ち上げることになるんです。

　全部計算でやれと。行ったこともない場所で、動かしたこともないものを一回で完璧に動かせですから、保守的になってしまうのも無理はないんですね。

　おかげさまで私はいろいろなプロジェクトに携わらせていただきましたが、やはり一発勝負ですから、失敗やいまひとつだったという結果もいっぱいある。そういう体験がどんどん積み重なって、偉そうに言えば成長していき、一九九五年に「はやぶさ」を提案することになるんですが、すごく古い話ですね。私が四十歳の時ですから。

　前提としてその十年前に我われが計画していた小惑星接近計画を、NASAに横取りされてしまったことに対する意地もありました。しかしやはり自分自身の気持ちとして、それでなければ満足しないというのでしょうか。難しいことをやっているのだから、失敗しても誰も悪く言わないだろうという思いも初めはありました。そして結局は失敗する。失敗したら何もならないことを思い知らされるのが宇宙で、それがどんなに惜しくても「何百億円がフイになった」と報道されてお終《しま》いです。

　そういう世界に育つと、ちょっとしたチャンスが逃せないなって思うんです。そして〝逃してなるものか〟という意地へと変わる。目標としていた小惑星を狙える機会は四年に一度しかなく、次を待っていては、またアメリカにやられてしまうと思いました。

　帰還《きかん》までには確かにいろいろとありましたが、私自身がへそ曲がりですから、人の言うことを鵜呑《うの》みにしない部分があるんですよ。

「はやぶさ」にはリアクションホイールという制御装置を三台積んでいたのですが、打ち上げから一年目に一台目、二年目に二台目と順に壊れていきました。三台目も同時期に同じ設計でつくっているから思ったわけです。同じ使い方をすれば必ず壊れると。けれども飛行スピードを落とそうと提案すると製造メーカーは「規格外ですからそれはかえって危険です」と言う。でも私はその言葉に耳を貸さなかった。そして結果的に最後のホイールは七年間生きたんです。

　もしあの時スピードを落としていなければ、壊れていたかもしれません。ただ、壊れたとしても私はおそらく責められなかった。製造メーカーがそう言っている、その推奨に従っただけだと言えば済む話ですから。でも結果として見てみれば、それは失敗に終わるわけでしょう。だから、どんな時にも人の言うことを信じれば救われるかというと、そうじゃない。自分自身の中に譲れない信念が必要じゃないかと思いましたね。

11月10日

会社は悪くなってからでは遅い

木下宗昭
佐川印刷会長
Muneaki Kinoshita

社員に厳しいことは言いますけど、言葉の使い方には結構気をつけていますね。

特に大事だと思うのは、ミスをした時です。時間をかけてやっと仕事が取れても、一つ間違えれば明くる日からもう取り引きをしていただけなくなることもありますから、きついですよ。会社に対する信頼が落ちているわけですから、当事者だけでなく全員がプロとして、こういう問題が起きたことを恥ずかしいと思わなければいけませんし、皆で対策を考えるように促さなければなりません。

その時に、当事者を全員の前で叱る場合と、個別に呼んで叱る場合と二通りありますけど、いずれにしても、言うべきことはきっちり言わなければなりませんね。その上で例えば、「なぜ君にこういうことを言ったか分かってくれるな。君はできる人間なんだから、今回のようなことが再び起きないよう頼むよ。期待しているぞ」と、必ずフォローします。叱りっぱなしは絶対ダメですね。

社員一人ひとりの意識を高めるという点で大事だと思うのは、佐川清元会長がよくおっしゃっていた少数精鋭という言葉です。会社を大きくすることはできても、中身が大事なんだと。

ですから私も、「うちの部署の人数を増やしてくれませんか」と社員に言われると、「いいよ」と。「でも、一人増えても部署に支給する給料は上がらないよ」と。それだけ各人の仕事は楽になるわけですからね。

「それよりも、限られた時間の中でいかにより大きな成果をあげられるかを考えよう」と言うんです。少し知恵を絞れば売り上げの二%、三%くらいすぐ上がるんです。いかに現状に慣れて、仕事のやり方がマンネリに陥《おちい》っているかということなんですね。

最近は、倒産した大口のお客様の話もよくするんです。有名な会社で、一時期はそちらの売り上げが二十一億円もあったんですが、見る見るうちに仕事が減って、僅《わず》か二年で大手に吸収されてしまいました。

会社が悪くなっても、皆で頑張れば何とかなると考える人もいるかも分からんけれども、もうその時は遅いんだと。だから、一人ひとりが常に危機感を持って仕事をしようと言うんです。

悪くなっても、リストラをして会社の体質を変えればいいと言うけど、リストラされた本人は大変です。それぞれに家庭があるわけですからね。

ですから私は、自分が経営トップである限りは、絶対に経営を傾かせてはならない。創業の時からいつもそのことを考えてやってきたという話をするんです。悪くなった時はもう遅いんだと。

とにかく現状に胡坐《あぐら》をかくことなく、「前に前に」「きょうも挑戦」という精神で熱心にお客様を回っていると、自《おの》ずと仕事は集まってくるんです。当社は社員がそれを一所懸命実践してくれたおかげでここまで成長できたんです。やっぱり私は社員に恵まれています。改めてそう思いますよ。

ドラッカーの説く、なすべき貢献の中身

佐藤 等　ドラッカー学会理事
Hitoshi Sato

「なすべきこと」を「できること」に変えていくことが自己開発です。仕事においては、顧客の存在抜きに「やりたいこと」が先行することはありません。目の前の「なすべきこと」は、いろいろな縁の中でたまたま自分がさせてもらっているのです。目の前のなすべき貢献、すなわち仕事をさせてもらっていることに感謝し、さらに自分を磨き高める努力を続けることです。「やりたいこと」は、任された場で全力を尽くし、その場を高めたその先に見えてくるものです。

「なすべき貢献は何であるかという問いに答えを出すには、三つの要素を考える必要がある。

　第一は、状況が何を求めているのかである。第二は、自己の強み、仕事の仕方、価値観からして、いかにして最大の貢献をなしうるかである。第三は、世のなかを変えるためには、いかなる成果を具体的に上げるべきかである」

（『P・F・ドラッカー経営論』）

「貢献」というマネジメントの道具を使いこなすためには、常に状況の変化を知覚しておくことです。若きドラッカーも投資銀行に転職した際に、従来の働き方を変えずに経営者に叱責されました。転職はもちろんですが、役職や仕事の中身が変わったら、もしくは組織やチームが置かれた状況が変化したら「なすべき貢献は何か」を自問する習慣をつけることです。

　第二に、「できること」の中心に自分の強みをすえることでより高い「なすべき貢献」を実現することができます。そのためには、常に自分の強みを生かすことです。

　第三については、すでに述べたように組織の成果が明確に示されていることが重要です。「貢献」は、個人と組織を結ぶ唯一の道具です。組織の問題や課題の多くは、「貢献」という道具の不全によるものです。正しく用いた場合の効果は予想以上です。

「貢献に焦点を合わせることによって、コミュニケーション、チームワーク、自己開発、人材育成という、成果をあげるうえで必要な四つの基本的な能力を身につけることができる」

（『経営者の条件』）

　私たちは何をコミュニケーションするかではなく、どうやってコミュニケーションをとるかに意識をおきがちです。組織における最優先のコミュニケーション事項は、「なすべき貢献は何か」について上司と部下の間で具体的に意思疎通《そつう》しておくことです。

　また最高のチームワークは、各人が「なすべき貢献」を明確にし、構成員の強みを生かし合うことで生まれます。

　自己開発と人材育成は、硬貨の裏表です。「なすべきこと」を明らかにして「できること」に変えていくこと。それが自己開発であり、人材育成のポイントです。

　あなたの貢献は、顧客を通して世のためになり、一緒に働く人の貢献につながることで人のためになっています。あなたが今いる場を高めるために「なすべき貢献は何か」を常に自問したいものです。

医者としてのすべてのプライドを懸けろ

上山博康
旭川赤十字病院第一脳神経外科部長・脳卒中センター長
Hiroyasu Kamiyama

北大医学部に着任して六年目に脳外科を統括していらっしゃった都留美都雄先生が体を壊されましてね。その時に難しい動脈瘤《りゅう》の患者さんが入ってきたんです。自分たちでやるしかないと腹を括《くく》っていたら都留先生が「おまえたちじゃ無理だ。善太郎を呼べ」って言ったんです。それが伊藤善太郎先生だったのです。僕は新人の時から病院に住み込んで必死で練習してその頃には難しい手術があると部長から代わりに執刀を頼まれるくらいうまくなっていました。心の中で俺が北大ナンバーワンだとちょっと天狗《てんぐ》になっていたんです。

ところが伊藤先生の手術を見て腰が抜けました。自分は井の中の蛙《かわず》だったと思い知らされました。周りの先輩たちは皆、「きょうの手術は難しいと思っていたら癒着《ゆちゃく》が少なくて意外と簡単だったね」と言っていましたが、とんでもない。伊藤先生の技が凄まじいので簡単に見えただけで、その奥にあるレベルの違いは桁外《けたはず》れだった。後で伊藤先生にその話をしたら「おまえ、相当できるな」と言われました。それで僕は、このまま北海道にいたら井の中の蛙で終わってしまうと考えて、秋田脳研に移ったのです。それは結局、自分を育ててくれた北大を裏切ることになる。でも僕は伊藤先生からどうしても学びたかった。都留先生だけが「行ってこい」と背中を押してくれました。だから都留先生にはいまでも感謝しています。

まず伊藤先生に接していて一番違和感があったのは患者さんが亡くなると深々と頭を下げて「力及ばず申し訳ございませんでした」と謝るんですよ。それまで、謝るなんて言葉は僕の辞書にはなかった。重症で手の施《ほどこ》しようのない患者さんに対して「そうやって謝ったらこっちに落ち度がないのに医療ミスのように取られてしまいませんか」と言ったんです。すると伊藤先生はこうおっしゃったんです。

「それは上山《かみやま》、医者の論理だろう。医者にはダメだと分かっても、患者さんの側には分かるわけない。助けてほしいから来ているんだよ。俺たちに力がないから助けられないんだよ」

衝撃でした。その時の伊藤先生の言葉はいまでも忘れません。それから、「目線の高さを変えるな」とも言われました。

「患者は人生を懸けて手術台に上るんだ。俺たちは何を懸ける。おまえのプライドを懸けろ。医者としてのすべてのプライドを懸けろ。それしか患者の信頼に応える方法はないんだ」

普段は穏和な先生が、その時ばかりはゾッとするくらいの気迫でした。とにかく病気との戦いにとことん執念を燃やす人でした。ある症例を二人で手掛けてうまくいかないことがありましてね。二週間くらいたって一緒に飯を食っている時に突然「上山、あれはまずかったよな」って言うんです。不意のことでこっちは何のことか分かりませんでしたが、先生は頭の中で二週間前の症例を延々と反芻していたんです。それから数日後のある夜、部長室から僅かに光が漏れているので中を覗いてみると、伊藤先生がその症例のビデオをじっと観ていたんです。先生の中ではうまくいかなかったあの手術がまだ続いていたわけです。

11月13日

脳みそがちぎれるほど考えろ

孫 正義 日本ソフトバンク社長

Masayoshi Son

とにかく、会社が百人ぐらいまでの時は、自分が何でも先頭に立って、とにかくやってみせる、そしてみんな付いてこいというスタイルですよね。

これが数百名、あるいは千名ぐらいになりますと、自分が全部やってみせるというわけにはいきませんから、うまく指示をして、その通りやってるかどうかチェックする形になると思うんです。これが千名を過ぎて数千名になると、今度は自分一人ではチェックできませんから、組織でもってチェックアンドバランスの体系を作っていかなければならない。これが一万名を超えてくると、もう、人為的にチェックしたり組織でやるといっても、なかなか自分の思い通りには動かない。

そうなると、もう、ただひたすら、自分の思いを込めて両手を合わせて祈りながら、その祈りがじわーっと幹部に伝わり、その幹部から末端の社員まで浸透していくというような形になるんじゃないんでしょうか。怒って言って聞かせても、なかなか目が行き届かなくなってくる。その時に自分の心底の真心からの思いがじわーっと染み込んでいくような、そういう真心の経営みたいなものをやっていかないと、人心《じんしん》を集めるということはできないだろうなと僕は思います。

私どもの会社が、果たしてそこまでの規模の会社になれるのかどうか、やってみないと分かりませんけれども、少なくとも男として会社を経営する以上は、そのぐらいの企業になりたいというふうには思っているんですけどね。現在のところ、我が社は、どんどん開拓していかなきゃいけない時期ですからね、できあがったものを守ればいいというスタイルでは時代の波に流されてしまう。だから、いろんな意味で攻めていかなければいけないわけです。

攻めていくということは、かなり難しい局面でも、それをクリエーティブに打開していかなければならない。そのためには、脳みそがちぎれるほど考えろ、と。ちぎれるほど考えてもなかなかちぎれはせん。本当に心底、ちぎれるほど考えてみよ、そうするとおのずから新しいひらめきなり問題解決策が出てくる、というんです。

それと、ストレス解消は、問題事から逃げることによって解決してはならんというんです。僕のストレス解消法というのは、何か問題があったらそれを忘れるために酒を飲むとかゴルフをやるとかいうんじゃなくて、それをとことん考え抜いて、考え抜いて、解決策を見いだして実行に移す、そうすると、もやもやがスカッと晴れるわけですね。やはり、問題から逃げてはならないよということをいいます。

11月14日

倒産から立ち上がる人、立ち上がれない人

野口誠一
八起会会長
Seiichi Noguchi

倒産から立ち上がる人、立ち上がれない人の違いとして、最初は何といっても自分に経営者としての資質があったかどうか。それを見極めなくてはならないでしょうね。例えば手形や返済可能な借金の限度はどこまでかという判断能力、正しい社員教育が行えているか、経営理念を確立しているか、というようなことです。

二番目は自己改革です。ここで大きなポイントは、いつまでも過去の問題で苦しんだり、憎んだりしてはいけないという点です。私は「苦しむなら明日のために苦しみなさい」と言っています。要《よう》はプラス思考の人間になることですね。そして改革するなら生活態度や習慣まで変えなくてはいけません。

早寝早起きができて、正しい努力ができるかどうかもその一つです。一言で努力といっても、無駄な努力が結構多いんですね。本を読むのはいいとしても、いつまでも勉強ばかりしていてもしょうがないわけでしょう。何々クラブの名誉職に凝《こ》ると、そればかりに偏《かたよ》ってしまう。ゴルフに凝るとゴルフばかりになってしまう。会社の足を引っ張ることはできるだけ慎まないといけませんね。

三番目としては、時代の流れが読めるかどうかです。読めなきゃ、やはりいい商品は生まれない。消費者がどのような意識を持ち、どのように行動しているか。こういうことを年中考えていないと、世の中から取り残されてしまいます。

四番目は、儲けよりお役立ち意識ということです。お金ばかり追いかけていたらお金は逃げていってしまう。世の中のため、人のためという意識があってヒントとかアイデア、知恵が湧いてくるものです。

そして五番目は経営を天職と思えるかどうかです。私のことを申し上げると、倒産させた製造業という仕事をどうしても天職とは思えませんでした。だから遊んでばかりいた。儲ける仕事なら何でもいいなんて、そういうのはでたらめ社長です。やるなら一生の仕事と思えないといけません。倒産をきっかけとして巡り合った八起《やおき》会の仕事、講演活動はまさに天職だと思っています。

転んだら何かをつかまないといけませんね。「七転び八起き」って言いますけど、本当は一転びでたくさん。二度と転んではいけません。倒産したということは落第生ですから、もう一度勉強して、そこから進学していけばいいんです。それを勉強しようともせずに、そのまま立ち上がろうとするからいけない。

円満な家庭を築いていくことも経営者としての資質を高めていくことも、すべてが勉強なんです。

11月15日

上達の三原則——よき師、よき友、長時間

丸谷明夫
大阪府立淀川工科高等学校名誉教諭・吹奏楽部顧問
Akio Marutani

トップの座を守り続ける秘訣は、平たく言えば、調子に乗らんことでしょうね。いまはもうなくなりましたが、昔は全国大会で五年連続金賞を取ると、翌年、招待演奏で全国大会に出られる権利がもらえたんです。大阪、関西、全国と、五年で十五回突破すれば叶うわけですが、十四回までトップで行って、これさえ抜ければというところでコケた。それはやっぱりどこかに慢心《まんしん》があったんです。

四年連続ともなると、卒業した先輩も含めて金賞しか知らない生徒が三年生になる時がくる。その時はもう、ひたすら慢心との戦いです。今年もそうでしたが、僕の言うことさえ聞いていたらなんとかなるだろうという妙な安心感、信頼感があって、これが大きな落とし穴になるんです。

その気持ちを払拭《ふっしょく》させるためには、子どもたちには何を言ってもダメですね。ではどうしたらいいかと言えば、指導者が自分で思うしかないんです、本気で。その気持ちがどこかに出るわけです。

野球のバッターなら、何がなんでも打ってやるぞと常に思って練習に臨んでいる。音楽でいえば、音のイメージなり演奏のイメージを自分の頭の中にちゃんと持って臨んでいる。それは覚悟というものにも近い一念ですが、それがある人間はやっぱり強いですね。

ところがもう本当に自分一人だけですから、辛《つら》い、焦るし、苦しいですねぇ。周りの大人も子どもも皆、何だかんだと言いながら内心では行けるだろうと思っている。これがしんどい、ものすごくしんどい……。

追い掛けている間は楽ですよ。まぁ三年くらいは何とかなっても、十年も二十年もずっとひた走るというのは厳しいですね。

我われも、とかく能率のいい方法や、すぐ上達する方法を考えがちなんですが、そういうものはなくて、やっぱり変わった手、相撲でいえば猫騙《ねこだま》しなんかを使わず、がっぷり四つの寄り切り、譜面に書いてあることにきちっと応える王道——王の道、それを貫いていくしかないと思うんです。

では何が王の道か、それを支えるものは何かと言えば、「一念」以外にないと僕は思う。自分はこうやりたいと思ったことをそのまま真っすぐやる、それこそが唯一拓《ひら》ける道でしょうね。

僕は楽器の上達には「よき師、よき友、長時間」の三つが不可欠だと子どもたちに言い続けてきました。日本一になるためには日本一の努力が必要ですが、これが一番難しい。日本のどこで、誰が、いつ、それ以上の努力をしているか分からないわけですから。だからこそ、これ以上はできないと言える努力を一人ひとりがする。その先にこそ揺るぎのない、確かな道が拓《ひら》けているように思います。

11月16日

織田信長の驚くべき斬新性

堺屋太一　作家

Taichi Sakaiya

織田信長は「銭の経済」というものを考えたんですよね。それまでは土地・米の経済だったのを銭の経済に変えた。それによって信長のところに限り、出所不明の大将軍ができるんですよ。豊臣秀吉だとか明智光秀《あけちみつひで》とか滝川一益《かずます》とか、みんな出所不明です。普通はそういう出所不明の大将軍なんてありえません。大体先祖代々の家来が出世するか、あるいはよそから招かれた名のある人が出世するかのどちらかです。

出世させるということは家来をつけなきゃいけない。だから木下藤吉郎《とうきちろう》みたいに先祖伝来の家来のない人は、いくら剣豪でもせいぜい十人の家来を持っていたらいいほうだった。

ではなぜ織田信長のところからそういう天才的軍人が出たかというと、土地に縛られず、銭で雇った兵隊を付けたからです。だから藤吉郎のように腕力もなければ家来もいない奴がどんどん出世できたわけです。信長の改革は人事の面でも非常に進歩的なんですね。

それから有名な長篠《ながしの》の合戦のときの鉄砲三段撃ちなんていうのは、なぜあれができたかというと、全軍隊から鉄砲足軽《あしがる》を徴集《ちょうしゅう》したからです。他のところは、たとえば武田信玄でも上杉謙信《けんしん》でも、各村落《そんらく》の地主に鉄砲何丁、槍何丁、旗何本という割り当てをして、その小軍隊が集まって大軍になるという仕掛けです。そうすると、Aの村落の鉄砲衆と、Bの村落の鉄砲衆と、Cの村落の鉄砲衆というふうに分かれてしまって、鉄砲衆ばかり集めるということができません。A村の軍隊なら最初の一列に並ぶのはA村の鉄砲衆しかいないんですよ。ところが信長は、鉄砲衆は全員前へ並べといったものだから、ものすごい数になったわけですね。これが武田には理解できなかった。

信長の組織論は従来の組織を根本から考え直したものでした。これは封建社会では驚くべき斬新性です。それを現代の政治に当てはめるとすると、省庁の違いにかかわらず、財政担当は全員集まれ、原子力技術担当は全員集まれ、といった形になるわけですが、いまだにそれができない。だから省庁別の縦割り行政が続くわけでしょう。

太平洋戦争でも陸軍・海軍それぞれに縦割りがずっと続いて、それで人事が動くから誰に責任があるのかが分からない。織田信長がすでに戦国時代に実現していることを日本の昭和・平成の行政機構は全く《まった》学んでいないわけですよ。

上に立つ者の絶対条件は悪口を真に受けぬこと

谷沢永一 関西大学名誉教授
Eiichi Tanizawa

これは貞観《じょうがん》の初年の話とありますが、讒言《ざんげん》について太宗《たいそう》が臣下《しんか》と語っています。魏《ぎ》徴《ちょう》が太宗の問いに答えて、

「臣嘗《しんかつ》て古《いにしえ》より国を有《たも》ち家を有つ者を観るに、若《も》し曲げて讒譖《ざんしん》を受け、妄《みだり》に忠良を害すれば、必ず宗廟丘墟《そうびょうきゅうきょ》、市朝霜露たらん。願わくは陛下深く之を慎まんことを」

と言っています。

つまり、「私が古来、国家を保有する者を見るところによると、道理に外れて悪口を聞き入れて、やたらに忠義な人を迫害すれば、宗廟は荒れ果てた丘となり、朝廷も市場も草が生い茂って霜《しも》や露《つゆ》ばかりになってしまいます。ですから、どうか陛下はこのことについて深く戒め慎んでいただきたいものでございます」という意味になります。要するに、讒言や人の悪口を聞きなさんな、と言っているわけですね。悪口を真《ま》に受けると国家が危うくなりますぞ、と。

例えば僕が誰かの悪口を言うと、それが何か耳よりなニュースであるというふうに吹聴する人が多いんですよ。悪口ほど面白いものはありませんからな。だから悪口を聞きなさんな、と。そしてあくまでも心根の正しい、優秀な人の言うことを聞かなければ駄目ですよと魏徴は注意しているわけですな。

それから、こういう話もあります。これは杜如晦《とじょかい》が太宗に言ったことですが、監察御史《かんさつぎょし》、いわば警視総監の職にある陳師合《ちんしごう》という男が「人の思慮には限りがあるから、一人でいくつもの職を兼ねるのはよくない」という文章を献じたわけです。

それを見て「これは我われを非難しているものです」と杜如晦は言うんです。つまり、太宗が魏徴とか房玄齢《ぼうげんれい》とか杜如晦などの特定の諫議大夫《かんぎたいふ》を重要視することに不満を表明しているのだと。警視総監の目には、諫臣《かんしん》というのが皇帝の取り巻きに見えたんでしょう。

これに対して太宗がどう対応したかというと、「自分は極めて公平に天下を治めているのであって、房玄齢や杜如晦を任用しているのは、勲功《くんこう》のためではなく才能があるからである。陳師合は悪口を言って君臣の間を隔てようとしている」とはっきりと言って、陳師合を流罪にしているんです。これはなかなか厳しいやり方ですが、悪口を聞かないということは何遍も繰り返し言っていますね。

11月
18日

〝たまたま〟ということはない

白鵬 翔　第六十九代横綱

Sho Hakuho

私が十両に上がって関取になるまでの三年間、いつも心掛けていたのは、「稽古は本場所のごとく、本場所は稽古のごとく」ということ。あとは、なるべく人を怒らせないようにしようと。何ていうか、なるべく人を立てようという思いがありました。そういうことが勝負に生きたような気がします。

まあ、運もよかったですしね。そもそも関取になる時もそうです。細かい話をすれば、幕下九枚目で六勝一敗。普通なら上がれない勝ち星なのですが、たまたまその時武蔵丸関とか何人かが引退して、ガラッと空いたんです。それで私も繰り上げられたんですね。

幕内力士の定員は四十二人です。その四十二人に入るために何百人という力士が鎬《しのぎ》を削っています。

ある人が言っていましたが、〝たまたま〟ということはないそうですね。そういう星の下に生まれた、という言い方をされて、ああ、なるほどなと思いました。

また、歌手の松山千春さんとお話しした時、「〝運〟という漢字の意味が分かりますか」と聞かれ、私は漢字が分かりませんから、教えていただいたのですが、「〝運〟は〝軍が走る〟と書くから、戦わないと運は来ない」とおっしゃっていました。

こういうふうに私はいろんなことを教えてくださる方にたくさん出会いました。相撲は結果を出してナンボの世界で、結果を出せば十代や二十代ではとても会えないような方にも会えますからね。そういう機会も心の成長に繋がっていきます。やはりいろんな方の話を素直によく聞くことが、自分を成長させるために大切だと感じています。

私は大関になって一年も経たないで横綱になりました。その頃は大関の一つ上くらいにしか考えていなかったのですが、全《まった》く違うもので、もしいま大関なら横綱を狙わないかもしれないです。ただ、地位が人をつくるといいますが、確かにそういう部分はあると思います。

横綱に昇進した時、それまでお会いしたことはなかったのですが、自分から電話をして、亡くなった大鵬《たいほう》親方（元横綱・大鵬）の自宅まで会いに行ったんです。その時、横綱とはどういう存在か、どうあるものなのか、ということを三時間も四時間もの間、ずっとお話しいただきました。おかげで何となく横綱というものが分かったような感じがしましたが、やはり三、四年経って、また不祥事などのいろんな事件があって、次第に綱の重みみたいなものを感じるようになりました。

やめるのは簡単なんですね。十年やるのは本当にきついんだけれども、それをやりきった後に違う景色の中に自分がいるんじゃないかと思うんです。

11月19日

芭蕉俳諧の本質

尾形 仂　国文学者

Tsutomu Ogata

大学一年の時に指導教授が『去来抄《きょらいしょう》・三冊《さんぞう》子《し》・旅寝論《たびねろん》』という松尾芭蕉《ばしょう》の門弟らによる文庫本を元に、芭蕉俳論を演習してくださったんです。その中で「不易流行《ふえきりゅうこう》」という言葉が出てきましてね。「不易」とは変わらないこと。「流行」とは流れ動く、つまり変化すること。大学に入っていろいろな先生の講義を聴いてみると、学問とは大変大きな体系を持っているもので、永遠不変なものである、という感じを受けました。一方で、自分は大学を卒業すればすぐ軍隊に行かなければならず、その先には戦死の運命が待っている。絶えず流行、変化する、瞬間的なものですよね。その瞬間的な生を通して、どうすれば永遠の価値に繋がることができるだろうか。その課題に「不易流行」という言葉が答えてくれるのではと思いましてね。芭蕉の俳論を、卒論の題材にしてみようと思ったんです。

私はまず『去来抄』を纏《まと》めた去来の論争相手であった「許六《きょりく》」という人物について研究してみようと考えたんです。許六には『俳諧問答』という俳論がある。なるべく元の本に近いものを探そうと調べていくうち、近江《おうみ》のある寺でいい資料が見つかったんです。さらにその寺からは許六の日記や文集のようなものがたくさん出てきた。これは大発見でしてね。それを潁原退蔵《えばらたいぞう》先生に報告したら、先生は私の卒論を『芭蕉研究』という雑誌に載せてくださったんです。そうやって芭蕉の研究を続けていくうち「不易流行」という言葉が、以前に想像していたような意味ではないことが分かってきたんです。

芭蕉が生きていた当時の思想界は、朱子学が時代のイデオロギーでした。朱子学の考え方からすると、絶えず流行変化することが、永遠不変の真理だといえるかもしれない。しかし芭蕉の場合は、それを一つの「実践原理」として絶えず自分を新たにして作風を変化させていった。つまりそれこそが俳諧という文芸の不変の生き方であるとしたのではないか。もう一つは俳諧における「永遠不易の価値」ですね。その価値は真実の追究を目指し、自己改革をしていく努力の中から生まれるのではないかと。私はそう結論づけました。芭蕉の句には五・七・五もありますが、本当は「連句」こそが、彼にとっての本命だったわけです。

連句は原則として何人かの仲間と膝を突き合わせながらやるものです。互いに相手の血の温もりを感じ合いながら、前の人がつけた句に次の句をつけて答える。次の人は前の句に対して新しい別な解釈を与える。そうすることによって、前の句が全《まった》く違う意味に変わってくる。つまり、絶えず変化しているわけです。近代文学というのは孤独の文学、要するに「個」の文学です。それに対して芭蕉が目指したのは、心の深く通じ合った仲間が集まって、皆で一つの作品を完成する「座」の文学だった。相手と座を共にして句を詠み交わす、互いに唱和する中で自分の個を確立する、そういうものなんです。「秋深き隣は何をする人ぞ」という句は孤独を通じて人と繋がり合おうとする、芭蕉俳諧の本質を最もよく示しているものだと思います。（談）

11月20日

喜びが喜びを生んでいく

東城百合子 『あなたと健康』主幹

Yuriko Tojyo

一番大変だったのは、健康運動がようやく軌道に乗ってきた頃、二人三脚で頑張ってきた主人が、突然家を捨て、二人の子供も捨てて、別の女性と一緒になってしまった時です。それまで仲良くやっていたのに、何の前触れもなく「別れる」と。もう気が動転して……。当時通っていた教会で、何度神様に救いを求めたか分かりません。

それでも少しずつ状況を冷静に見ることができるようになって、もう一度ゼロからやり直す決意を固めました。そうして翌年に創刊したのが『あなたと健康』でした。

いろんな人たちが応援してくれたんですよ。おかげさまで、読者も随分増えていきました。創刊五周年のお祝いに出した『家庭でできる自然療法』という本も、読者から読者に次々と伝えられ広がっていき、宣伝せず本屋にも出さず、いまでは百万部を達成しています。ここ（あなたと健康社）でしか売っていないし、宣伝も広告もしないいんですが、読者の間で「これいいよ、いいよ」って口コミが広がっていったんです。

それから苦労したことではもう一つ、うちが大変な時に助けてくださったご夫婦がいてね。そちらが経営される会社が怪しくなって倒産したのですが、私が家を担保に保証人になって一億円引き受けたこともありました。

うちの先祖には倒産した人もいるし、離婚も私の代を含めて四代続いていました。だからこの一億円は、たぶん先祖が返さないで残ったお金だなと。私の代で片づけないと、息子の代にも禍《わざわい》が及んでしまうと思って、私が全財産を使ってもお返ししますからって墓に誓ったんです。そうしたら、不思議に本が売れる、月刊誌の申し込みが多くなる、病気の治った人がお礼をと送ってくださるなどして、結局返すことができたんですよ。

やっぱり人のために何かやっていないと、そうはならないんじゃないかと思います。きっと健康運動を通じて、たくさんの人に喜んでいただいたことがよかったのでしょう。

お金というのは、自分の懐に入れたら詰まってしまう。でも、天が喜ぶように世の中に回していくと、喜びが喜びを生んで喜んでまた入ってくるんですよ。無事に一億円が片づいたことで、あぁ天は見てる、先祖はちゃんと見守ってくれてるんだと思いました。それが私の原動力です。それで頑張ってこられたんですよ。

11月21日

医療者の使命

澤村 豊　北海道大学病院脳神経外科医

Yutaka Sawamura

午前六時――。まだ薄暗い北大病院の研究室でパソコンを立ち上げると、何十通という私宛てのメールが届いている。相談者の多くは、脳腫瘍《しゅよう》を抱えた患者さんとそのご家族ら。「この子を助ける手立てはないものでしょうか?」「どうかよい知恵をお貸しください……」

切迫感に満ちた長文のメールに、様々な配慮を巡らせた上で返事を出すと、続けざまに、二度、三度とメールがくることがある。時にはチャットのような状態となり、私がパソコンの前にいる限り、何度もやりとりが交わされる。

送り主は患者さんだけではない。全国にある脳外科や小児科の先生方からも、見てほしいとの依頼があり、メールに患者さんのMRI画像が添付されてくることも珍しくない。私はそれらのメールに対して、必ず返事を出す。報酬は一切受け取らない。土曜、日曜も一日の休みもなく、朝も昼も夜も、時間の許す限り、キーボードを叩いている。

小児がんの中でも、特に難しいとされる小児脳腫瘍の手術は、うまくいかなかった場合、命を落としたり、後遺症をつくってしまうことが多分にある。家族にとっても精神的負担の大きい手術を受ける前に、できれば他の医者の意見も聞いてみたいと思うのが自然な感情だろう。しかしどこに聞いてよいのやら分からない。

私が行っているのは、そうして困っている患者さんたちのセカンドオピニオンで、相談内容に応じて、地元の信頼できる病院を紹介したり、知り合いの医師に対して紹介状を書く。患者さんが負担する交通費や術後のケアのことなども考えて、私自身はめったなことでは手術を引き受けない。受けるのは、どこの病院へ行っても手の施しようがない、というケースに限ってである。

私がそうした医療者としてのあり方を教わったのは、スイス人医師のニコラ・ド・トリボレー先生である。三十代の頃、留学先で二年間の薫陶《くんとう》を受けた。

先生は非常に有能な脳外科医であると同時に、患者さんに対しても大変優しく、学者としても研究熱心で、医者の鑑《かがみ》のような方だった。そして私たちにいつも、「手術を行う前に、本当にその手術が必要かどうか、本当に患者さんの体を切らなければならないかをまずよく考えなさい」とおっしゃっていた。

その判断と見極めをするためには、専門分野以外にも膨大な知識の蓄積が必要だし、外科手術を学ぶことよりも、はるかに長い時間の勉強量が求められる。単に手術の仕方を覚えただけでは、本物の脳外科医とは呼べない。そのことを先生は、ご自身の身をもって示してくださっていた。

一流の人間は一流の生活をすべし

青木定雄
MKグループ・オーナー
Sadao Aoki

昭和四十七年、私どもは当時利用者の人気を集めていた個人タクシーに勝つべく「MKはサービスで個人を追い越そう」というスローガンを掲《かか》げ、これを大声で復唱しました。それに派生《はせい》して「ありがとう運動」が生まれ、お客様や社内での「ありがとうございます」という挨拶を徹底させました。次は研修です。京都には九か所の営業所があります。営業所単位で月一回、約三時間の勉強会を開催しています。この間、タクシーは止まりますから他の八つの事業所がそれぞれにカバーします。勉強会では京都の有名なお寺の管長さんや日本でもトップクラスの学者をお招きして一時間ほどお話を聞いた後、私が先月の反省と今月の方針を伝えます。私と社員との接点はこの瞬間です。だから私は月に九回のこの勉強会だけは、どんな儲け話があろうと美人からお呼びがかかろうと欠かしません。雨が降ろうが雪が降ろうが、この方針は変わりません。

有名な講師を招けば一回に百万円の謝礼が必要です。教育というのはそれほどお金と時間が要るものなのです。お金を注いで今年何かやったから来年効果が現れる、そんなものではない。意識改革には五十年、百年とかかります。五十年近く続けてきた私ですら、いまようやく意識改革に目鼻《めはな》がついてきたと思っているくらいですから。

さらに私は、かつてニクソン大統領やフォード大統領が来日した際に使用した国際会議場で労使拡大協議会を行ったり、一流ホテルに社員を集めて食事会を催《もよお》します。その中で私は「タクシー運転手は宇宙より重たい命、世の中に一つしかない命を預かっている。だから君たちは大変立派な仕事をしているんだ。一流の人はいいところに住み、いいものを食べて、いいものを着て、高級なサービスをすべきなのだ」。このことを徹底して教え込み、洗脳します。

入社して三年経つと、総括《そうかつ》として北陸の山中にある温泉に連れて行きます。天皇陛下もお泊まりになる有名なホテルです。この研修に一人五万円かかります。一回行ったら三百万円かかるのです。私が自分の社員に、いかにすべてを懸《か》けているかがお分かりいただけるでしょう。無から有を生み出すのは従業員以外にないのです。

皆さん方は、よく銀行、銀行と言うでしょう。しかし、銀行はお金を持っていれば寄ってきて、金がなくなると急に見向きもしなくなる。金の切れ目が縁の切れ目とはこのことです。誰が見向いてくれるか。それは自分の会社の社員以外におりません。だから経営者はゴルフなどにうつつを抜かすよりも、自分の社員を大事にすることです。そのためには常に自分の職場にいないといけません。

馬子《まご》にも衣装と申しますが、私たちは五十七年、森英恵《はなえ》先生にデザインをお願いして運転手の制服をこしらえました。帽子からネクタイからハンカチまで一新しました。何のために？　運転手の人格の完成のためにです。そしてこの服に合うようにタクシーの色を初めて高級感のある黒にしたのです。

11月
23日

どの子も子供は星

東井義雄　教育者

Yoshio Toi

教員生活五十五年、そのうち十二年余りを小学校、中学校の校長を務めさせていただきました。私は大変幸せ者だったと思っております。

現役時代はよく、「あなたの学校は素晴らしいですね」と言われました。何のことかと尋《たず》ねると、例えば「いつ電話しても心温まる受け答えをしてくださる。学校全体の温かい和やかな明るい雰囲気が伝わってくる感じなのです」と言ってくださる。私は特別、電話の対応について職員の皆さんに注意したり、お願いしたこともありませんでしたが、そうした職員一人ひとりのおかげで、立派に務めさせていただくことができたわけで、こんな幸せなことはないと思います。

五十五年にわたった教員生活の中で、ずうっと願い続けてきたことは、「人間に屑《くず》はない」ということです。どんなに名を知られていないような草花でも花を咲かせるように、どんな子供たちにも、一人ひとりが咲かせなければならない花があります。

ところが、今は何か子供の学習の点数というものに、親も学校の先生も頭を縛られてしまって、点数の低い子供はつまらない子供だと考えてしまう傾向が強くなりました。

しかし、能力には高い、低いがありましても、点数は低くても、その子供しか持っていない光というものがあるのです。ですから私はいつも、

「どの子も子供は星。みんなそれぞれが、それぞれの光をいただいてまばたきしている。僕の光を見てくださいとまばたきしてる。私の光も見てくださいとまばたきしてる。

光を見てやろう。まばたきに応えてやろう。光を見てもらえないと、子供の星は光を消す。まばたきをやめる。

光を見てやろう。そして、やんちゃな子供からは、やんちゃな子供の光、おとなしい子供からはおとなしい子供の光、気の早い子供からは気の早い子供の光、ゆっくり屋さんからはゆっくり屋さんの光、男の子からは男の子の光、女の子からは女の子の光、天いっぱいに子供の星を輝かせよう」

そんなふうに言い続けてきたのです。

お菓子の神様に魂を捧げる

辻口博啓　パティシエ

Hironobu Tsujiguchi

まず住み込みで修業を積ませてもらえるケーキ屋さんに入れていただきました。初任給は四万五千円で、部屋代が一万五千円。将来店を持つために毎月一万円貯金しましたから、使えるのは月に二万円だけでした。

仕事中は先輩のやっていることを目で盗み、休みをもらうたびになけなしのお金をはたいてお菓子屋さん巡りをしました。コンクールに優勝しているお店ではゴミ箱もあさりました。そこで素材の仕入れ先を調べて取り寄せ、自分の店のものと食べ比べるんです。アーモンド一つ取ってみても、カリフォルニア産とスペイン産では全然味が違う。なるほど、だからおいしいのかと。そうして夜中に厨房に戻っては試作をしました。お菓子屋のストーカーですよ。そんな職務質問されてもおかしくないようなことをやっていましたね。

どうしても人より優れた者になりたいという強烈な思いや、一流店はなぜ自分のつくるものとこんなに違うのかという強い疑問がありました。ところが学ぶ術《すべ》が分からないわけです。ですからとにかく遮二無二《しゃにむに》やるしかない。その気持ちはいまでも変わりません。

時代はどんどん変化して、常にいろんなものが出てきます。そこでトライする気持ち、戦う気持ちがなくなったら終わり。何歳になっても勝負だと僕は思っています。もちろん負けることもあるでしょうが、そこから学べることも大きい。何か事を成そうと思えば、勝負は宿命づけられると思うし、そこから逃げて生きたいとは思いません。だからお菓子を僕の人生を表現する一つのツールとして戦《いくさ》を繰り広げているんです。

実家の危機も戦いの原動力になっていて、お菓子屋のボンボンだった自分が、貧しさを経験させてもらったことは大きかったですね。周りから哀れみの目で見られ、人がどんどん離れていき、それまで優しかった業者の方々から罵声《ばせい》を浴びせられる。子供ながらに人の恐ろしさを肌で感じたことで、自分も大きく変わったと思います。何もないところから形を生み出そうとする僕の強い信念と情熱は、そこから生まれてきていると思うし、自分で試行錯誤《しこうさくご》をし、もがき苦しんできたことが、いまいろんな意味で力になっています。

実際、十年で僕は店を持つことができましたからね。その十年間といったら、ほとんど人間としての生活をしていないんじゃないかな。寝る間も惜しんで朝から晩までお菓子一色。でもそこまでやれば、誰でも十年でお店を持てるということです。能力なんか関係ない。やるか、やらないか、それだけでね。

十年本当に馬鹿になってやればいいと思うんです。怒られようが何されようが、言われることは「はいっ!」と全部聞いてね。お菓子の神様に魂を捧げるくらいの思いで、トイレ掃除から何からとことんやればいいんですよ。そうすれば見えてくるんです。

11月25日

断捨離思考法

やましたひでこ

クラター・コンサルタント

Hideko Yamashita

実は、私の母がため込み屋さんなんです。もう異常なくらいに。十五年くらい前に飲んだ薬がよく効いたというので、使用期限がとっくに過ぎているのにいまだに取っておいたりするんです。

彼女とモノとの関係を見ていると、活用するというのではなく、ただ所有するという関係を築いています。絶対に手放さないからどんどん身の回りにたまって大変なことになっているんです。

モノを買うということは、それを維持管理する権利を買うことだと思います。モノと出合った喜びとか、モノと過ごす嬉しさとともに、最後の始末をする痛みまで引き受けてこそモノとの関係だと思うんです。その痛みを引き受けたくないから、ただ押し入れに詰め込んでおいて空間を損なっている状況は、モノの立場からするととても切ないですよ。

いまの社会はダイレクトメールやチラシ、景品、粗品《そしな》、お中元《ちゅうげん》、お歳暮《せいぼ》など、自分で手に入れなくても、次々といろんなモノが勝手にやってきます。それに対して「そのうちに処分しよう」とか、「いつか使うかもしれないから」とか言っていると、すぐに自分の空間を占領されてしまいます。断捨離《だんしゃり》ではそこで、捨てようか、捨てまいかというよりも、なぜこれを取っておこうとする自分がいるのか、という問いかけをするんです。その取っておこうとする価値観は、いまの自分の暮らしに有効に機能しているのかと。

断捨離は実は、モノを通した思考の片づけなんです。そしてそれをするためには、モノの片づけ以前の価値観の問い直しが必要なんです。取っておこうという気持ちがあるのは、そのモノに価値を感じているからですよね。ではその価値について、本当にきちんと思考しているだろうか。どういう価値を感じてそれを取っておこうとしているのか。

そうして検証を進めていくと、例えば本の処分ができないのは、自分の教養が高いのを見せつけようと無自覚に思っていたからだと気づくかもしれない。そうしたら、そんな形で自分のすごさを社会に証明する必要はあるのかってまた自分に問いかけるんです。その結果、やはり取っておくべきだという選択も、実はＯＫなんです。意図的にそう選択するのでしたら。でも大概《たいがい》は、無意識、無自覚に採用した価値観で思考はストップしています。そのためにモノをため込んで自分を損なっていないかと確認し、意識化しましょう、自覚的になりましょうというトレーニングなんです。

初めてそんな問いかけをしていくと、実は抱えていたモノは全部ゴミだったというケースがほとんどです。ですから断捨離イコール捨てることみたいに思われがちなんですが、本来は自分とモノの関係を見つめ直して選び抜くこと、モノの片づけを通じて自己を深く探究し、心の混沌《こんとん》を整理して人生を快適にするツールなんです。

11月26日

虎屋に代々伝わる儀式と掟書

黒川光博　虎屋社長

Mitsuhiro Kurokawa

私自身は父からこれをせよ、あれをせよと言われたことは特にありませんでした。しかし元気だったのが、がんが発覚してからほんの半年後に亡くなり、平成三（一九九一）年の四十七歳の時に跡を継ぐことになりました。

私ども虎屋には代が替わり、新しい当主が事業を引き継いだ時に必ず行う儀式があるんです。京都の店には福徳《ふくとく》、富貴《ふうき》の神様である毘沙門天《びしゃもんてん》が祀《まつ》ってあるのですが、普段は厨子の奥に封印され、扉が閉められてある。その中に当主が一人で入り、お像を拝むんです。

お像の前に立って三、四十分間対峙《たいじ》していますと、いろいろな思いが胸を去来します。お客様に対する責任、従業員やその家族に対する責任、何千人という人たちのことをこれから考えていかなければいけないと感じたり。

では自分は何をやるかと考えましたが、何も書かれたものがなく、これをしてはいけないという決まりもない。だから後のことはおまえに任せるぞ。おまえがこの時代を背負っていくのだから、自分の責任でやっていけばいいと、そのお像は言っているのではないかと私は解釈したんです。

他に代々残されてきた教えの中で、一番分かりやすく現代的なのが「掟書《おきてがき》」というもので、これは九代目光利が一八〇五年につくったものです。それを見ますと「倹約を第一に心がけ、良い提案があれば各自文書にして提案すること」や「お客様が世間の噂話をしても、こちらからはしない。また、子供や女性のお使いであっても、丁寧に応対して冗談は言わぬこと」など、現代にも通用するようなことがいろいろ書いてある。

この掟書は、もともと天正年間（一五七三—一五九二）に書かれたものを、九代目が書き改めたのです。いまから四百年以上前に書かれたものに九代目が共感し、それが現代にも通用することを考えると、ものの真理や商売の心得はいつの時代も変わらないのだなと思います。

ただ、変えてはいけないものがある一方で、変えていかなければいけないものもあると思います。虎屋のように古くからある店は味も不変だろうと多くの方がおっしゃるんですが、私は味に不変ということはないだろうと思うんです。やはりその時代時代に合った味というものがあるのではないかと。例えば戦後、甘いものが不足している中でお感じになる甘さと、現代のように和洋菓子が豊富にある中での甘さというのは少し違う。和菓子の味は、時代によって変えていかなければならないと私は思います。

11月27日

現場主義こそがすべて

山本明弘
広島市信用組合理事長

Akihiro Yamamoto

近年、多くの金融機関がこの足で稼ぐ仕事を非効率だといって切り捨ててしまいました。だからといって動かなくては預貸金は伸びない。代わりに出てきたのが早く目先の数字が上がる投資信託やデリバティブです。自分も取り残されまいと地方の小さな金融機関までもがこぞってそれに参入した。その結果、いろいろなところでトラブルや多大な損失を生んでいるのはご存じのとおりです。

その点、私どもは一見、非効率のように思える現場主義こそがすべてだと思って今日まで歩んできたわけです。

私自身のことで恐縮ですが、一月七日の新年挨拶は、その日だけで五十五軒のお取引先を訪問しました。

私どもの経営はとにかく機敏なフットワークとフェイス・トゥ・フェイスなんです。いまどの企業も現場主義、現場主義と言っていますが、問題は実際にそれをやるかどうかです。それには口だけじゃ駄目です。トップ自ら範を示さなくてはいけません。

私は理事長に就任した平成十七年、十か月で約千軒のお客様を訪問すると目標を立て、実際には千五百軒ほど訪問しました。これまでのトータルは約八千軒になるでしょうね。理事長本来の経営業務もありますから、そりゃあ時間のやり繰りが大変でしたよ。

しかし、自分の足で現場に行ってみると、いろんなことが分かりますし、行ってみなくては分からないことがたくさんあります。優良企業でも何気ないところを見て「ああ、ちょっとおかしいな」と気づくことがある。従業員さんの職場規律ができていなかったり、勢いがなかったり、半年前の行事が黒板に消されずに残されたままだったり。これは長年の勘のようなものですけれどもね。

もちろん、直接訪問することで新規事業や設備投資に関することなど、貴重な情報も山ほどいただくことができます。中小零細企業はお金が要らないんじゃない。なくて困っているんです。歩くことでいくらでも資金需要が出てくる。これが現場主義の一番の強みです。

11月28日

長生きも芸のうち

平山郁夫　画家

Hirayama Ikuo

どこまで行けるか。もう、これだけはやりたいというシナリオがあるわけですよ。それで元気でなきゃいけないからというんで、好きな酒もやめましてね。ちょっと目を悪くしたのもあって、二年前にやめたんです。で、もう一滴も飲まない。宴会に出てもお茶だけで通してるんです。

そうすると、家へ帰っても仕事しますしね。飲むときょうはやめたといって、嫌いじゃないものですから、つい二時三時まで飲む。若いうちはいいですが、いまは次の日がこたえますし、やめました。

それで、もう本当に今いわれたように、長生きしないとつかめませんね。

それは人間として成熟してくるんですからね、当然、同じ絵を描いたって違ってくるんです。

だから、九十になったら一日に三十分しか描けないかもしれませんが、その三十分が貴重なんです。

で、もう欲も得もなくなるでしょう。その三十分のために一日じっとして、いまだという時に、わっとこう描くわけですよ。そしたら、三十分で九十の人生のすべてを一作で語ろうとするわけです。一作の中に全人生があるわけです。

だから、これは時間がなかったという言い訳はできないわけですよ。五分間しか時間がありませんよといったら、五分間の仕事があるわけですよ。また、一年の仕事もある。

文学でも原稿用紙何千枚の小説もあれば、俳句のように十七文字もある。どっちが偉いか、たくさんのほうが偉いかということになると、芭蕉みたいに一句でも素晴らしい世界を描けますしね。また、一句だからすぐできるかといったら、これまた、うんと考えるわけですね。

それと同じで、そこで与えられた時間を生かすということです。

千年そびえ立っている杉の木もあれば、もう半月しかもたない野の草もある。よく、崖っぷちなんかで根っこが半分はみだして、もうちょっと土が落ちると一緒に落ちてしまうというような状態でも、やっぱり、こう美しさを出そうとして咲いていますからね。

もう、本当に僅かな時間を咲いて、それで散っていくわけですね。

だから、もうこれだけの時間がなきゃ、できませんなんていうのは、死ぬまで待ってもできないですよ。

もう本当に長生きも芸のうちですね。長く生きていくってことはね、やっぱり、大変なことですね。

嫌になったり、もうこれでいいと思ったり、いろんなことを超えていくわけですからね。

そうやって生き、何かを残していくということは、一生という限られた中で何十万キロも飛んでいくのと同じです。

落ちそうになってまた上へ上がってね。上昇気流に乗って。またもう十年延《の》びたりしながら飛んでいくわけですからね。生きるってことは、本当に大変なことだと思います。

11月29日

プロとは考えずして正しい答えが出る人

船井幸雄　船井総合研究所社長

Yukio Funai

依頼の多くは、業績の悪化を向上させたいということです。それには、〝つきの原理〟を利用することなんですね。業績が悪いというのは、つきの堕ちているときです。考えること、なすことみな悪くなっています。そんな時に、意思決定をしてはいけないし、ものを考えてもいけない。みな無駄になる。だから、まずつきをよくしなさいと、つきをよくするまでは、何をアドバイスしてもいけないと、うちのコンサルタントにも言っています。

そのつきをよくするために考え出したのが、船井流の「即事業績向上法」です。つきが悪いのに、誰がやってもポーンとつきを上げるところまで持っていく方法です。私は、この方法を考え出したので、コンサルティング業という商売が成り立っていると理解しています。つきを変えてから、先方さんと一緒に考えてアドバイスしますから当たる、非常に簡単な理屈です。

自分の会社の中でつきのいいものを見つけよ、そして、そのつきのよいものに力を入れなさいというだけなんです。例えば、全体の売上が、前年対比で七十％しかなかったとしても、企業ってのはいろんな商品を扱っていますから、物によっては伸びているものがあるはずです。また、お得意先、あるいは仕入先でも、去年より伸びているところが必ずありますでしょう。それはついているということです。だから、まず、そこに力を入れればいいんです。

伸びている商品、伸びている得意先に力を入れると、ピョコと上向きますよ。すると、つきも上向く、そこがポイントなんです。自分のところが伸びていくと、今度は周囲のついている人が付き合ってくれますからね。つきの悪いときは、他人は付き合ってくれませんでしょう。そういうもんです。で、それからは、ついている他人と付き合いはじめ、つきの管理をしていけばいいわけです。非常に簡単な理屈でしょう。

みなさん、少し理屈で考えすぎるんではないでしょうか。つきの悪いままで、何とかしようといったふうにね。また、このことを本当に分かっていないんでしょうね、腹の底でね。ですから、アドバイスを求めてこられるんでしょう。

それと、私は三十年近くこの仕事をやってきて、経営に関してはプロだと思っています。このプロというのは、考えずして正しい答えが出る人をいうんですよ。

おそらく、特に流通に関しては精通している一人だと自負していますが、百貨店でも小さな小売店でも、店内を一度、ぐるっと回れば、だいたいの売上高と利益率が分かります。ですから、どうすれば売上が上がるかも分かるんです、考えずしてね。相談を受けたら、考えずして正しい答えが出ないと駄目です。考えておきますというのは、それだけでプロとして失格です。これは、正しい直感力が働くということです。これを、お釈迦さんは別の言葉で、〝悟り〟といっています。

11月
30日

成長会社のトップ三十数人の共通項

井原隆一
日本光電工業副社長
Ryuichi Ihara

以前に成長会社のトップ三十数人かの人と対談したことがありましてね。で、対談して気づいたのはその三十何人には非常に共通したものがあるんですね。

一、自分に厳しい
二、がめつい
三、エリート意識がない
四、洞察力がある
五、物、人に対する感謝の念が強い
六、これでいいと満足しない
七、数字が読める（将来の数字を計算するのが巧み）
八、厳しい体験の中から自分が成長する糧を見出している
九、独りぼっちになる（反省）
十、天才は一人もいない

その三十何人かのトップを見ていてね、どうしたら、ああいう姿勢を持てるかを考えてみたんですが、要するに、自分を捨てきっているからなんですね。自分を捨てきれない者は会社を捨てるか、自分が捨てられる。自分を捨てるというのは、自分の立場とか、名誉とか地位とかね、そういうことにとらわれないで、企業の経営のために、全能を傾けられるということです。

12月 December

池江美由紀（EQWELチャイルドアカデミー本八幡教室代表）
山田重太郎（漁師）
松崎運之助（夜間中学校教諭）
堀内政三（巣鴨学園理事長・学校長）
苅谷夏子（大村はま記念国語教育の会事務局長）
中村　元（東方学院院長）
高橋幸宏（榊原記念病院副院長）
大石邦子（エッセイスト）
帯津良一（帯津三敬病院名誉院長）
三村仁司（アシックスグランドマイスター）
小林研一郎（指揮者）
柴田知栄（第一生命保険特選営業主任）
北尾吉孝（SBIホールディングス社長）
外尾悦郎（サグラダ・ファミリア主任彫刻家）
羽生善治（将棋棋士）
皆藤　章（臨床心理士）
羽鳥兼市（IDOM名誉会長）
内田美智子（助産師）
鈴木茂晴（大和証券グループ本社社長）
青谷洋治（坂東太郎社長）
一川　一（剣道教士八段）
西本智実（指揮者）
菊間千乃（弁護士）
神坂次郎（作家）
近藤文夫（てんぷら近藤 店主）
青木新門（作家）
小林正観（心学研究家）
井山裕太（囲碁棋士）
童門冬二（作家）
境野勝悟（東洋思想家）
森　信三（哲学者）

12月1日

トンビでもタカの子育てを真似ればタカになる

池江美由紀
EQWELチャイルドアカデミー本八幡教室代表
Miyuki Ikee

初めての子を妊娠した時、「カエルの子はカエルじゃないんだな」と思ったんです。カエルだと思ってカエルの子育てをするからカエルになるのであって、私のようないわゆるトンビでもタカの子育てを真似《まね》てやればタカになるんだな、とたくさんの本から学びました。

それ以来、常に子どもに対してポジティブな言葉を掛けていきました。「あなただったら、できるよ」「あなたの中にはもっともっと可能性があるんだよ。もっともっと天井は高いし、天井の上には空があり、さらに宇宙がある」と言って、決して限界をつくらない。

私は、生徒さんのお母さんに対しても「女優にならなきゃいけないのよ」って言うんです。いくら実際の生活ではダメな部分があっても、子どもの前ではやっぱりそれを見せてはいけない。たとえ「おまえはこうだったくせに、よく子どもにそんなこと言えるな」ってご主人に言われたとしても、親という仕事をしているからには子どもがちゃんとした人間になるよう教えるべきだと。私自身、善いことも悪いこともゼロ歳の時からしっかり教えて、ある程度の年になったら親がいなくても、自分で判断して乗り越えていける人に育ってほしいという思いでやってきました。

幼少期の子どもは本当に暗示にかかりやすいんですよね。親の言葉や行動をすべて吸収して自分の性格をつくっていくわけですから、親が常にポジティブな言葉を掛け、ポジティブな行動をしていれば、そういう子どもになっていく。

反対に、常にネガティブな言葉を掛け、ネガティブな行動をしていれば、子どもの自己肯定感は育っていきません。どのお母さんも子どもをよくしたいと思っているんですけど、ついついマイナスな言葉を使ってしまっているんです。

子どもが横にいるのに、「先生、うちの子、落ち着きがないんです」って。私は「お母さん、まずそこから直さなきゃ」と言うんです。親のその言葉を聞いた子どもは「ああ、自分は落ち着きのない人間なんだな」と思い込んでしまう。「そういうマイナスな言葉は絶対に本人の前で言わないでください」って指導していますね。親の一言一句《いちごんいっく》が我が子の人間形成に大きな影響を与えるということをぜひ分かっていただきたいです。

一筋っちゃええもんやぞ

山田重太郎　漁師

Jutaro Yamada

海兵団の新兵時代のある日、演習が終わって一人腰を下ろして弁当を食べていると班長が側にやってきました。「おまえは上の人に胡麻をするということを男らしくないと思っているようだな」「その通りです」「しかしな、山田。おまえがいま海軍でやっておれるのは、結局先輩方にいろいろなことを教えてもらっているからだ。胡麻をすると思えば、卑《いや》しい気持ちになるが、先輩方のおかげという感謝の気持ちを持ってくれんか。そうすれば自然と先輩を敬う気持ちも生まれてくる」と諭してくれたのです。目が覚めるような思いがしました。改めて考えてみると私の考えはケチ臭い考えでした。先輩を敬うということは結局自分を生んでくれた親を敬うこと、そうして祖先崇拝にも繋がっていくことなのです。

それに気づいた私の変貌《へんぼう》ぶりが周囲にも認められたのか、実務の点数も上がりました。そして尋常小学校もまともに出なかった水兵長の私が、航海学校の高等科に進むことになったのです。水兵長が高等科まで進むことはそれまで例のないことでした。しかし、私が抜けた後に入った同い年《おなどし》の人間が、赴任後まもなく戦場に赴くことになり、そのまま海の藻屑《もくず》と消えてしまったのです。まるで自分の代わりに死にに行ったようなものでした。あの戦争では多くの命が散っていきました。彼らのことを思えばいまも涙が止まりません。

生き残った私の人生というものは、いわば余生のようなものだと思うのです。だから、金儲けなど個人の利益ばかりを考えず、世のためになることをしなければならない。そういう思いが常に私の根底を流れていました。結局金や名誉には、この年になるまで無縁でした。何になりたいという欲もなく、ただ純粋にマグロを追いかけてきたのです。

五十年近くマグロを追いかけるうちに、結局マグロは人間とちっとも変わらないということが分かってきました。そして、マグロが私の人生の師匠になりました。マグロの世界には原点があります。生物は必ず生きよ、生きるために学習せよ、という原点です。原点がはっきりしているから、長い歴史を生き続けてこられたわけです。人間は自然を無視してバランスを崩しているから、そうした原点が見えなくなっています。いまの社会の混乱も、生とは何か、死とは何かといった原点を忘れたところに原因があると私は思うのです。

私が初めてマグロ漁船に乗り込んだのは昭和二十一年、二十四歳の時でした。一航海終えて三崎の魚市場に船が着いた時、夜も昼も寝ずに働く稼業の過酷さにほとほとまいり、陸上でこれだけ働けばもっと良い収入が得られ、出世するのではないだろうかこの仕事は俺には向いていないのではないかと悩みました。そこで船長に「辞めようと思います」と相談してみました。そのときの船長の言葉は、いまでも忘れません。「いやあ、重やんよ、一筋っちゃええもんやぞ。ほんまが見えてくる」。その言葉に感動し、私は今日までマグロ一筋に生きてきました。だからこそ、他の人が見失いがちな〝ほんま〟すなわち原点を見失わず、有意義な人生を送ってこられたのだと思います。

12月3日

誕生日は、産んでくれた母に感謝をする日

松崎運之助
夜間中学校教諭
Michinosuke Matsuzaki

夜間学校に通う生徒たちに「父」と「母」という漢字を教えて差し上げた時のことです。「父」は斜めに線を引っ張って下にバッテンを書くだけだけど、「母」は「く」と「く」のさかさまを組み合わせ、不安定に傾いていて、中に点々まである。

父は簡単だけど母は難しいというのが　皆さんの一致した意見でした。

「先生、点々は略しちゃいけないの？　一本の線でいいじゃない」「点々はお母さんのおっぱいを表しているから、簡単には変えられません」と答えると、「ええ!?　おっぱい出していいの？」「やっぱり棒線で消したほうがいい」と大騒ぎ。

そうこうしているうち、ある生徒さんが「先生、悪いけど私にはあれがお母さんのおっぱいには見えません」と言い出しました。

困ったなと思っていると、その方は、「私にはお母さんの涙に見える」とおっしゃいました。すると他の生徒たちも、「そうだ。あれはお母さんの涙だ。お母さんの涙は大事にしなくちゃな……」と頷《うなず》き、それぞれが苦労の多かったお母さんの話を始めました。

若い頃、母の心など知らずどれだけ反抗したか。逆らったか。溢れ出る涙をそのままに皆さんが語り出しました。

年が違おうと国籍が違おうと、父がいて母がいて、今日まで多くの方々に支えられて生きてきたことは変わらない。それは私も同じです。

私もクラスの仲間として、皆さんに母の話をしました。私は両親が満州から引き揚げてくる混乱のなかで生まれました。小さかった兄は、私が母のお腹《なか》にいる時、逃避行を続ける最中で息絶えたといいます。

失意のどん底に叩《たた》きつけられた母は、泣き明かした後、「いま息づいているこの命だけは何があっても産み出そう」

と誓い、私を産んでくれたのです。

私は誕生日が来る度《たび》に、母からこの話を聞かせられました。

「あんたが生まれたのはこういうところで、その時、小さな子どもたちがたくさん死んでいった。その子たちはおやつも口にしたことがない、おもちゃを手にしたこともないんだよ。あんたはその子たちのお余りをもらって、やっと生き延びられたんだ。あんたの命の後ろには、無念の思いで死んでいった人たちのたくさんの命が繋がっている。そのことは決して忘れちゃいけないのよ」

私は生まれてこのかた、母に誕生日プレゼントをもらったことはなかったし、欲しいと思ったこともありません。私にとって誕生日は、産んでくれた母に感謝をする日でした。

12月4日

一流の男の背景には必ず母親からの影響がある

堀内政三　巣鴨学園理事長・学校長

Masazo Horiuchi

うちの生徒の通学時間を調べると大体が一時間前後。大概関東圏内から通学していますが、中には静岡や長野から新幹線で通ってくる生徒もいる。片道二時間かかる生徒が結構いるんです。それでも寒稽古の出席率は九十%以上。六年間精皆勤者は何十人もいるんです。しかし、その裏にはご家族の協力があることを忘れてはいけないと思っています。保護者会で伺ったところ、息子を寒稽古に行かせるために三時起きしているお母さんが、なんと二百何十人もいるんです。

私は長く教育界にいますから、いろいろな人物を見てきました。大学時代からの学者との付き合いもありますが、一流の男の背景には必ず母親からの影響があります。これは間違いない。みんな母親のことを言いますよ。

親孝行という言葉がありますね。親は父親と母親がいますから、両親に孝行することが親孝行だとみんな教えている。これは間違いではないけれども、本当の親孝行は母親にすることだと私は生徒たちに教えています。ただし父親は無視しない、と。だって子供は父親の背中を見て育ちますが、母親とは正面合体でしょう。敵《かな》うはずないですよ。私の親友に戦争末期にインド攻撃の隊長を務めた男がいるんです。彼はビルマの密林を通ってインド兵と合戦しようとした時、終戦になったんですが、密林の中だから日本と連絡も取れないし、補給もない。サルの肉まで食べて糊口《ここう》を凌《しの》いだそうですが、二百人いた部下は次々と死んで最後に残ったのは五人くらいだったそうです。髭《ひげ》も髪も伸び放題、毛むくじゃらでやせ衰えた兵隊たちがいよいよ事切れる時、「天皇万歳!」と言った兵隊は一人もいない、「父ちゃん!」なんて言ったのも一人もいない。最後はみんな「母ちゃん!!」って叫んだそうです。私はこれ、真実だと思います。

こういう話を踏まえ、私は保護者会の席で、「親孝行とは母親孝行である。しかし、孝行される母親になるには条件がある」と言っています。息子が中高校生時代は「鬼ババア」になることです。

女性は子供を産めば、みんな教育ママになります。おっぱいをあげるだけなら犬やサルでもできる。むしろ動物のほうが親子関係は密接ですよ。子供の首を絞めたりしませんから。では子供を育てる、教育するとはどういうことか。それは、「将来の成長のために少しずつ無理をさせる」ということです。これが巣鴨が掲げる「努力主義精神」の神髄ですよ。

子供が頑張ってここまでできた。「ああ、よくやったね。じゃあ次はここまでやってみよう。もっとやってみよう」と少しずつ無理をさせる。「ああ、よくできたからもういいよ」では、そこで成長は止まってしまいます。「お母さん、まだやるの?」と子供が弱音を吐いたり泣き言を言ったら、「そうだよ」と言う。それが鬼ババアです。鬼には赤鬼、青鬼いろいろいますが、人間の鬼は神の別名です。鬼瓦は悪魔を退治して家を守るためにいるんでしょう。だから中高生時代は子供に「鬼ババア」と思われてもいいんです。いずれ母は神だったと気づく時がくるんですから。

12月
5日

国語教育の神様・大村はまの指導術

苅谷夏子
大村はま記念国語教育の会事務局長

Natsuko Kariya

「国語教育の神様」といわれた大村はまと出会ったのは、私が中学一年九月の転入時です。当時六十三歳の大村は、明るい調子のあいさつで授業を始めると、小さな藁半紙《わらばんし》を配りました。「夏休みの宿題はきょうが提出日でしたね。少し遅れるという人もありますか。この紙に提出状況や予定を簡単に書いて、添えて出すように。隣の人と相談したりしないで、静かに、さっとやりましょう」と言いました。

転入生だった私はどうしていいか分かりません。尋ねに行こうかと考えましたが、それをさせない雰囲気が大村にはありました。結局、考えた末に「私は転入生なので何も提出できません」と藁半紙《わらばんし》に書き、黙ってそれだけを出すことにしました。

二日ほど後のこと、まだよく名も知らない同級生が「はま先生がね〝ああいうことを黙ってやり切るのは大きな力だ。今度の転入生は力のある子だ〟って褒めてたよ」と教えてくれたのです。迷った末にとったあの行動を「力」と評価してくれたのだと知った時、あの先生についていこう、という気持ちになったのを覚えています。

大量の本や新聞・雑誌・パンフレットなど、驚くほど多彩《たさい》な教材を使った授業は「大村単元学習」と呼ばれました。一度も同じ授業を繰り返さなかったといわれています。授業をリードするその姿は実に知的で、具体的な知恵と技術に満ち、生徒としてはついていかざるを得ないような強い引力がありました。

特に印象に残っているのは、「『私の履歴書《りれきしょ》』を読む」という単元です。日本経済新聞の連載が本として五十巻ほど発刊され、各自、違う人の自伝を担当し、その人となりなどを発表する取り組みです。その初回の授業で、「これまでの自分の人生を振り返った文章を書いてみましょう」と課題が出されました。

思い出しながら、題材をメモしていくと、種になりそうなことはいくらでも出てきます。ところが、いざ一つの文章にまとめようと構成を考え出すと、これは大事なことだけれど人には知られたくないとか、これは実際以上に少し強調して書きたい、などと、思いも寄らないようなややこしい気持ちが自分の中に湧くのです。事実としてそこにある自分のこれまでの日々を、平坦《へいたん》な気持ちでは書けないことに戸惑《とまど》いました。そんな最中に大村が「はい、そこまででやめましょう」と作業を止めました。「すべての出来事をあった通りにそのまま書くわけではなさそうでしょう。たくさんの事柄のなかから、それを選び取る自分がいる。実際にあったことでも、書かないこともある。選び、捨てる、そこにこそ、その人らしさが出てくるんじゃありませんか」

その一瞬、文字通り目から鱗《うろこ》が落ちました。生まれて初めて「ものを書く」ということの本質が垣間見えた瞬間でした。そうか、表現するとはこういうことか。文章も音楽も美術も、日常の言葉のやりとりさえ、拾うことも捨てることも経た上での表現なのだ！　どこかから「ぐいっ」と音が聞こえるくらい、ひとつ大人になったのだと、私は実感していました。

12月6日

因と縁の力を大事にする

中村 元　東方学院院長

Hajime Nakamura

お釈迦様がどこまで説かれたか分かりませんが、因縁ということをいうわけなんです。因は主な原因で、縁のほうはそれを助ける条件ですね。それが無数にあるわけなんです。

極端にいえば、いかなる小さなものといえども、全宇宙がそこに影響を及ぼしている。小さなものといえども、全宇宙を反映する鏡であるというようなことを仏教の哲学ではいうわけです。

例えば、私はここにこれだけの小さな体をもって生きています。いま、私の着ている服にどれだけ純毛が入っているか知りませんが、若干の部分は外国から輸入しているかもしれない。そうすると、外国の羊が草をはんで、それで毛を生産してくれたわけですね。そこには遠い彼方《かなた》の光、熱が及んでいるわけですね。そうなると、わずかな羊毛といえども、遠い彼方の宇宙が、そこに力を及ぼしているわけです。

それから、私は毎日、少しずつご飯をいただきますが、大豆にしても米にしても、外から力が働いて、太陽の熱がそこに及んでいるわけです。そうすると、わずかの食糧といえども、全宇宙とのつながりがある。

その関係をずうっとたどっていきますと、因果の連鎖の網は、とても人知では突き止めることはできませんが、宇宙全体と連絡があるわけですね。どんな小さなものでも宇宙を反映しているということになります。

そう思いますと、個人個人の存在というものも、決して他から切り離されたものじゃなくて、他の、いろいろな力がそこに及んでいる。

その因果の連鎖の網は、いちいち突き止めることもできないし、近づくこともできないが、そこに力が働いていることは間違いないわけです。

で、これに目覚める必要があるんじゃないでしょうかね。自分一人の力ってものは考えてみればないわけでして、他から、ずうっと力が及んでいるわけです。無数の因と縁が集まって、我われの存在もある。だから、その因と縁の力を大事にするということに尽きると思います。これは日本人が多かれ少なかれ感じていることじゃないでしょうか。

これを、感謝の気持ちを持ってみると、恩の思想になりますね。いろんな人から恩を受けている、と。単に一人ひとりの個々人ばかりじゃなくて、生きとし生けるものからも恩を受けている、と。

12月7日

大事な時に偶然でもいいから現場にいる

高橋幸宏
榊原記念病院副院長
Yukihiro Takahashi

卒業後、東京の代々木にあった榊原《さかきばら》記念病院（現在は東京都府中市）への入職を希望しましたが、新米《しんまい》はいらないと断られ、二年間、熊本の日赤病院で初期研修を積んだ後、一九八三年、榊原記念病院に研修医として採用されました。榊原記念病院は心臓外科の世界的権威・榊原仟《しげる》先生が設立された病院です。先生は既に亡くなっていましたが、榊原イズムは院内にしっかりと根づいていました。

決して依頼患者を断らないのが榊原イズムです。最も驚いたのは、患者の急変があると、昼夜を問わず医師だけでなく検査技師や放射線技師が多人数すっ飛んでくることでした。その対応の早さを見て「さすがだ」と思いましたね。当時は見るもの、聞くもの、触るものすべてが新鮮で、先輩方の手術でも何でも見逃しては損と考えるようになっていたんです。

それとも関連することなんですが、僕はひと月で二十五回という病院史上最多の当直回数記録を持っています。それに外科の正職員になるまでの五年間のうち約二年半は病院に泊まり込む「ＩＣＵ（集中治療室）の夜の帝王」との異名を持っていました。まぁ、労働条件にうるさいいまでは許されないことでしょうけど。

だけど、いま振り返っても、この五年間の体験は本当に大事だったと思います。それは医師として最初に覚えなくてはならないことの習得です。まだ本格的な手術ができるわけではありませんから、緊急搬送された患者さんに医師や看護師、検査技師などのスタッフがどう対応していくか、仕事の流れはどのようになっているのかをつぶさに観察しました。特に大切なのは偉い先生がいない夜間です。夜間は新米医師と看護師、検査技師だけで診ていくので、ＩＣＵをどのようにマネジメントするかはとても重要になってくるのです。

術後間もない患者さんを一人で診ることができたこと、また、軽症例でしたが十年ほどで五百例近くの心臓手術を経験させていただいたことは、いまでも僕の大切な財産となっています。

急変した患者さんに皆で対処していると、スタッフ間に家族的な信頼関係が生まれ、助け合う仲間となっていきます。この体験を通して「大事な時に偶然でもいいから現場にいる」ことの大切さを実感しました。

その頃は多少の犠牲を払ってでも生きた医療を身につけたいという思いがあったと思います。四六時中働く中で十分に考えて工夫し、仲間と笑い合える時間があったからこそ、いまでは楽しい思い出として残っているのだと思います。

12月8日

生かされている実感

大石邦子　エッセイスト
Kuniko Oishi

私の身体が萎《な》えたまま一生回復しないことを百も承知している父は、同じ言葉を繰り返す以外に、私への愛情を表現する方法を知らなかったのでしょう。あとで聞くと、父は帰りには必ず看護婦詰所（当時は〝看護婦〟でした）に寄り、「お願いします」「頼みます」と、これも同じことを繰り返して、何度も頭を下げたそうです。

のちのことになりますが、あれほど「大丈夫だ」と言っていた父は、いまから三十年前の昭和五十一年、入浴中に心臓麻痺《まひ》であっけなくこの世を去りました。苦しむ間もない死だったそうです。死までの一瞬、父の脳裏《のうり》に去来《きょらい》したものは何だったのでしょうか。それを思うと、いまでも居ても立ってもいられないような気持ちになります。そして、母が来ると八つ当たりです。しかし、八つ当たりしたところで、何がどうなるものでもありません。終《しま》いには感情を持っていくところがなくなって、大声を上げて泣くしかないのでした。そんな私の頭を抱え込むようにして、母はいつまでも動きませんでした。母もまた、私以上の悲しみに耐えていたのだと思います。

私は愚かで、小さな人間です。命というもの、生きるということに目を見開いていくには、一歩前に出て半歩引き下がるような歩みをするしかありませんでした。

こんなことがありました。あれは病室で二度目の冬を過ごして迎えた春だったでしょうか。会津《あいづ》若松には名所の鶴ヶ城があり、春には三千本のソメイヨシノが咲き誇って花見客で賑《にぎ》わいます。その夜も窓の向こうは夜桜見物でさざめいていました。

それを全身で感じているうちに孤独感がこみ上げ、私は堪《たま》らなくなって大声で叫び、手当たり次第に物を投げつけました。といっても、身動きができず、動くのは右手だけですから、大した物は投げられないのですが。

看護婦さんが駆けつけました。私と同い年の看護婦さんでした。彼女は黙って私に近づきました。私は彼女に物を投げつけ、投げる物がなくなると彼女のカーディガンをつかみ、胸を叩き、泣き叫びました。それでも彼女は黙ってじっとしていました。

やがて私は声も嗄《か》れ、手を動かす気力もなくなりました。すると、彼女が言ったのです。

「ちょっと桜を見てこようか」

私をタオルケットで包み、おんぶして、彼女は階段を一歩一歩下りてゆきました。彼女の背中の温かみが伝わってきて、麻痺した体が溶けていくようでした。ああ、この人は私の苦しみも悲しみも一緒に背負ってくれている――その思いがこみ上げてきました。

彼女は私の半身不随という病気を見ているのではなく、病気を背負った私という人間を見ていてくれるのだ、と思いました。私は一人ではないと思いました。両親をはじめ、たくさんの顔が浮かんできました。自分はどんなに多くの人に支えられているかを、痛いように感じました。私は生きているのではない、多くの命の絆《きずな》に結ばれて、生かされているのだ。素直にそう思えました。

心の養生・食の養生・気の養生

帯津良一
帯津三敬病院名誉院長
Ryoichi Obitsu

私は生命場を高めるには三つの要素が必要だと考えます。「心の養生《ようじょう》」「食の養生」「気の養生」です。

「心の養生」は一言でいえば、常に向上心を持って取り組んでいくことです。どこまでも生命のエネルギーを高め続けることです。ただ、ここで念を押しておきたいのは、いわゆる「明るく前向き」という言葉についてです。意外でしょうが、実は明るく前向きな人ほど、エネルギーを失いやすいのです。

私も最初は人間は明るく前向きなのがよいと思っていました。そのために開業当初、患者さんを明るく前向きにする心理療法《りょうほう》チームを立ち上げたりもしましたが、ある時、気づかされました。明るく前向きな人が経過がいいのではなく、経過がいいから明るく前向きになれるのだ、と。経過が思わしくなければ、奈落《ならく》の底に落ちて立ち直れなくなる人が多いのです。

ではどうしたらいいのか。私は多くの人を観察する中で、人間は本来哀《かな》しくて寂しい存在であり、明るく前向きにだけでは生きていけないと考えるに至りました。元気な状態でも常に悲しみや不安が襲ってきます。まして や重病ともなれば、尚更《なおさら》でしょう。作家の水上勉《つとむ》さんは「我々は虚空《こくう》より来たりて虚空へ帰る孤独なる旅人である」とおっしゃっていますが、まさに、そのとおりだと思います。

人間は哀しく寂しい存在という考え方にどっしり腰を下ろした時、「人生は所詮《しょせん》そういうものなのだ」という一種の安心感が生まれます。それが分かると、日々のちょっとした出来事にも「ときめき」を感じるようになります。カツ丼《どん》が好きな人ならカツ丼を食べることでもいいでしょう。異性を見てときめく人がいるかもしれません。よい本や言葉に触れて発奮する人がいます。どんな小さなことでもいいのです。「ときめき」という希望の種を播《ま》いていれば、心は自然と明るく前向きになります。この前向きは哀しみや寂しさから出発していますから、たとえ壁にぶつかってもいつまでも落ち込むことはありません。

悲しみ→希望→ときめき→明るく前向き→悲しみ→希望→ときめき→明るく前向き……。この循環《じゅんかん》を繰り返す中で、「死後の世界」に向かって生命場のエネルギーは高まっていくのです。

次に「食の養生」です。食の養生というと、どうしても食事制限や玄米菜食という言葉を連想します。もちろんそれも大切なことだと思います。しかし、ステーキが食べたいと思った時には思いきって食べて自然治癒力を高め、翌日には再び玄米菜食に戻るといった「攻めの養生」も大切なのではないでしょうか。

私は、大地のエネルギーを含んだ旬のもの、地場のものを食べること、好きなものをときめきながら少量食べることは、とてもいいと考えています。ちなみに、私はお酒も養生という持論があって、晩酌《ばんしゃく》は欠かしません。

三つめの「気の養生」。これは大宇宙の気を体に取り入れることです。気功《きこう》、ヨガ、神道の呼吸法など自分に合った健康法を実践していただきたいものだと思います。

12月10日

若い時に流さなかった汗は老いて涙になる

三村仁司
アシックスグランドマイスター
Hitoshi Mimura

この道に入ったきっかけは、やはり陸上で長距離をやっていたことですね。日本を代表するような選手ではなかったが、それほど弱い選手でもなかった。駅伝の名門飾磨《しかま》工陸上部でキャプテンを務めたんですから。大学からも誘いがありました。

だが、大学と名がつけば、走ってるだけじゃ済まない。勉強もあるわけです。ところが、私はこの勉強というやつが大嫌いなんです。

スポーツに関係した仕事がしたいと思いました。それにね、考えていたことが一つあったのです。

当時はいまのように整備されたグラウンドはなく、小石混じりの一周二百メートルのトラックを布製の靴で急カーブを切って何周も走る練習でした。だから、靴がすぐに破れるんですよ。通気性が悪いから蒸れて、故障の原因にもなる。もっと丈夫で走りやすい靴はないかといつも考えていました。

しかし、一直線にこの仕事にたどり着いたわけではありません。また、最初から思い通りにこの仕事に就いていたら、いまの私はなかったと思います。

地元のスポーツメーカーである、当時はオニツカといったアシックスに入社するのに躊躇《ちゅうちょ》はありませんでした。それで、自分の思いをかなえるために研究室を希望しました。ところが配属になったのは製造現場です。

腐るほどではなかったが、がっかりはしましたよ。最初は成形係です。底に糊《のり》を打ってアッパーをつける。量産品だから次から次へと流れてくる。正直、辞めてやろうかとひそかに思ったこともあります。

当時、オニツカの靴は生産が追いつかないほど売れていましてね。とにかく手を休める暇もないほど忙しかった。これがよかったのです。売れる靴というのは、靴の基本がきちっと備わっているからです。その靴の一部を自分の手で何足も何足も作る。それは理屈ではなく、靴作りの基本を自分の体に染み込ませることになりました。仕上げ係も担当しました。はみ出た糊《のり》を削《そ》ぎ取って、中敷きを入れ、紐《ひも》を通す。これらの仕事に汗を流したことは大きかったですね。

後《のち》に瀬古利彦《せことしひこ》選手のシューズを担当し、早大、エスビー食品の監督であり瀬古選手の師である中村清先生と知り合い、私は多大な影響を受けました。その中村先生の言葉にこういうのがあります。

「若い時に流さなかった汗は老いてから涙になって返ってくる」

逆に言えば、若い時に汗を流せば流すほど、その成果は後に現れて喜びになるということでしょう。あの時期に靴作りの基本、本質を体を使って身につけたことが、いまの別注シューズ作りに生きていることを思わないわけにはいきません。

12月11日

指揮者に求められるもの

小林研一郎　指揮者

Kenichiro Kobayashi

ちょうどブダペストのコンクールで優勝した後、こんなことがありました。コンクールの様子はヨーロッパ各国のテレビで放映され、「面白い日本人がいる」というのでいろいろなところからオファーをいただいたのですが、その一つがイタリアの一流のオペラ劇場でした。一度はオペラを指揮してみたいという思いがあってお引き受けしたのですが、超一流の音楽家がいる劇場にイタリア語が喋《しゃべ》れない日本人の指揮者が行くわけです。

一か月ほどそこに留《とど》まって練習し、本番の三日ほど前には何とか形になるというところまで漕ぎ着けました。その日、一人の新聞記者からインタビューの申し出がありました。「インタビューといいましても、通訳がつかないと無理です」と答えると、「えっ?」という顔をされて「それなら結構です」とすぐに立ち去っていかれた。その間、僅《わず》か三十秒です。

それで二日後の新聞、「イタリア語も話せない東洋人の指揮者が伝統あるオペラ劇場で指揮」「なぜそんな東洋人に指揮をさせるのか」と嫌味たっぷりに報じられたんです。

だからといって、僕もそれで帰るわけにもいきません。本番当日ステージに立つと、指揮者の僕にライトが当たっても拍手が来ない。皆、新聞を読んでいるから、パチッという音すらしないんです。

ところが、蒼白《そうはく》になりながら後ろを振り向くと、オーケストラのメンバーは心得たもので「でも俺たちはちゃんとやってきたよ。小林はイタリア語は喋れないかもしれないけど、いい音楽をつくってきたよ」という顔で僕を見るんですね。

この日の曲目はヴェルディの『ルイザ・ミラー』というとても難しい曲でした。いまやれと言われても絶対にやりません。そのくらい難しい曲なんです。それでもオーケストラはこの日、その『ルイザ・ミラー』をさらに美しく、さらに人々の心に響き渡るように見事に演奏してくれました。

そして七分ほどの序曲が終わった瞬間、何と会場全員が総立ちになったんです。「ブラボー」という声が響いたり、口笛が鳴ったりイタリア人特有の大歓声でした。その時は本当に地獄から天国に上ったかのような感覚でした。

これは僕の指揮者としての一貫した信条ですが、オーケストラの一人ひとりをひたすら尊敬するんです。なぜなら、ヴァイオリンにしろチェロにしろ、彼らは大変な天才なのですから。楽器を持たせたら、僕などどんなに頑張っても寄りつけない。その相手に接する時に、ちょっとした言葉一つによって、まるで僅かに開いた風呂の排水口から水が全部漏れてしまうように、演奏会のすべてが台無しになってしまうことだってあるんです。

そうならないように、超天才の集団として一人ひとりを認め、羽ばたかせることのできる煌《きら》めく時間をつくるのが指揮者の役割です。その時に初めて聴衆の心に大きな火を灯《とも》すことができ、心に訴えることができると思っています。

12月12日

生命保険の営業に真に求められるもの

柴田知栄
第一生命保険特選営業主任
Chie Shibata

私たち生命保険の場合は、もちろん契約をいただくまでも営業ですが、成約後、そこから本当に長いお付き合いが始まるわけです。だから生保の営業に真に必要なのは誠実であるとか、嘘をつかないとか、そういう人間として非常にベーシックなものだと思います。

だからこそ、長い時間を共有してお付き合いをしていくお客様にもそうであってほしいと私は思うんですね。違うなと思うことや納得のいかない点があったら、こちらの意見をしっかりと申し上げます。

例えば、最近のベンチャー企業では若手の社長が大いに活躍されていますが、そうした方の中には「保険には入らなくていい」と公言される人もいらっしゃいます。きっとまだお若いから死や病気といったことをイメージなさらないのでしょう。私は「それは違いますよ」と申し上げるのです。

「社長に万が一のことがあったら、社員の皆さんやそのご家族の生活はどうなるのですか。ご自分に保険をかけることが、社員の皆さんのためであり、愛情でもあると思いますよ」と。

会社に対しても同じで、「お客様から見た時、ここはおかしく映るから改善してください」と問題点があればズバッと指摘します。やっぱり問題の答えは現場にありますから、お客様と会社を結ぶ立場として言うべきことは言わないと。

ただ、私は正義感の塊《かたまり》のような人間ですけど、一方でそこが欠点でもあるんですよね。理詰めで正論をまくしたてるから、祖母に「置き葉を置いておきなさい」、要するに相手に逃げ道を残してあげなさいと注意をされていました。

私はお客様に対して一度も自分の成績とか自己都合を考えて営業をしたことがないという自負があります。

毎月毎月のノルマ生活ですから、時には苦しいこともあります。だけどお客様に無理にお願いしたり、必要のない保険を売ったりしたことは一度もありません。だからこそ、お客様に信頼されていると思うし、お客様のことを想って、時には自分の意見を申し上げるのです。そう心掛けているから、自分自身もいつも気持ちよく仕事ができ、生きていけるのだろうと思います。

必ずやりとげる徹底心――出光佐三の処世信条

北尾吉孝　SBIホールディングス社長
Yoshitaka Kitao

出光さんは五十九歳の時、敗戦によってすべてを失われて、再出発されるわけです。二十年以上かけて建造したタンカー「日章丸《にっしょうまる》」が攻撃を受け、沈没してしまった。海外に持っていた拠点、財産もなくなってしまった。残ったのは借金だけ。にもかかわらず、敗戦から二日後の八月十七日、全社員に対して「愚痴《ぐち》を止めよ」「世界無比の三千年の歴史を見直せ」「そしていまから建設にかかれ」と言われたんです。

しかも、仕事など一つもない時に海外で働いていた八百人が引き揚げてくる。そんな状況の中で、「一人も馘首《かくしゅ》（解雇）しない」と言われているんですね。

戦後、石油メジャー（世界の石油産業をほぼ独占した欧米の企業複合体）は日本の石油会社の経営権を取ろうとしていました。他の日本の石油会社がどんどんメジャーと提携していく中で、出光興産だけが唯一、提携せず信念を貫かれた。外資に牛耳《ぎゅうじ》られた主体性のない会社になっては意味がないと考えられたのです。

まともに石油を仕入れられないというものすごい圧力がかかってくるわけですけど、それに屈することなく、その圧力を撥《は》ね除《の》ける方法を考えてしまう。

メジャーがもう出光には石油を売らないという現実がある以上、どうすればいいか。メジャー以外から買えばいい。買うためにはタンカーが必要だ。ならば、タンカーを造ればいいという発想に次々と繋がるんです。

この時、造られたのが日章丸二世です。

それでまずアメリカへ行き、メジャーではないところから買う。そこがメジャーに押さえられると、場所を変えて、メキシコ、ソ連から石油を手に入れる。そして最終的にはイランまで行かざるを得なくなるわけですよね。

当時はイギリスがイラン国内での石油開発の利権を握り、巨額の富を得ていました。イランから直接石油を買い付けようとしたイタリアとスイスのタンカーはイギリスの軍艦に拿捕《だほ》されています。

拿捕されれば石油は全部没収されてしまいます。ただ、出光さんは拿捕されることはあっても撃沈されて人命まで失うことはないと、冷静な判断をされた。そして、祈るような気持ちで日章丸を送り出すわけですけど、天は彼に味方しました。このイランからの石油輸入を契機として、出光興産はその後大きく発展をしていきました。

出光さんの言葉に「青年の処世上最も大切なことは、やりかけた仕事は万難《ばんなん》を排《はい》して必ずやりとげるという徹底心である」とあります。やはりどんな些細《ささい》なことでも、自分で決めたことは途中で投げ出さずに、根気よく、粘り強く続ける。いったん自分が決したことはできるまでやり抜いていく気概《きがい》を持たなきゃいけませんね。

12月14日

いまがその時、その時がいま

外尾悦郎
サグラダ・ファミリア主任彫刻家

Etsuro Sotoo

私の本当にやりたい彫刻とは、新しいものを設置した時に、地元の人たちが、あぁ、これはなぜいままでなかったんだろうか、と感じるようなものをつくることなんです。彫刻は大きくて重いものですし、一度置いてしまうとなかなか退かせられません。だからそこで生活していた人が突然リズムを狂わされたり、邪魔に思うようなものではまずい。新しいけれども、前からあってほしかったと感じてもらえるようなものを必死に探していく。したがっていまのアーティストといわれる人たちと私が全《まった》く違うのは、私は創造者ではなく、探究者であるということです。

ガウディも「人間は何も創造しない」という言葉を残しています。では我われには何ができるかといえば「発見」しかできないんですね。彼が「私は神の創造に寄与しているだけだ」と述べたように、草木が育ち鳥が空を飛んでゆく。その不可思議な、人間業《わざ》では成し得ないものの美しさ。そうしたものを求めてそれに近いものをつくっていく。そのためには「観察」が大切で、観察なくして発見はない。だから人間にとって一番大切なのは観察すること、つまり現実から逃避しないこと。その現実に正面から向かっていく勇気が重要だと、ガウディも説いているのだと思います。

我われは彫刻や建築といったように勝手にジャンルを分けていますが、本来人間というのは、その大本のところ、人間にとっての幸福ですね。そうしたものを求めて、初めていろいろなものを発見できるのではないかと思います。

私は長らくサグラダ・ファミリアの職員ではなく、一回一回、契約で仕事をする請負の彫刻家でした。教会を納得させる作品ができなければ契約を切られる可能性がある。命懸けという言葉は悲壮感があってあまり好きではありませんが、でも私自身としては常に命懸け。というのも命懸けでなければ面白い仕事はできないからです。

ただ本来は生きているということ自体、命懸けだと思うんです。戦争の真っただ中で明日の命も知れない人が、いま自分は生きていると感じる。病で余命を宣告された人が、きょうこの瞬間に最も生きていると感じる。つまり、死に近い人ほど生きていることを強く感じるわけで、要《よう》は死んでもこの仕事をやり遂げる覚悟があるかどうかだと思うんです。

この三十四年間、思い返せばいろいろなことがありましたが、私がいつも自分自身に言い聞かせてきた言葉がありましてね。

「いまがその時、その時がいま」というんですが、本当にやりたいと思っていることがいつか来るだろう、その瞬間に大事な時が来るだろうと思っていても、いま真剣に目の前のことをやらない人には決して訪れない。憧《あこが》れているその瞬間こそ、実はいまであり、だからこそ常に真剣に、命懸けで生きなければいけないと思うんです。

12月15日

自分の状態を測るリトマス試験紙

羽生善治　将棋棋士

Yoshiharu Habu

結果が出ないとか、負けが込んでいるとかで苦しむことはよくあります。そういう時は、もうその状況を受け入れるしかないっていうことは思いますね。時間が解決してくれるケースもあるので、その時が来るまで待つというところでしょうか。

それから、自分の実力はこれくらいということをよくわきまえておくことも大事だと思います。いまはまだ実力が十分備わっていないんだから、結果が出なくても当然だと自覚していれば、大変な時期でもそんなに深刻にならずに乗り越えていけるかもしれませんね。

その時の自分の状態が分かるリトマス試験紙というのを私は持っていましてね。よく人から「頑張ってください」って言われることがあるでしょう。その時に「ありがとうございます」って素直な気持ちで言える時ってだいたいいい状態なんです。いや、そんなこと言ったってもう十分頑張ってるよって思う時はあまりよくない。

棋士としてのあり方という点では、いまでも印象に残っているのが、亡くなった米長邦雄先生です。私が初めて名人戦に臨んだ時の相手が、前年に四十九歳で名人位に就かれた米長先生でしてね。あの時の先生は、対局中に一回も膝《ひざ》を崩されなかったり、並々ならぬ思いを込めて臨んでおられました。

勝負は、私が三連勝して名人位に王手をかけたんですが、そこから先生が盛り返されて二連敗を喫してしまいました。後で知ったんですけど、米長先生は私に三連敗した後、負けたら引退するつもりで第四局に臨まれていたらしいんです。

ところが先生は、対局の合間の休憩時間などには、立ち会いの内藤國雄先生と朗らかに談笑をなさったりして、そういう覚悟は微塵《みじん》も感じさせなかった。並々ならぬ決意を持って勝負に臨みつつも、そういう逆の振る舞いをあえてなさっていた姿が、非常に印象に残っています。

米長先生の世代の方とは、タイトル戦を戦う機会が少なかったので、とても貴重な勉強をさせていただきました。

12月
16日

命懸けで人の話を聴く

皆藤 章
臨床心理士

Akira Kaito

話を聴いている、というと「聴けばいいんですか」「誰にでもできることですね」と思う人がいらっしゃるでしょうけど、臨床家として私が意識しているのは命懸けで話を聴くということです。一人の人の声に五十分間、ひたすら耳を傾けます。「ああしたらいい、こうしたらいい」という話は一切しません。週一回の話が長い人になると二十年以上続くこともあります。

語り手の命の呼吸を一心で受け止められるようになるには、途方もない訓練が必要でした。人の心を知るには、まず自分が何者であるかを知らなくてはいけません。ユングの心理学は夢の分析を行い心の奥底を見つめるのですが、私は自分が眠っている時に見た夢を分析して、河合隼雄《はやお》先生に報告に行くというトレーニングをずっと続けてきました。でも、先生はいつも私の話を黙って聴くだけで、ひと言も何もおっしゃらない。「皆藤さん、きょうで訓練も終わりやな。よう頑張ったな」というお言葉をいただくまでに実に十年以上がかかりました。

私が相談を受けていた一人に、長年不登校だったお子さんがいました。いまは元気になって社会で頑張っておられますが、母親ががんに罹《かか》った時、朝早くお百度参りをするんですね。こんなに若い子がお百度を踏むんだと驚いたんですけど、私が神仏に祈るのとは全《まった》く比較にならない、すごい祈りだと思うんです。

で、ある時、これは私が臨床でやっている魂のお世話をすること、命懸けで話を聴くことと同じではないかと気づきました。相手の命が自分の中にグッと入ってくる瞬間は、まさにそれではないのかなと。別の言い方をすると相手の命の声を聴くことでもあるし、祈り、沈黙というものに近いのかもしれません。

臨床心理学は本来、人間の弱さをなくすための技術や技法を学ぶ学問です。もちろん、病んだ部分を治していくのは臨床心理学に限らず西洋の医学や科学全般に言えることではあるのですが、私の経験で申し上げれば、治るのは患者さん本人の力であって、私の力で治したというのは決してあり得ないということです。

河合先生は京大を定年退官される最終講義で「何もしないことに全力を注《そそ》ぐ」とおっしゃいました。これは相手との一体感の中に自分がいる、という意味で、ものすごい言葉だと思うんです。我われはともすると、誰かを何とかしようとして心をいたずらに傷つけてしまったり、分かってもらえない気持ちを増幅させてしまったり、患者さんのためにならないことを多くやってしまうことがあります。そうではなく、患者さんの弱いところ、傷ついているところ、辛《つら》い思いをしているところに共に寄り添う存在になることこそが大事だと思います。その時、もし自我みたいなものが表に出てくると、患者さんはとても嫌います。私は患者さんたちの命に寄り添うことによって、人間の愛《いと》おしさ、尊さというものをすごく学んだと思っています。

12月17日

自分がどう生きるかではなく、自分がどう生きたか

羽鳥兼市
ＩＤＯＭ名誉会長
Kenichi Hatori

商売人に学問はいらないというのが父親の考え方で、自分が中学生の頃から、高校は行かなくていい、商売を教えてやると言われていました。自分もずっとそのつもりでほとんど勉強せずにいたのですが、二つ上の姉が「お願いだから高校だけは卒業してほしい。弟が中卒だと恥ずかしくてお嫁に行けない」って涙ながらに訴えるものだから、受験をして高校だけは行くことにしたんです。

もっともいざ勉強してみると面白くなってきたものだから、一応大学受験もしたら受かったんですよ。ただ、下宿先まで決まったところで父親が止めに入ってきた。本気でおまえに商売のコツを教えるから、実地で勉強しろと。

さすがに渋りました。そうしたら父親が、おまえ一人が大学に行っても大したことはできない。それよりも商売とはこういうものだという核の部分を教えるから、あとは会社をつくった時に大学を卒業した優秀な人たちに力を貸してもらいなさいと言われました。

なるほど、そういう手もあったのかと。結局、そのひと言で大学に行くのをやめました。

最初の会社を潰《つぶ》してしまった原因ですが、義理の兄が優秀で頭もよかったものですから、彼に経営を任せきりにして自分は現場しか見ていなかったんです。だから彼が誤った方向に行っちゃった時も全《まった》く気づかずに、そのままポンと倒産してしまいました。

先ほど自分がスイッチオンになった話をしましたが、実は同じ時期にある言葉との出合いもありましてね。おふくろとお寺さんへお参りに行った時に、「他人がどう思うかではない。自分がどう生きたかだ」というカレンダーの標語がふと目に飛び込んできました。

要は他人にどう思われるかよりも、死ぬ間際に悔いのない人生だったと思えることが最も大事であると。この言葉に感動しました。もし「自分がどう生きるかだ」という表現だったら、きっと何も感じなかったと思うんですよ。

宇宙の何億年という時間軸からしたら、八十年とか百年という人間の寿命なんか、ちょっとの時間でしかない。だったら、死ぬ五秒前に「素晴らしい人生だった」と言って死にたいなと。そのためには人に迷惑をかけたり騙したりしなければ、人に笑われたくないとか、人によく思われようなんてことを考える必要は全くないんだと気づくことができました。おかげで心が軽くなって、人生がすごく楽になりましたね。

うちのおふくろは九十一歳で亡くなったのですが、とにかく我欲《がよく》がなくて人が喜ぶために全部お金を使って奉仕していたので、一銭も貯金なんてしていませんでした。いったいおふくろはそんな人生をどう思っているのか聞きたくて、亡くなる前に「どんな人生だった?」って尋ねたんですよ。そうしたら、ベッドで横になりながら両手で丸をつくって、「最高だった」と言って笑うと、その五分後に亡くなりました。自分も最後はおふくろのような最期《さいご》を遂《と》げたいなという気持ちですね。

12月
18日

母性のスイッチが入る瞬間

内田美智子　助産師

Michiko Uchida

自分の目の前に子どもがいるという状況を当たり前だと思わないでほしいんです。自分が子どもを授《さず》かったこと、子どもが「ママ、大好き」と言ってまとわりついてくることは、奇跡と奇跡が重なり合ってそこに存在するのだと知ってほしいと思うんですね。

そのことを知らせるために、私は死産をした一人のお母さんの話をするんです。

そのお母さんは、出産予定日の前日に胎動《たいどう》がないというので来院されました。急いでエコーで調べたら、すでに赤ちゃんの心臓は止まっていました。胎内で亡くなった赤ちゃんは異物に変わります。早く出さないとお母さんの体に異常が起こってきます。でも、産んでも何の喜びもない赤ちゃんを産むのは大変なことなんです。

普段なら私たち助産師は、陣痛《じんつう》が五時間でも十時間でも、ずっと付き合ってお母さんの腰をさすって「頑張りぃ。元気な赤ちゃんに会えるから頑張りぃ」と励ましますが、死産をするお母さんにはかける言葉がありません。赤ちゃんが元気に生まれてきた時の分娩室は賑やかですが、死産のときは本当に静かです。しーんとした中に、お母さんの泣く声だけが響くんですよ。

そのお母さんは分娩《ぶんべん》室で胸に抱いた後「一晩抱っこして寝ていいですか」と言いました。明日にはお葬式をしないといけない。せめて今晩一晩だけでも抱っこしていたいというのです。私たちは「いいですよ」と言って、赤ちゃんにきれいな服を着せて、お母さんの部屋に連れていきました。

その日の夜、看護師が様子を見に行くと、お母さんは月明かりに照らされてベッドの上に座り、子どもを抱いていました。「大丈夫ですか」と声をかけると、「いまね、この子におっぱいをあげていたんですよ」と答えました。よく見ると、お母さんはじわっと零《こぼ》れてくるお乳を指で掬《すく》って、赤ちゃんの口元まで運んでいたのです。

死産であっても、胎盤《たいばん》が外れた瞬間にホルモンの働きでお乳が出始めます。死産したお母さんの場合、お乳が張らないような薬を飲ませて止めますが、すぐには止まりません。そのお母さんも、赤ちゃんを抱いていたらじわっとお乳が滲《にじ》んできたので、それを飲ませようとしていたのです。飲ませてあげたかったのでしょうね。

死産の子であっても、お母さんにとって子どもは宝物なんです。生きている子ならなおさらです。一晩中泣きやまなかったりすると「ああ、うるさいな」と思うかもしれませんが、それこそ母親にとって最高に幸せなことなんですよ。

母親学級でこういう話をすると、涙を流すお母さんがたくさんいます。でも、その涙は浄化の涙で、自分に授かった命を慈《いつく》しもうという気持ちに変わります。「そんな辛《つら》い思いをしながら子どもを産む人がいるのなら私も頑張ろう」「お乳を飲ませるのは幸せなことなんだな」と前向きになって、母性《ぼせい》のスイッチが入るんですね。

12月19日

実力より評判だよ

鈴木茂晴

大和証券グループ本社社長

Shigeharu Suzuki

私は決して一番ではなかったんです。私より優れたセールスマン、頭のいい社員は山ほどいましたが、そういう人たちが必ずしも上に立ったわけではない。

若い人たちのために何か参考になるとしたら、自分の上に立つ人のすることをよく見たほうがいいと思います。例えば営業員の場合、年次や役職によって目標が課せられます。その時、自分の目標だけを追いかけてもまず達成できません。上司の目標以上はやろうと思わないと、自分の目標は果たせないんです。これは不思議ですね。

それから、目標数字を果たすために、あらゆるお客様の所を苦しんで駆けずり回るでしょう。そうやって必死に頑張って達成すると、次の月はとても楽なんですね。多くの人に会って、見込みもいっぱいできているわけですから。ところが、お客様を回ってもいないのに、たまたま大きな契約が取れて、その月の目標は達成したとする。そうすると、次の月にとても苦しむことになります。

ですから、運というのは闇雲《やみくも》に下りてくるものではありませんね。見る目を持って一所懸命努力している人のところにしか訪れてこないということです。何もしていない人のところにはやってこない。これははっきりしています。運は実力そのものなんです。

もう一つは、運は人が持ってきてくれるんですね。だから、人との関係はとても大切にしておかねばならないと思います。

私はよく「実力より評判だよ」と言うのですが、いくら実力があっても評判が立たなくては運はつきません。反対に実力はそれほどでなくても、評判が立ったら自分がそれに追いつかざるを得ない。そうして皆の期待に応えようと努力していく中で運をつかんでいくわけです。

一方でこういう見方もできるのではないですか。ついている人の周りにはついている人しか集まってこない、と。

幸いなことに、私の周りには運の悪い人がいないんですね。だいたい世の中で社長と呼ばれている人に「あなたは運がいいですか」と聞いてみると、ほとんどが「運がいい」と答えると思います。

12月
20日

倒産危機に聞こえてきた母の声

青谷洋治　坂東太郎社長

Yoji Aoya

母が亡くなったのは、私が十五歳の時です。弊社は「親孝行・人間大好」という経営理念を掲げていますが、それは早くに亡くした母への思いから出てきたものでした。

少し当時のお話をさせてもらいますと、私は農家の生まれですが、小学校の頃から社長になりたいという夢があったんです。しかし高校へ進学する直前、病気がちだった母が亡くなり、父も病に伏してしまいました。とてもじゃないけど、進学したいなんて言える環境ではなかったですね。

姉と二人で農家をやりましたが、どうしても社長になりたいという夢が捨て切れない。だから昼間農家をやりながら、夜は飲食店でこの仕事の修業を積んでいきました。

しかし、そんな生活をしばらく続けたら、さすがに体を壊してしまいましてね。寝込んでいる私の元に高校二年生だった妹が来てこう言いました。

「私、きょう学校やめてきた。このままじゃ家庭が壊れちゃうよ。私が農家をやるから、兄貴は夜やっている仕事を昼間もやってよ」

これは本当にショックでした。高校二年生の女の子が「家庭が壊れちゃう」と。しかも妹には学校の先生になるという夢があったのに、それを諦《あきら》めて学校を辞《や》めてきた。何があっても自分は夢を実現しなければならないと思いました。

人が三年でやることを一年で覚える覚悟で修業し、三年数か月後に独立しました。ところが、店の開店資金がなかったんです。銀行へ融資《ゆうし》をお願いに行っても、当時はまだ二十四歳でしたから全然信用してもらえない。十一回目の訪問でようやく七百万円をお借りして、昭和五十年に「ばんどう太郎」の一号店をスタートさせてもらいました。

だからこそバブル期に倒産しかけた時は、朝から晩まで懸命に働き、夜は亡くなった母の墓前《ぼぜん》に本気で祈りました。三か月くらい祈り続けた時、ふっとこんな母の声が聞こえたような気がしたんです。

「働いている人を大切にするんだよ。そうすれば人は辞めていかないよ」

そうか、自分では働いている人を幸せにしているつもりだったけど、心の底から幸せにはできていなかったんだなと気づかされました。三日後、すべての店舗を休みにして、全社員を一つの会場に集めて、私は皆さんに頭を下げて謝りました。

「一所懸命みんなの幸せを考えてきたつもりだったけど、まだ本気ではなかったのかもしれない。これからは膝を交えてみんなの話を聞きながら、経営をさせてもらいたい」

この時の会がきっかけとなって、それ以後年に四回、社員と意見交換を行う社長塾へと発展していきました。

ですから私も労務倒産しかけた時が一番のピンチでしたが、それによって「働いてくれている人たちの幸せを本気で考える」という経営の原点を教えてもらったと思っています。

12月21日

剣道家の真価が問われる時

一川一
剣道教士八段
Hajime Ichikawa

中学時代に剣の道に分け入り、気がつけば早半世紀以上が経《た》ちます。修練を重ねるほどにこの道の奥深さ、険しさを痛感するいま、私の大切な拠《よ》り所となっているのが、父の遺してくれた教えです。

範士八段、当代一流の剣道家にして野田派二天一流第十七代でもあった父は、終生求道の歩みを止めることなく、その人生を通じて得た様々な学び、悟りを膨大《ぼうだい》な紙片に書き遺しました。

「剣道は、元来、相殺傷《あいさっしょう》する技術を学ぶので、残忍殺伐《ざんにんさつばつ》な道のように思われるむきもあるが、決してそのようなものではなく、あくまで教育的、道徳的な体育であり、精神修養法である」

「剣道で、勝ちさえすればよいという試合や、それを目的とした稽古をしていたのでは決して本物にはなれない。目先の勝敗にとらわれず、基本に忠実な正しい稽古を地道に積み重ねる。稽古の本旨《ほんし》はここにあり、それが大成《たいせい》への大道《たいどう》である」

最近の剣道は、父の説く「大成への大道」から外れ、勝ち負けにばかり目を向けがちなことが気掛かりです。

大会などで華々しく活躍するのはごく一部の人であり、大半はそうした華やかな場とはあまり縁のないところで黙々と修業に励む〝市井《しせい》〟の剣道家です。では、試合という目標のない剣道家たちが目指すべきものは何でしょうか。私は剣の五徳、即《すなわ》ち正義、廉恥《れんち》、勇武《ゆうぶ》、礼節、謙譲《けんじょう》だと考えます。もちろんこれは、大会に出場する人も目指すべき普遍的な目標です。

父の生前、こんな諭しを受けました。

「お前は道場の門をくぐる時、『よし、やるぞ』と両刀《りょうとう》手挟《たばさ》んで入ってくるが、それは逆だ。日常こそが本当の真剣勝負の場であり、道場から出て行く時にこそ気を引き締めなければならない」

確かに道場の中は、防具を着け、指導者の下で技術を修める場にすぎません。剣道家としての真価が問われるのはまさに日常の場なのです。

同じく剣道を学んでいた兄は、大学時代に九州チャンピオンになるほどの腕前でしたが、就職後は竹刀《しない》を握る機会もなく、職場での苦しい胸中を父に打ち明けていたのを側《そば》で聞いたことがあります。

父は兄に「お前は剣道を学んできたのだろう」とたしなめ、こう諭しました。

「剣道の技量を伸ばすには、厳しい先生にかからなければならない。職場も一緒だ。厳しい上司に打たれても、打たれても、『お願いします』と真摯《しんし》に向かい続けなさい」

自分の弱さを隠すことなく、真剣に打たれること。打たれる度《たび》に反省し出直すこと。兄は父のアドバイスを心に努力を重ね、その後営業でトップの成績を収めました。いくら剣道の修練を積んでも、それで生計を立てていくわけではありません。大切なことは、道場で学んだ業《わざ》を一般社会で実行していくこと。修業から修行へと昇華《しょうか》していくことです。

二十七歳までに決断する

西本智実　指揮者

Tomomi Nishimoto

私は幼い頃に音楽教育が始まりましたが、趣味なのか職業としてその道を歩いていけるのかを見極めたく、「二十七歳までに決断！」と決めていたんです。それで一九九六年、二十六歳の秋にロシアの国立サンクトペテルブルク音楽院に留学しました。

ロシア語もほとんど話せず、現金百万円で一年間の学費と家賃、生活費を賄《まかな》う日々。指揮科への日本人留学生は私が初めてだったので、随分と気負ってばかりでした。

実力次第でオーケストラを指揮する時間が決められるので、みんな必死で勉強します。仲間であり同時にライバルになるので常にプレッシャーに晒《さら》される環境でした。

加えて、ロシアで初めて迎えたマイナス三十度の冬は想像以上でした。ソ連が崩壊した後の情勢不安もまだ残っており、来るはずの市電が来ないのは日常茶飯事《さはんじ》。そういう異国の地で次第に孤独感が募《つの》っていきました。先生が劇場で指揮する公演を間近で勉強させてもらう日は、帰宅が二十三時半頃になります。

ある公演があった日、来るはずの市電が待てど暮らせど来なくて、このまま極寒の中で完全防備でもないのに立ち止まっていると危ないと判断し、自宅まで歩いて帰ることにしました。耳もちぎれそうに痛いけれど、お店も閉まっている。トボトボと歩いていたら道にできたアイスバーンでひっくり返ってしまいました。鞄《かばん》の中から楽譜《がくふ》や筆箱に入っていた鉛筆が道に散乱しましたが、しばらく立ち上がることができませんでした。凍死ってこういうことかなと。

しばらくすると、通りすがりの見ず知らずのおじさんが起こしてくれ、勢いをつけて背中を押してくれたんです。それでまた歩き出すことができました。力強く背中を押された時に「頑張って歩きなさい」というエネルギーのようなものを入れてもらった気がします。その時は「ありがとう」のひと言すら言えず仕舞《じま》いで、無事に寮《りょう》の自室に戻っておいおい泣きました。

現在でも女性指揮者の数は世界中の指揮者の〇・一％にも満たないと思います。筋力的にも女性指揮者のほとんどが合唱団や小編成楽団の指揮を任されます。ところがロシアはオーケストラも歌劇場も大きな組織が多い！音が細くならないように、リハーサル時でも絶対に半袖は着ませんでした。若い頃は一回の公演で三キロも体重が減ってしまったので、体幹をしっかりさせるために体も鍛えました。また、重く分厚い音を出したくて、長袖のブラウスの中にベストを着込んで臨んでいました。

激動期のロシアでの経験は、いまではかけがえのないものだったと思います。無我夢中の私に場を与えようと、押し上げ引き上げてくださり、二〇〇四年、三十四歳の時に外国人で初めて名門ロシア国立交響楽団、旧レニングラード国立歌劇場の指揮者として招聘《しょうへい》されました。ロシア以外にもヨーロッパの各地で指揮をし、二〇一〇年にアメリカでの活動が始まりました。

12月
23日

退路を断つ力——アナウンサーから弁護士へ

菊間千乃　弁護士

Yukino Kikuma

谷亮子選手が五輪で二回目の銀メダルを取った時に、試合直後のインタビューで「次のシドニーに向けてまた頑張ります」って答えたのをテレビで観たんです。それまで八年間、とてつもない練習をしてきたのに金メダルに届かなくて、普通だったらすぐには次のことなんか考えられないと思うんですけど、彼女はまた四年頑張ると即答した。何て強い人だろうってすごく興味が湧いて、そこからシドニーまで取材をさせていただきました。

そして、彼女が金メダルを取る瞬間を数メートル傍《そば》で見ることができて、それはもうあんなに感動したことはないっていうくらい感動しました。でもその時、すごいすごいって拍手しながら、自分って何てダメなんだろうっていう思いも募《つの》ってきたんです。人に拍手してるだけの自分でいいのかな、私も何か一所懸命やらなきゃダメなんじゃないかなって。

で、次のアテネ五輪の取材も担当させていただいたんですけど、その時にシドニーの時から四年間、自分は何も行動を起こしていないことを痛感したんです。もちろん仕事は一所懸命やっているんですけど、オリンピックに出る人たちに匹敵《ひってき》するような人生を懸けた戦いや努力をしているわけではありませんでした。ただ日々仕事に追われて忙しくしているだけでいいんだろうかと、いろいろ考えるようになったんです。

そんな折にロースクールができて、夜間は四年コースだっていうからオリンピックと同じだと思って、私も四年間オリンピック選手と同じくらい頑張ってみよう、自分で自分に拍手ができるくらい人生を懸けて勉強してみようって決意したんです。そして勉強を進めるうちに、ただ資格を取って終わるのではなく、習得した知識を武器に、困っている人の役に立ちたいと思い始めて、弁護士を目指すようになりました。

アナウンサーの仕事をしながら司法試験の勉強をするのは、本当に大変でしたね。毎日三時間くらいしかベッドで寝られなくて、そのうちストレスで声が出なくなってしまったんです。このままでは体がもたないと思って休職も考えたんですけど、尊敬する弁護士の方から「何かを得るためには何かを捨てなければいけない。弁護士という仕事は、あなたがいま抱えているものを捨てるだけの価値がある仕事だと思うよ」と言われて、すべてを捨てて本気で挑戦することにしました。

退路を断《た》ったからよかったんだと思います。どこかに逃げ道があると、人間って弱いからどうしてもそっちのほうへ流されてしまいますよね。ただ、なかなか成績が上がらなくて、模試の成績が返ってくる度《たび》に落ち込みましたね。もし受からなかったら、この先の人生どうなるんだろうと考えると怖くて怖くて。当時は一人暮らしでしたから、このまま死んでしまって「元フジテレビアナウンサー孤独死」って報道されたりしたら嫌だから、泣きながら、文字通り歯を食いしばって勉強しました。

12月24日

出撃前夜の特攻隊員

神坂次郎　作家

Jiro Kosaka

第七十二振武隊員の千田孝正伍長のことは、お芝居でも書いて随分感動を呼びました。

第七十二振武隊というのは、昭和二十年五月二十七日に、万世《ばんせ》飛行場から出撃した部隊なんですが、自分たちから〝特攻ほがらか部隊〟と名づけたくらいに陽気で愉快な連中の集まりでした。出撃前に一週間ほど滞在していた横田村（現・東背振村）では、夜になると地元の人々が慰問に訪れていたのですが、隊員たちの元気な余興に、逆に村の人々が元気づけられるほどだったそうです。中でも人気者の千田伍長が、ひょうきんな身振り手振りで踊る特攻唄は、村の人々を爆笑させました。

ところが、出撃前日の夕方、竹林の中であの陽気な千田伍長が、「お母さん、お母さん」と泣きながら日本刀を振り回していたのを、通りかかった女子青年団員の松元ヒミ子さんが見ているんですね。そういう話になると、もう、涙が溢れてきて、私などは何もしゃべれなくなる……。

なかなかいまの人には理解していただけないとは思いますが、いかに私たちの青春というのが凄まじいものであったかということです。

松元ヒミ子さんはおっしゃっています。

「日本を救うため、祖国のために、いま本気で戦っているのは大臣でも政治家でも将軍でも学者でもなか。体当たり精神を持ったひたむきな若者や一途《いちず》な少年たちだけだと、あの頃、私たち特攻係の女子団員は皆心の中でそう思うておりました。ですから、拝むような気持ちで特攻を見送ったものです。特攻機のプロペラから吹きつける土ぼこりは、私たちの頬《ほお》に流れる涙にこびりついて離れませんでした。三十八年たったいまも、その時の土ぼこりのように心の裡《なか》にこびりついているのは、朗らかで歌の上手な十九歳の少年航空兵出の人が、出撃の前の日の夕がた『お母さん、お母さん』と薄ぐらい竹林のなかで、泣きながら日本刀を振り回していた姿です。――立派でした。あンひとたちは……」

ただ私は、決して戦争を肯定したり、特攻を美化したりするつもりはありません。特攻は戦術ではなく、指揮官の無能、堕落《だらく》を示す〝統率《とうそつ》の外道《げどう》〟です。私は、その特攻に倒れた若者たちが見せてくれた、人間の尊厳、生きる誇りを語り伝えていきたいのです。

自分の命を白熱化させ、完全燃焼させて飛び立っていった特攻の若者たちは、生きていた歳月は僅かでも、その人生にはいまのような生ぬるい価値観を拒絶したような厳しさがありました。その厳しさの中で自分の人生、命の尊厳を見事に結晶させていったのです。日本人としての誇りを持って飛んで行ってついに還《かえ》ることのなかった彼らのことを語り続けることで、愛する日本の未来に新たな光がもたらされることを願っています。

12月25日

てんぷらに革命を起こす

近藤文夫
てんぷら近藤 店主

Fumio Kondo

まず、当時は衣《ころも》が厚くて素材の味をちっとも感じないてんぷらが多かった。それに、山の上ホテルもそうでしたが、いろんなお店を食べ歩いても、野菜のてんぷらを出すところがなかったんですよ。「野菜を揚げるべきじゃないか」と、江戸前てんぷらの主人に聞いたら、「江戸湾で捕った魚を揚げるのが江戸前のてんぷら。野菜を揚げたものはお惣菜屋さんが出すものだ」と相手にされない。

それでも、将来、野菜が必要になる時代が絶対に来ると私は考えていました。というのは、フランス料理だって、中国料理だって全部野菜が入るでしょう？　てんぷらだけ野菜がないのはおかしい。だから私は生意気にも、野菜を取り入れることで、てんぷらを一つのコースが組めるような料理にしてやろうと思ったんです。

それで和食部門の料理長が続けて退職したことで、二十三歳の私が料理長をやることになりましてね。就任一年目に、「てんぷらに野菜を入れるべきだ」と吉田社長に直談判しました。そうしたら「俺もそう思う。やってみろ」と言われたので、野菜のてんぷらに積極的に取り組み始めたんです。とはいえ、身近な野菜を揚げるだけでは、お惣菜屋さんと変わらないと言われてしまうじゃないですか。そこでどこにもない野菜を使おうと考え、目をつけたのが当時珍《めずら》しかったグリーンアスパラガス。ある時、ホテル内の洋食店に手伝いに入ったら、洗い場でグリーンアスパラガスを見つけましてね。食べさせてもらうと山菜の味がしたので、これは絶対てんぷらにできると思っていたんです。

かなりの冒険でしたが、アスパラガスのてんぷらを出し始めると、ある学校の女性理事長さんが、「初めてアスパラガスのてんぷらを食べた」と紹介してくださったりして、評判になりました。

そして、グリーンアスパラガスの次は空豆に挑戦しました。空豆は一個ずつ串に刺して揚げるのもいいけど、私は七～八個の塊にして揚げたほうが絶対おいしいと考えました。技術的にはとても難しかったのですが、試行錯誤《しこうさくご》を続けるうちに、野菜は薄い衣じゃないと香りが立たないことなどが少しずつ分かっていったんですよ。そのように、これまで誰もやったことのない新しいことにどんどん挑戦していくことで、お客さんも増えていって、いつしか「てんぷらといえば、山の上ホテル」と言われるまでになったんです。

また、料理長になってから二十年間、会社からの売り上げノルマを達成できなかったことは一度もなかったですし、最初は月商百万円もなかったお店を最終的に年商三億円にまで成長させましたよ。

吉田社長は、一橋大学を出た非常に頭が切れる人でね、経営については随分勉強させてもらいました。例えば、私がお皿を割っても「おまえの責任だ」と吉田社長は買ってくれない。要は、お皿を買うためには、どれだけ利益を上げなければならないかを考えろと。若い頃からそうした訓練をさせられたことが、料理長になってから非常に役に立ちましたね。

12月
26日

葬儀の現場で気づかされたこと

青木新門　作家

Shinmon Aoki

納棺《のうかん》をしたのは、約三千体ですね。私はもともと作家になるつもりだったんですが、それでは飯が食えなくって、冠婚葬祭の会社にアルバイトに行ったんです。初めのうちは納棺の仕事が嫌で嫌で仕方ありませんでした。ところが葬儀の現場で、死者から教わったことと申しますか、はっと気づかされたことがあるんです。その一つが、昔の恋人のお父さんを納棺に行った時でした。

仕事を始めてすぐの頃でしたが、自分の姿を一番見られたくない人です。彼女も嫁いでいったと聞いていたから、まだ来ていないことを願って部屋に入っていきました。幸い姿がなかったのでホッとして湯灌《ゆかん》を始めたらその途端《とたん》、彼女がやってきて傍《そば》に座り、お父さんの額を撫《な》でたり頬を撫でたりしながら、時々私のほうにも向いて額の汗を拭《ふ》いてくれたんです。

その時の、まぁ、涙目でございましたけれども、何て言うんですか……、なんと表現していいか分からないぐらいの動揺がありましたけどね。その時に見た瞳が、私を丸ごと認めてくれているような優しい目だったんです。

そうやって人間は丸ごと認められるとね、おかしなもんですよ。いままでいつ辞めようかとばかり考えていたのを、次の日、医療機器店に行って、外科医が着る白衣《はくい》を買ってくるんです。そして、これまではわざわざ汚い服に着替えていたんですが、どうせやるんならと思って、服装だけでなく、言葉遣いや礼儀作法も改めました。すると社会的な評価が天と地ほども変わってくるんですね。

ある家で亡くなったお年寄りをお棺に入れて、手洗いから帰ってきましたら座布団《ざぶとん》が敷いてあり、お茶まで用意してあるんです。するとその後、九十歳ぐらいのお婆ちゃんが這《は》ってこられましてね。「先生様。私が死んだら来てもらえんかね」と予約までいただけた。

それまでは「納棺が終わったなら早く帰れ」と追い出されるような感じだったんですよ。その時に、どうせやるんなら何事もきちっとやるべきだと学びましたね。

ところがしばらくすると、また辞めようかという気持ちになり、辞表を忍ばせながら会社に行く。そんな折、私のしている仕事を「親族の恥だ」と言っていた叔父《おじ》が、がんで危篤《きとく》になるんです。見舞いに行くと酸素マスクがつけられていたんですが、私がベッドの横の椅子に座った瞬間、意識不明だと聞いていたのに叔父がちょっと手を出すんです。ドキッとして私は手を握りました。その時、叔父の目からポローッと涙が零《こぼ》れ落ちてね。何か口が動いてるんです。

「叔母《おば》さん、何て言ってるんかね」と聞くと、「これ、〝ありがとう〟と言うとんじゃない？」と言ったんですよ。その瞬間でしたね。私、その手を握ったまま「すみませんっ。叔父さんすみません、勘弁してください」という気持ちになって土下座をしていました。そして泣きながら家に着いたその時に、叔父が息を引き取ったという知らせを受けたんです。

12月
27日

宇宙を貫く「ありがとう」の法則

小林正観　心学研究家

Seikan Kobayashi

結論的な話から先にしましょう。現在ある言葉の中で、最高の影響力を持った言葉は「ありがとう」の五文字でしょう。

ここに、どのような時も「ありがとう、ありがとう、ありがとう」と繰り返し、繰り返し唱えている人がいるとします。するとその人は、言葉の波動を受けて体内の水や血液が再生し健康体になります。精神も豊かになり、人間関係も円滑《えんかつ》になってきます。そして、「ありがとう」の数がある一定の数を超えた場合、奇跡としか言いようのない現象となって、その人に降り注ぎます。「ありがとう」を宇宙に発し続けていれば、「ありがとう」と言わざるを得ない現象を次々に招き寄せてくれるのです。

「ありがとう」という言葉の力を調べるために、次のような実験を行いました。二つのペットボトルを準備し、一つには「ありがとう」、もう一つには「ばかやろう」と書いて東京都の水道水を入れます。一晩置いた水を凍らせて結晶を撮影すると、「ありがとう」と書いた水道水だけに、宝石のような美しい結晶ができるのです。一方の「ばかやろう」と書かれたほうは、かわいそうなくらい無残に変形します。いろいろな水を使って実験を繰り返しましたが、結果は一緒でした。

人間の体は七十％が水でできています。だとすれば「ありがとう」の言葉をたくさん投げかければ、この実験と同じように体内の血液や体液も変わり、健康を維持できるのではないか。私は次にそのように仮定しました。そして実証してきました。「ありがとう」を唱え続けたがん患者からがん細胞が消えたり、医者から失明を宣告された人からいつのまにか目の病が癒《い》えていたり、手術が必要と言われていた子どもさんの心臓の穴が塞《ふさ》がったり、各地で信じられないような奇跡が次々と起きたのです。

ある講演会場での話です。末期がんと診断された人が、会場の前に出て「私は生き延びたいから、ありがとうの声をかけてほしい」と全員に呼びかけました。そこで会場に集まった二百人が一分間百回、その人に合計二万回のありがとうを浴びせました。ありがとうを言うみんなの目からは涙が溢れ、会場は何とも言えない温かい雰囲気に包まれました。そして三日後の精密《せいみつ》検査で、その人の体からがん細胞が消えた、という報告が届きました。

12月
28日

負けて泣いているだけでは強くならない

井山裕太
囲碁棋士
Yuta Iyama

石井邦生《くにお》先生の弟子になったのは、小学校一年生の七歳の時でした。しかし、先生の家までは片道二時間半もかかるため、なかなか通うこともできません。そこで電話回線を使ったネット碁《ご》を利用しました。これで週に二日、先生に直接、碁を打っていただく指導を受けました。また月に二、三回は祖父に連れられて先生のところにも通いました。

普通、師匠が弟子と対局するのは入段（プロ入り）の時と見込みがないと判断して引導を渡す時の二回だけだといいますが、私の場合は千回にも及ぶ対局をしてくださいました。そのおかげで小学校三年生の十月に日本棋院関西総本部の院生になることができました。この頃から先生の指導法が変わりました。院生対局の棋譜を自分でつけ、そこに「ここがよかった、悪かった」といった感想や質問を添えて先生の自宅に送るのです。それに先生が目を通し、添削《てんさく》したり、感想を書いたりして送り返してくださるのです。

これが結果的にはよかったといまになって思います。棋譜を書きながら反省し自分で考えるようになりました。そして先生の返事を見てさらに深く考えます。師匠はどうしてこういうことをおっしゃっているのだろうと。このおかげで、自分で考えるという習慣ができたように思います。先生は盤上ではあまり型にはめることなく自由奔放《ほんぽう》に打たせてくださいました。よほどの悪手でない限り「ほう、こんな手もあるのか」「まあ、とにかく元気に打て」といった教え方でした。

どちらかといえば、先生は碁盤の上のことよりも、盤外のほうが厳しかったように思います。日頃の挨拶はもちろん、対局前には「お願いします」と頭を下げ、終局の時は「ありがとうございました」と再び礼をする。ただし、師匠はそうしたことを口でうるさく言われるタイプではなく、その姿をご自分で示して教えるという方でした。だから、私は師匠の姿を見て身につけていったと言ったほうがいいかもしれません。

ただ一つだけいまも非常に印象に残っている言葉があります。子どもの頃から私は負けず嫌いで、負けると泣くこともよくありました。そんなある日、先生の手紙が届きました。「負けて泣いているだけでは何万回対局しても強くならない。なぜ負けたか、それを自分なりに反省して次に生かさないと成長しないよ」

自分の碁を反省するというのは、小学生にはかなりきつい作業でした。負けただけでも辛《つら》いのに、それを検証するというのは。しかし、私にはそれが一番足りないということも先生はちゃんと承知して、そうした手紙を書かれたのだと思います。その手紙をいただいてからは、きちんと反省するという作業を重点的にするようにしました。いまだから思いますが、どんな世界でもそういうことを疎《おろそ》かにしていたらなかなか上にはいけないのだろうなと思います。私の場合、小学生の時に先生に教えていただき、少しずつそういう習慣がついていったのだと思います。もちろんいまも一局終わる度《たび》に、自分の碁と向き合うことを忘れず行っています。

自分の心の三畳間を持つ

童門冬二　作家
Fuyuji Domon

二十代の頃、二人の師と共に、私を支えてくれたのが書物だった。いまもそうだが、当時から本に対する飢《う》えがものすごくあり、無我夢中で本を読み漁《あさ》っていた。

ところが、当時はお金がない上に、計画停電の世の中で、夜八時になると電気が全部消えてしまう。そこで私は仕事が終わると地元の祐天寺《ゆうてんじ》駅に向かった。駅は終電まで電力の配給があるため、構内の電気がついている。また、駅前の闇市《やみいち》には古本屋が一軒入っており、そこの店主が勉強熱心な私に目をかけてくれ、様々な本を借りて読むことができた。そうやって私は毎晩、電気が消えるまで読書に明け暮れていた。

中でも、一番大きな影響を受けたのが太宰《だざい》治《おさむ》である。まだ仕事や急な社会の変化に不信を抱きつつも何かを求めてやまなかった時、たまたま手に取った太宰治の本を読んでいると、「かれは人を喜ばせるのが、何よりも好きであった」という僅《わず》か一行の言葉が目に飛び込んできた。それ以来、私は太宰治に深く心酔するようになり、この言葉はいまでも己を貫く信条となっている。

また、この頃読んだ本の中で、もう一つ印象深いのはフランスの思想家・モンテーニュの『エセー』という作品に出てくる、「人間は誰でも自分の心の三畳間《さんじょうま》を持つべきだ」という言葉である。人間は周りに邪魔されることなく、たった一人になってじっと物事を考えることのできる場を持たなければならない、とモンテーニュは言う。

そういう意味では、私は読書をすることによって自分の三畳間というものを確立していったと言えるだろう。それは小説家となったいまも変わらない。

これまで歩いてきた道を振り返ると、「人生は起承転転」だというのが実感である。私自身、下積みの二十代を経て、三十歳の時に課長試験に合格。都庁勤務となってからは都知事の美濃部《みのべ》亮吉《りょうきち》さんの側近として広報室長や企画調整局長などを務め、その経験をベースに、いま歴史小説を通してリーダーの心得や組織のあり方を描いている。まさに「転」の連続だといえよう。

その経験もあって、私は企業の新人研修で講演を頼まれることがしばしばあるが、その時にいつも言っているのは、

「お粥《かゆ》ではなく、握り飯の米粒であってほしい」

ということだ。組織の中でドロドロに煮られてしまって、自分というものを失ってはいけない。だからといって、自分勝手に好きなことをするというのは違う。握り飯の米粒とは、組織の一員であるという自覚を持ちつつ、主体性を発揮していくということである。

それはつまり、「あれをやってみたい」「こういう人間になりたい」という自分の信念を持つことだ。そのためには、いろいろな本を読んだり、人から話を聞いたりして、手探りで生きる時期が必要だろう。

枯野をかけめぐる夢

境野勝悟　東洋思想家
Katsunori Sakaino

芭蕉《ばしょう》は四十一歳で「野ざらし紀行」の旅に出立《しゅったつ》し、五十一歳の時に旅先の大坂で没しました。亡くなる前、「あなたの辞世《じせい》の句は何ですか」と聞かれた芭蕉《ばしょう》が「昨日の発句《ほっく》は今日の辞世、今日の発句は明日の辞世」と答えたのは有名な逸話《いつわ》です。芭蕉が作句にどれだけ深い思いを込めてきたかがよく分かりますが、それでもどうしてもと弟子たちに懇願《こんがん》されて詠《よ》んだ辞世の一句があります。

旅に病《やん》で夢は枯野をかけ廻《めぐ》る

枯れ野には、句の題材になるような花は咲いていません。しかし、夢さえあれば枯れ野を自由に駆け巡ることができると芭蕉は言うのです。芭蕉の生き方は、その夢の景色を命ある限り追い求めるものでした。

『おくのほそ道』の冒頭部分が思い起こされます。

月日は百代の過客《かかく》にして、行きかふ年も又《また》旅人也《なり》。舟の上に生涯をうかべ、馬の口とらへて老《おい》をむかふる物は、日々旅にして旅を栖《すみか》とす。古人も多く旅に死せるあり。予《よ》も、いづれの年よりか、片雲《へんうん》の風にさそはれて、漂泊の思ひやまず、海浜《かいひん》にさすらへ、去年《こぞ》の秋、江上の破屋《はおく》に蜘《くも》の古巣をはらひて、やゝ年も暮れ、春立てる霞の空に、白河の関越えんと、そゞろ神の物につきて心をくるはせ、道祖神のまねきにあひて取るもの手につかず……。

朗々とした、格調高い冒頭の一節の調べに身を任せると、芭蕉の深淵な旅の世界へ、さッと、ひきこまれてしまいます。「月日は百代の過客」は、月日は永遠の旅人。そして「行きかふ年も又旅人」です。

芭蕉も、旅に終始した生涯を送った。なぜそんな純粋な旅の人生がまっとうできたのでしょう？　夢！　夢があったからなのです。

この冒頭文を読むと未《いま》だ行ったことのない地を旅するという「夢」に向かって胸を弾《はず》ませている様子がありありと伝わってきます。

抑え難い夢に促されるようにして江戸・深川を出立した芭蕉は、栃木を経て「白河の関」を夢に、「松島」に憧《あこが》れて、歩を進めたのです。そして、臨終《りんじゅう》の場にあっても、なお夢に向かって一歩を踏み出そうとしているのです。その芭蕉の姿は、私にはとても格好よく思え、まさに人生のよきお手本となっています。

私は今年で米寿《べいじゅ》を迎えます。いつまで生かせていただけるかは分かりませんが、いまでも夢は持ち続けています。長い間、禅をはじめとする東洋思想を学び、人にも説いてはきましたが、まだまだ私は偽物です。もっと腰を据《す》えて本物になる努力をしなくてはいけない。これがいまの切実なる思いであり、夢です。

芭蕉の哲学「造化《ぞうか》に帰れ」……。本当の意味で大自然と一つに結ばれていなければ、人間は本物ではありませんから、私も命ある限り、さらに大自然と語り合いながら、芭蕉のように大自然と一体となる心境で生きられたらいいなと思っています。

人生は正味三十年

森 信三 哲学者

Nobuzo Mori

それにしても私が、この人生に対して、多少とも信念らしいものを持ち出したのは、大体三十五歳辺からのことでありまして、それが多少はっきりしてきたのは、やはり四十を一つ二つ越してからのことであります。ですから、もし多少とも人生に対する自覚が兆《きざ》し出してから、三十年生きられるということになりますと、どうしても六十五、六から七十前後にはなるわけです。もし今年から三十年ということになると、七十三歳になるわけで、そうなるとまず肉体的生命の方が先に参ってしまいそうです。

このように考えて来ますと、人間も真に充実した三十年が生きられたら、実に無上の幸福と言ってもよいでしょう。否《いな》、私の現在の気持ちから申せば、それはずい分ぜいたくな望みとさえ思われるのです。

このように人間の一生は、相当長く見積ってみても、まず七十歳前後というところでしょうが、しかしその人の真に活動する正味《しょうみ》ということになると、まず三十年そこそこのものと思わねばならぬでしょう。

一口に三十年と言えば短いようですが、しかし三十年経つと、現在青年の諸君たちも五十近い年頃になる。その頃になると、諸君らの長女は、もうお嫁入りの年頃になるわけです。

道元禅師《どうげんぜんじ》は「某《それがし》は坐禅《ざぜん》を三十年余りしたにすぎない」と言うておられますが、これは考えてみれば、実に大した言葉だと思うのです。本当に人生を生き抜くこと三十年に及ぶということは、人間として実に大したことと言ってよいのです。

そこで諸君たちも、この二度とない一生を、真に人生の意義に徹して生きるということになると、その正味は一応まず、三十年そこそこと考えてよいかと思うのです。

ついでですが、私は、このように、人生そのものについて考えることが、私にとっては、ある意味では、自分の使命の一つではないかと時々考えるのです。

ただ漠然《ばくぜん》と「人間の一生」だの「生涯」だのと言っていると、茫然《ぼうぜん》としてとらえがたいのです。いわんや単に「人生は——」などと言っているのでは、全《まった》く手の着けどころがないとも言えましょう。そうしている間にも、歳月は刻々に流れ去るのです。しかるに今「人生の正味三十年」と考えるとなると、それはいわば人生という大魚を、頭と尾とで押さえるようなものです。

魚を捕えるにも、頭と尾とを押さえるのが、一番確かな捕え方であるように、人生もその正味はまず三十年として、その首・尾を押さえるのは、人生に対する一つの秘訣と言ってもよいかと思うのです。

あとがき

いつの時代でも仕事にも人生にも真剣に取り組んでいる人たちはいる。そういう人たちの心の糧となる雑誌を創ろう――この創刊理念のもと、昭和五十三年九月一日、『致知』は呱々《ここ》の声を上げた。

以来四十二年、各界各様、それぞれの仕事を人生を真剣に生きる人たちにお会いし、その言葉を直接聞けたのは僥倖《ぎょうこう》という他はない。出会いをいただいた人の数は優《ゆう》に一万人を超えるだろう。

それぞれの人にそれぞれのドラマがあり、熱い言葉があった。

自らの歩みを一篇の詩のような言葉で語る人、深い人生の哲理をやさしい言葉で語る人、物語のような人生をひたむきに生きた人、悲しみの底に光るものを見つけた人、仕事を通じて人生の秘訣、普遍の真理をつかんだ人、人との出会いで運命を大きく変えた人、与えられた環境の中で運命を呪《のろ》わず精一杯、力一杯、命一杯に生きた人……。

一道を真剣に生きた人々が語る言葉は、一様にいぶし銀のような光沢《こうたく》を放ち、色とりどりであった。

ここに『致知』四十二年の歴史を振り返り、その出会いの中から三百六十五人の言葉を選び出し、一冊の本としてまとめさせていただいた。

僅《わず》か一ページの言葉ながら真実の言葉は、時代を超え世代を超えて、深く心に響くものがある。

本書が文字通り、一日一話、読めば心が熱くなる仕事の、そして人生の教科書となることを願ってやまない。

最後に、本書の出版に際し掲載を快くご承諾下さった皆さまに心よりお礼を申し上げます。

令和二年十月

致知出版社代表取締役　藤尾秀昭

索引……五〇音順

【あ行】

【か行】

【さ行】

【た行】

【な行】

【は行】

【ま行】

【や行】

【ら行】

【わ行】

出典一覧……いずれも致知出版社刊

【1月】

稲盛和夫……『致知』二〇〇六年四月号 巻頭の言葉
吉良節子……『致知』二〇〇三年一一月号 インタビュー
道場六三郎……『致知』一九九九年三月号 インタビュー
上田惇生……『致知』二〇〇三年一二月号 インタビュー
渡部昇一……『致知』二〇一六年一〇月号 インタビュー
小田真弓……『致知』二〇一七年四月号 インタビュー
佐藤可士和……『致知』二〇一二年九月号 インタビュー
的川泰宣……『致知』二〇一〇年二月号 対談
林 成之……『致知』二〇〇九年一月号 インタビュー
平尾誠二……『致知』二〇〇五年六月号 対談
宮端清次……『致知』二〇〇七年八月号 インタビュー
岩倉信弥……『致知』二〇〇七年八月号 インタビュー
山中伸弥……『致知』二〇一六年一〇月 対談
鬼塚喜八郎……『致知』一九九二年一月号 対談
齋藤茂太……『致知』二〇〇四年二月号 インタビュー
山下俊彦……『致知』一九八九年八月号 特別寄稿
城山三郎……『致知』二〇〇五年二月号 インタビュー
永守重信……『致知』一九九九年七月号 インタビュー
松井道夫……『致知』二〇〇五年一月号 対談
塚越 寛……『致知』二〇〇八年二月号 インタビュー
山本益博……『致知』二〇一九年一〇月号 インタビュー
張 栩……『致知』二〇一〇年七月号 インタビュー
安藤忠雄……『致知』二〇一八年一〇月号 対談
大場松魚……『致知』二〇〇八年一月号 インタビュー
佐渡 裕……『致知』二〇一九年一〇月号 対談
王 貞治……『致知』二〇〇九年八月号 対談
藤居 寛……『致知』二〇〇八年八月号 対談
松平康隆……『致知』二〇〇九年一〇月号 インタビュー
桂 小金治……『致知』二〇〇三年一〇月号 インタビュー
坂田道信……『致知』二〇〇八年三月号 対談
今野華都子……『致知』二〇一〇年一月号 対談

【2月】

日野原重明……『致知』二〇〇八年一二月号 対談
西端春枝……『致知』二〇〇六年一二月号 対談
山下智茂……『致知』二〇〇四年五月号 インタビュー
藤沢秀行……『致知』一九九八年四月号 対談
大畑誠也……『致知』二〇一一年一月号 インタビュー
木下晴弘……『致知』二〇一一年三月号 インタビュー
柏木哲夫……『致知』二〇〇八年一月号 対談
川上哲治……『致知』一九八六年一一月 インタビュー
越智直正……『致知』二〇〇九年一〇月号 インタビュー
伊藤謙介……『致知』二〇一一年一一月号 インタビュー
中井政嗣……『致知』二〇〇七年一〇月号 対談
坂村真民……『詩人の颯声を聴く』
西村 滋……『致知』二〇一一年六月号 インタビュー
石川 洋……『致知』二〇〇七年一二月号 対談
夏井いつき……『致知』二〇一八年一二月号 インタビュー
白川 静……『致知』二〇〇一年一月 インタビュー
杉山芙沙子……『致知別冊「母」』 対談
張 富士夫……『致知』創刊四十周年特別記念号 講演
浅見帆帆子……『致知』二〇一〇年四月号 対談
安田 弘……『致知』二〇〇九年四月号 インタビュー
吉田栄勝……『致知』二〇一三年四月号 対談
コシノジュンコ……『致知』二〇一九年八月号 対談

上甲 晃……『致知』二〇一六年一〇月号 特別講話
藤木相元……『致知』二〇〇四年一二月号 インタビュー
福島孝徳……『致知』二〇一二年三月号 対談
黒岩 功……『致知』二〇一六年七月号 インタビュー
松崎一葉……『致知』二〇〇九年三月号 インタビュー
和田裕美……『致知』二〇〇四年二月号 インタビュー

【3月】

中田久美……『致知』二〇一八年四月号 対談
横田尚哉……『致知』二〇一一年八月号 インタビュー
一龍斎貞水……『致知』二〇〇九年四月号 インタビュー
小川三夫……『致知』二〇〇六年二月号 インタビュー
小野二郎……『致知』二〇一〇年五月号 インタビュー
柳井 正……『致知』二〇一一年二月号 対談
三浦雄一郎……『致知』二〇〇四年三月号 対談
陳 昌鉉……『致知』二〇〇五年三月号 インタビュー
昇地三郎……『致知』二〇〇四年八月号 対談
森岡 毅……『致知』二〇一四年六月号 インタビュー
浜田和幸……『致知』二〇〇四年七月号 インタビュー
国分秀男……『致知』二〇〇五年一一月号 インタビュー
米長邦雄……『致知』二〇一〇年三月号 対談
山口良治……『致知』二〇〇二年七月号 対談
志村ふくみ……『致知』二〇一三年一一月号 インタビュー
奥野 博……『致知』一九九八年八月号 インタビュー
鍵山秀三郎……『致知』二〇一五年一一月号 特別講話
高見澤潤子……『致知』二〇〇一年一〇月号 インタビュー
原田隆史……『致知』二〇〇二年九月号 インタビュー
鎌田 實……『致知』二〇一二年七月号 講演
三浦綾子……『致知』一九九四年一二月号 インタビュー
中村富子……『致知』一九九三年一〇月号 インタビュー
森村武雄……『致知』二〇〇八年一一月号 対談
北里一郎……『致知』二〇〇八年一一月号 対談
福島令子……『致知』二〇一〇年一一月号 対談
玉置辰次……『致知』二〇〇九年一〇月号 インタビュー
青田暁知……『致知』二〇〇三年一〇月号 インタビュー
ひろはまかずとし……『致知』二〇〇三年一〇月号 インタビュー
我喜屋優……『致知』二〇一〇年一二月号 対談
福島 智……『致知』二〇一二年一月号 インタビュー
出町 譲……『致知』二〇一六年三月号 インタビュー

【4月】

太田 誠……『致知』二〇〇六年三月号 随想
あまんきみこ……『致知』二〇〇九年九月号 随想
横田英毅……『致知』二〇〇六年三月号 対談
加賀田晃……『致知』二〇一一年一〇月号 インタビュー
田中文男……『致知』一九九九年一〇月号 インタビュー
宮脇 昭……『致知』二〇〇四年一一月号 インタビュー
田中繁男……『致知』一九九六年一二月号 インタビュー
平澤 興……『致知』一九八五年一二月号 インタビュー
熊井英水……『致知』二〇一五年一月号 インタビュー
佐々淳行……『致知』二〇一一年六月号 対談
佐々木洋……『致知』二〇一〇年三月号 対談
高橋 恵……『致知』二〇一四年六月号 随想
中村四郎兵衛……『致知』二〇〇九年八月号 インタビュー
中桐万里子……『致知』二〇〇九年二月号 インタビュー
古市忠夫……『致知』二〇〇七年七月号 インタビュー
大谷由里子……『致知』二〇〇三年八月号 インタビュー
後藤昌幸……『致知』二〇〇三年一一月号 対談
林 薫……『致知』二〇〇三年四月号 インタビュー
菅原勇継……『致知』二〇〇二年一二月号 インタビュー

【5月】

【6月】

山元加津子……『致知』二〇一〇年一〇月号 鼎談
脇谷みどり……『致知』二〇一八年五月号 インタビュー
千 玄室……『致知』二〇二〇年四月号 特別講話
大平光代……『致知』二〇一三年一月号 対談
清川 妙……『致知』二〇〇五年九月号 インタビュー
桜井章一……『致知』二〇〇二年二月号 対談
熊田千佳慕……『致知』二〇〇五年四月号 インタビュー
ジェローム・シュシャン……『致知』二〇一七年一月号 対談
尾車浩一……『致知』二〇一三年九月号 インタビュー
石原仁司……『致知』二〇一六年六月号 対談
鮫島純子……『致知』二〇一九年八月号 対談
岩出雅之……『致知』二〇一九年六月号 対談
鈴木敏文……『致知』二〇一九年二月号 対談
白駒妃登美……『致知』二〇一二年三月号 インタビュー
堀澤祖門……『致知』二〇一七年七月号 対談
林 南八……『致知』二〇一九年七月号 インタビュー

【7月】

石川紀行……『致知』二〇一一年三月号 インタビュー
納屋幸喜……『致知』二〇〇六年六月号 インタビュー
宇治田透玄……『致知』一九九四年一二月号 インタビュー
高橋忠之……『致知』二〇〇五年一月号 対談
小嶺忠敏……『致知』二〇〇六年一一月号 対談
田中澄典……『致知』二〇一九年一〇月号 インタビュー
松本明慶……『致知』二〇一〇年五月号 対談
宮本祖豊……『致知』二〇一四年一一月号 インタビュー
橋本保雄……『致知』二〇〇三年八月号 対談
辰巳芳子……『致知』二〇〇七年二月号 対談
宮本 輝……『致知』二〇一二年一一月号 インタビュー
大村 智……『致知』二〇一七年六月号 特別講話

川田達男……『致知』二〇一五年四月号 対談
金出武雄……『致知』二〇一〇年九月号 インタビュー
北方謙三……『致知』二〇一五年二月号 対談
長谷川富三郎……『致知』一九八九年一一月号 インタビュー
鈴木鎮一……『致知』一九八七年六月号 インタビュー
大山澄太……『致知』一九八七年六月号 インタビュー
佐藤愛子……『致知』二〇〇三年一月号 インタビュー
稲尾和久……『致知』一九九八年一二月号 インタビュー
小林ハル……『致知』二〇〇〇年四月号 インタビュー
フジコ・ヘミング……『致知』二〇〇二年六月号 インタビュー
河田勝彦……『致知』二〇一四年九月号 インタビュー
塙 昭彦……『致知』二〇〇九年七月号 インタビュー
鳥羽博道……『致知』二〇一七年三月号 インタビュー
森口邦彦……『致知』二〇一八年六月号 対談
新津春子……『致知』二〇一六年五月号 インタビュー
荒牧 勇……『致知』二〇一六年一一月号 インタビュー
植木義晴……『致知』二〇一三年四月号 インタビュー
谷川浩司……『致知』二〇一四年二月号 対談
塩見志満子……『致知』二〇一四年七月号 インタビュー

【8月】

山本康博……『致知』二〇一四年一二月号 インタビュー
岸良裕司……『致知』二〇一二年九月号 インタビュー
滝川広志（コロッケ）……『致知』二〇一八年八月号 インタビュー
前野隆司……『致知』二〇一八年一〇月号 インタビュー
松岡修造……『致知』二〇一八年七月号 対談
加藤彰彦……『致知』二〇〇五年六月号 随想
斎藤智也……『致知』二〇一二年二月号 対談
坂東玉三郎……『致知』二〇一四年八月号 インタビュー
川辺 清……『致知』二〇一三年一〇月号 インタビュー

秋丸由美子……『致知』二〇〇七年五月号 随想
是松いづみ……『致知』二〇一三年二月号 随想
淡谷のり子……『致知』一九八六年七月号 インタビュー
松野幸吉……『致知』一九八一年六月号 インタビュー
藤原正彦……『致知』二〇〇六年一月号 対談
小野田寛郎……『致知』二〇〇八年七月号 対談
早乙女哲哉……『致知』二〇一三年七月号 インタビュー
田村 潤……『致知』二〇二〇年三月号 インタビュー
片岡一則……『致知』二〇一六年三月号 インタビュー
八杉康夫……『致知』二〇〇六年七月号 インタビュー
福地茂雄……『致知』一九九九年一〇月号 インタビュー
岡村美穂子……『致知』二〇〇一年九月号 インタビュー
佐野公俊……『致知』二〇一〇年六月号 インタビュー
占部賢志……『致知』二〇〇四年一二月号 対談
山田満知子……『致知』二〇〇六年四月号 対談
江崎玲於奈……『致知』二〇一四年四月号 インタビュー
塚本こなみ……『致知』二〇一四年九月号 インタビュー
高嶋 栄……『致知』二〇一四年一一月号 インタビュー
川勝宣昭……『致知』二〇一四年一〇月号 インタビュー
髙田 明……『致知』二〇一八年二月号 対談
山川宗玄……『致知』二〇一五年五月号 対談
奥田政行……『致知』二〇一五年三月号 対談

【9月】

米田 肇……『致知』二〇一八年四月号 インタビュー
加藤健二……『致知』二〇〇七年一二月号 随想
ガッツ石松……『致知』二〇〇五年五月号 インタビュー
三浦由紀江……『致知』二〇一一年三月号 インタビュー
石川真理子……『女子の武士道』
二宮尊徳……『二宮翁夜話』佐々井典比古・訳注

中村桂子……『致知』二〇一六年五月号 対談
牛尾治朗……『致知』二〇一二年一〇月号 インタビュー
相田みつを……『致知』一九八九年七月号 対談
外山滋比古……『致知』二〇一〇年二月 インタビュー
唐池恒二……『致知』二〇一七年九月号 インタビュー
谷川徹三……『致知』一九八一年八月号 対談
川島英子……『致知』二〇〇九年二月号 インタビュー
山本富士子……『致知』二〇一三年一〇月号 対談
野尻武敏……『致知』二〇〇五年一二月号 対談
松久朋琳……『致知』一九八六年一二月号 インタビュー
藤森 武……『致知』二〇一九年一〇月号 インタビュー
日比孝吉……『致知』一九九九年八月号 対談
鷺 珠江……『致知』二〇一三年一一月号 随想
大久保恒夫……『致知』二〇一〇年四月号 対談
松原泰道……『致知』二〇〇九年四月号 特別講話
吉田悦之……『致知』二〇一〇年二月号 インタビュー
平岩外四……『致知』一九八四年三月号 インタビュー
井上康生……『致知』二〇一八年九月号 対談
樋口武男……『致知』二〇一一年四月号 講演
栗山英樹……『致知』二〇一九年四月号 対談
大谷將夫……『致知』二〇一二年四月号 インタビュー
加治敬通……『致知』二〇一四年五月号 インタビュー
山下弘子……『致知』二〇一八年三月号 インタビュー
豊田良平……『致知』一九八五年一一月号 対談

【10月】

岡田武史……『致知』二〇一一年一月号 対談
矢野博丈……『致知』二〇〇三年一〇月号 対談
小島直記……『致知』二〇〇三年一〇月号 対談
片岡球子……『致知』二〇〇〇年一〇月号 インタビュー

高原慶一朗……『致知』二〇〇五年八月号 対談
新井正明……『致知』一九八五年一一月号 対談
森本哲郎……『致知』二〇〇一年一〇月号 インタビュー
金子正子……『致知』二〇〇六年四月号 対談
神田昌典……『致知』二〇一八年二月号 対談
観世榮夫……『致知』二〇〇六年七月号 対談
福永正三……『致知』二〇〇六年九月号 インタビュー
島田洋七……『致知』二〇〇六年一一月号 インタビュー
田中真澄……『致知』二〇〇七年七月号 インタビュー
木村秋則……『致知』二〇〇七年四月号 インタビュー
海稲良光……『致知』二〇〇七年五月号 インタビュー
東井浴子……『致知』二〇〇七年六月号 対談
吉丸房江……『致知』二〇〇八年六月号 インタビュー
原 俊郎……『致知』二〇〇八年九月号 インタビュー
加藤俊徳……『致知』二〇〇八年一一月号 インタビュー
高田 宏……『致知』二〇〇九年五月号 インタビュー
西岡常一……『致知』一九九一年一二月号 対談
北川八郎……『致知』二〇〇三年七月号 インタビュー
平岡和徳……『致知』二〇一八年九月号 インタビュー
佐々木將人……『致知』一九九〇年一一月号 インタビュー
古田貴之……『致知』二〇一九年一二月号 インタビュー
天田昭次……『致知』一九八七年九月号 インタビュー
山田惠諦……『致知』一九九〇年一一月号 インタビュー
横田南嶺……『致知』二〇一六年三月号 特別講話
渡邊直人……『致知』二〇一六年三月号 対談
長谷川和廣……『致知』二〇一〇年九月号 対談
渕上貴美子……『致知』二〇〇九年三月号 インタビュー

【11月】

覚張利彦……『致知』二〇一〇年九月号 随想
吉野 彰……『致知』二〇一九年三月号 インタビュー
岩倉真紀子……『致知』二〇一六年一月号 対談
藤重佳久……『致知』二〇一六年一月号 対談
隈 研吾……『致知』二〇一九年四月号 対談
山髙篤行……『致知』二〇一六年一一月号 対談
佐藤久夫……『致知』二〇一六年一一月号 対談
鈴木秀子……『致知』二〇〇九年一一月号 インタビュー
川口淳一郎……『致知』二〇一二年一一月号 対談
木下宗昭……『致知』二〇一七年三月号 対談
佐藤 等……『致知』二〇一九年六月号 寄稿
上山博康……『致知』二〇〇七年六月号 インタビュー
孫 正義……『致知』一九八九年一一月号 インタビュー
野口誠一……『致知』二〇〇六年五月号 鼎談
丸谷明夫……『致知』二〇一二年一一月号 インタビュー
堺屋太一……『歴史の遺訓に学ぶ』（渡部昇一氏との共著）
谷沢永一……『［新装版］貞観政要』（渡部昇一氏との共著）
白鵬 翔……『致知』二〇一四年七月号 対談
尾形 仂……『致知』二〇〇九年六月号 インタビュー
東城百合子……『致知』二〇一八年三月号 インタビュー
澤村 豊……『致知』二〇一〇年三月号 随想
青木定雄……『致知』二〇〇四年七月号 特別講話
東井義雄……『致知』一九九〇年八月号 インタビュー
辻口博啓……『致知』二〇〇九年一二月号 インタビュー
やましたひでこ……『致知』二〇一三年二月号 対談
黒川光博……『致知』二〇一三年一月号 対談
山本明弘……『致知』二〇一三年三月号 インタビュー
平山郁夫……『致知』一九八八年二月号 対談
船井幸雄……『致知』一九八七年九月号 インタビュー

井原隆一……『致知』一九八一年一〇月号　対談

【12月】

池江美由紀……『致知別冊「母」VOL．2』対談
山田重太郎……『致知』一九九九年一月号　インタビュー
松崎運之助……『致知』二〇〇四年三月号　インタビュー
堀内政三……『致知』二〇〇四年四月号　対談
茢谷夏子……『致知』二〇〇七年一〇月号　随想
中村　元……『致知』一九八八年八月号　対談
高橋幸宏……『致知』二〇二〇年四月号　インタビュー
大石邦子……『致知』二〇〇六年二月号　インタビュー
帯津良一……『致知』二〇一〇年三月号　インタビュー
三村仁司……『致知』二〇〇五年一月号　インタビュー
小林研一郎……『致知』二〇二〇年六月号　対談
柴田知栄……『致知』二〇〇八年九月号　対談
北尾吉孝……『致知』二〇一四年三月号　対談
外尾悦郎……『致知』二〇一二年一二月号　インタビュー
羽生善治……『致知』二〇一七年一〇月号　対談
皆藤　章……『致知』二〇一八年五月号　対談
羽鳥兼市……『致知』二〇一七年三月号　対談
内田美智子……『致知』二〇一二年一二月号　インタビュー
鈴木茂晴……『致知』二〇一〇年三月号　対談
青谷洋治……『致知』二〇〇七年一〇月号　対談
一川　一……『致知』二〇一三年五月号　随想
西本智実……『致知』二〇二〇年二月号　対談
菊間千乃……『致知』二〇一九年三月号　対談
神坂次郎……『致知』二〇〇六年八月号　対談
近藤文夫……『致知』二〇二〇年二月号　インタビュー
青木新門……『致知』二〇一一年四月号　対談
小林正観……『致知』二〇〇三年一月号　インタビュー
井山裕太……『勝運をつかむ』（谷川浩司氏との共著）
童門冬二……『致知』二〇一二年七月号　インタビュー
境野勝悟……『致知』二〇二〇年四月号　インタビュー
森　信三……『修身教授録』

〈監修者略歴〉

藤尾秀昭（ふじお・ひであき）

昭和53年の創刊以来、月刊誌『致知』の編集に携わる。54年に編集長に就任。平成4年に致知出版社代表取締役社長に就任。現在、代表取締役社長兼主幹。『致知』は「人間学」をテーマに一貫した編集方針を貫いてきた雑誌で、平成30年、創刊40年を迎えた。有名無名を問わず、「一隅を照らす人々」に照準をあてた編集は、オンリーワンの雑誌として注目を集めている。主な著書に『小さな人生論1〜5』『小さな修養論1〜5』『心に響く小さな5つの物語Ⅰ〜Ⅲ』『小さな経営論』『プロの条件』『はじめて読む人のための人間学』『二度とない人生をどう生きるか』『人生の法則』（いずれも致知出版社）などがある。

1日1話、読めば心が熱くなる 365人の仕事の教科書

令和二年十一月二十五日第一刷発行
令和六年三月五日第十九刷発行

監修者　藤尾　秀昭
発行者　藤尾　秀昭
発行所　致知出版社
〒150-0001東京都渋谷区神宮前四の二十四の九
TEL（〇三）三七九六—二一一一
印刷・製本　中央精版印刷

落丁・乱丁はお取替え致します。（検印廃止）

© Hideaki Fujio 2020 Printed in Japan

ISBN978-4-8009-1247-3 C0034

ホームページ　https://www.chichi.co.jp
Eメール　books@chichi.co.jp

いつの時代にも、仕事にも人生にも真剣に取り組んでいる人はいる。

そういう人たちの心の糧になる雑誌を創ろう――

『致知』の創刊理念です。

CHICHI
致知
人間学を学ぶ月刊誌

人間力を高めたいあなたへ

●『致知』はこんな月刊誌です。

- 毎月特集テーマを立て、ジャンルを問わずそれに相応しい人物を紹介
- 豪華な顔ぶれで充実した連載記事
- 稲盛和夫氏ら、各界のリーダーも愛読
- 書店では手に入らない
- クチコミで全国へ(海外へも)広まってきた
- 誌名は古典『大学』の「格物致知(かくぶつちち)」に由来
- 日本一プレゼントされている月刊誌
- 昭和53(1978)年創刊
- 上場企業をはじめ、1,000社以上が社内勉強会に採用

―― 月刊誌『致知』定期購読のご案内 ――

●おトクな3年購読 ⇒ 28,500円(税・送料込)

●お気軽に1年購読 ⇒ 10,500円(税・送料込)

判型:B5判 ページ数:160ページ前後 ／ 毎月5日前後に郵便で届きます(海外も可)

お電話
03-3796-2111(代)

ホームページ
致知 で 検索

致《ち》知《ち》出版社《しゅっぱんしゃ》 〒150-0001 東京都渋谷区神宮前4−24−9